VALENTINA MAY

Das Theater am Park – Melodie der Träume

AF177951

Weitere Titel der Autorin:

Das Erbe von Morham Manor
Das Theater am Park – Stimmen der Hoffnung
Das Theater am Park – Ruf der Heimat

Über die Autorin

Valentina May schreibt Liebesromane und Familiensagas, in denen auch die Natur eine wichtige Rolle spielt. Ihre Inspiration holt sie sich auf ihren Reisen. Insbesondere Schottland und Cornwall haben es ihr angetan. Schon immer träumte Valentina von einem Cottagegarten und Leben auf dem Bauernhof. Diesen Traum hat sie sich inzwischen erfüllt. Die Autorin lebt mit ihrem Mann auf einem idyllischen Hof im Weserbergland. Wenn sie nicht am Schreibtisch sitzt und sich neue Geschichten ausdenkt, kümmert sie sich um ihren verwunschenen Rosengarten oder unternimmt Spaziergänge mit ihren Hunden durch den Wald.

VALENTINA MAY

DAS THEATER AM PARK

MELODIE DER TRÄUME

Lübbe

Die Bastei Lübbe AG verfolgt eine nachhaltige Buchproduktion. Wir verwenden Papiere aus nachhaltiger Forstwirtschaft und verzichten darauf, Bücher einzeln in Folie zu verpacken. Wir stellen unsere Bücher in Deutschland und Europa (EU) her und arbeiten mit den Druckereien kontinuierlich an einer positiven Ökobilanz.

Vollständige Taschenbuchausgabe
der bei beHEARTBEAT erschienenen E-Book-Ausgabe

Copyright © 2023 by Bastei Lübbe AG, Köln

Für diese Ausgabe
Copyright © 2023 by Bastei Lübbe AG,
Schanzenstraße 6 – 20, 51063 Köln

Textredaktion: Ulla Mothes
Lektorat/Projektmanagement: Johanna Voetlause
Umschlaggestaltung: Christin Wilhelm, www.grafic4u.de unter Verwendung von Motiven © shutterstock: vlas2000 | Gnilenkov Aleksey | RUNGSAN NANTAPHUM | ARK NEYMAN | Archmotion | Elenamiv; © Richard Jenkins Photography
Satz: 3w+p GmbH, Rimpar
Gesetzt aus der Adobe Caslon Pro
Druck und Verarbeitung: GGP Media GmbH, Pößneck

Printed in Germany
ISBN 978-3-404-19258-8

5 4 3 2 1

Sie finden uns im Internet unter luebbe.de
Bitte beachten Sie auch: lesejury.de

*Die Musik muss immer ein Sehnen enthalten,
ein Sehnen über die Dinge dieser Welt hinaus.*

Gustav Mahler

3. März 1936

Sie konnte sich kaum noch an ihre Omi erinnern. Im Laufe der Zeit waren ihre Züge in ihrem Gedächtnis immer mehr verblasst.

»Wir vermissen dich sehr.«

Violetta tupfte mit ihrem Spitzentaschentuch eine Träne aus dem Augenwinkel, bevor sie sich hinabbeugte und die gepflückte Christrose vor der Familiengruft ablegte. Florentina und sie waren erst sieben gewesen, als Großmutter Ilse für immer von ihnen gegangen war. Sie erinnerte sich noch gut an die spindeldürre Frau mit den weißen Haaren, die kunstvoll in einer geflochtenen Hochsteckfrisur zusammengefasst waren.

Herrgott, wie hatte sie ihre Omi geliebt, die stets sanft und gütig gewesen war. Die Großmutter hatte oft gehustet, gleichgültig ob es warm oder kalt gewesen war. Im feuchten Winter kurz vor ihrem Tod war es besonders schlimm gewesen. Fieber und Husten hatten die alte Dame ans Bett gefesselt. Die Eltern hatten Violetta und ihrer Zwillingsschwester Florentina verboten, das Zimmer der Großmutter zu betreten. Heimlich hatten sie sich dennoch hineingeschlichen, um bei ihr zu sein. Erst viel später war ihr die große Ansteckungsgefahr bewusst geworden und wie sorglos sie und Florentina damit umgegangen waren.

Seit dem Tod der Großmutter war eine halbe Ewigkeit vergangen. Vieles hatte sich verändert, in Violettas Leben, in Deutschland und in Hannover. Das Kaiserreich gehörte ebenso der Vergangenheit an wie die Republik mit Reichskanzler

Ebert. Jetzt regierten der Führer und seine Nationalsozialisten Deutschland.

»Mach's gut, Omi.« Nachdenklich und traurig zugleich verließ Violetta den Friedhof Engesohde.

Als sie das schmiedeeiserne Friedhofstor erreichte, schlug die Kirchturmuhr drei Mal. Sie musste sich beeilen. Schließlich hatte sie ihrer Mutter versprochen, pünktlich bei der Probe zuzuhören. Violetta eilte zum Ausgang.

Als sie den Central-Bahnhof erreichte, wurde ihr Blick von dem neuen Straßenschild angezogen, das in der Frühlingssonne aufleuchtete. Violetta schüttelte den Kopf. Sie hatte sich noch immer nicht daran gewöhnt, dass die Namen einiger Straßen und Plätze geändert worden waren. Köchin Justine hatte sich schon oft darüber aufgeregt. Die altvertraute Bahnhofstraße war in Adolf-Hitler-Straße umbenannt worden. Adolf Hitler! Ihr Vater war kein Freund des Führers. Drill und Kadavergehorsam waren ihm zuwider. Deshalb besaß er noch immer die Schweizer Staatsbürgerschaft. Auch Violetta und Florentina hatten einen Schweizer Pass. Zum Glück, denn sonst hätten sie in den Bund deutscher Mädel eintreten müssen. Lieber wollten sie bei den Eltern im Theater sein.

Violetta folgte der Straße am Ufer des Maschsees und beobachtete ein schwimmendes Schwanenpärchen. Über ihr wölbte sich der blaue Himmel. Doch hinten am Horizont zogen graue Wolken herauf. Auch wenn sie den See mochte, vermisste sie dennoch manchmal die Maschwiesen, auf denen sie an so manchem Sommertag ein Picknick genossen hatten. Auf Hitlers Befehl war das grüne Erholungsgebiet dem See gewichen.

Violetta eilte an der Löwenbastion vorbei. Sie mochte diese Skulpturen mit den grimmigen Gesichtern nicht. Keiner in ihrer Familie konnte sie ausstehen. Selbst die blinde Florentina hatte beim Betasten die Nase gerümpft.

Ihr Weg führte quer durch die Stadt zum Platz am Neuen

Haus, wo sich das elterliche Theater befand. Eine Böe wirbelte den feinen Schnee von den Bäumen und ließ ihn auf sie herabrieseln. Die winzigen Eiskristalle verfingen sich in ihrem schwarzen Haar. Sie trug keinen Hut, weil sie es nicht mochte. Als die Sonne hinter einer Wolke verschwand, zog sie fröstelnd den Kragen enger. Kurz darauf begann es zu schneien. Violetta fluchte, denn die Sohlen ihrer Stiefel waren viel zu dünn. Neue konnte sie sich nicht leisten.

Auf dem Fußweg vor dem Krankenhaus Siloah war es glatt. Obwohl Violetta vorsichtig schritt, geriet sie immer wieder ins Rutschen. Mehrmals musste sie die Arme ausbreiten, um das Gleichgewicht zu halten. Die Schicht Pulverschnee auf dem Eis war trügerisch. Weil die Zeit drängte, schritt sie schneller voran und rutschte prompt aus. Hart knallte sie mit dem Gesäß auf den Boden. Violetta schrie vor Schmerz auf. Einen Moment lang blieb sie sitzen, bis sie den Schock überwunden hatte. Langsam drehte sie sich auf die Knie und blickte auf eine Hand, die sich ihr entgegenstreckte. Dankbar ergriff sie diese und ließ sich von dem Fremden hochhelfen.

»Haben Sie sich wehgetan, Fräulein?« Der warme Klang der Männerstimme kam ihr bekannt vor. Violetta sah auf und glaubte zu träumen, als sie Hans Brünn, ihrem heimlichen Schwarm vom Konservatorium, gegenüberstand. Sein gutgeschnittenes Gesicht war von dunkelbraunen Locken umrahmt. Ein Lächeln glitt über seine Lippen und offenbarte Grübchen. Dass ausgerechnet er es war, der ihr aus dieser peinlichen Lage helfen wollte, war ihr unangenehm. Beschämt senkte Violetta den Blick, denn sie hatte ihn schon viel zu lange angestarrt. Alle jungen Frauen am Konservatorium Akazienstraße schwärmten für den begabten jungen Komponisten mit den sanften braunen Augen.

»Nein, nur ein bisschen. Geht schon wieder. Vielen Dank!« Dass es nur ein bisschen schmerzte, war gelogen. Sie wollte aber nicht vor ihm jammern. Violettas Herz wechselte von Allegro zu Presto.

»Darf ich Sie ein Stück begleiten?« Hans Brünn bot ihr seinen Arm an. Er war unter den Studierenden beliebt wegen seiner guten Manieren. Wie gut er aussah! Einen Moment lang überlegte sie, ob er sie vielleicht erkannt haben könnte. Doch nichts in seiner Miene verriet es. Violetta war versucht, sich bei ihm unterzuhaken. Doch als sie so vor ihm stand, begann sie zu zittern und ging lieber auf Abstand. Er war sehr schlank und nur eine halbe Handbreit größer als sie. Sie mochte es, einem Mann auf gleicher Höhe in die Augen schauen zu können.

»Das ist zwar sehr nett von Ihnen, aber ich bin leider sehr in Eile.« Violetta schritt voran. Er holte sie ein.

»Ich möchte nicht, dass Sie noch einmal stürzen.«

Wie aufmerksam von ihm. Wie ihr Vater, der ihre Mutter stets fürsorglich behandelt hatte. So sollte auch ihr Auserwählter sein.

Als er sie ansah, stutzte er.

»Ich glaube, wir kennen uns.«

»Ja, Herr Brünn«, antwortete sie lächelnd.

Er räusperte sich.

»Fräulein …«

Violetta war enttäuscht.

»Violetta Schwarz.« Aus dem Augenwinkel bemerkte sie, wie er rot anlief. Obwohl sie sich öfter im Konservatorium begegnet waren, schien er sie nicht wirklich bemerkt zu haben. Oder wollte er das nur nicht zugeben? Im Gegensatz zu anderen männlichen Studenten, die ihr reihenweise zu Füßen gelegen hatten.

»Bitte verzeihen Sie, Fräulein Schwarz, dass mir Ihr Name nicht gleich eingefallen ist.« Er deutete eine leichte Verbeugung an. »Violetta. So heißt doch die Heldin aus *La Traviata*, oder?«

10

Forschend blickte sie ihm ins Gesicht. »Sie sind Pianist. Ich kenne Sie aus dem Konservatorium.«

»Ja … ja auch. Aber eigentlich … bin ich Komponist.«

»Jetzt erinnere mich, Sie haben vor über einem Jahr bei einer Aufführung im Konservatorium ein selbst komponiertes Stück gespielt. Komponieren Sie denn zurzeit etwas?« Violetta war gespannt, was er ihr darauf antworten würde. Sie erinnerte sich noch gut an das Hauskonzert der Studierenden, initiiert von einem der Professoren. Hans Brünn hatte nicht nur fantastisch gespielt, sein selbst komponiertes Klavierstück hatte sie berührt. Etwas melancholisch war es vielleicht. Doch die eingängige Weise hatte sie und alle anderen mitgerissen.

»Ich schreibe an einer Operette.« Wieder färbte sich sein Teint rot vor Verlegenheit. »Jetzt, da wir uns bewusst sind, dass wir uns kennen, darf ich Sie doch sicher begleiten?«

»Aber gern.«

Er lächelte erleichtert. Eine Weile gingen sie schweigend nebeneinanderher. Violetta wollte alles über ihn wissen. Nur ihre gute Erziehung hinderte sie daran, ihn nach seinem Privatleben auszufragen.

»Was ist denn das für eine Operette, die Sie komponieren?«, brach sie nach einer Weile das Schweigen.

»Ich möchte nicht zu viel verraten, nur dass sie im Orient spielt.« Grob umriss Hans Brünn die Hintergrundgeschichte. Begeisterung sprach aus seinen Worten. Offensichtlich steckte viel Herzblut in der Komposition. Violetta hätte ihm ewig zuhören können. Alles, was er sagte, war aufregend und interessant. Eine Operette mit einem orientalischen Schauplatz war neu, exotisch und geheimnisvoll. Das Werk könnte etwas für das elterliche Theater sein, um mehr Besucher in die Vorstellungen zu locken. Seit geraumer Zeit suchte ihre Mutter händeringend nach neuen, frischen Ideen. Die Theater kämpften ums Überleben, denn immer mehr Zuschauer strömten in die populären Lichtspielhäuser. Für weniger Geld sahen sie einen

Film und vorher die beliebte Wochenschau. Doch Violetta war davon überzeugt, dass die Zeit der Theater nicht vorbei war. Sie beschloss, ihrer Mutter den jungen Komponisten vorzustellen.

Die Zeit war wie im Flug vergangen. Schon standen Violetta und ihr Begleiter vor dem elterlichen Theater.

»Jetzt haben Sie mich doch tatsächlich bis zum Ziel begleitet. Ich hoffe, Sie haben deshalb keine Unannehmlichkeiten.«

Sie hatte seine Gesellschaft genossen. Hans Brünn antwortete nicht, sondern schaute nur interessiert zum Theater hinüber. Violetta war enttäuscht. Sie hatte gehofft, dass er etwas Nettes antworten würde.

»Das Theater am Park«, sagte er sehnsüchtig.

Wie ihre Eltern liebte auch sie dieses Theater, das seit Generationen ihrer Familie gehörte.

Krähen schwangen sich kreischend vom Dach des Gebäudes in die Lüfte, als sie näher kamen, und flatterten zum Stadtwald Eilenriede. Der Schnee auf Dach, Geländer und Pilastern verlieh dem architektonisch verspielten Gebäude etwas Märchenhaftes. Hier hatte sie mit ihren Eltern und ihrer Schwester viele glückliche Stunden verbracht. In den langen Korridoren und Requisitenräumen hatten sie und Florentina oft Verstecken gespielt.

»Hier konnte ich für eine Weile in eine andere Welt eintauchen und alles Schreckliche vergessen«, hatte ihre Mutter einmal gesagt. Genauso empfand Violetta es auch.

»Sie kennen das Theater, Herr Brünn?«

»Leider nein. Als Kind war ich mal mit meinem Vater bei einer Aufführung. Ich glaube, es war die Zauberflöte. Das hat mir sehr gut gefallen. Die bunten, fantasievollen Kulissen und Kostüme. Doch am meisten die Leichtigkeit von Mozarts Komposition. Seitdem träume ich vom Komponieren.« Der schwärmerische Ausdruck in seinen Augen bestärkte Violetta darin, ihn und sein Werk den Eltern vorzustellen. Ihr Gefühl sagte ihr, dass sein Werk gut war.

»Welch netter Zufall, dass Sie im richtigen Augenblick vorbeigekommen sind, um mir aufzuhelfen.« Sie zwinkerte ihm zu. Doch Hans Brünn schien auch diese Anspielung nicht zu verstehen, sondern sah sie fragend an. Violetta konnte sich bei seiner Miene ein Lächeln nicht verkneifen.

»Sonst wären Sie nicht in den Genuss gekommen, unser Theater zu sehen. Meine Mutter ist die Intendantin.«

Seine Augen leuchteten.

»Schwarz! Natürlich!« Er schlug sich mit der flachen Hand gegen die Stirn. »Dann ist Ihre Mutter die berühmte Sopranistin Leonora Schwarz? Und Ihr Vater ... Roman Schwarz, der im vergangenen Jahr bei der Gala an der Mailänder Scala den Rudolfo gesungen hat? Das ist ja unglaublich!« Hans Brünn drehte sich strahlend im Kreis. »Ich würde sie so gern kennenlernen.«

»Das können Sie gleich haben. Meine Eltern sind immer auf der Suche nach neuen Talenten.« Sie fasste ihn am Arm, doch er schüttelte den Kopf.

»Offen gestanden kommt mir das ein wenig zu überraschend. Darauf bin ich nicht vorbereitet, Fräulein Schwarz. Außerdem ist meine Operette noch gar nicht fertig. Ich könnte nichts präsentieren.«

Violetta wollte ihn nicht so schnell gehen lassen.

»Sie haben doch bestimmt wenigstens eine Szene fertig, oder?«, bohrte sie nach. Schon bei den ersten Takten erkannten ihre Eltern das Potenzial und trafen eine Entscheidung.

»Ja, schon ... Aber ich bleibe dabei. Wenn meine Operette fertig ist, wäre es mir eine große Ehre, sie Ihren Eltern vorstellen zu dürfen.«

Violetta spürte, dass sie ihn nicht zu mehr überreden konnte. Er trat einen Schritt zurück und wollte sich umdrehen. Aber Violetta wollte den bescheidenen und schüchternen Komponisten näher kennenlernen.

»Schade. Aber ich möchte Sie wenigstens vorher mit meinen Eltern bekanntmachen.«

Hans Brünn zögerte mit der Antwort. Er schien abzuwägen, ob er ihrem Angebot folgen oder lieber gehen sollte.

»Also gut«, gab er schließlich nach und begleitete Violetta ins Theater.

»Wunderbar!« Staunend blickte Hans Brünn zum Deckengemälde im Theaterfoyer hinauf. Es machte Violetta noch ein wenig stolzer, als sie die Bewunderung in seinen Augen las. Sie konnte es kaum erwarten, was ihre Eltern zu ihm sagen würden. Ihr lag viel an deren Urteil.

»Hier entlang, Herr Brünn.« Violetta führte ihn durch den halbdunklen Korridor an den Requisiten vorbei, bis sie vor dem Intendantenzimmer standen. Drinnen waren die gedämpften Stimmen der Eltern zu hören.

Sie klopfte an die Tür, und auf ein »Herein!« ihres Vaters traten sie und Hans Brünn ein.

Ihre Eltern verstummten, als sie den jungen Komponisten an ihrer Seite bemerkten, und warfen sich erstaunte Blicke zu. Ihre Mutter trug wie immer ein wadenlanges rostrotes Kostüm, das wunderbar mit ihrem kastanienbraunen Haar harmonierte, in das sich so manche graue Strähne eingeschlichen hatte. Die Kleidung ihres Vaters war salopper, mit Hemd und Anzughose und darüber einer Lederjacke. Seit zwei Jahren frönte er zum Ärger ihrer Mutter einer zweiten Leidenschaft, dem Motorradfahren. Er war stolzer Besitzer einer DKW. Violetta fand sein Faible aufregend.

»Hallo Mutti, hallo Vati!« Sie begrüßte beide mit einer Umarmung und einem Kuss auf die Wange. »Ich möchte euch gern Herrn Brünn vorstellen.« Strahlend zeigte sie auf ihren Begleiter, davon überzeugt, dass er mit seiner unauf-

14

dringlich charmanten Art die Herzen ihrer Eltern im Sturm erobern würde. Als sie den Gruß nicht erwiderten, blickte Violetta unsicher von einem zum anderen. Solch ein distanziertes Verhalten kannte sie von ihnen nicht. Das war ihr in Gegenwart Hans Brünns mehr als unangenehm. Fragend blickte Violetta ihren Vater an, der meist offener und nachgiebiger war als die Mutter.

»Guten Tag, Herr …« Ihr Vater trat auf den Komponisten zu und reichte ihm die Hand.

»Brünn. Hans Brünn.« Sie spürte Hans Brünns Unsicherheit. Die Atmosphäre war geladen und kratzte auf ihrer Haut wie grobe Wolle. Der Blick ihrer Mutter ruhte noch immer kritisch auf ihrem Begleiter. Sie bereute bereits, Hans Brünn überredet zu haben, ihre Eltern kennenzulernen.

»Sind Sie etwa mit Professor Brünn im Krankenhaus Siloah verwandt?«, fragte ihre Mutter mit ernster Miene. Erstaunt sah Violetta sie an.

»Ja, das ist er. Sie kennen ihn?« Wer war dieser Professor Brünn? Wenn sein Vater dort arbeitete, würde es erklären, weshalb sie Hans vor dem Krankenhaus begegnet war. Die reservierte Miene ihrer Mutter verhieß nichts Gutes.

»Herr Brünn ist Komponist.« Violetta spürte, dass das Gespräch in eine falsche Richtung lief. Es war eine blöde Idee gewesen, ihn ins Theater zu bitten. Doch so schnell gab Violetta nicht auf.

»Er komponiert eine Operette. Mit einem exotischen Schauplatz«, fügte sie hastig hinzu und hoffte, dass den Eltern die Idee ebenso gut gefiel wie ihr. Die Miene ihrer Mutter war unergründlich. Ihr Vater fasste sich als Erster.

»Ein Komponist. Darf ich fragen, ob von Ihnen schon ein Werk uraufgeführt wurde?«

Die Wangen des jungen Komponisten färbten sich rot.

»Nun ja, ich habe …«

»Am Konservatorium«, fiel Violetta ihm ins Wort. »Eine

Klaviersonate. Ein wunderbares Stück, das alle begeistert hat. Ihr erinnert euch doch noch an unser Abschlusskonzert?«

»Ja, ja, natürlich«, versicherte ihre Mutter eine Spur zu hastig.

Da berichtete Hans Brünn von seinen Kompositionen. Mit seiner bescheidenen Art schien er ihre Eltern langsam zu gewinnen. Es entspann sich eine interessante Konversation zwischen ihnen.

»Vati, Mutti, was haltet ihr davon, wenn Herr Brünn euch seine Operette vorstellt, sobald sie fertig ist?«

Die Reaktion der Eltern blieb trotz der harmonischen Unterhaltung verhalten. Violetta konnte nicht fassen, dass sie keinerlei Interesse an seiner Operette zeigten. Hans Brünn hatte am Konservatorium sein großes Talent bewiesen und eine Chance verdient.

»Nun, wir werden sehen. Wenn Sie mit Ihrem Werk fertig sind, kommen Sie wieder auf uns zu, Herr Brünn.«

Violetta war über den Vorschlag ihrer Mutter erleichtert. Wenigstens hatten sie ihn nicht brüsk abgewiesen. Ihr entging nicht der kritische Blick des Vaters, der zwischen ihr und dem Komponisten wechselte.

»Vielen Dank. Es ist mir eine Ehre, Ihnen mein Werk in naher Zukunft vorstellen zu dürfen.«

Hans Brünn verneigte sich lächelnd. »Ich muss mich jetzt leider von Ihnen verabschieden. Ich habe noch eine Verabredung mit einem Freund. Die Aussicht, Ihnen mein Werk irgendwann vorspielen zu können, beflügelt mich. Adieu.«

»Adieu«, antworteten Violetta und ihre Eltern.

Der schnelle Abschied enttäuschte Violetta aufs Neue.

Kaum hatte er den Raum verlassen, trat ihr Vater mit strenger Miene auf sie zu. Violetta war sich keiner Schuld bewusst. Überhaupt verstand sie nicht, wie der Besuch des jungen Komponisten bei ihren Eltern für eine Verstimmung sorgen konnte.

»Warum habt ihr euch so unhöflich gegenüber Herrn Brünn verhalten?«, kam sie ihrem Vater zuvor. »Er ist ein begabter Komponist. Davon konnte ich mich selbst überzeugen.«

Geräuschvoll sog ihre Mutter die Luft ein, bevor sie und der Vater Blicke tauschten.

»Mir hat nicht gefallen, wie du ihn angesehen hast, Violetta. Du musst lernen, deine Gefühle nicht so offen zur Schau zu stellen.«

Erschrocken sah sie ihren Vater an. Gerade er verlangte doch immer von ihr, dass sie mehr Gefühl zeigen sollte, damit sie es auch auf der Bühne dem Publikum vermitteln konnte.

»Aber Vati …«

Dass er die Brauen zusammenzog, ließ sie verstummen.

Noch immer war er ein überaus gutaussehender Mann. Als Vater zeigte er sich stets allem Neuen gegenüber aufgeschlossen und verständnisvoll. Deshalb fand sie sein Verhalten inakzeptabel.

Sein Vorwurf ließ sie schlucken. Sie spürte, wie ihr die Hitze in die Wangen stieg. War ihr so deutlich anzusehen, dass Hans Brünn ihr gefiel?

»Ich habe ihn nur höflich und respektvoll angesehen. Und interessiert«, widersprach sie. »Vielleicht könnte seine Operette mehr Zuschauer in unser Theater locken.«

»Du kannst uns nichts vormachen. Da ist mehr als nur Sympathie.« Die Rüge ihrer Mutter war zwar berechtigt, aber Violetta war noch immer verärgert und enttäuscht.

»Und wenn schon! Du, Vati, hast mir immer gesagt, dass ich meine Gefühle zeigen soll.«

Ihr Vater fasste sie an den Schultern und sah sie eindringlich an.

»Ja, das habe ich. Aber es ziemt sich nicht, einen Mann derart ungeniert anzuhimmeln. In diesem Land wird man bestraft, wenn man sich mit einem Mann mit jüdischen Wurzeln einlässt.«

»Ja und? Das sind Menschen wie du und ich. Du findest es doch auch nicht gut, wie die Nationalsozialisten mit den Juden umgehen. Wir sind doch Schweizer. Die Gesetze gelten nicht für uns.«

»Wir wollen keinen Ärger mit der Polizei oder der Gauleitung, und du besser auch nicht.« Violetta rollte mit den Augen. Sie wusste, dass sie an Dr. Armin Mahler dachten, den stellvertretenden Gauleiter. Bei allem gaben ihre Eltern immer ihm die Schuld. Was war in der Vergangenheit zwischen ihnen geschehen?

Ihre Eltern sprachen nie über Mahler. Er war der Mäzen des hiesigen Opernhauses.

»Ihr denkt an diesen Mahler, nicht wahr? Welches Interesse sollte er daran haben, uns zu schaden? Er kann doch unserem Theater nichts anhaben. Es zählt zu den besten der besten im ganzen Norden.«

Mit ernster Miene trat ihr Vater auf sie zu. Eine Strähne fiel ihm in die Stirn, die er mit einer unwirschen Handbewegung nach hinten strich.

»Unterschätze nie seinen Einfluss!«

»Das tue ich nicht!«

»Herr Brünn ist sicher sehr nett. Aber du musst uns auch verstehen, Violetta … Wenn du dich mit ihm anfreundest, hast du Repressalien zu erwarten. Brünn ist sicher längst im Visier der Nazis. Sein Vater ist ein bekannter Arzt, und er hat mir damals erzählt, dass seine Frau Halbjüdin ist.« Ihre Mutter streckte die Hand nach ihr aus. Violetta war von ihr enttäuscht und wich einen Schritt zurück.

»Mutti, ich weiß, was ich tue.«

»Es ist besser, wenn du ihn nicht wiedersiehst.«

»Das kannst du mir nicht verbieten, Vati!« Violetta war außer sich. Sie wollte Hans Brünn unbedingt wiedersehen.

»Doch. Weil ich dich beschützen muss.«

»Doch nicht etwa vor Mahler?« Dr. Mahler war zu ihr immer sehr höflich gewesen.

Was mochte zwischen ihren Eltern und Mahler nur vorgefallen sein? Das Gesicht der Mutter wurde sehr ernst.

»Du kennst Mahler nicht. Er ist zu allem fähig. Er hat den Ruf unserer Familie in den Schmutz gezogen.«

Das verschlug Violetta einen Moment lang die Sprache. Dann wollte sie alles wissen und löcherte die Eltern.

Ihre Mutter erzählte ihr von den Verdächtigungen Mahlers, dass ihr berühmter Vorfahr Frederik von Uhlenberg die Schuld am Tod einer Frau trüge. Kein Detail ließ sie aus, auch nicht, dass der ehemalige Gönner des Theaters, Bruno von Edel, sich Mahler angeschlossen hatte.

Erschüttert lauschte Violetta den Ausführungen ihrer Mutter. Jetzt sah sie Mahler in einem anderen Licht.

»Und du hast Frederiks Komposition nie gefunden, Mutti?«

»Leider nein.«

»Und was ist mit der Familienvilla?«

»Die nutzt die NSDAP für irgendwelche Parteiversammlungen.« Es war ihrer Mutter deutlich anzumerken, wie sehr sie das erzürnte.

Als Anton Holzer, der ehemalige Intendant des Opernhauses, wieder in seine Heimat Bayern zurückgekehrt war, hatte er sie an die NSDAP vermietet, bevor ihre Eltern eine Chance hatten, sie zurückzukaufen.

»Mahler hat die Villa extra dem Gauleiter für Versammlungen empfohlen, um uns zu ärgern. Und er hat Beziehungen ganz nach oben. Wenn die Nationalsozialisten herausfinden, dass wir Juden, Roma und Homosexuelle unterstützen, hätten sie einen Grund, unser Theater zu schließen. Begreifst du nun, weshalb wir dich bitten, vorsichtig zu sein?«

»Ja, Vati.« Doch ihr Herz wünschte sich etwas anderes.

»Unser Theater wird sicher beobachtet.«

Hans Brünn war nicht berühmt und für die Nationalsozialisten deshalb uninteressant. Und sie war keine Deutsche, sondern Schweizerin. Für sie galten die Gesetze nicht. *Aber du lebst in Deutschland!*

Zweifel begannen an ihr zu nagen. In der Nachbarschaft lebten einige Juden. Sie waren rechtschaffene, hilfsbereite Leute, gingen regelmäßig in die Synagoge. Wenn sie sie auf der Straße traf, waren sie stets freundlich. Hannah Simonsohn, die Tochter des Metzgers gegenüber, war Ballerina am elterlichen Theater und mit Florentina befreundet. Alles schien wie immer zu sein, und doch hatte sie neulich die Gravur an einer Bank gesehen: *Nicht für Juden.* Wie konnte es sein, dass Juden ausgegrenzt wurden?

6. Mai 1936, Grafschaft Kent

Satzball!«

Brian holte aus und schmetterte mit dem Tennisschläger den Ball übers Netz in die Außenecke des Aufschlagfeldes, sodass seine Gegnerin Lady Rowena Southerland ihn nicht erreichen konnte.

»Ich gebe auf. Du hast mich mal wieder geschlagen, mein Lieber!«, rief Rowena und schenkte ihm ein verführerisches Lächeln. Brian ignorierte es. Rowena war die einzige Tochter von Freunden seiner Eltern. Sie kannten sich seit der Kindheit. Sie war nett, humorvoll und unkompliziert. Dennoch sah er in ihr nicht die Frau seines Lebens, wie es sich ihre und seine Eltern erhofften. Jeder fand, dass sie das perfekte Paar abgeben würden. Es gab nichts an ihr auszusetzen, nur dass Rowena sich, außer für Gassenhauer, nicht für Musik interessierte. Sie war unmusikalisch, spielte kein Instrument. Wenn sie in der Kirche mitsang, dann völlig schräg. Doch sie konnte den ganzen Tag die Schlager von Fred Astaire hören. Nichts für ihn. Als leidenschaftlicher Pianist schwärmte Brian von klassischen Werken. Ein paar Mal hatte er Rowena zu klassischen Konzerten eingeladen. Doch sie hatte jedes Mal mit einer fadenscheinigen Begründung abgesagt.

»Ich würde mich nur langweilen und im Theater die Anzahl der Lampen zählen. Lieber gehe ich zu einem Wohltätigkeitsball, wo ich auch tanzen kann.«

Irgendwann hatte er es aufgegeben, sie zu einer musikalischen Veranstaltung einzuladen. Nichts wünschte er sich mehr als eine Frau, die seine Leidenschaft teilte. Brian brauchte die Musik wie die Luft zum Atmen.

»Wollen wir nicht noch einen Satz spielen, Rowena?«

Sie winkte ab. »Um Gottes willen, Brian, willst du mich umbringen? Wir spielen doch schon über zwei Stunden. Meine Waden krampfen.«

Eine widerspenstige Strähne hatte sich aus Rowenas blondem Haar gelöst und klebte an ihrem feuchten Gesicht.

Sie strich sie zurück und betastete den Sitz ihrer Olympiarolle. Stolz hatte sie ihm neulich vor dem Spiel ihre neue Frisur gezeigt. Auch wenn sie momentan sehr modern und Rowena stolz darauf war, fand er ihre Frisur nicht natürlich genug.

»Was hast du heute Abend vor? Ich hätte da eine gute Idee.« Rowenas grüne Augen ruhten fragend auf ihm.

»Ich sagte doch, ich spiele heute Abend im Club.«

Sie rollte mit den Augen. »Aber dein Vater ist dagegen. Willst du dich wieder mit ihm streiten? Lady Philippas Empfänge sind legendär. Wir hätten dort sicher viel Spaß miteinander, und ich könnte dich dem einen oder anderen vorstellen.«

Flehend sah sie zu ihm auf.

Sie hatte recht, sein Vater war dagegen, dass er im Club spielte. Der Sohn eines Lords, der sich sein Geld mit Pianospielen in einem Club verdiente, das erschien ihm nicht standesgemäß genug. Brian war das gleichgültig. Er liebte den Job, weil er ihm finanzielle Unabhängigkeit vom Vater bescherte.

»Ein andermal vielleicht, Rowena. Ich habe dem Duke versprochen, heute Abend die Clubgäste zu unterhalten. Wie du weißt, halte ich meine Versprechen.«

Rowena zog einen Schmollmund. Oft hatte sie Männer damit um den Finger wickeln können. Ihn allerdings ließ es unberührt. Er sah in ihr die jüngere Schwester, die er nie gehabt hatte.

»Das ist wirklich schade. Ich hätte dich so gern meiner

Freundin Dorothy vorgestellt. Sie ist ganz wild darauf, meine Brautjungfer zu sein.«

»Heute nicht.« Brian stöhnte innerlich auf. Wann würde Rowena aufgeben, in ihm ihren künftigen Bräutigam zu sehen? Oft genug hatte er ihr erklärt, dass eine Ehe mit ihr für ihn nie infrage käme.

»Wie du meinst«, antwortete sie enttäuscht und senkte den Blick. Brian erwiderte nichts.

Gemeinsam schritten sie zum Herrenhaus zurück. Wilcox Manor lag inmitten eines Parks mit dem ältesten Arboretum von Kent. Das aus Sandstein bestehende Gebäude bestach nicht nur durch seine imposante Größe und die kunstvoll umrahmten Fenster, sondern auch durch die vielen Türmchen, die es wie ein Schloss aussehen ließen. Er liebte das Anwesen, mit dem er viele schöne Kindheitserinnerungen verband. Im Fischteich spiegelte sich auf der Oberfläche die uralte Weide mit ihren filigranen Zweigen. Seine Eltern waren stolz darauf, das Anwesen ihr Eigen nennen zu können. Wären sie doch nur einmal stolz auf ihren Sohn! Er schluckte die Bitterkeit hinunter, die jedes Mal in ihm aufstieg, wenn er an seine Eltern dachte.

Für sie war seine Berufswahl eine mittlere Katastrophe. Bisher hatten alle Wilcox' ihr Geld durch die Bewirtschaftung der Ländereien oder durch Pferdezucht verdient.

»Musik dient dem Freizeitvergnügen, aber nicht, um unseren Unterhalt zu finanzieren«, klangen ihm die Worte des Vaters in den Ohren. Doch seit er zum ersten Mal am Klavier gesessen hatte, gab es für ihn nur die Musik. Mit neun Jahren hatte ihn seine Mutter in die Queens Hall zu einem Konzert von Sergej Rachmaninow mitgenommen. Brian war von dessen Virtuosität tief beeindruckt gewesen. Seitdem war der berühmte Pianist sein Vorbild.

Seine wachsende Musikleidenschaft führte immer wieder zu Auseinandersetzungen mit dem Vater. Im Laufe der Jahre hatte Brian sich damit arrangiert und gab nicht mehr viel auf dessen Sticheleien und Spitzen.

Sein Onkel Lord Southerland war aus anderem Holz geschnitzt. Er war ein glühender Verehrer der Kunst und passionierter Sammler.

»Wollen wir noch eine Tasse Tee zusammen trinken?«, unterbrach Rowena seine Gedanken.

Brian schaute auf seine Taschenuhr. Es war kurz vor fünf. Gegen sieben wollte er im Club sein. Bis dahin musste er noch seinen Schweiß abspülen, sich umkleiden und die Stücke, die er heute auf dem Piano spielen wollte, zusammenstellen.

»Tut mir leid, Rowena, das schaffe ich auch nicht mehr.«

Schon wieder hatte er sie enttäuscht, was er sehr bedauerte. Brian träumte davon, so berühmt zu werden wie sein Vorbild und einmal in London ein Klavierkonzert zu geben. Bis dahin schlug er sich mit Gelegenheitsjobs als Klavierlehrer oder Unterhalter im Club durch. Die familieneigene Landwirtschaft interessierte ihn nicht. Gern überließ er sie seinem jüngeren Bruder Alan, der sich für die Pferdezucht engagierte und das erforderliche Händchen und Gefühl für Anpaarungen besaß.

»Schade.« Trotz allem lächelte Rowena. Jeder ihrer vielen Verehrer wäre bei dem flehenden Ausdruck in ihren grünen Augen dahingeschmolzen. Nur an ihm prallte alles ab.

Für seinen Geschmack gab Rowena viel zu schnell nach. Eine Frau musste selbstbewusst und mutig wie eine Löwin kämpfen. Von den Frauen, die sich sofort den Wünschen des Mannes fügten, gab es genug.

Aber genau diese Art schätzten seine Eltern an Rowena. Eine Schwiegertochter, die zu allem Ja und Amen sagte, passte zu ihnen.

Nach einer knappen Verabschiedung von Rowena begab sich Brian hinauf in sein Zimmer.

Gegen halb sieben brach er zum Club auf.

»Wo willst du hin?« Der strenge Tonfall des Vaters stoppte Brian auf der Treppe nach unten.

»Wie jeden Freitagabend in den Club, Dad.« Brian mied seinen Blick, weil er keine Lust auf einen neuen Disput mit seinem Vater hatte.

»Ich möchte dich bitten, um sieben zum Dinner zu kommen. Rowenas Eltern werden heute unsere Gäste sein, und Father Nolan.«

Das klang nach keiner Bitte, sondern einem Befehl, und machte Brian wütend. Entschlossen ging er die letzten Stufen hinunter.

»Dann müsst ihr eben allein speisen. Ich bin mir sicher, dass ihr euch gut unterhalten werdet. Guten Abend, Dad.«

Sein Vater schnappte nach Luft. Bevor er etwas antworten konnte, war Brian an ihm vorbei und hatte das Haus verlassen.

Der Gentlemen's Club The Artistry lag im Londoner Westen. Ein klassizistischer Bau mit einem beeindruckenden dorischen Säulenportal vor dem Eingang. Brian stieß die Doppelflügeltür auf und stand in der Haupthalle. Unter dem Dach des Clubgebäudes befanden sich neben einer Bar, in dem der Flügel stand, auch mehrere Bibliotheks- und Kaffeezimmer. Die Besucher des Clubs gehörten alle dem gehobenen Adel an und besaßen ein Faible für Musik und Malerei. Auch sein Onkel Lord Edgar Southerland, der Bruder seiner Mutter, war hier ein oft gesehener Gast. Die meisten Clubmitglieder waren konservativ eingestellte Herren, die moderne Musikinterpretationen ablehnten. Brian hingegen liebte Improvisation, veränderte gern einmal ein bekanntes Werk nach seinen Vorstellungen.

Am Flügel angekommen, packte er seine Notenhefte aus. Darunter befand sich auch die Abschrift eines Werkes von einem bekannten deutschen Komponisten. Als Kind hatte er die Noten nach dem Umbau von Wilcox Manor zusammen mit seinem Onkel zufällig in einer Abseite gefunden. In der Aufregung hatte Brian gleich seinem Vater davon erzählt. Es handelte sich um einen Auszug aus dem Originalwerk Frederik von Uhlenbergs. Eine Art Ouvertüre zu einer Reihe von Arien unter dem Obertitel *Liebesreigen*. Leider waren es nur die ersten vier Seiten, das Ende der Ouvertüre fehlte. Onkel Edgar hatte sofort den Wert dieser Noten erkannt, während sein Vater sie fast ins Kaminfeuer geworfen hätte. Weil sie von einem Deutschen stammten. Onkel Edgar, der ein glühender Verehrer des Komponisten war, hatte die Notenblätter gerettet und sie den Nachfahren des Schöpfers überbracht. Trotz intensiver Suche hatte Brian die restlichen Notenblätter nie gefunden. Oft hatte er überlegt, wie diese Originalschrift ausgerechnet nach Wilcox Manor gelangt war – ohne Ergebnis. Irgendwann hatte er sich damit zufriedengegeben, dass die Umstände für immer ungeklärt bleiben würden.

Je öfter er das Stück gespielt hatte, desto mehr hatte es ihm gefallen. *Melodie der Träume* hatte jemand an den Rand geschrieben. Es war voller Leidenschaft und einer Prise Melancholie. In jedem Ton schwang die tiefe Liebe mit, die ein Komponist nur empfinden konnte, wenn er sie selbst erlebt hatte. Weil Brian es gestört hatte, dass das Werk unvollständig war, hatte er Takte dazukomponiert. Heute, am Geburtstag von Onkel Edgar, würde er die *Liebesreigen*-Ouvertüre zum ersten Mal vor Publikum spielen und war gespannt auf die Reaktionen.

Kaum hatte er die Noten ausgepackt, schlenderten die ersten Gentlemen in die Bar, um zum Ausklang des Tages bei einem Glas Whisky zu plaudern und Brians Klavierspiel zu lauschen. Er bekam regelmäßig Applaus. Aber Brian wollte mehr. Dafür übte er jeden Tag mehrere Stunden, um sich aus der Menge guter Pianisten herauszuheben.

Gegen halb acht setzte er sich schließlich an den Flügel. Seine langen, schlanken Finger glitten über die Tasten. Er interpretierte die Werke bekannter Meister auf eigene Weise. Nur wenn ihn ein Stück ansprach, konnte er beim Spiel seinen Gefühlen freien Lauf lassen. Mozarts *Türkischer Marsch*, mit dem er den heutigen Musikabend eröffnete, kam gut an. Anschließend spielte er ein weiteres Stück von Mozart. Zum Schluss schlug er die Noten von Frederik von Uhlenberg auf, die er in einen leeren Buchdeckel geklebt hatte. Eine Ecke des Notenblattes mit den beiden Anfangsbuchstaben des Titels fehlte. Die Notenblätter waren gebunden gewesen, wie er am zusammengeklebten Rücken hatte erkennen können. Jemand hatte sie gewaltsam auseinandergerissen. Das fehlende Papier hatte er durch ein anderes ersetzt und die fehlenden Buchstaben selbst ergänzt. Auf der Banderole, die die Notenblätter zusammengehalten hatte, stand der Name des Werkes: *Der Liebesreigen*.

Bereits die ersten Töne der melancholischen Melodie berührten Brian tief. Ob er jemals solch starke Empfindungen für eine Frau hegen würde, wie der Komponist sie gehabt hatte?

Bislang war ihm keine Frau begegnet, die sein Herz berührt und in die er sich verliebt hatte. Sein bester Freund, der Instrumentenbauer Gideon Mandler, hatte ihm einmal auf den Rücken geklopft und gescherzt: »Die Frau, die deinen Ansprüchen gerecht wird, muss erst noch geboren werden.«

Vielleicht stellte er tatsächlich zu hohe Anforderungen an Frauen. Er wollte keine Jasagerinnen wie seine Mutter und Rowena, die sich stets nur nach den Wünschen des Mannes richteten, sondern eine temperamentvolle Frau, die ihm auch einmal Paroli bot.

Der letzte Ton von Frederik von Uhlenbergs Ouvertüre des *Liebesreigens* war gerade verklungen, als sich eine Hand auf Brians Schulter legte.

Es war Onkel Edgar, der hinter ihm stand.

»Onkel Edgar, herzlichen Glückwunsch.«

»Danke, danke, mein lieber Neffe. Du hast mir gerade ein großartiges Geschenk gemacht mit diesem Stück. Von Uhlenberg war wirklich ein herausragender Komponist. Ich hoffe, seine Familie weiß das zu schätzen.« Der Blick seines Onkels war in die Ferne gerichtet.

»Wie meinst du das?«, hakte Brian nach.

»Als ich den Erben die fehlenden Seiten überbracht habe, schien ihnen der Wert nicht bewusst zu sein. Sie hätten sich dankbarer zeigen können. Offenbar war ihnen nicht klar, welch grandioser Komponist ihr Vorfahr gewesen ist.«

»Hast du eine Ahnung, wie die Seiten in unser Haus gekommen sein können?«

Onkel Edgar zuckte mit den Achseln. »Weiß der Himmel. Im Haus deines Vaters gehen viele Leute ein und aus. Du weißt doch, dass er Gesellschaften liebt.«

Das alles klang seltsam. Brian verspürte den Wunsch, mehr darüber herauszufinden.

8. Mai 1936

Aufgebracht stürmte Violetta aus dem Eingang des Konservatoriums. Auf dem Trottoir blieb sie mit geballten Fäusten stehen. Sie konnte unmöglich die Arie der Cenerentola singen. Das konnte der Professor nicht von ihr verlangen. Alles, aber nicht das.

»Ich bin kein Koloratursopran«, sprach sie laut zu sich selbst. Zu ihrem Bedauern fehlte ihr die Leichtigkeit in der Stimme, wie sie ihre Mutter besaß. Auch war ihre Stimme dunkler gefärbt und sehr voluminös. Ihre Traumrolle war die Carmen. Es war so sicher wie das Amen in der Kirche, dass der Professor ihre Widersetzlichkeit den Eltern stecken würde. Aber es lag ihr nicht, sich zu verstellen. Lieber sagte sie ihre Meinung offen.

»Guten Tag, Fräulein Schwarz.«

Violetta zuckte beim Klang von Hans Brünns Stimme zusammen und wirbelte erschrocken herum.

»Bitte entschuldigen Sie. Ich wollte Sie gewiss nicht erschrecken.«

Wie feinfühlig er war. Violetta freute sich, ihn wiederzusehen. In seinen Augen lag ein Leuchten, das ihr das Gefühl vermittelte, er würde sich ebenso über die Begegnung freuen wie sie. Seit dem Zusammentreffen bei ihrem Sturz hatte sie immer vergeblich nach ihm Ausschau gehalten.

»Nicht schlimm. Ich habe Sie schon lange nicht mehr im Konservatorium gesehen.« Violetta schluckte. *Jetzt weiß er bestimmt, dass du dich für ihn interessierst!* Was war nur in sie gefahren, dass sie so losschwatzte? Ihre Mutter hätte über diese Unverblümtheit missbilligend den Kopf geschüttelt. Sein Lächeln war ansteckend.

»Meine Studienzeit am Konservatorium ist beendet. Wussten Sie das nicht?«

Wie dumm sie sich vorkam. Violetta schüttelte den Kopf.

»Ich widme mich intensiv meiner Operette. Den glücklichen Umstand unseres Wiedersehens verdanke ich meinem Mentor Professor Walden, der mich hergebeten hat.«

Sein begehrlicher Blick ließ Hitze in ihre Wangen steigen.

»Sind Sie denn mit Ihrem Werk bald fertig?« Durch die Frage hoffte sie, von ihrer Verlegenheit abzulenken.

»Noch nicht ganz …« Er winkte ab. »Aber ich bin guter Dinge, dass ich meine Operette Ihren Eltern bald vorstellen kann.«

Violetta senkte den Blick.

»Das würde uns eine Freude sein.«

»Das ehrt mich. Ich …«

Hans Brünn brach ab, drehte den Kopf und lauschte.

Durch die Akazienstraße hallten schwere Tritte Marschierender. Nur zu gut kannte Violetta das Geräusch, das furchtbare Erinnerungen in ihr aufsteigen ließ. Als Kind war sie per Zufall Zeugin eines Zusammenstoßes zwischen einer Gruppe Sozialdemokraten und einem SA-Trupp geworden, der blutig geendet hatte. Fast glaubte sie die dumpfen Knüppelschläge auf den Körpern zu hören. Das Bild der am Boden Liegenden und die Blutspuren auf dem Pflaster hatten sich in ihr Gedächtnis gebrannt. Sie fröstelte. Auch jetzt beschlich sie ein ungutes Gefühl. Die Mitglieder der NSDAP und die Hitlerjugend trafen sich oft in ihren Versammlungsräumen am Maschsee. Anschließend marschierten sie durch die Stadt zur Zentrale des Gauleiters in der Dincklagestraße. Nicht selten kam es dabei zu handgreiflichen Auseinandersetzungen. Sie dachte wieder an die Worte ihres Vaters, dass Hans ins Visier der Nazis geraten sein könnte.

»Kommen Sie, Herr Brünn. Wir gehen lieber hinein.« Violetta fasste ihn am Arm.

»Ich lasse mich nicht von denen einschüchtern.«

»Lassen Sie uns ins Gebäude gehen. Bitte.«

Flehend sah sie ihn an.

»Sie zittern ja.«

»Ja«, gab sie zu.

Die Tritte der Lederstiefel näherten sich. Hans Brünn zögerte immer noch, ihr zu folgen. Violetta packte seinen Arm und zerrte ihn mit sich.

Auf der obersten Stufe vor dem Eingang blieb er stehen und wandte sich zur Straße um. Violetta folgte seinem Beispiel. Im selben Augenblick marschierten mehrere Dutzend SA-Leute an ihnen vorbei. Die Entschlossenheit in ihren Blicken und die angespannten Muskeln flößten Violetta Angst ein. Sie wirkten wie Marionetten. Marius Fromm, der Sohn ihrer Patentante, war zum Eintritt in die Hitlerjugend gezwungen worden. Anfänglich hatte er sich geweigert mitzumachen und war Hänseleien und Schikanen ausgesetzt gewesen.

Nie würde sie diesen Tag vor dem neuen Rathaus vergessen, einen Tag vor dem Geburtstag des Führers. Bei Marschmusik und Fackellicht hatten Marius und die anderen Jungen feierlich ihre Treue gelobt, flink wie die Windhunde, zäh wie Leder und hart wie Kruppstahl zu sein.

Anschließend waren sie unter den Hakenkreuzflaggen wie gedrillte Äffchen entlangmarschiert.

Jegliche Form von Zwang war ihr zuwider. Zwang tötete Kreativität.

Im Abstand zu den Uniformierten folgte eine Handvoll Männer. Violetta erkannte Dr. Armin Mahler unter ihnen sofort. Er war bei allen wichtigen Anlässen dabei, spielte sich dabei auf und war vor drei Tagen zum stellvertretenden Gauleiter berufen worden. Dabei war er erst seit Kurzem Parteimitglied. Ganz Hannover hatte darüber geredet, wie es Mahler gelungen war, eine solche Blitzkarriere hinzulegen.

Sie hoffte, dass er sie nicht bemerken würde, und wandte sich schnell zur Eingangstür um. Sie hatte nicht vergessen, was ihr die Eltern über ihn erzählt hatten. Als er ihren Namen rief, stöhnte sie innerlich auf.

»Kennen Sie den Mann?«, flüsterte Hans Brünn ihr zu.

»Der neue Stellvertreter des Gauleiters«, flüsterte sie hastig zurück. Es kursierten Gerüchte, dass Mahler diesen Posten durch eine Intrige erhalten hatte. Aber sie wusste nichts Genaues. Sie spürte, wie sich Hans Brünn anspannte.

Am liebsten hätte sie Mahler ignoriert. Aber dazu galt sein Wort in der Kunstwelt zu viel. Violetta drehte sich wieder um und zwang sich zu lächeln.

»Guten Tag, Dr. Mahler!«, rief sie ihm zu.

In den grauen Augen des Mäzens blitzte es erfreut auf. Anstatt den anderen zu folgen, scherte er aus der Gruppe aus und kam direkt auf sie zu. Verdammt! Sie hatten viel zu lange gezögert. Jetzt musste sie mit ihm reden. *Reiß dich zusammen und bleib freundlich!*

»Fräulein Violetta, wie ich sehe, sind Sie bereits eifrig auf dem Weg zu Ihren Studien.« Er reichte ihr die Hand, die sie zögernd ergriff. Viel zu lange hielt er ihre fest, während er sie gleichzeitig mit Blicken verschlang. Ärgerlich entzog Violetta ihm ihre Hand. Sie hörte, wie Hans Brünn neben ihr die Luft einsog. Die Lage war unangenehm. Doch irgendwie musste sie sich da hinausmanövrieren.

»Ihre Begleiter werden Sie vermissen.« Violetta hoffte, dass er ging.

Mahlers Lächeln wurde breiter. »Die Herren werden verstehen, dass ich die Gesellschaft einer hinreißenden Frau vorziehe.«

Es blitzte lüstern in seinen Augen auf. Aus dem Augenwinkel sah sie, wie Hans Brünn die Kiefer zusammenpresste. Nichts wünschte sie sich mehr, als dass er eifersüchtig war.

Bei jedem anderen hätte sie sich über das Kompliment gefreut. Nicht jedoch bei Mahler.

»Wer ist denn Ihr Begleiter, Fräulein Schwarz?«

»Ein vielversprechender junger Komponist.«

Mahler wandte sich Hans Brünn zu und musterte ihn, ohne ihm die Hand hinzustrecken.

Die Spannung zwischen den beiden Männern war spürbar.

»Wie war doch gleich Ihr …?«

Es klang herablassend. Sie spürte die aufkeimende Wut in Brünn.

»Fräulein Schwarz, Dr. Mahler, wenn Sie mich bitte entschuldigen würden, aber ich hätte schon längst bei meinem Mentor sein müssen.«

Der unerwartete Rückzug des Komponisten war geschickt.

»Aber natürlich.« Mahlers Miene ließ keinen Zweifel darüber aus, dass er froh war, wenn Hans Brünn ging.

»Ihr Begleiter hat Sie unhöflicherweise allein gelassen, Fräulein Schwarz.«

»Wir sind nur Kommilitonen«, log sie.

Wie unbeabsichtigt berührte Mahler ihren Arm. Violetta zuckte zusammen. Sie dachte erneut an die warnenden Worte ihres Vaters.

»Wir haben uns hier nur zufällig getroffen.«

»Rein zufällig, sicher.« Ihr gefiel Mahlers sarkastischer Tonfall nicht. Hatte er vielleicht genauso wie ihr Vater ihre Blicke richtig gedeutet?

»Ja, zufällig. Als ich das Konservatorium verlassen habe, sind wir uns über den Weg gelaufen.« Sie hasste es, sich Mahler gegenüber rechtfertigen zu müssen. Doch sie musste vorsichtig sein.

Mahler lächelte erneut.

»Dann sind Sie also auf dem Nachhauseweg? Das trifft sich gut.«

Violetta schluckte gegen den Kloß in ihrem Hals.

»Darf ich Sie nach Hause begleiten?« Mahlers Frage war höflich gestellt, aber in seinen Augen lag ein Ausdruck, der ihr einen Schauer über den Rücken jagte. Es ärgerte sie, dass sie seine Gegenwart dulden musste, um Ärger von ihrer Familie abzuwenden. Sie dachte an den Choreografen Hanno, der Männer liebte, und an den Sänger Gyula, dessen Vorfahren Roma waren. Sie alle könnten durch eine Unbedachtheit von ihr in Gefahr geraten.

»Ja, gern.« Erneut rang sie sich ein Lächeln ab. Ihr schauspielerisches Talent half ihr dabei, überzeugend zu klingen. *Herrgott, wie verlogen sie war!*

Dr. Mahler fasste ihren Ellbogen. Sein Daumen strich anzüglich über die Spitze ihres Ärmels. Violetta verkrampfte sich. Als seine Finger sich fester um ihren Arm schlossen, befürchtete sie schon, er könnte sie mit einem Ruck an sich ziehen. Zu ihrer Erleichterung tat er es nicht.

Eine Weile schritten sie schweigend nebeneinanderher.

»Sie wohnen noch in Linden?«

»Ja.« Die Stimmung zwischen ihnen war angespannt. Viel lieber hätte sie sich von Hans Brünn nach Hause begleiten lassen. Normalerweise blieb Violetta immer am Norduferer des Maschsees stehen und ließ ihren Blick über das Wasser schweifen. In Begleitung Mahlers verspürte sie heute jedoch keine Lust darauf. Sie wollte so schnell wie möglich nach Hause und sich von ihm verabschieden.

»Ich bin neulich an der Villa Uhlenberg vorbeigefahren.«

»Ach wissen Sie, Herr Dr. Mahler, ich habe nie dort gewohnt. Mein Zuhause ist das ehemalige Pfarrhaus in Linden.«

»Bedauern Sie es denn nicht, dass eine solch prächtige Villa, die sich seit Generationen im Besitz Ihrer Familie befand, in fremder Hand ist?«

Was bezweckte er mit seiner Frage?

Er will mich provozieren!

Sie erinnerte sich noch daran, wie sehr ihre Großmutter darunter gelitten hatte, dass sie einst die Familienvilla hatten verkaufen müssen, um das Theater zu retten. Doch weder ihre Mutter noch sie oder Florentina hingen sehr an der Villa.

Abrupt blieb Violetta stehen. Auch Mahler verhielt den Schritt.

»Was wollen Sie damit andeuten, Herr Dr. Mahler?« Sie sah ihm forschend ins Gesicht. Mahler war kein sensibler Mann, sie schätzte ihn eher so ein, dass er sich rücksichtslos nahm, was er begehrte. Sein Alter war schwer zu schätzen. Auf jeden Fall war er älter als ihre Eltern. Seine Blicke verrieten Violetta, dass er mehr in ihr sah als eine mögliche Tochter. Allein bei dem Gedanken, er könnte sie als Frau begehren, schüttelte es sie.

Niemals würde sie einen Mann heiraten, der ihr Vater sein könnte.

»Sie haben mich durchschaut. Ich mag Ihre Direktheit, wertes Fräulein Schwarz. Sie ist so herzerfrischend. Die Familienvilla steht erneut zum Verkauf. Der Gauleiter sucht ein kleineres, einfacheres Haus für unsere Versammlungen.«

»Dann wird sich sicher ein Käufer dafür finden.«

»Der Gauleiter selbst trägt sich mit dem Gedanken, in der Villa zu wohnen.«

»Aber er hat doch schon das Dincklagehaus.« Das war ihr so herausgerutscht.

»Die Villa ist viel repräsentabler.«

Was würde ihre Mutter dazu sagen, wenn der Gauleiter unter dem Dach der Villa Uhlenberg Empfänge geben würde? Womöglich könnte sich unter den Gästen der Führer oder einer seiner Gefolgschaft befinden. Violetta wusste, dass ihre Mutter Göbbels nicht ausstehen konnte und ihr Vater gegen Göring und die führende Riege der NSDAP war. Ihrer Mutter schien das Schicksal der Familienvilla bisher gleichgültig gewesen zu sein. Wahrscheinlich wäre es ihr einerlei, wenn die Villa in die Hände des Gauleiters fiele.

»Hm, hm.« Violetta sparte sich eine Antwort. Stattdessen schritt sie zügig voran. Je eher sie zu Hause war, desto schneller wäre sie Mahler los.

Endlich erreichten sie ihr Elternhaus, das ihr in diesem Moment wie ein Rettungsanker erschien.

»Ach, da sind wir ja schon!«

Mahler schien weniger begeistert zu sein.

»Wie schade, Fräulein Schwarz. In Ihrer charmanten Gesellschaft ist die Zeit wie im Flug vergangen.«

Mir kam es wie eine Ewigkeit vor!

Höflich lächelte Violetta Dr. Mahler an. »Einen schönen Tag noch, Dr. Mahler.« Sie nickte ihm zu und wollte sich gerade abwenden, als er ihre Hand ergriff und an seine Lippen zog.

»Ich würde einen solchen Spaziergang mit Ihnen gern wiederholen«, säuselte er. »Wie wäre es denn am kommenden Sonntagnachmittag? Das Wetter soll gut werden.«

Violetta stöhnte innerlich auf.

»Ach, das tut mir aber leid, Herr Dr. Mahler, aber unser Ensemble probt den ganzen Sonntag lang.«

Er zog ein enttäuschtes Gesicht.

»Am Sonnabend bin ich leider beim Gauleiter eingeladen. Aber aufgeschoben ist ja nicht aufgehoben.« Er zwinkerte ihr zu, bevor er sich von ihr verabschiedete.

Erleichtert stieg Violetta die beiden Stufen zur Eingangstür hinauf. Sie drehte sich nicht mehr um, auch wenn sie Mahlers Blick im Rücken spürte. Erst als sie im schmalen Hausflur stand und die Tür hinter ihr zugeschlagen war, fühlte sie sich sicher vor ihm.

Aus der guten Stube waren die Stimmen ihrer Eltern zu hören, die lautstark über ein Stück stritten.

»Da bist du ja endlich!«, rief Florentina freudig und tastete sich mit ihrem Langstock durch den Flur, bevor sie Violetta umarmte. Auch Florentina besaß wie sie das schwarze Haar, das sie vom Vater geerbt hatten. Aber ihr Gesicht war schmaler geschnitten. Sie hätte eine Kopie der Mutter sein können, wären da nicht die silbernen Schleier über den Augen gewesen.

»Du bist in Begleitung nach Hause gekommen?«

Sie durfte nie den Scharfsinn ihrer blinden Schwester unterschätzen, die mehr bemerkte als jeder andere, der sehen konnte.

»Wie kommst du denn darauf?«

»Ein wenig Zigarrengeruch haftet an dir.« Florentina schnüffelte an ihrer Kleidung. »Und noch ein anderer Duft, den ich nicht benennen kann. Aber manche Männer riechen so. War es denn eine nette Begleitung?«

Wie konnte ihre Schwester so etwas riechen?

Violetta wusste, dass sie Florentina nichts verheimlichen konnte.

»Unter einer netten Begleitung hätte ich mir etwas anderes vorgestellt. Eine unumgängliche wäre treffender.«

»Nun sag schon, wer es war.«

Ihre Eltern stritten noch immer in der guten Stube. In dieser Stimmung wäre es sicher nicht angebracht, Dr. Mahler zu erwähnen, und schon gar nicht, dass Gauleiter Rust erwog, die Familienvilla zu erwerben.

Violetta atmete tief aus. »Dr. Mahler«, raunte sie und linste über die Schulter der Schwester hinweg, ob sich ihre Eltern in der Nähe befanden.

»Keine Sorge, sie haben es sicher nicht gehört. Ich sage kein Wort zu ihnen.«

»Danke, du bist ein Schatz.« Violetta küsste ihre Schwester auf die Wange.

»Heute ist die Stimmung in unserem Hause leider etwas getrübt. Mutti und Vati streiten schon die ganze Zeit.«

»Worüber denn?«

»Mutti hat Vatis Wunsch entsprochen und *Die lustige Witwe* von Franz Lehár in den neuen Spielplan aufgenommen.«

Vor vielen Jahren hatte ihr Vater den Komponisten in der Schweiz kennengelernt und sich später hin und wieder mit ihm getroffen.

»Darf die Operette denn aufgeführt werden?«, fragte Violetta erstaunt. Vor einiger Zeit hatte ihre Mutter das Werk vom Spielplan nehmen müssen, weil das Libretto von dem österreichischen Juden Löhner-Beda geschrieben worden war.

»Der Führer ist inzwischen ganz vernarrt in Lehárs Musik und hat ihm eine Sondergenehmigung als Komponisten erteilt. Jetzt dürfen seine Werke wieder aufgeführt werden. Hat Vati gesagt«, erklärte Florentina.

Immer wieder gab es Probleme mit jüdischen Künstlern. Violetta konnte das nicht verstehen. In der Kunst ging es doch weder um Religion noch um politische Gesinnung. Hauptsache, sie erfreute das Publikum. Auch ihre Eltern hatten für die gesamte Familie einen Nachweis erbringen müssen, dass sie keine jüdischen Vorfahren hatten, um das Theater weiter führen zu dürfen.

»Vati soll die Hauptrolle singen. Mutti ist mit seiner Interpretation nicht ganz einverstanden«, fuhr Florentina fort. »Sie haben nicht einmal bemerkt, dass ich vom Klavier aufgestanden bin, weil ich ihre Streitereien nicht mehr ausgehalten habe.«

Ihre Schwester war sehr sensibel, besonders wenn es laut wurde. Ihr Gehör war fein und laute Geräusche für sie unerträglich. Manchmal hatte Violetta gefrotzelt, dass sie das Gras wachsen hören könne.

Sie konnte die Stimmung des Pianisten erfühlen, allein durch seinen Tastenanschlag.

»Komm, lass uns nach oben gehen, bis sich die Wogen etwas geglättet haben.« Florentina fasste sie am Arm und zog sie zur Treppe.

Ihre Schwester hatte recht. Heute war sicher kein geeigneter Tag, um den Eltern von Mahler zu erzählen.

3. Juli 1936

Die Worte Onkel Edgars wollten Brian nicht mehr aus dem Kopf. Seitdem verschlang er jede Zeile über das Leben Frederik von Uhlenbergs. Manche Dokumente und Artikel hatte er aus dem Londoner Zeitungsarchiv. Gerade saß er in der historischen Bibliothek in Oxford, neben ihm ein Stapel Bücher, manche mit Zeitungsartikeln. Brian suchte akribisch nach Hinweisen zu Frederik von Uhlenberg und seinen Nachkommen.

Das Schicksal der Familie berührte ihn wider Erwarten. Besonders interessierten ihn das Leben und der künstlerische Werdegang Leonora von Uhlenbergs, die es in den Wirren des Ersten Weltkriegs geschafft hatte, dem seit mehreren Generationen bestehenden Theater am Park zu neuem Glanz zu verhelfen. Gegenwärtig war sie die Intendantin des Theaters.

Seltsam, dass in Deutschland eine Frau das Theater am Park führen durfte, wo doch der Führer von allen deutschen Frauen erwartete, dass sie viele Nachkommen der arischen Rasse gebaren.

Das sprach für Leonora von Uhlenberg. Sie musste eine sehr starke Frau sein. Aber auch eine begabte. In dem gebundenen Buch mit Theaterkritiken und Artikeln über Künstler in Europa gab es Berichte über sie. Leonora von Uhlenberg gehörte zu den besten Koloratursopranistinnen des Jahrzehnts. Brian beugte sich über das vergilbte Papier und las einen Artikel, den ursprünglich ein gewisser Bruno von Edel verfasst hatte und der später für die Times ins Englische übersetzt worden war. Zwar bemängelte der Verfasser das schlichte Bühnenbild der Aufführung der *Zauberflöte*, lobte jedoch die Leichtigkeit der Stimme Leonora von Uhlenbergs. Neben dem Artikel war ein Foto von ihr zu sehen. Brian griff nach der Lupe, um das kleine Porträt näher in Augenschein zu nehmen. Die Sängerin auf dem Foto war bildhübsch. Ihr ausgeprägtes Kinn zeugte von Durchsetzungskraft. *Schade, dass sie zu alt für mich ist. Diese Frau könnte mir gefallen.*

Wie gern hätte er die Nachkommen des Komponisten persönlich kennengelernt. Dazu müsste er nach Deutschland reisen. Doch die Deutschen diskriminierten Juden und alle, die nicht ihrem arischen Bild entsprachen. Brian konnte das nicht verstehen. Früher war er hin und wieder nach Wien oder München gereist. Er hatte die Städte sehr gemocht. Jetzt brodelte es in ihnen wie in einem Vulkan. Es war nur eine Frage der Zeit, wann es zu einem Krieg käme. Sein Vater behauptete immer, dass die Deutschen darin ein Mittel sahen, um ihre Machtposition in Europa und der Welt auszubauen.

»Sie haben gemeinsam mit den Österreichern den verdammten Krieg begonnen! Und weil sie ihn verloren haben, dürsten sie nach Revanche.«

Brian trommelte gedankenverloren mit den Fingern auf das Pult und erntete mahnende Blicke der anderen Bibliotheksbesucher.

Er stand auf und klappte das Buch mit den Kritiken zu. Für heute hatte er genug gelesen.

Auf dem Heimweg nahm er sich vor, seinen Vater nach den Notenblättern von Frederik von Uhlenberg zu fragen.

Als er Wilcox Manor betrat, war der Five-o'clock-tea längst vorbei. Heute musste er nicht in den Club und wollte die Gelegenheit nutzen, seinen Vater beim Dinner darauf anzusprechen.

In der Eingangshalle traf er auf Butler Will.

»Ihre Eltern erwarten Sie bereits im Salon, Mylord.«

»Danke, Will.«

Der Butler verbeugte sich und wollte gewohnheitsmäßig

Brian den Hut abnehmen. Er hielt in der Bewegung inne und starrte auf Brians bloßen Kopf.

»Aber ich trage doch nie einen Hut, Will. Bitte sag Geraldine, dass wir noch ein Gedeck brauchen. Mr Mandler wird heute unser Gast sein.«

»Sehr wohl, Mylord.« Mit diesen Worten wandte Will sich um und durchquerte die Halle, während Brian den Salon betrat.

Die Dinnertafel war bereits gedeckt. Neben seinen Eltern saß Rowena und lächelte ihn an.

»Na endlich beehrt uns unser Herr Sohn!« Der Tonfall seines Vaters ließ keinen Zweifel darüber offen, dass er wütend auf ihn war. Auch seine Mutter schaute ihn vorwurfsvoll an.

»Rowena wartet schon seit einer halben Stunde auf dich«, sagte sie und nickte der Tochter ihrer Freunde wohlwollend zu.

»Ich wusste ja nicht, dass ihr Rowena heute eingeladen habt.« Er wandte sich dem Gast höflich zu und verneigte sich. »Guten Abend, Rowena.«

Brian setzte sich auf den Stuhl neben sie. »Gideon Mandler wird ebenfalls mit uns speisen«, verkündete er seinen Eltern, woraufhin sich die Miene des Vaters verfinsterte. Brian wusste, dass sein Vater seinen besten Freund nicht leiden konnte. Aber das war ihm egal. Es war sein Freund.

Gideon Mandler unterstützte nach Meinung seines Vaters Brians musischen Spleen. Brian hatte ihn am Vortag in seiner Werkstatt aufgesucht, weil zwei Tasten auf seinem Klavier klemmten. Obwohl Gideon ausgelastet war, hatte er spontan versprochen, sich des Problems anzunehmen, und es im Handumdrehen gelöst. Das war Brian eine Einladung zum Dinner wert gewesen.

Will servierte ihnen in kunstvoll geschliffenen Kristallgläsern einen Portwein. Brian mochte das süße Getränk nicht.

Aber er würde seine Eltern noch mehr verärgern, wenn er ihn ablehnte.

Sein Vater öffnete den Mund. Brian erwartete eine Stichelei. Bevor es dazu kam, hob seine Mutter ihr Glas und prostete ihnen zu. Anschließend betrat Hausmädchen Geraldine den Salon und legte ein fünftes Gedeck auf.

»Mandler? Ist das nicht der berühmte Instrumentenbauer aus London?«, warf Rowena ein, nachdem Geraldine den Salon wieder verlassen hatte. Erstaunt sah Brian sie an.

»Ja, das ist er. Es wundert mich, dass du ihn kennst, da du dich doch nicht für Musik und das ganze Drumherum interessierst, Rowena.«

Brian erntete einen strafenden Blick seiner Mutter. Rowena hingegen lächelte, während sie ihre Serviette auseinanderfaltete und sorgsam auf dem Schoß ausbreitete.

»Ich habe neulich in der Times zufällig einen Artikel über ihn gelesen. Er hat eine Geige aus dem Erbe von Queen Charlotte restauriert und dafür eine Auszeichnung erhalten.«

»Die Gattin von George III.?« Immer wenn es um die Royals ging, war seine Mutter interessiert.

Rowena nickte. »Ja. Queen Charlotte war eine große Musikliebhaberin. Gemeinsam mit ihrem Musikmeister Johann Christian Bach hat sie damals viele Konzerte organisiert. Ihre Sammelleidenschaft galt Originalpartituren und war weit über die Grenzen hinaus bekannt. Nach ihrem Tod ist der gesamte Nachlass einschließlich ihrer Sammlung nach Hannover gebracht worden. In der Sammlung befinden sich viele Werke, auch welche deutscher Komponisten.«

Rowena hatte sich Brians Vorwurf von neulich offensichtlich zu Herzen genommen und wollte ihm mit ihrem Wissen imponieren.

»Kein Wunder. Sie ist ja selbst eine Deutsche! Als wenn wir nicht genügend gute Komponisten im eigenen Land unterstützen könnten!« Sein Vater schüttelte den Kopf. Er hatte nicht viel für die Deutschen übrig. Das resultierte aus seinen Erfahrungen im Ersten Weltkrieg, in dem er erbittert gegen die Deutschen gekämpft hatte. Die Abdankung des Kaisers hatte eine Friedenszeit eingeläutet, aber seit Hitler Staatsoberhaupt war, kamen wieder martialische Töne aus Deutschland. Sein Vater sah in dem Führer einen machtgierigen Proleten.

Die Küchenmädchen servierten als ersten Gang Suppe. Während Brian löffelte, dachte er unwillkürlich an Frederik von Uhlenbergs *Liebesreigen*.

»Unsere Familie hat die Gunst des Königshauses immer genossen.« Seine Mutter war stolz darauf, dass eine ihrer Vorfahrinnen die Kinder des Königs erzogen hatte. Bei jeder Gelegenheit musste sie sich damit brüsten.

Es war allgemein bekannt, dass Queen Charlotte eine glühende Verehrerin Frederik von Uhlenbergs gewesen war. Vielleicht hatte sie den berühmten Komponisten auch persönlich kennengelernt. Von seinen Recherchen wusste er, dass Frederik von Uhlenberg den *Liebesreigen* wenige Jahre vor Queen Charlottes Tod in London komponiert hatte. Gab es einen Zusammenhang mit dem Königshaus? Waren die Notenblätter in den Besitz der Queen gelangt? Wie waren die ersten Blätter zu seiner Familie gekommen? Was geschah mit dem Rest? Fragen über Fragen, auf die er die Antworten kennen wollte.

»Musik wird viel zu wichtig genommen«, unterbrach der Vater Brians Gedanken.

»Lewis, Edgar und ich lieben Musik, seit wir denken können«, bremste seine Mutter ihren Gatten und legte eine Hand auf seinen Arm. Das schien ihn versöhnlicher zu stimmen.

Brian ergriff die Gelegenheit, seinen Vater nach dem *Liebesreigen* zu fragen, als Will ihnen erneut eingeschenkt hatte.

»Du erinnerst dich noch an die Notenblätter, die ich als Kind auf dem Dachboden von Grandpas Sommersitz gefunden habe?«

»Die von diesem deutschen Komponisten?«

»Ja. Ich habe mich immer gefragt, wo die restlichen Seiten verblieben sind.«

»Verbrannt vermutlich.«

Sein Vater dachte sicher an das Feuer, das vor über siebzig Jahren im oberen Dachstuhl ausgebrochen war und vieles in der Familienbibliothek vernichtet hatte. Brian hielt das für unwahrscheinlich. Warum war dann nicht alles den Flammen zum Opfer gefallen?

Bevor er weiter darüber nachgrübeln konnte, meldete Will seinen Freund Gideon Mandler an. Brians Vater murmelte etwas Unverständliches und sah nur kurz zur Begrüßung auf, als Gideon den Salon betrat.

Gideon setzte sich auf den freien Stuhl neben Brian.

»Vielen Dank, dass ich mit Ihnen dinieren darf.« Brian mochte die bescheidene Art seines Freundes, der schwere Zeiten durchgemacht hatte. Gideon stammte aus einer angesehenen jüdischen Juwelierfamilie. Sein Vater hatte immer vor der Judenfeindlichkeit Hitlers und dessen Anhängern gewarnt. Bereits 1934 hatte seine Familie Deutschland verlassen. Seine Eltern wohnten in Cambridge. Eine weise Entscheidung, denn Brian hörte immer mehr von Diskriminierungen der jüdischen Bevölkerung.

»Hm.« Brians Vater schwieg.

Die Atmosphäre bei Tisch war angespannt. Rowena und ihren humorvollen Bemerkungen war es zu verdanken, dass der Abend in keinem Desaster endete.

Brian war froh, als er sich nach dem Essen mit Gideon zurückziehen konnte, damit der Freund noch einmal seine Klaviertasten überprüfte. Einziger Wermutstropfen war, dass Rowena ihnen folgte. So konnten sie nicht ungezwungen miteinander reden. Es drängte Brian, dem Freund von seinen Vermutungen über den *Liebesreigen* zu erzählen.

Gideon saß auf dem Klavierhocker und schlug immer wieder verschiedene Tasten an.

Rowena stand neben Brian und trat von einem Fuß auf den anderen. Sie seufzte leise, was zeigte, wie sehr sie sich langweilte.

Nach einer Weile stand Gideon auf.

»Über kurz oder lang brauchen einige Tasten neuen Filz und vielleicht neue Hämmerchen«, erklärte Gideon. »Hör selbst.«

Auf dem Klavier standen noch die Noten von Frederik von Uhlenbergs *Liebesreigen*. Nachdem Gideon die ersten Takte angespielt hatte, nickte er.

»Bis auf die beiden schrägklingenden Töne muss ich sagen, dass mich dieses Stück sehr berührt.«

»Also ich fand, dass es irgendwie deprimierend klang«, meldete sich nun auch Rowena zu Wort, die die ganze Zeit über geschwiegen hatte.

»Deprimierend würde ich es nicht nennen, sondern eher melancholisch«, warf Gideon ein.

»Ist doch das Gleiche«, antwortete sie spitz.

»Nein, ist es nicht«, korrigierte Brian sie, der die melancholische Weise Frederik von Uhlenbergs sehr mochte.

»Doch«, beharrte sie und streckte ihr Kinn in die Höhe.

Brian gab es auf, sie zu überzeugen.

»Wer hat das denn geschrieben?« Rowena blickte ihn und Gideon fragend an.

»Frederik von Uhlenberg«, antwortete Gideon ehrfürchtig.

»Den Namen habe ich ja noch nie gehört!«

Ihre Art ärgerte Brian.

»Stimmt. Er hat ja auch nie einen Schlager geschrieben«, entfuhr es ihm. Rowenas Einstellung zur Musik ging ihm auf die Nerven.

Sie schnappte nach Luft und kniff die Lippen zusammen.

»Ich finde dieses Stück hier grandios. Die Melodie klingt

wie ein Refrain, als wäre sie für Gesang geschrieben. Es scheint sich aber hierbei nur um den Klavierauszug zu handeln. Hast du auch die Gesamtpartitur?«

»Leider nein.«

»Sagtest du Frederik von Uhlenberg?« In Gideons Augen lag ein Glitzern, wie immer, wenn er sich für etwas begeisterte.

»Ja.«

»Weißt du eigentlich, welchen Schatz du hier besitzt?«

»Aber das ist kein Original, sondern nur eine Kopie von mir. Und die letzten Takte fehlten. Ich habe sie komplettiert, weil es mich störte, dass es abrupt endete.«

»Mit Verlaub, meine Herren, aber könnten wir vielleicht zu den Eltern zurückkehren?«, drängelte Rowena.

»Geh ruhig. Wir wollen hier noch ein wenig fachsimpeln.«

Mit einer Mischung aus Ärger und Enttäuschung sah Rowena Brian an. Würde sie jetzt endlich begreifen, dass sie nicht zusammenpassten?

»Bitte, Rowena«, sagte er sanfter.

Sie machte auf dem Absatz kehrt und eilte aus dem Raum. Brian seufzte erleichtert.

»Meinst du nicht, dass du zu Rowena manchmal ein wenig zu hart bist?« Der gutmütige Gideon hätte sich sicher mehr um Rowena bemüht als er.

»Ich mag Rowena. Wirklich. Aber sie will nicht begreifen, dass wir nicht zusammenpassen, obwohl wir schon tausend Mal darüber gesprochen haben. Sie macht alles, was ihre Eltern verlangen. Als wenn sie keine eigenständige Persönlichkeit wäre.«

Rowena und er waren sich einig gewesen, dass nicht mehr als Freundschaft zwischen ihnen bestehen konnte. Kaum hatte sie mit ihren Eltern gesprochen, schien das nicht mehr zu gelten.

»Mir scheint, dass du sie magst«, warf Brian grinsend ein.

»Aber ich muss dich warnen, ihre Eltern sind konservativ denkende Aristokraten. Ich glaube nicht, dass du bei ihnen eine Chance hättest. Außerdem wage ich zu bezweifeln, dass du mit Rowenas Temperament auf Dauer glücklich wärst.«

Gideon zog eine enttäuschte Miene. Doch dann nickte er. »Ich befürchte, du hast recht, mein Freund. Und anspruchsvolle Musik scheint sie auch nicht besonders zu schätzen.«

»Ich wusste doch, dass wir uns verstehen.« Brian zwinkerte ihm zu, bevor er seinem Freund in wenigen Sätzen alles über die gefundenen Notenblätter berichtete.

»Die Originalnoten sind sicher ein Vermögen wert. Du könntest damit vielleicht sogar Hitlers Gunst erringen. Noch dazu, wenn Frederik von Uhlenberg ein echter Arier gewesen ist. Die Partitur zu finden wäre auch ein Gewinn für die Musikwelt. In den letzten Jahren seines Schaffens hat von Uhlenberg nur wenig komponiert. Bist du eigentlich einmal in seinem Theater gewesen?«

Brian sah seinen Freund erstaunt an.

»Nein. Ich wusste ja nicht einmal, dass es eines gab. Existiert es noch?«

»Soweit ich weiß, schon. Es ist das Theater am Park in Hannover.«

Er hatte Hannover als Kind mit seinen Eltern besucht, aber das war ihm entgangen. Es bestärkte ihn nur in seiner Vermutung, dass Queen Charlotte den Komponisten gekannt haben könnte, und ließ es wahrscheinlicher werden, die fehlenden Noten könnten sich in der deutschen Stadt befinden. Vielleicht sogar bei der Familie des Komponisten. Schade, dass Onkel Edgar das damals bei Leonora von Uhlenberg nie hinterfragt hatte. Es hatte Brian schon immer geärgert, dass das Ende der Ouvertüre fehlte. Zu gern würde er nach Hannover reisen. Und am liebsten hätte er Gideon an seiner Seite gewusst, aber das war leider vollkommen unmöglich.

»Ich habe übrigens noch irgendwo ein Buch mit Fotogra-

fien des Theaters und der von Uhlenbergs, falls es dich interessiert. Ich habe es damals mitgebracht.«

Brian war brennend daran interessiert, mehr über den genialen Komponisten herauszufinden.

»Es würde mich sehr freuen, wenn du es mir ausleihen
könntest.«

8. Juli 1936

Es war ein besonders heißer Sommertag, als ein Brief von Cousine Gianna eintraf. Die Hitze hatte Violetta, ihre Eltern und Florentina in den Garten gelockt, wo sie unter dem schattenspendenden Pflaumenbaum saßen. Violetta liebte die sommerliche Stimmung inmitten von süßduftenden Blumen und reifenden Früchten. Überall um sie herum summte es. Zwei Schmetterlinge flatterten über den Blumenköpfen, bevor sie sich in der Blüte niederließen, um den Nektar zu trinken. Der kleine ehemalige Pfarrgarten war für Violetta wie das Theater ein Refugium. Hier zog sie sich gern zurück.

Ihre Mutter riss das Kuvert auf. Lina, ihre Schwägerin, hatte den italienischen Musiker Federico geheiratet. Sie lebten nahe Florenz in einem Ort namens Sant' Anna di Stazzema. Federico war ein musikalisches Multitalent. Er spielte nicht nur mehrere Instrumente, sondern leitete auch drei Chöre und ein Orchester. Gianna war die älteste Tochter der sechsköpfigen, musiknärrischen Familie. In Violettas Kindheit hatten sie oft die Weihnachtstage bei der Großmutter in der Schweiz verbracht. Violetta erinnerte sich gut an Gianna, ein aufgewecktes, fröhliches Mädchen mit geflochtenen Zöpfen und schelmischem Blick. Sie hatte den ganzen Tag über Lieder geträllert und immer einen frechen Spruch auf den Lippen gehabt. Umso mehr freute Violetta sich darauf, von ihr zu hören.

Wie immer las ihre Mutter den Brief stumm. Violetta platzte vor Neugierde.

»Nun lies doch bitte endlich laut, Mutti«, drängelte Florentina, der es offensichtlich genauso erging.

»Geduld.« Ihre Mutter winkte ab und las weiter, während ihr Vater schmunzelnd den Kopf schüttelte.

»Spann uns bitte nicht so auf die Folter.« Violetta sah ihre Mutter flehend an.

Ihre Mutter holte tief Luft und las Giannas Zeilen vor.

»Ist das nicht toll? Gianna hat dich eingeladen, Violetta, ein Semester Gesang in Florenz mit ihr zu studieren. Ein Schüler de Lucas unterrichtet dort die Sparte Belcanto. Du könntest natürlich während dieser Zeit bei Tante Lina und Onkel Federico wohnen.«

Violetta glaubte, sich verhört zu haben. Das konnte ihre Mutter unmöglich ernst meinen.

»Aber ich bin doch schon längst fertig mit meinem Gesangsstudium. Was soll ich denn da noch in Italien?« Sie würde Heimweh bekommen und Hans Brünn nicht mehr sehen.

»Es würde dir sicher nicht schaden, noch etwas dazuzulernen«, sagte ihr Vater.

Sie sah ihn enttäuscht an. Violetta pflegte zu ihren Eltern und ihrer Schwester ein sehr inniges Verhältnis. Eine Trennung von Florentina würde ihr sehr schwerfallen.

Ihr Zuhause war hier. In Hannover, im ehemaligen Pfarrhaus und im Theater. Er konnte doch nicht ernsthaft wollen, dass sie für längere Zeit wegging? Und doch war ihr klar, als sie ihm in die Augen sah, dass er es ernst meinte.

»Dieser de Luca kann mir auch nicht mehr beibringen als die Professoren im Konservatorium.«

»Dein Vater hat recht. Ich habe nur Gutes über Giovanni de Lucas Neffen Giorgio gehört. Viele seiner Schüler und Schülerinnen treten auf bekannten Bühnen auf, haben Preise erhalten.«

»Das brauche ich nicht. Ich weiß, dass ich es auch so schaffen werde.« Ganz so selbstbewusst fühlte sie sich dennoch nicht.

»Küken müssen flügge werden. Doch wenn sie ihr Nest verlassen wollen, müssen sie ausfliegen.«

Violetta rollte bei der Weisheit ihres Vaters mit den Augen.

»Ihr könnt mich nicht dazu überreden. Ich gehe nicht nach Italien«, sagte Violetta bestimmt.

Ihre Eltern tauschten Blicke, die ihr signalisierten, dass sie nicht gedachten aufzugeben.

»Mutti, Vati, ihr könnt Violetta nicht zwingen«, meldete sich Florentina zu Wort, die bis dahin geschwiegen hatte.

»Wir wollen sie auch nicht zwingen, sondern ihr nur eine wunderbare Chance bieten. Ihr würden die Türen auf allen Bühnen Europas offenstehen, wenn sie die Belcanto-Ausbildung genossen hätte. Violetta liebt doch genauso wie ich die italienischen Opern!«

In diesem Punkt hatte ihr Vater zwar recht, doch dazu musste sie nicht unbedingt nach Italien reisen. Sie hatte am Konservatorium genügend Arien von Puccini, Verdi und auch Rossini gesungen und fühlte sich sicher genug, diese auch auf einer Bühne vortragen zu können.

»Wir möchten nur, dass du es dir noch einmal in Ruhe überlegst. Eine solche Chance bietet sich im Leben nur selten«, pflichtete ihre Mutter dem Vater bei.

Da meldete sich Florentina wieder zu Wort. »Habt ihr nicht gesagt, dass es in Florenz das sehr bekannte Conservatorio di Musica Luigi Cherubini gibt? Ich könnte doch an Violettas Stelle hin, wenn sie nicht mag. Ich würde am Konservatorium mein Pianostudium vertiefen.«

Einen Moment lang herrschte Stille. Die Blicke der Eltern offenbarten, wie sehr sie das Ansinnen ihrer blinden Tochter erstaunte und zugleich besorgte. Violetta hingegen begrüßte den Vorschlag ihrer Zwillingsschwester. Außerdem staunte sie, dass Florentina den Mut aufbrachte, ihren Wunsch zu äußern.

»Also ich finde deinen Vorschlag wirklich großartig«, pflichtete sie Florentina bei, die jetzt lächelte.

»Wir können dich unmöglich allein nach Italien reisen lassen.« Ihrer Mutter war die Furcht um Florentina anzumerken.

»Aber warum denn nicht, Mutti? Ich bin doch nicht allein, sondern bei unseren Verwandten. Tante Lina, Onkel Federico und auch Gianna kümmern sich um mich.«

Ihre Eltern schwiegen.

»Ihr denkt, dass ich das nicht schaffe, weil ich blind bin, stimmt's? Aber ich kann das. Bestimmt.«

»Nein … ja … Roman, rede es ihr bitte aus.« Flehend sah ihre Mutter den Vater an.

Violetta wusste, wie sehr ihre Schwester sich eine solche Reise wünschte. Ihre Sinne waren so geschärft, dass sie sich schnell und überall zurechtfand. Sie musste um Florentinas willen einhaken.

»Aber wenn es doch Florentinas Wunsch ist?«, fragte Violetta, als sie die enttäuschte Miene ihrer Schwester sah.

»Ich hätte keine ruhige Minute mehr.« Ihre Mutter seufzte.

Ihr Vater rieb sich grübelnd übers Kinn.

»Ich bin im nächsten Monat wieder für knapp zwei Wochen in Mailand. In dieser Zeit könnte Florentina zu Lina und Federico. Wir könnten probieren, wie sie dort zurechtkommt. Vor allem würden wir Giannas Angebot nicht zurückweisen. Sie freut sich sicher auf eine Cousine. Dann sehen wir weiter. Was haltet ihr von meinem Vorschlag?«

»Vati, wirklich?« Florentinas Hände zitterten.

Ihr Vater sah zur Mutter hinüber, um ihre Meinung zu hören.

Sie schien einen inneren Kampf auszufechten. Natürlich konnte Violetta verstehen, wie schwer es ihr fiel, Florentina gehen zu lassen.

»Einverstanden«, gab sie nach einer Weile seufzend nach.

»Danke, Mutti, danke, Vati«, sagte Florentina bewegt. In

diesem Augenblick wurde Violetta bewusst, wie viel die Reise ihrer Schwester wirklich bedeutete. Florentina war zu bescheiden, als dass sie jemals etwas von anderen verlangte. Manchmal verspürte Violetta einen Anflug von Mitleid. Ein Leben ohne Augenlicht war für sie unvorstellbar und schrecklich. Die augenscheinlichen Eindrücke auf der Bühne waren wichtig für sie, um tief in die Opernrolle eintauchen zu können. Auch musste sie ihren Duettpartnern in die Augen schauen können. Florentina dagegen bezog ihre künstlerische Ausdruckskraft allein aus den Tönen. Ihr gefühlvolles Klavierspiel fesselte die Zuhörer. So manches Stück hatte auch Violetta zu Tränen gerührt.

»Ich werde Lina bitten, auf Florentina besonders achtzugeben.«

Die Worte des Vaters schienen ihre Mutter ein wenig zu versöhnen. Nur die Blässe ihrer Haut zeugte von ihrer Sorge.

Die Eltern und Florentina planten den Ablauf der Reise. Ihre Worte zogen ungehört an Violetta vorbei. Sie war erleichtert, dass ihr Vater nicht mehr darauf bestand, dass sie nach Italien reiste. Ihre Zukunft gehörte dem Theater am Park. Sie hoffte, irgendwann in die Fußstapfen ihrer Mutter treten zu können. Verstohlen sah sie zu ihr hinüber. Für ihr Alter war sie noch immer eine sehr attraktive Frau und eine beliebte Operndiva. Nichts wünschte Violetta sich sehnlicher, als so zu werden wie sie. Intendantin des Theaters und einen liebenden Mann an ihrer Seite, das war ihr Wunsch. Ein Mann, der ihre Musikpassion verstand. Ein Mann wie Hans Brünn.

21. August 1936

Am Freitagabend war besonders viel los im Club. Brian schritt durch die von Zigarrenrauch geschwängerte Luft. Die Herren saßen mit einem Glas Whisky in der Hand in den ledergepolsterten Clubsesseln und plauderten angeregt über die zurückliegende Woche. Oft beherrschte das Thema Hitler die Gespräche. Deutlich hörte Brian den Hass auf die Deutschen heraus, der mit jeder Woche zu wachsen schien. Am Flügel angekommen, legte er die Notenblätter darauf ab und setzte sich auf den Hocker.

Der Leiter des Clubs trat zu ihm und beugte sich zu ihm herunter. Brian bekam den Duke of Whitmore nur selten zu sehen.

»Auf ein Wort, Lord Wilcox«, flüsterte Whitmore und bedeutete Brian, ihm zu folgen. Der Clubleiter führte ihn in einen der hinteren Räume. Brian war gespannt, was er erfahren würde. Hatte sein Vater seinen Einfluss geltend gemacht, dass Brian jetzt nicht mehr spielen durfte? Den Duke und seinen Vater verband eine langjährige Freundschaft.

Kaum dass die Tür hinter ihnen ins Schloss gefallen war, wandte der beleibte Duke sich mit ernster Miene zu ihm um. Brian fühlte sich bei seiner Miene in seiner Befürchtung bestätigt. Die Glatze des Dukes glänzte im Lichtschein des Kronleuchters.

»Sie haben da neulich ein Stück gespielt, das für Aufruhr gesorgt hat. Sind Sie von Sinnen gewesen, das Werk eines deutschen Komponisten vorzutragen?«

Es konnte sich nur um den *Liebesreigen* von Frederik von Uhlenberg handeln.

»Aber Frederik von Uhlenberg gehört zu den ganz Großen. Wie Händel. Die meisten haben nach meinem Vortrag
applaudiert. Das zeigt doch, dass es ihnen gefallen hat.«

»Ist mir egal. In diesem Club werden keine Werke deutscher Komponisten mehr gespielt. Haben wir uns verstanden,
Lord Wilcox?«

Brian fehlten die Worte. Bei Wagner, den Hitler verehrte,
konnte er das verstehen. Der Duke trat einen Schritt auf ihn
zu. Seine buschigen Augenbrauen waren zusammengezogen.

»Haben wir uns verstanden? Oder Sie werden nicht mehr
in diesem Club spielen. Ich habe es Ihnen sowieso bloß aus
alter Freundschaft zu Ihrem Vater gestattet.«

Wut wallte in Brian auf. Wenn er nur endlich als Pianist
auf eigenen Füßen stehen könnte.

Die entschlossene Miene des Dukes verriet Brian, dass er
es ernst meinte. Auf keinen Fall konnte er auf das Spielen im
Club verzichten, wenn er von seiner Familie unabhängig sein
wollte.

»Ja«, antwortete Brian.

Musik trennte keine Völker. Sie war nur dazu da, alle
Menschen auf beste Weise zu unterhalten. Da war es doch
gleichgültig, welcher Nationalität ein Komponist war.

»Gut. Ich werde ein Auge darauf haben, dass Sie sich an
meine Anweisung halten.«

Das Verbot des Dukes gefiel Brian nicht. Die Hälfte der
Stücke seines Repertoires waren von deutschen Komponisten.
Händel, Bach, Mahler, Schubert …

Seine Finger glitten über die Tasten, jedoch fehlten Leidenschaft und Herzblut. Die Werke englischer Komponisten hatte er schon viel zu oft gespielt.

An diesem Abend verließ er den Club früher. Die Anweisung des Dukes ärgerte ihn. Er wollte selbst entscheiden können und spielen, was ihm gefiel. Vielleicht wäre es besser, sich

ein neues Betätigungsfeld zu suchen. Das könnte sich schwierig gestalten. Vielleicht hatte sein Freund Gideon eine Idee.

Anstatt nach Hause zu gehen, winkte er eine Droschke herbei, die ihn zu Gideons Wohnung in der Nähe vom Piccadilly Circus bringen sollte.

Eine halbe Stunde später stieg Brian vor einem typisch viktorianischem Stadthaus, in dem Gideon bei einem wohlhabenden Bürgerpaar zur Untermiete wohnte, aus seiner Droschke. Gideons Werkstatt für den Instrumentenbau lag im ehemaligen Stall der Kutschpferde. Außerdem besaß er ein kleines Lagerhaus, etwas weiter entfernt, wo Brian ihn noch nicht besucht hatte.

Ein winziger, von einem schmiedeeisernen Zaun umgebener Vorgarten trennte Brian von der Haustür. Entschlossen öffnete er das Gartentor, schritt zur rotlackierten Tür und klopfte an.

Schnelle, leichte Schritte erklangen, bevor die Tür aufschwang und eine junge Frau mit maisblondem Haar und in Hausmädchentracht auf der Schwelle erschien. Brian hatte Gideon schon oft besucht, aber diese Bedienstete noch nie gesehen. Ihre Wangen färbten sich rot, als sie knickste. Er war es gewöhnt, dass Frauen bewundernd zu ihm aufblickten.

»Guten Tag. Was wünschen Sie, mein Herr?«

»Lord Wilcox«, stellte er sich lächelnd vor. Das Mädchen wurde flammend rot. Hastig senkte sie den Blick und knickste in der Verlegenheit noch ein weiteres Mal.

»Bitte entschuldigen Sie, Mylord …«

»Schon gut. Sie kennen mich nicht. Ich bin ein Freund von Mr Gideon Mandler. Würden Sie mich bitte zu ihm führen?«

»Selbstverständlich, Mylord.«

Brian war erleichtert, dass Gideon offensichtlich zu Hause weilte.

Als sie erneut knicksen wollte, fasste er ihren Arm.

»Bitte nicht. Bringen Sie mich lieber zu meinem Freund.«

Das Hausmädchen nickte und bedeutete Brian mit einer Geste, ihr zu folgen, bevor sie sich umwandte und den langen, schmalen Flur voranschritt.

Gideons Zimmer lag im Anbau zum Garten hinaus. Brian musste ein paar Stufen hinabsteigen.

Zögernd blieb das Hausmädchen neben ihm stehen und sah zu ihm auf.

»Sie können ruhig gehen. Danke.«

Erleichtert atmete sie aus und eilte davon. Schmunzelnd sah Brian ihr nach. Dann klopfte er an.

»Herein!«

Brian trat ein und fand Gideon an seinem Schreibtisch vor, wo er eine Geige entwarf.

»Du kommst gerade richtig, Brian. Ich sitze seit heute Morgen an einer Geige mit besonderem Klang. Mir raucht schon der Kopf. Setz dich zu mir.«

Hastig räumte Gideon unzählige Maßzeichnungen von dem einzigen Stuhl seines Zimmers.

»Bist du hier wegen des Buches über die Uhlenbergs? Ich weiß, ich habe es versprochen. Aber momentan kann ich mich vor Aufträgen nicht retten.«

»Deshalb bin ich eigentlich nicht hier.«

»Sondern?«

Jetzt verschaffte Brian seinem Ärger Luft und berichtete Gideon von seinem Gespräch mit dem Duke.

»Ich fasse es nicht! Wie engstirnig. Die Werke sind lange vor den Nationalsozialisten entstanden.«

»Klar, aber der Duke sitzt am längeren Hebel. Viele sind wegen der politischen Lage auf die Deutschen nicht gut zu sprechen. Du kennst ja meine Meinung dazu.«

Brian nickte. Gideon war der Unterdrückung der Nazis entkommen. In Deutschland hätte man ihm beim Instrumentenbau nur Steine in den Weg gelegt und nichtjüdische Deutsche bevorzugt. Aber Gideon wollte zu den Besten seines Fachs gehören, und dazu musste er genügend Erfahrungen in der Praxis sammeln.

»Was baust du da?« Interessiert betrachtete Brian die Geigenskizze.

»Ich versuche, eine Geige zu bauen, die der Stradivari im Klang ähnelt. Um ehrlich zu sein, sie soll noch besser klingen. Ich weiß nicht, ob mir das gelingt.« Gideon griff nach einem Block Holz.

»Das ist Fichte. Aus Italien«, erklärte er. »Der beste Baustoff für Geigen. Wusstest du, dass Frederik von Uhlenberg nicht nur ein brillanter Komponist war, sondern auch die Geige und das Klavier beherrschte wie wenige seiner Zeit? Er hat seine Geige sogar selbst gebaut.«

Gideon stand vom Hocker auf und lief zu einem Regal, das von Büchern überquoll. Er zog eines heraus und kehrte damit zu Brian zurück.

Die Tradition von Uhlenberg und das Theater am Park lautete der Buchtitel. Der Band war schon ein paar Jahre alt. Gideon schlug ihn auf. Die erste Seite zierte eine Zeichnung, auf der unter anderen ein gutaussehender, junger Mann zu sehen war. Darunter stand der Name Frederik von Uhlenberg gedruckt. Der Komponist schaute den Betrachter selbstbewusst an.

»Hier.« Gideon legte ihm den Bildband auf den Schoß. Sofort begann Brian weiterzublättern.

Herausgeber des Buches war ein Brite.

»Auf Seite zwölf findest du eine Fotografie der ersten Seite der handschriftlichen Partitur des *Liebesreigens.*« Gideon tippte mit dem Finger auf das Papier. Brian konnte es gar nicht erwarten, einen Blick darauf zu werfen, denn er hoffte, die letzten Takte darauf zu finden.

Leider wurde er enttäuscht. Auf der Schwarz-Weiß-Fotografie war bis auf die Überschrift kaum etwas zu erkennen. Im

Text darunter stand, dass Frederik von Uhlenberg den *Liebes-reigen* für eine Frau namens Agnes komponiert hatte.

»Diese Agnes, war das seine Frau?«, fragte Brian seinen Freund, der wieder auf dem Hocker hinter dem Pult Platz genommen hatte und vertieft in seine Skizze war.

»Nein. Seine Frau hieß Luise. Eine Tochter des Hannover'schen Landadels. Sie brachte ein beträchtliches Vermögen in diese Ehe. Diese Agnes jedoch soll seine große Liebe gewesen sein.«

»Eine Vernunftehe und parallel eine Affäre also?«

»Nein, ganz so war es wohl nicht. Agnes war vor seiner Ehe. Warum er nicht seine große Liebe, sondern Luise geheiratet hat, weiß niemand.«

Wenn es nach seinen Eltern ginge, würde Brian das gleiche Schicksal teilen.

Seite für Seite blätterte er um. Das Buch war in verschiedene Abschnitte unterteilt und darunter in Kapitel. Er erfuhr, dass Frederik von Uhlenberg bereits mit vier Jahren auf der Geige, mit sechs auf dem Klavier spielen gelernt hatte. Mit zehn Jahren gab er bereits Konzerte. Als Elfjähriger spielte er vor großem Publikum eine selbst komponierte Klaviersonate und wurde dafür bejubelt.

Es war nicht nur sein musikalisches Schaffen, das ihn bekanntgemacht hatte, sondern auch sein Lebensstil. Frederik von Uhlenberg war Festen sehr zugeneigt, bei denen der Alkohol in Strömen floss. Manchen Gerüchten zufolge war er auch ein gern gesehener Gast in Opiumhöhlen und hatte zahlreiche Affären.

Ein Teil des Buches widmete sich seiner Karriere als Komponist. Zu seinen bedeutendsten Werken zählten das Requiem, ein Liederzyklus, Klaviersonaten und -sinfonien sowie ein Dutzend Opern. Im zweiten Teil wurde das Theater am Park und seine Familie vorgestellt. Jedes Wort, jedes Foto sog Brian auf wie ein Schwamm, bis er plötzlich auf das Farbfoto eines bildhübschen Mädchens stieß. Ihr schwarzes Haar war zu einem Zopf zusammengebunden. Der Blick aus ihren veilchenblauen Augen wirkte geheimnisvoll. Er schätzte sie auf zehn Jahre. Rechts über ihrer Oberlippe war ein kleiner Leberfleck. Neben ihr saß am Klavier ein Mädchen, das eine Brille trug. Brian blätterte vor und zurück, um zu erfahren, wer die beiden Mädchen waren. Weil er nirgends eine Erklärung fand, ging er zu Gideon hinüber und zeigte ihm das Foto.

»Weißt du, wer diese beiden Mädchen auf der Fotografie sind?«

Gideon beugte sich über das Buch und zuckte mit den Achseln.

»Steht denn da nichts drin? Ein Name? Jahreszahl?« Er tippte auf die Seite.

»Leider nein.«

»Vielleicht Urenkelinnen von Frederik.«

Es enttäuschte Brian, dass sein Freund auch nicht mehr dazu sagen konnte.

»Dieses Theater am Park … du hast gesagt, wahrscheinlich existiert es noch?«

»Ja. In meiner Heimatstadt Hannover. Seit Frederik von Uhlenberg es gegründet hat, war es in Familienhand. Die Aufführungen erfreuten sich immer großer Beliebtheit. Bis zum Ersten Weltkrieg.«

»Und dann?« Seitdem Brian die Noten Frederik von Uhlenbergs gefunden hatte, war er brennend daran interessiert, mehr über ihn zu erfahren.

»Der Intendant, Frederiks Nachfahre, ist zu Beginn des Ersten Weltkriegs gestorben. Sein Tod und der Krieg hatten das Theater in eine schwere Krise gestürzt. Sein Sohn, der Nachfolger, ist im Krieg gefallen.«

»Dann ist es also in fremder Hand?« Brian mochte sich nicht vorstellen, dass das Erbe eines solch genialen Mannes verkauft worden war.

»Nein. Der verstorbene Intendant hatte eine Tochter, die die Leitung des Theaters übernommen hat.«

Eine Frau, die ein Theater leitete? Davon hörte Brian zum ersten Mal. Er konnte sich nicht vorstellen, dass das in England möglich war. Andererseits gedachte er dessen mit Hochachtung.

»Falls es dich interessiert ... die Frau leitet nicht nur das Theater, sie ist die bekannte Sopranistin Leonora Schwarz.«

Brian hatte diesen Namen schon oft gehört und gelesen. Im vergangenen Jahr hatte sie bei einem Konzert in London gesungen.

»Ja, ich weiß. Das hier könnten ihre Töchter sein«, sinnierte Brian und war ein wenig enttäuscht. Dieses Mädchengesicht mit dem ernsten und klugen Ausdruck faszinierte ihn.

»Schon möglich. Die von Uhlenbergs scheinen es dir angetan zu haben.«

»Ich bin vor allem von Frederiks Werken beeindruckt und wüsste gern mehr über ihn.« Das war nur die halbe Wahrheit. Je mehr Brian über die von Uhlenbergs erfuhr, desto mehr nahmen ihn deren Schicksale gefangen. Gideon lächelte.

Auf der Heimfahrt ging ihm das Gesicht des Mädchens nicht mehr aus dem Sinn. Wie sie als erwachsene Frau wohl aussehen mochte?

3. September 1936

Der Spätsommer neigte sich dem Ende zu. An der hölzernen Veranda im Garten waren morgens die kunstvoll gewebten Spinnennetze zu sehen, an denen winzige Tautropfen klebten. Der Geruch von feuchter Erde und welkenden Pflanzen erfüllte die Luft. Violetta saß in eine Decke gehüllt im Gartenstuhl auf der Veranda und beobachtete den Sonnenuntergang. Zu ihrem Bedauern wurden die Tage kürzer und erlaubten keine langen Spaziergänge am Abend. Sie dachte an Hans Brünn, den sie seit der letzten Begegnung nicht mehr gesehen hatte. Jeden Tag wartete sie aufs Neue vergeblich, dass er den Eltern seine Operette vorstellte. Insgeheim hatte sie gehofft, dass er auch ihretwegen vorbeischauen oder ihr eine Nachricht senden würde. Sie war sich sicher gewesen, ihm zu gefallen. Sollte sie sich getäuscht haben? Oder hatte sie ihm vielleicht doch zu deutlich ihre Gefühle offenbart und ihn durch ihre Offenheit verschreckt? Schritte näherten sich, und das leise Klopfen des Langstocks war zu hören.

»Wo bleibst du denn? Cousine Gianna wird gleich eintreffen.« Florentinas Stimme klang ungeduldig.

»Ich komme gleich.« Violetta brauchte noch einen Moment Ruhe, bevor sich das Haus durch die Ankunft ihrer Cousine in einen summenden Bienenstock verwandeln würde. Vor zwei Wochen hatten sie einen Brief von Gianna erhalten, in denen sie ihnen mitgeteilt hatte, bis zum Frühjahr bei ihnen bleiben zu wollen, um das Theaterleben kennenzulernen, bevor sie ihr Musikstudium in Italien fortsetzte – zusammen mit Florentina. Schon seit Tagen war alles für ihren Besuch vorbereitet worden.

Florentina trat hinter die Bank und legte eine Hand auf Violettas Schulter.

»Was machst du allein hier draußen?«, fragte sie.

Florentina und sie verband ein inniges Verhältnis. Sie vertrauten sich gegenseitig alles an.

»Die Proben heute waren sehr anstrengend gewesen. Ich genieße den Sonnenuntergang.«

Ihre Mutter war eine Perfektionistin und ihr Anspruch an die Künstler entsprechend hoch. Sie duldete keinen Patzer. Ein Stück musste so lange wiederholt werden, bis es zu ihrer Zufriedenheit gespielt worden war. Neben Lehárs Operette übten sie die Oper *Der Rosenkavalier*. Neben schweren Gesangspassagen war auch ihr schauspielerisches Talent gefordert. Aber immer wieder hatte ihre Mutter etwas zu beanstanden gehabt.

Auch fühlte Violetta sich in ihrer Rolle nicht wohl. Sie hatte sich die Partie leichter vorgestellt. Die langen Proben gingen zu Lasten der Konzentration. Mal vergaß sie den Text, dann den Einsatz, ganz zum Ärger ihrer Mutter.

Erst vorhin hatten sie deshalb miteinander gestritten.

»Der Oktavian liegt mir nicht«, hatte Violetta sich beschwert.

»Aber die Rolle passt am besten zu deiner Stimmlage, und du kannst dein komödiantisches Talent zeigen.«

Violetta seufzte. Ihre Schwester setzte sich zu ihr auf die Bank.

»Magst du die Musik von Strauss nicht?«

»Doch … schon … aber nicht diese Rolle.«

Zwar lag ihr die tiefere Lage, aber sie mochte keine Hosen. Der Stoff kratzte an ihren Beinen.

»Du klingst wirklich nicht begeistert. Die Hosenrolle ist doch mal was anderes.« Violetta wusste es zu schätzen, dass Florentina sie aufmuntern wollte.

»Es fällt mir schwer, mich in die Rolle eines jungen Mannes hineinzuversetzen. Und dann rügt Mutti mich ständig.«

Eine Weile schwiegen sie.

»Mir scheint eher, dass deine Unzufriedenheit einen anderen Grund hat. Etwa weil der nette Komponist sich noch nicht gemeldet hat?«

Immer wieder schaffte Florentina es, sie mit ihrem Scharfsinn und ihrer Einfühlsamkeit zu überraschen.

»Ich kann dir wirklich nichts vormachen.« Violetta drückte kurz die Hand ihrer Schwester.

»Nein, kannst du nicht.« Florentina lächelte. »Weil wir schon vor unserer Geburt eng miteinander verbunden waren.«

»Stimmt.« Violetta konnte sich ein Leben ohne ihre geliebte Schwester nicht vorstellen. Sie gehörten einfach zusammen. Jede von ihnen spürte, wenn es der anderen schlechtging. Wieder schwiegen sie. Florentina wirkte mit einem Mal abwesend. Ein Schatten huschte über ihr Gesicht. Sie wandte sich ihrer Schwester zu. Ihre Finger umklammerten fest Violettas.

»Du musst mir eins fest versprechen, liebe Schwester«, sprach sie mit ernster Miene. Violetta beschlich ein seltsames Gefühl.

»Das klingt jetzt aber sehr ernst«, sagte Violetta leichthin, obwohl ihr nicht danach zumute war.

»Versprich mir, dass wir unser Leben lang Vertraute bleiben, egal was kommen mag. Versprich es!«

Florentinas Hand zitterte. Die Eindringlichkeit ihrer Bitte ließ Violetta aufhorchen und erfüllte sie mit Furcht. So hatte sie ihre Schwester noch nie erlebt.

»Ja, natürlich. Niemand kann das Band unserer Herzen zerschneiden.«

Florentina seufzte erleichtert und lächelte wieder.

»Danke.« Sie umarmte Violetta. »Du ahnst gar nicht, wie viel mir das bedeutet.«

Welche Gedanken mochten ihre Schwester dazu bewogen haben, dieses Versprechen zu erbitten?

Violetta spürte den Herzschlag ihrer Schwester. Sie würden immer füreinander da sein bis zum Tod.

»Violetta! Florentina! Wo steckt ihr denn nur? Gianna ist da!«

Sie lösten sich aus der Umarmung.

»Wir kommen!«, rief Florentina und hakte sich bei ihrer Schwester ein.

Als sie den Flur betraten, stand ihre Cousine zwischen zwei Koffern. Sie trug ein buntes Wollkleid samt passendem Hut. Gianna war ihrer Mutter Lina wie aus dem Gesicht geschnitten und besaß die gleiche schwarze Lockenpracht. Ihre grünen, schräg geschnittenen Augen erinnerten Violetta an Katzen.

»Violetta! Florentina!« Gianna strahlte übers ganze Gesicht, bevor sie ihren Cousinen um den Hals fiel und sie an sich drückte.

Nach der herzlichen Begrüßung begaben sie sich in die gute Stube, wo sie bereits ungeduldig von den Eltern erwartet wurden. Kaum hatten sie am Tisch Platz genommen, trug Justine das Essen auf.

Gianna schlang es so hastig hinunter, dass Violetta schmunzeln musste.

»Scusi, aber ich habe seit gestern nichts mehr gegessen. Zugfahrten schlagen mir immer auf den Magen. Der ist dann wie zugeschnürt«, erklärte sie und schob einen großen Bissen in den Mund.

»Schon gut.« In Romans Augen blitzte es amüsiert auf. »Du kommst ganz nach deiner Mama. Der wurde im Zug auch immer schlecht.«

Während des Nachtischs berichtete Gianna ausführlich von ihrer abenteuerlichen Reise nach Hannover.

»Stellt euch vor, es lag sogar ein Baum auf den Gleisen, der uns zum Anhalten zwang. Wir mussten eine Ewigkeit mit der Weiterfahrt warten. Als die Fahrgäste ungeduldig wurden, habe ich meine Mandoline ausgepackt und zu spielen begonnen. Alle haben mitgesungen. Lalala, weil sie kein Italienisch konnten.« Gianna kicherte.

Violetta konnte sich gut vorstellen, wie ihre Cousine mit fröhlichen Liedern die Stimmung aufgehellt hatte.

»Das war eine wirklich gute Idee von dir, Gianna«, lobte Violettas Mutter.

»Musiziert ihr auch immer nach dem Abendessen?« Gianna schaute jeden an. Normalerweise aßen sie nur selten gemeinsam zu Abend. Mindestens einer war immer im Theater.

»Leider nein.«

Die Antwort ihres Onkels schien Gianna zu enttäuschen.

Violetta fand das eigentlich auch sehr schade. Als sie noch Kinder gewesen waren, hatten sie immer zusammen gespielt oder gesungen. Im Laufe der Zeit war das mehr und mehr durch die alltägliche Hektik verloren gegangen.

»Aber ab heute wird sich das ändern, per favore!«, verkündete ihre Cousine strahlend. Giannas gute Laune war ansteckend.

Violettas Vater nickte. »Mal sehen, ob wir das durchhalten.«

In der Familie ihrer Tante waren alle musikbesessen. Gianna hatte noch zwei Brüder und eine jüngere Schwester, die alle mindestens ein Instrument beherrschten. Dabei wusste Violetta von ihrem Vater, dass dessen Schwester Lina sich früher nie viel aus Musik gemacht hatte. Nicht einmal im Schulchor hatte sie gesungen.

Als Justine den Tisch abräumen wollte, setzte sich Florentina auf Giannas Bitte ans Klavier. Die Cousine holte ihre Mandoline aus dem Gepäck und stimmte die Saiten. Die beiden Bediensteten Justine und Berta gesellten sich nach dem Abwasch zu ihnen.

Ihr Vater setzte sich zu Florentina ans Klavier. Vierhändig spielten sie verschiedene Stücke. Manche von ihnen waren Kinderlieder. Gianna bat Violetta und die Mutter, ein Duett zu singen. Doch wie so oft gingen die Meinungen über die Auswahl darüber, was sie singen sollten, weit auseinander.

»Ich bin für das Duett der Gräfin und Oktavian aus dem Rosenkavalier«, schlug ihr Vater vor und blickte zu Violetta. »Wäre doch eine gute Übung.«

Violetta stöhnte innerlich auf. Ausgerechnet die ungeliebte Partie. Wütend funkelte sie ihren Vater an.

Im selben Augenblick klopfte es an der Haustür.

»Erwartest du noch jemanden, Roman?« Ihre Mutter wirkte nicht gerade erfreut über den späten Besuch.

»Nein.«

Berta sprang vom Stuhl auf und wollte zur Tür laufen. »Ich kümmere mich darum, Berta«, entschied ihr Vater.

Berta war die Erleichterung anzumerken. Die Zofe öffnete nur ungern bei Dunkelheit. Gespannt richteten sich alle Blicke auf die Tür, durch die der Vater in Begleitung von Hans Brünn trat. Violettas Herz klopfte schneller. Es erschien so unwirklich, dass Hans Brünn bei ihnen in der guten Stube stand. Sie hatte schon nicht mehr daran geglaubt, ihn wiederzusehen. Ihre Blicke begegneten sich. In seinen Augen leuchtete es auf. Er freute sich also, sie wiederzusehen.

»Herr Brünn?« Ihre Mutter sah den jungen Komponisten erstaunt an. Violetta erkannte an ihrer Miene, dass sie leicht verärgert war.

»Herr Brünn ist gekommen, um uns die Partitur seiner Operette zu geben«, erklärte ihr Vater.

»Na dann.« Ihre Mutter mochte keine abendlichen Besuche.

»Das stimmt. Bitte entschuldigen Sie mein Erscheinen, liebe Familie Schwarz. Es war so freundlich von Ihnen gewesen, mir zu erlauben, Ihnen meine Operette vorzustellen. Jetzt ist sie fertig, und da dachte ich mir, ich gebe sie Ihnen lieber persönlich. Ich war vorhin in Ihrem Theater, aber Sie waren leider nicht mehr da.« Seine Lippen zitterten. »Ich war gerade bei meinem Vater im Siloah. Da kam mir der Gedanke, Ihnen die Partitur schnell zu Hause auszuhändigen. Ich bitte Sie vielmals für die Störung um Vergebung. Aber mein Künstlerherz ist voller Ungeduld wegen Ihres Urteils.« Schüchtern reichte er das Notenbuch ihrem Vater.

»Danke, Herr Brünn. Wir werden es uns in Ruhe ansehen. Sie hören dann von uns.«

»Es eilt nicht. Ich reise morgen zu Verwandten an der Donau. Um mir neue Inspirationen zu holen.«

Violetta schluckte. Weitere Wochen würde sie ihn nicht sehen. Es kostete sie große Mühe, ihre Enttäuschung zu verbergen.

»Bis zu Ihrer Rückkehr werden wir es uns sicher angeschaut haben.« Ihr Vater blickte zu ihrer Mutter, die nickte.

»Vielen Dank, Frau und Herr Schwarz. Es ist eine große Ehre, dass jemand wie Sie sich meines bescheidenen Werkes annimmt, wo Sie doch einen bekannten Komponisten in Ihrer Familie haben.«

Einen Moment lang herrschte Stille. Wie immer, wenn die Rede auf Frederik kam, lag plötzlich Spannung in der Luft. Ihre Eltern redeten nicht gern über den Vorfahren. Auf ihre Fragen hatten Florentina und sie nur ausweichende Antworten erhalten, bis sie es aufgegeben hatten. Gianna wirkte verwirrt. Ihr Blick glitt von einem zum anderen.

»Versteh ich nicht. Warum so lange warten? Onkel Roman, können wir nicht das Werk von Herrn Brünn kurz anspielen? Ich möchte so gern wissen, wie es klingt.«

Violetta war ihrer Cousine für diesen Vorschlag dankbar,

denn sie hoffte, dass Hans Brünn noch länger bei ihnen bleiben würde.

»Gut. Herr Brünn, bitte geben Sie uns eine kleine Kostprobe auf dem Klavier.« Ihr Vater stand auf und deutete auf den Klavierhocker. Florentina machte ihm Platz.

Violetta hätte es nie gewagt, ihren Vater darum zu bitten.

Hans Brünn schaute unsicher in die Runde.

»Herr Brünn, bitte. Keine Scheu.« Mit einer Geste bedeutete ihr Vater Hans Brünn, auf dem Klavierhocker Platz zu nehmen.

Es war dem Komponisten anzusehen, wie unangenehm ihm das war. Violetta befürchtete schon, er könnte einen Rückzieher machen und gehen. Die Lippen des Mannes bewegten sich, als suche er nach Worten.

»Bitte, Herr Brünn, erweisen Sie uns den Gefallen.« Violetta sah ihn flehend an. In diesem Augenblick wünschte sie sich, er würde seine Operette nur für sie spielen.

»Das kommt etwas plötzlich. Ich hatte nicht gedacht, dass ich Ihnen gleich heute etwas daraus vortragen darf. Die Ouvertüre?«

Ihre Eltern nickten. Dann stellte ihr Vater das Notenbuch aufs Klavier. Nach einer kurzen Verbeugung setzte sich Hans Brünn endlich auf den Hocker.

»Meine Operette habe ich *Der goldene Drache* getauft. Es geht um eine Liebe zwischen der Prinzessin Chen Lu und dem Krieger Wang. Beide haben tiefe Gefühle, trauen sich aber nicht, sie einander zu gestehen, zu groß ist der Standesunterschied zwischen ihnen.«

Kurz darauf erfüllten weiche Klänge die Stube. Die Melodie besaß einen exotischen Hauch. Das erinnerte Violetta an die Werke Franz Lehárs, der gern fremdländische Klänge in seinen Werken verarbeitete.

Mit jedem gespielten Ton wurde Hans Brünns Blick verklärter. *Er taucht ab in seine Operettenwelt!* Violetta betrachtete lächelnd seinen Gesichtsausdruck. Seine Finger glitten über die Tasten, mal weich und dann wieder energisch. Violetta gefiel das Stück sehr. Es war eingängig und mit fernöstlichen Tönen als Würze gespickt. Sie war fasziniert von diesem Werk und seinem Komponisten. Mit der Operette hatte er ein Werk geschaffen, das alle Achtung verdiente.

Vor ihren Augen sah sie bereits die mutige chinesische Prinzessin Chen Lu, wie sie gegen ihr Schicksal kämpfte. Violetta war hingerissen von den sanften Klängen im Liebesduett. Mit seiner Operette *Der Goldene Drache* hatte er wirklich ein besonderes Werk geschaffen, das es wert war, aufgeführt zu werden. An ihrer Mutter Stelle würde sie Hans Brünns Werk jedenfalls sofort annehmen.

Doch die Entscheidung hing an ihren Eltern. Sie stellten den Spielplan auf und kauften neue Werke und Künstler ein.

Violetta schaute zu ihren Eltern hinüber, die wie alle anderen Hans Brünns Vortrag lauschten. Ihre Mienen verrieten keinen Deut, ob es ihnen gefiel.

Der Schlussakkord hallte im Raum nach, dann herrschte Stille. Violetta wagte es weder zu klatschen noch Hans Brünn zu loben. Das wollte sie ihren Eltern überlassen.

Gianna klatschte in die Hände und rief begeistert »Bravo!«. Erst da spendeten alle Beifall. Als sie das wohlwollende Lächeln der Mutter sah, fiel Violetta ein Stein vom Herzen. Nach dem Applaus fragte der Vater den Komponisten über sein Werk aus. Violetta hing an Hans Brünns Lippen. Seine Antworten waren stets bescheiden. Das mochte sie an ihm.

»Die Ouvertüre hat wirklich einen interessanten Klang, Herr Brünn. Wir sind keine Konzerthalle, sondern ein Theater. Die Arien müssen das Theaterpublikum mitreißen. Die Zuschauer müssen sich mit den Figuren identifizieren. Sie verstehen, was ich meine?«

Hans Brünn nickte. »Wenn Sie möchten, spiele ich Ihnen gern eine der Arien an«, schlug er eifrig vor.

»Am besten eine Mezzosopranarie«, mischte sich Florentina ein. Violetta wusste sofort, was ihre Schwester damit bezweckte, und knuffte sie unbemerkt in den Rücken. Warum hatte sie auch nur ihrer Schwester gestanden, Hans Brünn attraktiv zu finden.

»Ja, Violetta, du musst uns unbedingt eine Arie aus Herrn Brünns Operette vorsingen.« Diesmal war es nicht ihre Schwester, sondern ihre Cousine, die das vorschlug.

»Aber ... ich bin doch gar nicht vorbereitet. Und eingesungen auch nicht.« Hoffentlich konnte sie das noch abwenden, denn sie wollte sich auf keinen Fall vor Hans Brünn blamieren, in dem sie sich versang oder die Arie nicht zu seiner Zufriedenheit vortrug.

»Wir erwarten keinen perfekten Vortrag von dir. Und dass du vom Blatt singen kannst, hast du schon oft genug bewiesen«, sagte ihre Mutter.

Violetta gingen die Argumente aus. Ein wenig grollte sie Florentina, die ihr das eingebrockt hatte. Andererseits wusste sie, dass ihre Schwester es nur gut gemeint hatte.

»Würden Sie das wirklich tun?«, fragte Hans Brünn und sah sie hoffnungsvoll an.

Als Violetta seinem sehnsüchtigen Blick begegnete, schmolz ihr Widerstand.

»Also gut, ich versuche es. Aber seien Sie bitte nicht enttäuscht, Herr Brünn, wenn ich Ihrem Werk nicht gerecht werde.«

»Das werde ich ganz gewiss nicht sein.«

Obwohl sie seine Zuversicht nicht teilte, ging sie hinüber zum Klavier und stellte sich neben ihn. Hans Brünn lächelte scheu, bevor er in den handgeschriebenen Noten blätterte.

»Ich denke, diese Arie der Chen Lu wäre für Sie besonders geeignet. Nichts freut mich mehr, als sie von Ihnen zu hören.«

Die weibliche Hauptrolle war nicht auf den Sopran angelegt, sondern auf einen Mezzosopran, wie sie ihn hatte. Das war selten, Violetta fiel nur die Rolle der Carmen ein. Zwar konnte sie manche Sopranarien singen, aber nur, wenn es nicht zu viele hohe Töne darin gab.

»Es wird mir eine Ehre sein.«

Violetta beugte sich vor und schaute die Noten an. Ihr geübter Blick erkannte sofort die heiklen Stellen. Große Notensprünge und Tempiwechsel forderten ihre volle Konzentration. In der Zeile Libretto stand der Name *Beda* geschrieben. Ein erfolgreicher Librettist aus Österreich, der bereits für Franz Lehár Texte verfasst hatte.

»Sie kennen Herrn Löhner-Beda?«

»Nur flüchtig. Das ist einer seiner unbekannten Texte. Er hat ihn mir geschenkt.«

Die Arie lag ihr. Dennoch zitterte sie. So dicht neben Hans Brünn zu stehen brachte sie ganz durcheinander. Tief atmete sie seinen Duft ein, eine Mischung aus frischer Luft und der herben Note seines Rasierwassers. Seine schlanken Finger waren penibel gepflegt. Sie fragte sich, wie es wohl sein mochte, von ihnen berührt zu werden, und erschrak. *Was hast du nur für verstiegene Fantasien!* Auf keinen Fall wollte sie in seine Worte oder sein Verhalten mehr interpretieren. Sie war die Tochter der Intendantin. Sah er in ihr nur eine Chance, als Komponist durch eine Theateraufführung entdeckt zu werden? Nein, so war Hans Brünn nicht.

»Wollen wir?« Seine Frage riss sie aus ihren Grübeleien.

»Ja«, hauchte sie.

Mit einem kurzen Nicken senkten sich seine Hände auf die Tasten. Elegant glitten seine Finger darüber. Die Einleitung der Arie bestand aus mehreren Takten. Er spielte es in höherem Grundtempo, als sie vermutet hatte. Da musste sie besonders auf ihren Einsatz achten. Das Tempo jedoch verlieh dem Stück Lebendigkeit und Frohsinn. Violetta fiel es leichter, heitere Stücke zu singen. Hans Brünn nickte ihr kurz vor dem Einsatz zu. Der heitere Text hob auch ihre Stimmung. Tonlage und Melodiefolge kamen Violetta sehr entgegen. Sie meisterte die Arie fehlerlos und amüsierte sich insgeheim über das komödiantische Zusammenspiel von Wörtern und Noten. *Das Publikum wird dieses Werk lieben!*

Ihre Eltern mussten Hans Brünns Operette unbedingt in den Spielplan aufnehmen.

Nach dem Schlussakkord sah Violetta zu ihren Eltern hinüber, die mit unbeweglichen Mienen dasaßen. Wie würden sie entscheiden?

10. Oktober 1936

Aufgebracht lief Lord Wilcox im Salon auf und ab. Gleich nach dem Lunch hatte Brians Vater ihn mit einer Neuigkeit überrascht. Eine Neuigkeit, die ihn fassungslos machte! Ohne mit ihm oder Rowena zu sprechen, hatten sein Vater und Lord Southerland die Heirat von Rowena und ihm vereinbart. *Zwei wohlhabende Adelshäuser, die eine Zweckehe anstrebten!*

Sicher war Rowena genauso überrascht wie er. Er würde ihr mit einer Ehe keinen Gefallen erweisen. Sie hatte einen Mann verdient, der sie aus tiefstem Herzen liebte. Etwas, das er ihr nie würde geben können.

»Welche Blamage! Wie stehe ich denn jetzt vor meinem guten und treuen Freund da? Hast du den Verstand verloren?«, brüllte sein Vater.

»Dad, Rowena und ich würden niemals miteinander glücklich werden. Wir sind gute Freunde, aber Liebe …«

»In unseren Kreisen geht es nicht um Liebe, sondern darum, unsere Dynastie zu erhalten. Die Southerlands sind eine ehrbare und einflussreiche Familie. Und Rowena eine sehr attraktive junge Frau! Das willst du doch nicht leugnen?«

Viel zu oft hatte Brian diese Argumente gehört und war sie leid. Sein Blick glitt zu seiner Mutter, die verkrampft im Sessel saß und nicht einmal aufsah. Sie wusste, wie es um seine Gefühle stand, dass eine Ehe mit Rowena für ihn undenkbar war. Brian wollte sich als Pianist einen Namen erwerben. Das bedeutete, viel auf Reisen zu sein, ständig aus dem Koffer leben zu müssen. In dieses Bild passte keine Ehefrau. Schon gar nicht Rowena, die seine Leidenschaft nicht teilte.

»Ich werde Rowena nicht zur Frau nehmen, auch wenn du es Lord Southerland versprochen hast.«

»Dann bist du es nicht würdig, den Titel Lord Wilcox noch länger zu tragen. Ich habe dir alles durchgehen lassen, in der Hoffnung, dass du dir die Hörner abstoßen und zur Vernunft zurückkehren wirst. Stattdessen trittst du dein Erbe mit Füßen! Von Dankbarkeit und Respekt mir gegenüber ganz zu schweigen. Aus meinen Augen! Du bist nicht mehr mein Sohn.«

Brians Mutter, die bislang stumm zugehört hatte, sprang vom Sessel auf.

»Aber Alfred, das kannst du nicht machen! Brian ist genauso unser Sohn wie Alan.« Zum ersten Mal in diesem Disput zwischen ihm und seinem Vater begehrte die Mutter auf, die bislang schweigend zugehört hatte.

»Wage es nicht, noch einmal beide Namen im gleichen Atemzug zu nennen!«, herrschte der Vater sie an. Brians Mutter zuckte zusammen, als hätte er sie geschlagen.

Bleich sank sie in den Sessel zurück.

»Lass es gut sein, Mom. Dad will mich nicht verstehen. Ihm geht es nur um die Ehre und nicht um mein Glück.«

Die Augen seiner Mutter füllten sich mit Tränen.

»Hier geht es um die Ehre unserer Familie, die du mit Füßen trittst! Durch dich verliere ich mein Gesicht. Wilcox Manor ist jetzt das Erbe deines Bruders.«

Die Worte des Vaters trafen Brian tief. Ihm war klar, dass er sich in Zukunft allein durchschlagen musste, denn er würde auch seinen Job im Club verlieren. Aber er glaubte an sich und sein Talent und hoffte auf eine Karriere als Pianist. Er war frei und ungebunden und dazu bereit, in ganz Europa auf Konzertreise zu gehen. Solo, mit Orchester oder einem Ensemble. Als er in das verbitterte Gesicht des Vaters blickte, war ihm klar, dass er von jetzt an nur Brian Wilcox war. An der Universität hatte er sich damals auch so eingetragen, weil er nicht wollte, wegen seiner Herkunft protegiert zu werden. Stattdessen wollte er mit seiner Begabung überzeugen. Durch einen Zufall war seine falsche Eintragung aufgeflogen, als ihn ein Kommilitone wiedererkannt und den kleinen Schwindel dem Dekan gemeldet hatte.

»Du hast mich nie verstanden, Dad. Es ist mir egal, ich verzichte auf den Titel und auch auf Wilcox Manor. Alan ist sowieso viel geeigneter dafür, als ich es je gewesen bin. Lebt wohl!«

Sein Vater schnappte nach Luft. Brian hatte keine Lust, sich weitere Vorwürfe anzuhören. Dennoch fiel ihm der Abschied schwer.

»Mach es gut, Mum.« Er blieb kurz bei der Mutter stehen und küsste sie auf die Wange.

»Aber Brian…« Sie wollte ihn zurückhalten. Doch mit einem Klumpen im Magen wandte er sich um und stürmte aus dem Salon.

»Brian! Komm zurück!«, hörte er sie rufen. Aber er drehte sich nicht mehr um.

Die Worte des Vaters hatten sich wie Messer in sein Herz geschnitten. Nur weil er andere Interessen und Ambitionen hatte, sollte er nicht mehr zur Familie gehören.

In seinem Zimmer pfefferte er hastig die wichtigsten Kleidungsstücke in einen Koffer. Seine Noten legte er in eine Holzkiste. Anschließend klingelte er nach Will und bat ihn, diese zu seinem Freund Gideon bringen zu lassen.

»Aber Mylord …« Will machte ein betroffenes Gesicht.

Sicher wusste er schon, dass sein Vater ihn verstoßen hatte.

Brian schüttelte den Kopf.

»Schon gut, Will. Es ist so, wie es ist. Machen Sie sich keine Gedanken. Alles wird sich irgendwann zum Guten wenden.«

Jetzt hieß es für ihn, nach vorn zu blicken. Als Erstes

musste er nach einer geeigneten Unterkunft und Arbeit suchen. Auf seinem Konto war er noch der Lohn vom Club vom letzten Monat. Gut, dass sein Vater darauf keinen Zugriff hatte. Seinen Lebensstil würde er bescheiden müssen, um den nächsten Monat über die Runden zu kommen. Dennoch fühlte er sich wie befreit. *Endlich auf eigenen Beinen stehen!*

Brian wollte sein Glück in London versuchen, wo er ein paar kleine Pensionen kannte. Da er keine Kutsche mehr besaß, musste er mit dem Zug in die Hauptstadt reisen.

Mit dem Koffer in der Hand blickte er auf sein Elternhaus zurück, an dessen Mauern sich der Wein leuchtend rot emporwand. Er liebte Wilcox Manor, wo er viele glückliche Stunden verbracht hatte. Andererseits freute er sich auf die Herausforderung, die vor ihm lag.

Gegen Abend stieg Brian in London am Bahnhof Victoria aus und drängte sich durch die Menschenmenge aus dem Gebäude. Vor dem Ausgang hörte er kurz einigen Straßenmusikern zu. Die meisten von ihnen waren Studenten und arbeitslose Künstler, die von der Großzügigkeit der Passanten lebten. In ihrer Gesellschaft fühlte Brian sich heimisch. In London standen ihm mehr Türen offen als in der heimatlichen Grafschaft.

Von jetzt an begann für ihn ein neues Leben.

Er zog eine Karte aus der Brusttasche und las die Adresse der kleinen Pension, die er zuerst aufsuchen wollte. Zuversichtlich begab er sich auf den Weg.

Noch vor einem Jahr hatte er dort ein Zimmer für Gideon gemietet.

Die Pension war nur eine halbe Stunde Fußmarsch entfernt von der Tower Bridge. Zentral genug für ihn und seine Pläne.

Er kaufte sich ein Schiffsticket und fuhr die Themse hinauf. Den Rest des Weges legte er zu Fuß zurück.

Die Pension lag im Westend, einem fast vollständig jüdischen Viertel. Sie reihte sich in die viktorianische Häuserzeile mit winzigen Vorgärten und mehreren Schornsteinen auf dem Dach ein. Mrs Dobbs, die Pensionswirtin, war eine Witwe mittleren Alters und Musikliebhaberin. Gewissenhaft achtete sie stets darauf, dass die Pensionsgäste keinen weiblichen Besuch empfingen. Brian betätigte den Türklopfer und musste nicht lange warten, bis sie ihm öffnete. Wie immer trug sie ihr graues Haar streng zurückgekämmt und zu einem geflochtenen Dutt zusammengefasst. Ihre dunklen Augen blickten ihn überrascht an.

»Lord Wilcox! Wollen Sie mir wieder einen Künstler als Pensionsgast anpreisen?«

»Den Lord können Sie getrost weglassen, liebe Mrs Dobbs. Nein, diesmal benötige *ich* ein Zimmer. Auf länger.«

Die dünnen Augenbrauen von Mrs Dobbs schossen nach oben. Doch sie war diskret genug, ihn nicht auszufragen.

»Sie haben Glück, dass eines gestern frei geworden ist. Ein junger Flötist, der an die Pariser Oper geht. Bitte.« Sie trat einen Schritt beiseite und zog die Tür auf.

Brian hatte nicht zu hoffen gewagt, in der sehr begehrten Pension ein Zimmer zu finden.

»Danke.« Ihm fiel ein Stein vom Herzen.

Sein Zimmer war spartanisch eingerichtet mit Schrank, Bett, Tisch und Stuhl. Aber es war hell und geräumiger als das einstige von Gideon.

»Zwei Pfund die Woche und zwei Mieten im Voraus.«

»Gut, ich nehme es.« Er zückte seine Börse und drückte Mrs Dobbs sechs Pfund in die Hand. Sie lächelte zufrieden, nachdem sie das Geld nachgezählt hatte. Anschließend zog sie sich zurück.

Seufzend stellte Brian seinen Koffer ab und ließ sich aufs Bett gleiten. Er konnte es immer noch nicht glauben, dass er unabhängig war. Brian schloss die Augen und grübelte über seine nächsten Schritte nach. Seine Gedanken schweiften immer wieder ab zu Frederik von Uhlenberg und dem Mädchen auf dem Foto, das einen tiefen Eindruck bei ihm hinterlassen hatte. Mit ihrem Gesicht vor Augen schlief er ein.

1. Februar 1937

Zitternd vor Kälte und traurig standen Violetta und Florentina auf dem Bahnsteig des Central-Bahnhofs und winkten dem Zug hinterher, der gleich hinter einer Kurve aus ihrem Blickfeld entschwinden würde. Viel zu schnell war die Zeit verflogen. Eigentlich hatte Cousine Gianna bis zum Frühjahr bleiben wollen. Doch ihre jüngere Schwester Antonella war erkrankt, weshalb Tante Lina sie um Rückkehr gebeten hatte.

Giannas Besuch hatte die Familie wieder enger zusammenrücken lassen. An jedem probenfreien Abend hatten sie alle zusammen musiziert und sich dabei amüsiert. Noch nie hatte sie ihre Eltern so fröhlich und Florentina unbeschwert erlebt. Auch sie selbst hatte sich von der Heiterkeit und Begeisterungsfähigkeit ihrer Cousine mitreißen lassen.

Traurig blieb Violetta stehen und schaute dem Zug nach, bis nur noch der Rauch der Lok über den Hausdächern zu sehen war.

»Ich werde sie sehr vermissen«, sagte Florentina und lehnte den Kopf an Violettas Schulter.

»Ich auch. Aber du wirst sie ja im Sommer besuchen.«

»Ja, und darauf freue ich mich sehr. Magst du es dir nicht doch noch einmal überlegen und mich begleiten? Wir könnten den Sommer in Italien verbringen und hätten bestimmt viel Spaß zusammen. Im See, in Florenz oder am Meer.« Florentina umarmte sie. »Bitte überleg es dir«, flüsterte ihre Schwester.

Doch Violetta dachte sofort an das, was ihr Vater am Weihnachtstag gesagt hatte. »Es freut uns sehr, dass du dich so für unser Theater engagierst. Deshalb haben deine Mutter und ich beschlossen, dir mehr Verantwortung zu übertragen. Es ist unser Wunsch, dass du die Uraufführung des *Goldenen Drachen* planst. Selbstverständlich werden wir dich dabei nach Kräften unterstützen.«

Violetta hatte es kaum fassen können, dass die Eltern ihr das zutrauten. Zum ersten Mal hatten sie ihr Verantwortung übertragen. Da wollte sie sich beweisen. Violetta war mit Feuereifer dabei, Hans Brünns Werk zum Erfolg verhelfen.

Dennoch war sie in diesem Moment hin- und hergerissen zwischen dem Wunsch, einen unbeschwerten Sommer mit ihrer Schwester zu verbringen und ihre erste Uraufführung im Theater erfolgreich zu organisieren. Letzteres besaß Priorität. Deshalb schüttelte sie den Kopf. »Nein, ich bleibe hier.«

Mitte Januar hatte sie mit der Planung der Besetzung begonnen. Die ersten Proben waren bereits gelaufen. Sie war optimistisch, dass diese Operette die Zuschauer begeistern würde.

Der eisige Wind auf dem Bahnsteig fuhr in ihre Kleidung. Es wurde Zeit, zum Theater zu gehen. Sie hoffte darauf, Hans Brünn wiederzusehen. Der Komponist bemühte sich, so oft wie möglich bei den Proben zuzusehen.

»Komm, lass uns jetzt gehen. Meine Finger sind trotz der Wollhandschuhe schon ganz steif vor Kälte.«

Florentina nickte und hakte sich bei ihr ein.

Wenig später stapften die beiden Schwestern durch den hohen Schnee im Theaterpark. Bei jedem Schritt knirschte es unter ihren Füßen. Die Luft war schneidend kalt, dass Violetta ihren Schal mit der Hand vor den Mund presste. Sie musste für den *Goldenen Drachen* gut bei Stimme sein.

Vorsichtig stiegen sie die Treppe zum Nebeneingang des Theaters hinauf. Violettas Herz klopfte schneller, als sie Hans Brünn durch die Scheibe in der Tür erkannte, der mit dem Dirigenten Hubertus Horn in ein Gespräch vertieft war.

»Ist er in der Nähe?«, raunte ihr Florentina zu.

Ihre Schwester besaß wirklich einen sechsten Sinn. Es ärgerte Violetta, dass sie so durchschaubar war.

»Meinst du etwa Herrn Brünn?«

»Wen denn sonst? Ich weiß doch, dass du ihn magst.«

»Ach ja?«

»Ja, deine Stimme wird immer weich und hoch, wenn du von ihm sprichst.«

Violetta presste die Lippen aufeinander.

»Merkt man mir das wirklich an?«

Florentina öffnete den Mund.

»Fräulein Schwarz? Auf ein Wort bitte!«, rief Hans Brünn Violetta zu, bevor Florentina antworten konnte.

Sie wandte sich ihm zu.

»Herr Brünn, wenn es nicht zu lange dauert. Was kann ich für Sie tun?«

Er hatte die Hände tief in den Hosentaschen vergraben. Wie immer hielt er den Kopf schräg, wenn er sie ansah.

»Nun … nach reiflicher Überlegung … Die Besetzung der Chen Lu sollte vielleicht noch einmal überdacht werden.«

Bisher hatte Hans Brünn nichts an ihren Entscheidungen beanstandet, im Gegenteil war er voll des Lobes gewesen.

Seine plötzliche Kritik an ihrer Auswahl traf sie unerwartet. Mit Simona glaubte sie die richtige Wahl getroffen zu haben. Die junge Sopranistin passte mit ihrer zarten Gestalt und den dunklen Haaren hervorragend in die Rolle der chinesischen Prinzessin. Genauso zerbrechlich wie ihr Äußeres war auch ihre Stimme.

Jeden anderen hätte sie zurechtgewiesen, aber es war ihr wichtig, Hans Brünns Vorstellungen ebenso gerecht zu werden, wie den Geschmack des Publikums zu treffen. Violetta wollte, dass ihr erstes Theaterprojekt ein Erfolg wurde. Ein Erfolg, von dem auch Hans Brünn profitieren würde.

»Tut mir leid, dass Sie mit meiner Wahl nicht zufrieden sind. Was haben Sie denn zu beanstanden?«

Sie versuchte, ihre Enttäuschung vor ihm zu verbergen, und rang sich ein Lächeln ab.

»Simonas Stimme klingt nicht dramatisch genug, viel zu dünn und mädchenhaft. Aber Chen Lu ist trotz der Konventionen und Zwänge eine selbstbewusste Frau. Das muss auch die Sängerin dem Publikum vermitteln.«

An seinem Argument war tatsächlich etwas dran. Vielleicht hatte sie sich zu sehr auf das äußere Erscheinungsbild der Prinzessin fokussiert, anstatt sie durch Stimme und Auftreten zu charakterisieren. Wenn sie sich recht besann, war keine Sängerin unter den Kandidatinnen gewesen, die die Rolle zu seiner Zufriedenheit präsentiert hätte.

»Das hätten Sie mir früher sagen müssen. Dann hätte ich Ihnen die Kandidatinnen vorgestellt.«

»Ehrlich gesagt ... hatte ich ... gehofft ...«, stammelte er und brach ab.

»Ja?«

»Dass ... Sie vielleicht die Rolle übernehmen könnten? Sie haben damals in Ihrem Haus die Arie so wunderbar gesungen. Genau wie ich es mir immer vorgestellt hatte.«

Sein Vorschlag haute sie um. »Ich? Aber Sie wussten doch von Anfang an, dass ich die Uraufführung leite.«

Er hob die Hände und schüttelte den Kopf.

»Es tut mir leid. Ich wollte Sie nicht verärgern, im Gegenteil ...« Hans Brünn lächelte verlegen.

Violetta sah ihm forschend ins Gesicht. Er schien es ehrlich zu meinen. Es schmeichelte ihr, dass er so viel von ihrem Können hielt.

»Schon gut, Herr Brünn. Aber ich fürchte, dafür ist es nun zu spät.«

»Es wäre wirklich mein größter Wunsch, wenn Sie die Rolle übernehmen würden. Das ist mir erst so richtig bei den

Proben klar geworden.« Er griff nach ihrer Hand und zog sie an seine Lippen. »Bitte, Fräulein Schwarz.«

Einerseits reizte es Violetta tatsächlich, die Rolle der Chen Lu zu singen, andererseits hatte sie schon alle Hände voll zu tun mit der Organisation und Durchführung. Niemand könnte ihre Aufgaben übernehmen. Sie musste ihren Eltern beweisen, dass sie fähig war, ein solches Projekt erfolgreich durchzuführen. Außerdem blieb ihr kaum noch Zeit, sich auf die Rolle vorzubereiten. Sich um die Aufführung allgemein zu kümmern war anspruchsvoll genug. Man betrachtete das Werk in seiner Gesamtheit und aus einer objektiven Perspektive, während für eine Sängerin die Rolle im Vordergrund stand. Aber ihre Mutter hatte das auch geschafft. Warum sollte ihr das nicht gelingen?

»Ich werde nach einer für Sie zufriedenstellenden Lösung suchen, Herr Brünn. Mehr kann ich Ihnen nicht versprechen.«

»Verstehe. Danke.« Es war ihm anzumerken, dass er enttäuscht war.

»Wir sehen uns gleich in der Loge bei der Probe zu Szene eins?«

»Gern.« Er lächelte sanft, nickte ihr zu und wandte sich um.

Violetta wollte sich gerade nach ihrer Zwillingsschwester umdrehen, als sie fast über deren Langstock gestolpert wäre.

Hatte Florentina die ganze Zeit über neben ihr gestanden?

»Herr Brünn hat recht. Die Rolle der Chen Lu ist wie auf dich zugeschnitten. Gianna war auch ganz begeistert von der Art, wie du sie vorgetragen hast.«

Es missfiel ihr, dass nun auch noch ihre Schwester ihm beipflichtete.

»Das schaffe ich nicht. Die gesamte Organisation von A bis Z und dann noch die Hauptrolle. Ich kann nicht einmal einen der Texte auswendig. Außerdem ist mein Korrepetitor verreist.« Violetta stöhnte.

»Mutti und ich können doch mit dir abends die Partien erarbeiten. Und ich kann dir auch bei der Organisation unter die Arme greifen.«

Sie wusste Florentinas Angebot wirklich zu schätzen, weil sie sich stets auf sie verlassen konnte. Doch ihre Eltern wären sicher nicht begeistert von der Idee.

»Das geht beim besten Willen nicht.«

Plötzlich stand ihre Mutter bei ihnen. »Habe ich eben richtig verstanden? Herr Brünn möchte, dass du die Hauptrolle singst?« Ärger schwang in der Stimme ihrer Mutter mit. »Ich weiß, was du kannst ... Aber ich glaube, du bist noch nicht so weit, dich auf beides zu konzentrieren. Die Wünsche des Komponisten in Ehren, aber die können wir nicht berücksichtigen. Ich nehme an, du hast ihm klargemacht, dass es dafür nun zu spät ist.«

»Ja«, antwortete Violetta bestimmt, obwohl das nur die halbe Wahrheit war, denn tief in ihrem Herzen hätte sie Hans Brünn diesen Wunsch gern erfüllt.

»Dann ist es ja gut. Ich habe befürchtet, er könnte dich überredet haben.«

Florentina öffnete den Mund. Doch die Mutter legte ihren Finger auf die Lippen der Schwester.

Während der Probe wurde Violetta klar, weshalb Hans Brünn mit der Besetzung der Chen Lu unzufrieden war. Die Heldin wirkte unreif. Violettas Blick schweifte zu den anderen hinunter, die im Parkett saßen. Ihre gelangweilten Mienen sagten mehr als tausend Worte. Mit Simona in der Hauptrolle würde die Premiere kein Erfolg werden. Violetta hatte Hans Brünn eine Lösung versprochen, von der sie nicht einmal annähernd wusste, wie sie aussehen sollte. Sie stand vor einer schweren Entscheidung.

4. März 1937

Brian konnte sein Glück kaum in Worte fassen, als er den Brief in den Händen hielt, der seine Zukunft bestimmte. Auf Empfehlung seines Freundes Gideon hatte er der Konzertgesellschaft Royal Philharmonic Society vorgespielt und war vom Fleck weg für Konzerte in der Queen's Hall engagiert worden. Das hier war die schriftliche Bestätigung. Er küsste das Kuvert und steckte es in seine Jacke. Das Gehalt reichte für den Kauf eines Klaviers und für weitere Lernstunden bei seinem ehemaligen Professor. Beschwingt verließ Brian das Postamt und begab sich auf den Weg zur Pension. Gleich morgen würde er seinen Freund Gideon anrufen und ihm von seinem Erfolg berichten. Die Mittagssonne versprach einen frühlingshaften Nachmittag, den er im St. James Park verbringen wollte.

Als er gerade die Eingangstür zur Pension aufschließen wollte, bemerkte er einen Schatten hinter sich. Brian wirbelte herum und stand unerwartet Will gegenüber, dem Butler seiner Eltern. Ein ungutes Gefühl beschlich Brian. Seine Kehle war mit einem Mal eng.

»Will? Was machen Sie hier? Wie haben Sie mich gefunden?«

»Mylord Wilcox.« Will verbeugte sich.

»Ihr Freund Mr Mandler hat mir schließlich Ihre Adresse verraten.«

Verdammt! Brian war wütend auf seinen Freund, den er eindringlich gebeten hatte, niemandem seinen Aufenthaltsort zu nennen.

»Wie kommt er dazu, verdammt«, fluchte er leise. Dafür musste ihm der Freund Rede und Antwort stehen.

Der Butler schaute betreten drein und trat von einem Fuß auf den anderen. »Ich würde Sie gewiss nicht behelligen, wenn mein Anliegen nicht von äußerster Dringlichkeit wäre.«

»Auf der Straße ist nicht der rechte Ort. Folgen Sie mir. In meinem Zimmer können wir ungestört reden.«

Kaum hatte Brian hinter sich die Tür geschlossen, wandte er sich dem Butler zu.

»Was führt Sie zu mir?«

»Ich bitte um Vergebung, Myl…, Mr Wilcox«, verbesserte er sich.

»Wissen meine Eltern, dass Sie hier sind, Will?«

Der Butler schüttelte den Kopf. »Nein. Ich bin hier, weil ich schlechte Nachrichten bringe. Ihr Bruder ist leider schwer verunglückt.«

Alan war etwas geschehen! Doch nicht sein vitaler und lebensfroher Bruder? Die Nachricht glich einem Fausthieb in den Magen.

»Ist er etwa …? Was ist geschehen …?«, fragte er heiser. Seitdem er Wilcox Manor verlassen hatte, war es ihm noch nicht möglich gewesen, sich von seinem Bruder zu verabschieden. Nur einen langen Brief mit Erklärungen hatte er ihm geschrieben.

»Ist er etwa … tot?«

Brian sah seinen jüngeren Bruder vor sich. Ein baumlanger Mann mit dunkelblondem Haar, der kräftig zupacken konnte. Er hatte die Kälber der Familienzucht selbst eingefangen und gebrannt.

»Nein, aber es steht schlecht um ihn.«

In wenigen Sätzen berichtete Will ihm, dass Alan vor ein paar Tagen von einem seiner Zuchtbullen schwer verletzt worden sei. Alan schwebte noch immer in Gefahr und würde vielleicht gelähmt bleiben. Brian schluckte. Solch ein hartes Schicksal hatte sein Bruder nicht verdient.

»Ich habe Ihrem Herrn Vater gesagt, dass Sie davon wissen sollten. Aber er war partout dagegen. Er sagte wortwörtlich, dass Sie nicht mehr sein Sohn wären und Sie das Schicksal Ihres Bruders nichts anginge. Aber ich konnte das nicht mit meinem Gewissen vereinbaren. Schließlich weiß ich doch, dass Sie und Ihr Bruder immer ein gutes Verhältnis hatten. Ich hielt es für meine Pflicht, es Ihnen zu sagen.«

Einen Moment lang spürte Brian eine eisige Kälte in der Brust. Dann wallte heiße Wut in ihm auf. Wie konnte sein Vater nur so hart sein und ihm die Nachricht verwehren.

»Ihr Bruder liegt im K and C Hospital.«

Das Krankenhaus befand sich in Canterbury, nicht weit von Wilcox Manor entfernt. Alles in Brian sträubte sich, in die heimatliche Grafschaft zu reisen. Andererseits war es seine Pflicht, den Bruder zu besuchen.

»Danke, Will, dass Sie gekommen sind. Ich werde meinen Bruder natürlich so schnell wie möglich besuchen. Aber ich möchte Sie bitten, meinem Vater nicht zu verraten, wo ich wohne.«

Will nickte.

»Wollen Sie nicht vorher nach Wilcox Manor? Sie und Ihr Vater könnten sich wieder versöh…«

»Nein«, fiel Brian dem Bediensteten ins Wort. Sein Vater würde ihn achtkantig hinauswerfen. Er war hartherzig und stur.

Nachdem der Butler gegangen war, brach Brian nach Kent auf. Es war schon lange fällig gewesen, ein klärendes Gespräch mit dem Bruder zu führen, weshalb er wirklich Wilcox Manor verlassen hatte.

Wenn er sich beeilte, würde er den Nachmittagszug nach Canterbury noch erreichen. Er kaufte sich auch eine Rück-

fahrkarte für den Abend, um rechtzeitig zur ersten Probe mit
dem Orchester zurück zu sein.

Am selben Tag in Hannover

Immer wieder hatte Violetta die Entscheidung der Besetzung hinausgezögert. Mittlerweile fielen ihr keine passenden Ausreden mehr ein, um Hans Brünn zu vertrösten. Sie hatte ihm nach einer hitzigen Diskussion mit ihrer Mutter klargemacht, dass sie selbst auf keinen Fall die Hauptrolle singen würde. Dafür hatte sie ihm versprochen, einen geeigneten Ersatz zu finden. Gerade das erwies sich als besonders schwierig, denn sie musste besonders sensibel dabei vorgehen, wenn sie Simona nicht vor den Kopf stoßen wollte. Violetta plagte das schlechte Gewissen, weil sie hinter dem Rücken der jungen Sopranistin nach einer anderen Sängerin Ausschau hielt, die den Anforderungen eher gerecht wurde.

Auf dem Weg zur Loge traf sie in der Garderobenhalle auf den Komponisten. Violetta kaute auf der Unterlippe. Sicher würde er sie erneut fragen, ob sie jemand Geeignetes gefunden hatte. Fieberhaft suchte sie auf die Schnelle nach Argumenten. Doch ihr fielen keine ein. Jetzt musste sie Hans Brünn erneut anlügen. Es fiel ihr schwer, diesen charmanten Mann erneut enttäuschen zu müssen.

»Guten Abend, Fräulein Schwarz«, begrüßte er sie.

»Bitte seien Sie mir nicht böse, Herr Brünn, aber ich bin sehr in Eile«, wehrte sie ihn ab und lief schnell weiter. Sie hoffte, dass er sie nicht weiter bedrängte.

Violetta vermied es, ihn anzusehen, um ihr schlechtes Gewissen zu verbergen. Hans Brünn hatte es nicht verdient, hingehalten zu werden. Aber ihr fehlte der Mut, ihm die Wahrheit zu gestehen. *Du bist feige, Violetta! Du musst es ihm endlich sagen!*

»Fräulein Schwarz!«

Hans Brünn holte sie ein und fasste ihren Arm.

»Bitte schenken Sie mir nur einen Moment«, bat er lächelnd. Ihre Haut unter seinen warmen Fingern prickelte. Er stand jetzt dicht vor ihr, dass sie seinen Atem auf ihrem Gesicht spüren konnte. Ihr Puls schoss in die Höhe, als sie ihm in die Augen blickte. Deutlich spürte sie die Spannung zwischen ihnen. Sie bewunderte ihn und fühlte sich von ihm angezogen. Es musste wunderbar sein, von diesem sanften und sensiblen Mann geliebt zu werden.

»Ich muss gleich zur Probe. Leider muss ich Ihnen gestehen, dass ich Ihnen zur Besetzung der Prinzessin noch nichts Abschließendes mitteilen kann.«

Hans Brünn war sichtlich enttäuscht.

»Ach so. Verstehe. Dann werden Sie also nicht die Rolle übernehmen?« Die Traurigkeit in seiner Stimme ließ sie nicht unberührt. Sie bedauerte es sehr, seinem Wunsch nicht nachkommen zu können. Würde er so weit gehen, dass er die Uraufführung seiner Operette nicht mehr in ihrem Theater stattfinden lassen wollte? Violetta versprach sich viel von seinem Werk. Ein wichtiger Prüfstein in ihrer Theaterkarriere, den sie zu verlieren drohte. Außerdem war es ein Anreiz, um neue Zuschauer zu gewinnen.

»Ich kann es noch nicht sagen. Aber ich habe Ihnen versprochen, einen adäquaten Ersatz zu finden. Ich bitte Sie um Geduld, Herr Brünn.«

Sie dachte an die Auseinandersetzung neulich mit Simona, die einen hysterischen Anfall bekommen hatte, als sie die Darstellung der Sängerin kritisiert hatte.

Violetta liebte zwar die Planung für Aufführungen, aber sie scheute Auseinandersetzungen mit den Ensemblemitgliedern. Um die personellen Dinge hatten sich bislang immer ihre Eltern gekümmert. Das lag ihr nicht.

»Du hast ein gutes Herz, Violetta, aber wir müssen auch

wirtschaftlich denken. Schlechte Sänger oder Sängerinnen bedeuten Einbußen. Das können wir uns nicht leisten«, hatte der Vater ihr erklärt.

Hans Brünn nahm unerwartet ihre Hand. Violetta ließ es geschehen, dass er sie an seine Lippen zog.

»Sie kennen ja meinen Wunsch. Ich vertraue Ihnen … Violetta.«

Es war das erste Mal, dass er sie beim Vornamen nannte. Er sprach ihn Namen so sanft aus, dass sie eine Gänsehaut bekam. Obwohl er ihre Haut mit den Lippen nicht berührte, spürte sie an dieser Stelle ein Kribbeln.

»Danke. Ich gebe mein Bestes.« Ihre Stimme klang heiser.

In seinen Augen leuchtete es auf. »Ich wage kaum zu hoffen, dass mein Traum doch wahr wird.«

Sein begehrlicher Blick trieb ihr die Hitze in die Wangen.

Wie gern würde sie Hans Brünn den Gefallen erweisen und selbst die Rolle der Chen Lu übernehmen. Schritte näherten sich. Rasch entzog sie ihm ihre Hand.

»Wir sehen uns gleich bei der Probe.« Sie wandte sich um und eilte davon.

»Wo warst du denn so lange?«, flüsterte Florentina, als Violetta sich in der Loge auf den freien Platz neben sie setzte. Während das Orchester mit der Ouvertüre begann, hielt sie nach Hans Brünn Ausschau.

»Mutti hat schon zwei Mal nach dir gefragt.«

»Ich musste noch was Wichtiges mit Herrn Brünn klären.«

Im Geist hörte sie wieder, wie er ihren Namen nannte, was ihr ein wohliges Gefühl vermittelte.

»Mit Herrn Brünn. Aha.« Florentina schmunzelte. Violetta beschloss, den amüsierten Tonfall zu ignorieren.

Endlich entdeckte sie Hans unten im Parkett in einer der vorderen Reihen sitzend. Mit geschlossenen Augen lauschte er dem Orchesterspiel.

»Er gefällt dir immer noch sehr.« Florentina konnte es nicht lassen nachzubohren. Violetta zuckte wie ertappt zusammen.

»Und wenn schon.«

Wenn sie geglaubt hatte, ihre Schwester würde das Thema auf sich beruhen lassen, hatte sie sich geirrt.

»Glaubst du, dass Hans Brünn der Richtige für dich sein könnte?«

Genau diese Frage hatte Violetta sich auch schon gestellt.

»Er ist talentiert, sensibel, sanft und sehr charmant. Findest du nicht?«

»Doch, schon …« Florentina seufzte. »Das ist er zweifellos. Aber ich bin mir nicht sicher, ob er wirklich die richtige Wahl wäre.«

Erstaunt und zugleich ein wenig verärgert sah Violetta ihre Schwester an. Sie hatte die besondere Menschenkenntnis ihrer Schwester immer geschätzt. Florentina hörte und spürte Dinge, die anderen entgingen. Jetzt ging sie jedoch zu weit.

»Du kennst ihn doch gar nicht.«

»Bist du jetzt böse auf mich?« Florentina legte ihre Hand auf Violettas Arm.

Sie sagten sich immer die Wahrheit.

»Nein.«

»Verzeih mir meine Offenheit. Er bewundert und verehrt dich, ohne Frage. Doch mir fehlt die Leidenschaft in seiner Stimme, wenn er zu dir spricht. Und er ist so … zurückhaltend. Du willst doch insgeheim einen Mann, der dich im Sturm erobert und die Leidenschaft in dir weckt.«

»Mir bedeutet seine Zurückhaltung viel. Das ist sehr angenehm.«

Die Mutter hatte Violetta erzählt, wie der Vater sie erobert hatte und wie schnell sie sich nahegekommen waren. Ihre Begegnungen mit Hans Brünn waren Zufall gewesen. Ganz anders als ihr Vater hatte er sie kein einziges Mal um ein Wiedersehen gebeten.

Florentinas Worte gingen Violetta im Verlauf der Probe durch den Kopf, dass es ihr schwerfiel, sich zu konzentrieren. Florentina stieß sie mit dem Ellbogen an.

»Warum hat das Orchester zu spielen aufgehört?«

Erst jetzt wurde auch Violetta bewusst, dass die Musik verstummt war, obwohl der erste Akt noch nicht beendet war. Als sie unten Stimmen hörte, beugte sie sich über die Brüstung. Neben der Bühne stand eine Handvoll Männer, die mit ihrem Vater sprachen. Zwei von ihnen trugen SS-Uniformen. Den genauen Wortlaut konnte sie nicht verstehen. Aber die grimmige Miene ihres Vaters verhieß nichts Gutes.

»Hört mal alle her! Wir machen jetzt eine kleine Pause!«, rief ihr Vater durch den Zuschauerraum. Violetta hielt nach ihrer Mutter Ausschau, konnte sie jedoch nirgendwo entdecken. Irgendetwas stimmte nicht. Ihr Vater winkte sie zu sich.

»Was ist los?«, fragte Florentina ängstlich.

»Das weiß ich noch nicht. Vati möchte, dass ich nach unten komme. Bleib du hier sitzen, ich bin gleich wieder zurück.« Sie wollte ihre Schwester nicht beunruhigen.

Ihr Herz klopfte bis zum Hals, als sie die Garderobenhalle betrat, in der nun beide Elternteile und die Männer zusammenstanden und diskutierten. Deutlich war die Spannung zu spüren. Das Gesicht ihrer Mutter war vor Ärger rot angelaufen.

Violetta fing Wortfetzen auf, die ihr verrieten, dass die Partei bei der Auswahl der Theaterstücke und Besetzung mitbestimmen wollte. *Das geht entschieden zu weit! Das gehörte zu den Aufgaben der Theaterleitung!*

Als sie sich ihnen näherte, traten die beiden Uniformierten beiseite und gaben den Blick auf Dr. Mahler frei, dessen schmale Lippen sich zu einem Lächeln verzogen.

»Ah, das gnädige Fräulein Schwarz!«, flötete er und trat ihr mit ausgestreckter Hand entgegen.

Violetta fing einen mahnenden Blick der Mutter auf, als sie zögerte, Mahlers Hand zu ergreifen. Sie besann sich eines Besseren.

»Guten Tag, Dr. Mahler, ich bin erstaunt. Können Sie es bis zur Premiere nicht mehr aushalten?«

Ihr Scherz schien bei ihrem Gegenüber nicht gut anzukommen.

Am liebsten hätte sie ihre Hand von seinem feuchten Händedruck am Rock abgewischt.

»Herr Kreisleiter, bitte«, korrigierte er sie. Violetta hatte vor einiger Zeit von Traugott und Cordula Fromm erfahren, dass der Gauleiter Dr. Mahler nicht nur zu seinem Stellvertreter, sondern auch zum kommissarischen Kreisleiter berufen hatte. Jetzt schien es vom Führer bestätigt zu sein. Sein erweiterter Einfluss verlieh ihm noch mehr Macht.

»Der Herr Kreisleiter ist der Ansicht, dass der Spielplan und die Besetzung für unsere Aufführungen durch die Partei genehmigt werden sollten«, stieß ihr Vater hervor. Deutlich spürte sie dessen schwelenden Zorn.

»Wir wollen doch sichergehen, dass alles im Sinne des Führers und des Volkes geschieht«, erklärte Mahler. Die Warnung in seinem Blick jagte Violetta einen eisigen Schauer den Rücken hinunter.

»Die Partei mischt sich in alles ein, will alles bestimmen«, hörte sie Tante Cordulas Worte im Geist. Recht hatte sie. Wie oft hatte ihre Mutter die Freundin davor gewarnt, ihre Meinung offen zu äußern. Mancher aus der Nachbarschaft war deswegen verhaftet worden. Violetta spürte, wie brisant die Lage auch im Theater war. Sie bemühte sich, freundlich zu bleiben, auch wenn sie innerlich rebellierte.

»Sind Sie denn nicht mit meiner Auswahl zufrieden, Herr Kreisleiter? *Der goldene Drache* ist eine lustige Operette. Ich hoffe doch sehr, dass sie dem Führer gefällt.« Sie zwang sich zu lächeln.

Violetta schaute Mahler forschend an.

Der schwieg und schien zu überlegen.

»Der Gauleiter hat befohlen, dass ich mir als langjähriger Musikmäzen ein Bild von der Aufführung mache. Schließlich muss ja alles seine Ordnung haben. Aus diesem Grund werde ich bei dieser Probe zusehen.«

Ihre Mutter rollte im Rücken Mahlers und seiner Begleiter die Augen. Auch ihr Vater schien wenig begeistert zu sein von dem Vorhaben. Als er den Mund öffnete, hinderte ihre Mutter ihn mit einem Blick daran, etwas zu sagen. Violetta stöhnte auf, denn nun hatte sie außer ihren Eltern auch noch einen Dritten, der ihr reinreden würde.

»Wollen Sie sich nicht lieber von der Premiere überraschen lassen?«, warf ihre Mutter ein.

Mahlers Lächeln erlosch. »Sie können versichert sein, dass, wenn mir die Probe nicht behagt, es keine Premiere geben wird.«

Die Kälte in Mahlers Stimme ließ Violetta erschauern.

Das konnte nicht wahr sein! Ihre Arbeit umsonst?

Am liebsten hätte Violetta sich seine Einmischung verbeten. Um ihrer Familie und des Theaters wegen schluckte sie die Worte hinunter.

»Der Gauleiter und der Führer verlassen sich auf mein Urteil. Ich werde die Probe gewissenhaft verfolgen.«

Sein Lächeln war zynisch.

»Ich muss Sie warnen, die Proben dauern sicher bis Mitternacht«, startete ihr Vater einen Versuch.

»Ach, mein lieber Herr Schwarz. Für den Führer und das Volk ist uns nichts zu viel, nicht wahr?« Die Männer in seinem Gefolge, die bisher geschwiegen hatten, nickten.

»Wer ist eigentlich der Komponist des Werkes?«

Violetta erkannte den wachsamen Ausdruck in den Augen

der Eltern. Auf keinen Fall durfte die Operette abgesetzt werden, nur weil sein Schöpfer Jude war.

»Ein unbekannter, aber aufstrebender Komponist, der gerade das Studium abgeschlossen hat. Sicher haben Sie seinen Namen noch nicht gehört.« Ihr Vater vermied es bewusst, Hans Brünns Namen zu nennen.

Mahler würde Hans sicher von der Begegnung vor dem Konservatorium wiedererkennen.

»Dieser Komponist wird doch sicher einen Namen haben?« Der lauernde Blick Mahlers ruhte auf ihrem Vater, der scheinbar mit sich rang, ob er ihn preisgeben durfte. Ihre Mutter hielt den Atem an. Die Atmosphäre war zum Zerreißen gespannt.

»Der Komponist heißt Hans Brünn«, antwortete Violetta an seiner Stelle. *Hoffentlich fragt er nicht auch noch nach dem Librettisten!* »Die Melodien in seiner Operette sind bezaubernd.« Violetta musste sich selbst bremsen, um nicht zu sehr ins Schwärmen zu geraten.

»Brünn? Dieser Name kommt mir irgendwie bekannt vor.« Mahlers Stirn legte sich in Falten. Violetta schluckte. »Ich hoffe, Sie haben einen Arier angestellt«, bohrte Mahler weiter.

Sie hätte wissen müssen, dass der Kreisleiter nicht lockerlassen würde. Sie spürte, wie sehr ihre Eltern an sich halten mussten, um Mahler nicht zurechtzuweisen. Sie traute ihnen auch zu, dass sie den Kreisleiter aus dem Theater werfen würden. Wenn sie die Antwort zu lange hinauszögerten, würde Mahler erst recht hellhörig werden.

»Ganz bestimmt«, log sie spontan. Ihre Eltern nahmen diese Pflicht nicht immer sehr genau. Besonders ihren Vater ärgerte diese Maßnahme. Hans Brünn war arisch. Schließlich war sein Vater ein angesehener Arzt in Hannover.

Mahler verhehlte nicht, dass er eine Schwäche für sie hatte.

Sie schenkte ihm ihr charmantestes Lächeln, das ihn milder stimmen sollte.

Die Augen ihrer Mutter weiteten sich vor Entsetzen, und ihr Vater wurde bleich. *Solch eine Lüge ist riskant! Was hast du getan? Zu spät!*

Mahler trat einen Schritt auf sie zu. Sie hielt seinem Blick stand, der auf ihrem Ausschnitt hängen blieb.

»Ein so bezaubernder Mund wie der Ihre wird mich sicher nicht anlügen.«

Erneut musste Violetta schlucken. Sie mochte sich nicht die Konsequenzen ihrer Lüge ausmalen.

»Ich bin verantwortlich für die Uraufführung und hoffe sehr, dass ich Ihren Ansprüchen gerecht werde, Herr Kreisleiter.«

Mahler lächelte geschmeichelt.

»Sicher doch, Fräulein Schwarz.«

»Es ist Zeit, die Probe fortzusetzen«, warf ihr Vater ein. »Wir wollen Ihre kostbare Zeit nicht verschwenden, Herr Kreisleiter.«

Mahler nickte wohlwollend, während seine Begleiter mit grimmigen Mienen und schweigend neben ihm standen.

In wenigen Sätzen erklärte Violetta ihm die Handlung. Sie wusste, dass in Hannover auf seine Meinung als Musikkritiker viel Wert gelegt wurde. Schon so manche Aufführung war seinetwegen in Verruf geraten, weil er sie verrissen hatte. Doch sie glaubte fest an Hans Brünns Komposition.

Während Mahler Violetta in die Loge hinaufbegleitete, nahmen seine vier Begleiter im Parkett Platz.

Florentina erwartete sie bereits ungeduldig.

»Endlich«, sagte sie freudig, bevor sie schlagartig ernst wurde. »Du kommst in Begleitung?«

»Ja, der Herr Kreisleiter Dr. Mahler wird bei der Probe zusehen.«

»Guten Abend, Fräulein Schwarz«, begrüßte Mahler ihre Schwester.

»Guten Abend.« Florentina gab sich keine Mühe zu verbergen, dass ihr seine Gegenwart nicht recht war. Violetta sah ihrer Schwester an, dass sie gern erfahren hätte, weshalb Mahler der Probe beiwohnte.

In der Loge waren vier Plätze nebeneinander aufgereiht.

»Ich würde gern zwischen Ihnen beiden sitzen.« Das klang eher nach einem Befehl als einer Bitte Mahlers.

»Wie Sie wünschen.«

Widerwillig beugte sich Violetta seiner Anweisung.

Auf ein Zeichen von ihr begann das Orchester zu spielen.

Sie saß verkrampft auf dem weichgepolsterten Theaterstuhl. Ob diese Operette aufgeführt werden durfte, hing von ihrem Sitznachbarn ab. Es ärgerte sie maßlos, dass jemand wie er über ihre Arbeit bestimmen durfte. Seine harten Züge wurden nur milder, wenn er sie ansah. Ihr Vater hatte Mahler als skrupellos bezeichnet.

»Ist denn der Herr Komponist nicht zugegen?« Mahler sah suchend nach unten.

Es war möglich, dass ihre Eltern Hans Brünn geraten hatten, das Theater zu verlassen.

»Er ist nicht immer dabei«, antwortete sie vage.

»Wie schade, ich hätte den Mann gern kennengelernt.«

Wie zufällig berührte Mahler sie. Violetta versteifte sich, zog ihren Arm aber nicht zurück, als er sanft über ihren Handrücken fuhr. Sie durfte ihn jetzt nicht aufbringen.

Während der gesamten Probe warf Violetta immer einen flüchtigen Seitenblick auf Mahler. Manchmal lächelte er sie an oder warf ihr begehrliche Blicke zu. Sie war froh, dass Florentina das nicht sehen konnte.

Doch nichts in seiner Miene verriet, ob ihm die Operette gefiel. Wenn er herausbekam, dass Hans Brünn jüdische Wurzeln besaß und sie gelogen hatte, wäre es vorbei mit der

Uraufführung. Zu allem Übel sang Simona unsauber. Auch die anderen Solisten verpassten Einsätze. Das entzauberte die Melodien. Immer wieder musste der Dirigent die Sopranistin einzelne Passagen wiederholen lassen. Mahlers Mundwinkel zogen sich nach unten. Violetta fürchtete immer mehr um die Aufführung und war hin- und hergerissen, die Probe abzubrechen. Da erhob sich ihr Vater.

»Alle mal herhören! Für heute machen wir Schluss!«, rief er gerade rechtzeitig und winkte mit den Armen. Sie war ihm dankbar dafür.

Die Orchestermitglieder erhoben sich mit ihren Instrumenten von den Plätzen, und die Gesangssolisten verließen mit hängenden Köpfen die Bühne. Violetta graute vor dem vernichtenden Urteil Mahlers. Der Mäzen war sicher Besseres gewöhnt.

»Ich würde gern noch mit Ihnen und Ihren Eltern eine Unterredung führen«, sagte Mahler.

Violettas Herz sank Etagen tiefer.

»Wenn Sie uns bitte entschuldigen würden, Fräulein Schwarz«, wandte er sich an Florentina und deutete eine Verbeugung an.

»Lassen Sie uns bitte nach unten gehen.« Er fasste Violettas Arm. Widerstandslos ließ sie es geschehen.

Jetzt ist alles aus und vorbei!

5. März 1937

Die Sonne versank am Horizont, als Brian in die Kutsche zum Hospital stieg. Die Sorge um seinen Bruder brachte ihn fast um. Immer hatte er sich für den jüngeren Bruder verantwortlich gefühlt. Als sie durch den Wald fuhren, sog er tief den würzigen Geruch der Nadelbäume ein. Das erinnerte ihn wieder an die gemeinsamen Nachmittage mit seinem Bruder, wenn sie im Wilcox Manor Forst Verstecken gespielt hatten. Alles in der Umgebung war ihm vertraut. Die idyllischen Dörfer mit den Bruchsteinhäusern und den schmucken Gärten wie die Felder, die die Bauern zurzeit bestellten. Hier war er zu Hause, und doch gab es keinen Platz für ihn.

Die Kutsche hielt vor dem Eingang des Krankenhauses. Ein viktorianischer Bau, dessen Mauern wilder Wein erobert hatte. Er stieg aus und blickte zu den Fenstern auf. In einigen brannte Licht. Hinter einem von ihnen lag sein Bruder Alan. Brian reichte dem Kutscher zwei Pfundnoten, bevor er ins Krankenhaus eilte.

Eine Schwester mittleren Alters mit Pausbacken saß hinter dem Eingangsfenster und leckte sich die Finger. Neben ihr stand ein leerer Kuchenteller. Bei seinem Eintreten sah sie auf. An ihrem Mund klebten Krümel.

»Keine Besuchszeit mehr«, sagte sie barsch und schob den Kuchenteller in ein Regal.

»Ich weiß. Aber das ist eine Ausnahme. Ich komme aus London und muss dringend meinen Bruder sehen. Alan Wilcox.«

Die Schwester schüttelte den Kopf.

Brian hielt eine Pfundnote hoch, was ein kurzes Aufleuchten in ihren Augen bewirkte.

»Tut mir leid, Mister, aber ich darf niemanden mehr reinlassen.«

»Bitte, ich muss ihn sehen, muss wissen, wie es ihm geht. Ich habe eben erst erfahren, dass er hier liegt«, flehte er. Brian fühlte sich erschöpft. Die Sorge fraß ihn auf.

»Wie soll es einem schon gehen, wenn einem eine wütende Tonne Stier in die Rippen tritt? Er hat verdammtes Glück gehabt.«

»Bitte lassen Sie mich zu ihm.«

»Gehen Sie endlich!«

»Ich bitte Sie inständig. Nur fünf Minuten!« Brian lächelte die Schwester an. Bislang hatte das bei Frauen immer Wirkung gezeigt.

Die Schwester mit den Pausbacken öffnete das Fenster und nickte. »Gehen Sie dort zur Tür. Ich öffne Ihnen.«

Erleichtert folgte Brian der Aufforderung. Nur wenige Atemzüge später schloss sie ihm die Tür auf.

»Hier entlang. Aber nur fünf Minuten! Ich komme sonst in Teufels Küche.«

»Versprochen.« Sie führte ihn durch die Tür in einen langen, spärlich ausgeleuchteten Korridor, in dem es so stark nach Äther und Reinigungsmitteln roch, dass sein Magen rebellierte. Auf halbem Weg blieb die Schwester stehen.

»Die letzte Tür auf der rechten Seite. Es geht ihm gar nicht gut. Alles, was Ihr Bruder jetzt braucht, ist Ruhe«, sagte sie eindringlich.

»Ja, danke.«

Brian eilte den Korridor entlang und öffnete, ohne anzuklopfen, leise die Tür.

Alan lag kreidebleich im Bett am Fenster und schlief. Ein Mann, der vor Gesundheit und Kraft nur so strotzte. Sein Oberkörper war nackt, sodass Brian den breiten Verband um den Leib erkennen konnte. Ein dunkler Blutfleck prangte darauf. Bei dem Anblick zog sich Brians Herz zusammen. Alans Atem ging rasselnd. Schweiß perlte auf seiner Stirn. Erschüttert blickte Brian eine Weile auf seinen Bruder hinunter. Mit feuchten Augen strich er ihm über die Hand. Er wusste nur zu gut, wie viel seinem Bruder die Landwirtschaft bedeutete. Dass er jetzt im Frühling ausfiel, war ein Desaster. Nie hätte Brian gedacht, dass seinem erfahrenen Bruder, der stets umsichtig mit Tieren umging, so etwas widerfahren könnte. Durch Alans Ausfall musste nun der Vater die Geschäfte fortführen. Er würde sein Herzstück niemals einem Fremden anvertrauen.

Alans Lider flatterten.

»Es tut mir alles so leid. Auch dass ich nicht bei dir gewesen bin«, flüsterte Brian bewegt. Er hatte sich ein Wiedersehen unter besseren Umständen gewünscht.

»Brian …«, wisperte Alan mit geschlossenen Augen.

»Ja, Alan, ich bin hier.« Gerührt drückte er die Hand des Bruders.

Alan schlug die Augen auf. Seine Lippen bewegten sich. Brian beugte sich weit zu ihm hinunter, um zu verstehen, was er sprach.

»Das Gut … zur Auktion … Devil's Hunter … Dad muss …«

Brian blickte auf, als sich unerwartet die Tür öffnete. Er vermutete die Schwester, die ihn daran erinnern wollte zu gehen.

»Raus hier! Verschwinde! Sofort!«

Wütend wirbelte Brian herum und stand seinem Vater gegenüber. Ihm fiel ein, dass das Krankenhaus von ihm in den vergangenen Jahren Spenden erhalten hatte.

Brian blickte dem dürren Racheengel im schwarzen Anzug entgegen, der breitbeinig und mit geballten Fäusten im Türrahmen stand.

»Du nichtsnutziger Vagabund wagst es hierherzukommen?«

Brian stellte sich aufrecht hin. Er überragte seinen Vater um mindestens einen halben Kopf. Doch er wusste, dass es im Gegensatz zu anderen seinem Gegenüber keinen Respekt einflößte. Unverhüllter Zorn sprach aus dem Blick des Vaters. Brian bemühte sich, ruhig zu bleiben.

»Auch wenn du mich nicht mehr als deinen Sohn betrachtest, bleibt Alan immer noch mein Bruder. Nichts und niemand könnte mich daran hindern, ihn zu sehen«, antwortete Brian gefasst, obwohl es auch in ihm brodelte.

»Hinaus! Ich will dich hier nie mehr sehen!« Der ausgestreckte Arm des Vaters wies zur Tür. Brian spürte, wie Alan nach seiner Hand griff. Jede Aufregung war schlecht für seine Genesung.

»Brian ...«, flüsterte er.

»Es ist besser, wenn ich jetzt gehe. Aber ich komme wieder. Versprochen. Sieh zu, dass du wieder auf die Beine kommst«, wandte er sich an seinen Bruder. Dessen Finger schlossen sich fester um Brians Hand.

Drohend kam sein Vater auf ihn zu. Er schwenkte seinen Gehstock, als wolle er ihn schlagen.

»Lass dich hier nie wieder blicken. Auch nicht auf Wilcox Manor, verstanden?«

Wortlos machte sich Brian los und ging an seinem Vater vorbei zur Tür. Bevor er das Zimmer verließ, blickte er sich noch einmal nach seinem Bruder um, der ihm mit traurigem Blick nachsah.

Traurig kehrte Brian nach London zurück.

Am selben Tag in Hannover

Atemlos erreichte Violetta die Garderobenhalle, in der ihre Eltern und Dr. Mahler auf sie warteten. Die Mienen waren blass und angespannt. *Verdammt!* Violetta hasste es, von Mahlers Meinung abhängig zu sein. Er gewann immer mehr Einfluss in Hannover, in der NSDAP, und selbst der Führer hörte in Musikangelegenheiten auf ihn. Eine vernichtende Kritik zu Hans Brünns Operette könnte die Karriere des jungen Komponisten beenden, bevor sie begonnen hatte. Das wäre ungerecht, denn der talentierte Hans Brünn hatte Erfolg verdient.

»Da kommt ja Ihr reizendes Fräulein Tochter!«, rief Mahler und strahlte Violetta an. Aufgebracht ballte ihr Vater die Hände, und ihre Mutter blickte den Kreisleiter misstrauisch an.

»Ich will nicht lange um den heißen Brei reden.« Mahler schaute in die Runde. »Die Probe hat die Schwächen des Werkes offenbart. Leider muss ich dem Gauleiter empfehlen, die Aufführung in dieser Besetzung auf keinen Fall zu genehmigen.«

Violettas Befürchtungen bestätigten sich.

»Was maßen Sie sich eigentlich an?« Das Gesicht ihres Vaters war vor Zorn rot angelaufen. Es schien, als wolle er dem Kreisleiter an die Gurgel gehen. Violetta bemerkte, wie ihre Mutter den Vater mit einem warnenden Blick bremste. Sie drückte selbstbewusst den Rücken durch und holte Atem. Violetta ahnte, dass ihre Mutter Mahler widersprechen würde und das den Kreisleiter zu Schritten veranlassen würden, die dem Theater Schaden zufügen könnten.

»Herr Kreisleiter, ich wüsste nicht, was an der Besetzung geändert werden sollte. Meine Tochter besitzt musikalische Kompetenz, wie Sie sich selbst überzeugen konnten«, sagte ihre Mutter ruhig und zugleich bestimmt.

Sie besaß Mut.

Mahler sog geräuschvoll die Luft ein. Seine Augen verengten sich zu Schlitzen.

»Selbstverständlich zweifele ich die Kompetenz Ihrer Tochter nicht an.« Sein Lächeln wirkte aufgesetzt. »Der Führer setzt großes Vertrauen in meinen musikalischen Sachverstand. Ich bin praktisch sein Ohr, weil ich seinen Geschmack kenne. Er wäre sicher enttäuscht, wenn er bei Ihren Aufführungen diese junge Sängerin in der Rolle der Chen Lu sehen würde, der sie in keiner Weise gerecht wird.«

Ihr Vater trat drohend einen Schritt auf Mahler zu.

»Was mischen Sie sich ein? Die Besetzung bestimmt immer noch die Theaterleitung!«

Nach dem Vorwurf des Vaters wurde die Miene des Kreisleiters frostig.

Die Lage drohte zu eskalieren. Violetta konnte und wollte nicht zulassen, dass die Uraufführung verboten wurde. Das zwang sie zu handeln.

»Was schlagen Sie denn vor, Herr Kreisleiter?«

Es missfiel Violetta genauso wie ihren Eltern, Mahler mitbestimmen zu lassen. Doch jetzt kamen sie nur weiter, wenn sie Kompromissbereitschaft zeigten.

Ihr Vater setzte zu einem weiteren Protestversuch an, an dem ihn die Mutter hinderte.

Mahler wandte sich Violetta lächelnd zu.

»Mir scheint, Sie sind einsichtiger als Ihre Eltern.«

»Sie müssen verstehen, dass es für uns ungewohnt ist, wenn sich Dritte in die Belange des Theaters einmischen.«

Mahlers Miene wurde weicher.

»Ihnen liegt sehr viel an dieser Operette?«

»Ja, das stimmt. Es ist meine erste Uraufführung.«

»Dann wird Ihnen sicher mein Vorschlag gefallen.«

Gespannt sah sie ihn an.

»Ich möchte, dass Sie die Chen Lu singen.«

Violetta glaubte sich verhört zu haben.

Auch ihre Eltern schnappten nach Luft.

»Aber ... aber ... das geht doch nicht ...«, protestierte ihre Mutter.

»Was bilden Sie sich ein, Mahler? Sie können nicht so einfach das Ensemble bestimmen!«, fuhr ihr Vater auf.

»Roman, bitte ...«, versuchte ihre Mutter ihn zu besänftigen. Es war schwer, ihren temperamentvollen Gatten zu bremsen, wenn er erst mal in Rage war. Mahler zeigte sich vom Ausbruch ihres Vaters unbeeindruckt.

»Entweder Ihre Tochter singt die Rolle der Chen Lu, oder es wird keine Uraufführung geben! Ich denke, Sie haben mich verstanden.« Mahler besaß genügend Macht, um seinen Willen durchzusetzen.

»Wir lassen uns nicht erpressen!«, rief ihr Vater empört.

Um noch zu retten, was gerettet werden konnte, war Violetta jedoch bereit nachzugeben. Sie befanden sich nun einmal in einer Notlage, die ein Umdenken erforderte.

»Also gut, ich werde die Chen Lu singen.«

Violetta wagte nicht, ihre Eltern anzusehen.

»Das Publikum wird Sie in dieser Rolle lieben.« Mahler trat auf sie zu, nahm ihre Hand und küsste sie.

Violetta fühlte sich mies, als hätte sie gerade ihre Eltern verraten.

»Bist du denn von allen guten Geistern verlassen?«, brüllte ihr Vater sie an, nachdem Mahler und sein Gefolge das Theater verlassen hatten.

»Vati, was blieb mir denn anderes übrig, nachdem du gegen Mahler aufbegehrt hast?«, verteidigte Violetta ihre Entscheidung. »Wenn ich seinem Vorschlag nicht zugestimmt hätte, müssten wir die Aufführung absagen. Hast du mal an die kostspieligen Kostüme und das Bühnenbild gedacht? Ganz zu schweigen von den Gagen.«

»Roman, Violetta hat recht. Du weißt doch selbst, wie schwer es ist, die Kosten aufzufangen.«

Violetta war erleichtert, dass ihre Mutter sie verstand.

2. September 1937

Brian eilte die Treppe zur U-Bahn hinunter. Mr Burton, einer der Musikdirektoren der Society, erwartete ihn vor dem Lunch. Trotz der Eile blieb Brian abrupt stehen, als er eine Beethoven-Sonate auf einer Geige hörte. Eine Sonate für Violine und Klavier, die er auch schon gespielt hatte. Der Musiker war nicht nur gut, sondern so brillant, dass keiner die Klavierstimme vermisste. Neugierig geworden, beugte er sich über das Treppengeländer und blickte hinab.

Seitdem Brian von der Royal Philharmonic Society als Pianist engagiert worden war, arbeitete er mit einem Orchester aus Nottingham zusammen, das leider seinen musikalischen Ansprüchen nicht genügte. Er war bestrebt, immer das Beste zu geben. In ihm wuchs der Wunsch nach einem eigenen Orchester mit Virtuosen. Dann konnten sie Orchesterstücke spielen oder als Solisten auftreten. Gute Musiker abzuwerben war schwierig. Auf Londons Straßen gab es jedoch viele Talente, die das Zeug zu einem professionellen Musiker besaßen. Drei solcher Straßenmusiker hatte er schon für sein Kammerensemble engagieren können. Ein Geiger fehlte ihm jedoch. Brians Plan war, im nächsten Sommer mit seinem Kammerorchester auf Konzertreise zu gehen.

Am Fuße der Treppe saß auf einem Hocker ein blonder Mann von vielleicht zwanzig Jahren. Brian war von der Leichtigkeit seines Bogenstrichs fasziniert. Er wäre die perfekte Ergänzung zu seinen anderen Ensemblemitgliedern.

Passanten blieben stehen und lauschten.

Brian hingegen hörte zu, bis der erste Satz von Beethovens Violinsonate verklungen war. Er spendete Applaus und warf eine Münze in das kleine Holzkästchen, das zu Füßen des Geigers stand.

»Vielen Dank, Sir.« Der Geiger lächelte und nickte. Er sprach mit Akzent.

»Darf ich fragen, wo Sie so spielen gelernt haben? Am hiesigen Konservatorium?«

Der Geiger, der gerade die Noten auf dem Notenständer tauschte, hielt bei Brians Frage inne.

»Nein. Ich habe bereits einen Abschluss«, antwortete er. »Mit dem Geigenspiel verdiene ich meinen Lebensunterhalt, bis ich ein festes Engagement habe.«

»Alle Achtung. Sie spielen außergewöhnlich.« Brian nickte anerkennend. »Mein Name ist Brian Wilcox. Ich gründe gerade ein Kammerorchester und könnte mir vorstellen, dass Sie gut zu uns passen würden. Ihr Akzent …«

»Ist das für Sie auch ein Problem, Sir?«

»Warum fragen Sie?«

»Ich komme … aus … Graz. Wilhelm Steiner mein Name«, stellte er sich vor.

Brian hatte das Zögern des Mannes bemerkt.

»Mr Steiner, wo Sie herkommen, ist mir egal. Sind Sie an meinem Angebot interessiert? Ein Engagement von einem Jahr, vielleicht auch länger.«

Steiner strahlte. »Gern.«

Anschließend besprach Brian mit ihm die Formalitäten. Er war stolz darauf, einen weiteren Virtuosen für sein Kammerensemble gefunden zu haben. Brian träumte davon, ein eigenes Sinfonieorchester zu gründen und auch Sänger für seine Konzerte zu engagieren.

»Was hat Sie nach London verschlagen?«, fragte er Steiner.

»Ich bin Sozialdemokrat. Für jemanden wie mich gibt es keinen Platz im Deutschen Reich.« Bitterkeit sprach aus seinen Worten.

»Da sind Sie nicht der Einzige.« Brian klopfte Steiner auf

die Schulter und fragte ihn nach seiner Ausbildung und seinem Repertoire.

»Studiert habe ich am Mozarteum in Salzburg. Ich spiele so ziemlich alles, von Mozart bis van Beethoven. Das meiste auswendig. Wollen Sie vielleicht etwas davon hören?«

»Später. Kennen Sie die Werke des Komponisten von Uhlenberg?«

»Ja, ich hatte auch das Vergnügen, dessen Nachfahrin, der Intendantin Leonora Schwarz, zu begegnen. Bei ihrem Gesang habe ich Gänsehaut bekommen. Und bildhübsch ist sie auch.« Steiner geriet ins Schwärmen.

Brian dachte sofort wieder an das Mädchen auf dem Foto in Gideons Biografie über Frederik von Uhlenberg.

»Ich liebe die Werke von Uhlenbergs. Das Requiem spiele ich leidenschaftlich gern. Besitze die Partitur.«

Brian horchte auf.

Seit einiger Zeit waren deutsche Komponisten in den Regalen der Musikverlage rar geworden, und es war schwer, eine Ausgabe zu ergattern. Er hatte nach diesem Werk schon lange vergeblich gesucht.

»Vielleicht spielen wir es einmal zusammen bei einem Konzert.«

»Das wäre ein Traum!«

Brian nannte Steiner den nächsten Probetermin, bevor sie sich voneinander verabschiedeten. Für die Proben hatte ihm Onkel Edgar seine Stadtvilla zur Verfügung gestellt. Gut, dass seine Eltern nichts davon wussten.

Auf dem Weg zu Mr Burton ging ihm das Gespräch mit Steiner nicht aus dem Sinn. Wieder dachte er an das Foto mit dem jungen Mädchen, das zur Uhlenberg'schen Familie gehören musste. War sie wirklich eine Tochter der Intendantin?

Brian lief auf das schmale Ziegelgebäude zu, das sich nahtlos in die Häuserzeile einfügte. Typisch für diese Gegend waren die weißen Schiebefenster. Im Erdgeschoss des Hauses befand sich ein Laden, der exklusive Instrumente verkaufte. In den drei Etagen darüber hatte die Konzertgesellschaft ihre Büros. Mr Burton saß im zweiten Stock und hatte ihn angeworben.

Brian betrat das Gebäude durch eine Tür neben dem Laden und stieg die steile Treppe hinauf.

Der korpulente Edward Burton saß hinter seinem Schreibtisch in einem ledernen Sessel mit hoher Rückenlehne und schmauchte eine Zigarre. Seine Finger zupften am weiß-grauen Vollbart, während er sich über eine aufgeschlagene Partitur beugte. Brian blieb in der geöffneten Tür stehen.

»Kommen Sie ruhig näher, Wilcox.« Der Musikdirektor winkte ihn zu sich. »Mich interessiert Ihre Meinung. Vor mir liegen die Noten eines vielversprechenden Komponisten.«

Brian wusste, dass Burton stets auf der Suche nach neuen Talenten und vielversprechenden Komponisten war. Über eine neue Entdeckung konnte er sich freuen wie ein Kind unter dem Weihnachtsbaum.

Brian umrundete den Schreibtisch und beugte sich über dessen Schulter. Die Partitur war handgeschrieben mit eigenwillig verschnörkelten Noten und kam ihm seltsam bekannt vor.

»Sehen Sie, diese Melodieführung, die Synkopen und Akzentuierungen verleihen dem Werk etwas Besonderes. Wirklich beeindruckend, finden Sie nicht?« Burton seufzte lächelnd.

Das konnte doch nicht möglich sein, oder doch?

»Darf ich fragen, wer der Komponist ist?«, fragte Brian. »Ich sehe gar keinen Namen auf dem Papier.«

»Das weiß ich nicht. Noch nicht. Jemand hat mir diese Noten anonym zukommen lassen. Ein Geheimtipp.« Burton schob die Notenblätter übereinander.

»Verzeihung, Mr Burton. Darf ich sie mir noch mal genauer ansehen?«

Brian musste Gewissheit haben, dass er sich nicht irrte.

Widerwillig reichte der Musikdirektor ihm die Blätter.

Note für Note verglich Brian die Partitur mit dem Stück, das er schon unzählige Mal auf dem Klavier gespielt hatte. *Es besteht kein Zweifel*. Er musste die letzten Takte sehen. Seine Hände zitterten, als er weiterblätterte.

Erstaunt betrachtete er die Noten. Dann lächelte er. Sein Gefühl hatte ihn also nicht getrogen. »Ich fürchte, Mr Burton, diesmal haben Sie keinen vielversprechenden neuen Komponisten entdeckt.« Und dann erzählte er ihm, was sie vor sich liegen hatten. »Sind Sie sicher?« Burton sah Brian mit einer Mischung aus Zweifel und Empörung an.

Brian nickte. »Leider ja. Ich kann Ihnen gern morgen meine Abschrift des Stückes zeigen. Allerdings war sie ursprünglich unvollständig. Die letzten Takte fehlten. Weil mich das gestört hat, habe ich sie in der vermuteten Kompositionstechnik ergänzt. Sie entsprechen fast dem Original.«

Burton schüttelte den Kopf. »Ich weiß nicht, wie ich Ihnen danken soll, Wilcox. Sie haben mich vermutlich vor einer großen Blamage bewahrt.«

»Sie konnten doch nicht wissen, dass es sich dabei um ein unbekanntes Werk eines bekannten deutschen Komponisten handelt.«

Brian konnte es noch immer nicht fassen, dass er jetzt die komplette Ouvertüre des *Liebesreigens* vor sich hatte.

»Und Sie wissen wirklich nicht, wer Ihnen die Noten gesandt hat?«

»Nein. Können Sie mir mehr über den Komponisten sagen?«

In kurzen Sätzen berichtete Brian dem Musikdirektor, was er über das Leben und Schaffen des deutschen Komponisten Frederik von Uhlenberg gelesen hatte.

»Der Komponist sagt mir nichts. Aber das Stück hier gefällt mir. Sehr sogar. Es ist erstaunlich, was Sie über ihn wissen, Wilcox. Leider kann ich nun nichts mit den Noten anfangen, da ich weiß, wer sie komponiert hat. Sie wissen doch, dass die Musik von deutschen Komponisten zurzeit nicht gefragt ist.« Burton seufzte, kniff die Augen zusammen und rieb sich über den Nasenrücken.

»Aber das Königshaus begrüßt doch, dass die Deutschen sich gegen Russland stellen. Außerdem geht es nur um Kunst und nicht um Politik.«

»Wie dem auch sei. Sie sagten, Sie hätten die fehlenden Takte dazukomponiert?«

»Ja, stimmt.« Forschend sah Brian Burton an, bevor er die Hände hob. Er hatte keine Ahnung, worauf die Frage des Musikdirektors abzielte.

»Das setzt großes Einfühlungsvermögen voraus. Man muss dazu einen Komponisten verstehen, seine Seele fühlen und wissen, was er mit seiner Musik mitteilen will. Ich glaube, Sie können das.«

Brian hob abwehrend die Hände. »Da überschätzen Sie meine Fähigkeiten.« Er war nur Pianist, auch wenn er Kenntnisse über Kompositionstechniken besaß.

»Ich möchte, dass Sie die Werke dieses Komponisten analysieren. Dieses Stück hier besitzt das gewisse Extra.«

Brian wusste nicht, was er darauf erwidern sollte. Das einzige Werk, das er von dem Komponisten besaß, waren die abgeschriebenen Noten des *Liebesreigens*. Zwar kannte er dessen Requiem und ein, zwei Sonaten, aber das reichte nicht für eine Analyse aus.

»Ich ... ich ... weiß nicht. Was versprechen Sie sich denn davon?«

»Inspirationen. Viele Komponisten haben bei ihren Kollegen abgeschaut und manche auch versucht, den Stil zu kopieren. Warum sollten wir nicht versuchen, die Methoden dieses

Komponisten anzuwenden? Es bedarf nur eines Themas, das variiert wird.« Er schnipste mit den Fingern.

Als wenn das wirklich so leicht wäre!

»Ich weiß nicht, ob Sie einen geeigneten Komponisten finden, der …«

»Das lassen Sie mal meine Sorge sein. Junge Komponisten, die nur auf eine solche Gelegenheit warten, um berühmt zu werden, gibt es zuhauf. Und Sie hätten dann die Basis geliefert.«

Das Vorhaben des Musikdirektors gefiel Brian nicht, auch wenn er dadurch noch tiefer in das Leben des berühmten Komponisten eintauchen würde.

»Und wenn meine Analyse nicht den gewünschten Erfolg mit sich bringt?«

Burton grinste siegessicher.

»Nicht so bescheiden, Wilcox. Im Erfolgsfall würden Sie von mir jede erdenkliche finanzielle Unterstützung bekommen. Auch für Ihr geplantes Orchester.« Burton zwinkerte ihm zu.

Das klang wirklich vielversprechend. Schließlich besaß er kein großes Vermögen mehr, das es ihm erleichterte, seine Ziele schnell zu erreichen. Das wäre *die* Karrierechance! Er könnte seinem Vater beweisen, dass er fähig war, seine Ziele aus eigener Kraft zu erreichen.

»Weshalb gerade dieser deutsche Komponist?«

»Gespür! Intuition! Weil der Schöpfer dieses Werkes etwas in den Menschen berührt, was nur wenigen gelungen ist. Diese Sehnsucht und Melancholie, das hat etwas … Besonderes. Wenn jemand das nachempfinden kann, würde es ihn sehr begehrt machen.« Burtons Augen glänzten. »Ich möchte, dass Sie herausfinden, wie er das gemacht hat.«

»Neben meinen Konzerten? Sie wissen doch, dass ich gerade ein Dut…«

»Es würde Ihnen viele Türen öffnen. Ich kenne den Dirigenten des königlichen Symphonieorchesters. Ich könnte Sie ihm für ein Klavierkonzert empfehlen«, fiel Burton ihm ins Wort.

Brian schluckte. Von solch einer Möglichkeit hatte er immer geträumt.

»London, nein England braucht neue musikalische Inspirationen.«

»Also gut, ich werde es angehen«, versprach Brian.

»Gut. Bringen Sie mir bitte Ihre Notenabschrift mit«, bat Burton.

Die Worte des Musikdirektors gingen Brian noch durch den Kopf, als er die Stufen zur Tube hinabstieg. Auch wenn er Gideons Buch akribisch gelesen hatte, wusste er dennoch zu wenig über den Komponisten, als dass er dessen Gedanken und Gefühle verstehen könnte. Um dessen Werke zu analysieren, bedurfte es nicht nur der Notensichtung. Die Tiefe in den Werken von Uhlenbergs bewegte. Kreative Köpfe ließen oft dramatische Lebensereignisse in ihre Werke fließen. Er musste mehr über dessen Persönlichkeit erfahren. Dazu musste er nach Deutschland. Der Gedanke gefiel ihm.

Die Gagen seiner letzten erfolgreichen Konzerte würden es ihm finanziell ermöglichen.

Beschwingt setzte er seinen Weg nach Hause fort.

Als er die Pension erreichte, trat Mrs Dobbs aus der Küche.

»Mr Wilcox, ich habe einen Brief für Sie. Ein Mann hat ihn vorhin abgegeben und mich gebeten, Ihnen den persönlich auszuhändigen.«

Sie ging in ihr Wohnzimmer, kehrte kurz darauf mit einem Kuvert zurück und reichte es ihm.

»Danke.« Brian ging in sein Zimmer und zögerte einen Moment, als er auf dem Umschlag das Wappen von Wilcox Manor bemerkte. Ein ungutes Gefühl beschlich ihn. Entschlossen riss er das Kuvert auf. Ein Brief von Will. Seit dessen Besuch standen sie in regem, telefonischem Austausch wegen Alan. Brian hatte sich bei Will oft nach dem Genesungsfortschritt seines Bruders erkundigt. Leider gestaltete der sich zäh. Er saß noch immer im Rollstuhl. Will schrieb, dass Alan ein sehr unleidlicher Patient wäre und seine Launen an den Bediensteten ausließ. Um die Arbeit auf Wilcox Manor kümmerte sich bis zu Alans Genesung ein neuer Verwalter. Wichtige Entscheidungen traf nur sein Vater.

Wir wissen nicht, ob Ihr Bruder jemals wieder gehen kann.

Brian musste den letzten Satz mehrmals lesen, weil es für ihn unbegreiflich war. Sein kräftiger Bruder womöglich für immer an den Rollstuhl gefesselt? Das konnte und mochte er sich nicht vorstellen. Alans Lebensinhalt war die Arbeit auf dem Gut, seine Rinder und Pferde. So wie für ihn selbst die Musik, die er wie die Luft zum Atmen brauchte.

Ihn plagte das schlechte Gewissen, weil er nicht an Alans Seite sein konnte, um ihn moralisch zu unterstützen. Gerade jetzt wäre es wichtig gewesen. Er wusste aber auch, dass der Vater das niemals dulden würde. Fluchend zerknüllte Brian Wills Brief. *Du bist ein alter, verbohrter Sturkopf, Vater!*

Er schrieb ein paar Zeilen an seinen Bruder. Es war ihm noch nie leichtgefallen, die passenden Worte zu finden. Alan wusste das. Brian faltete das Papier und steckte es in ein Kuvert. Morgen früh würde er den Brief zum Postamt bringen.

Anschließend suchte er nach der Abschrift von Frederik von Uhlenbergs unbekanntem Werk, die er Burton versprochen hatte. Er überflog er die Noten in seinen Händen. Unfassbar, dass er unbewusst die fehlenden Takte richtig ergänzt hatte, ohne das Werk zu kennen. Nur rhythmisch war es etwas anders. Gleich für morgen nahm Brian sich vor, von Uhlenbergs Ouvertüre des *Liebesreigens* zu analysieren. Die Grundmelodie entsprang einem Gefühl, einer Eingebung. Oft wiederholte sie sich mehrmals in einem Stück, immer wieder variiert. Manchmal wurde das Taktmaß geändert, oder eine gegenläufige Melodie erhöhte die Spannung. Brian wollte den Komponisten verstehen, seine Gefühlswelt begreifen. Doch bei der Ouvertüre des *Liebesreigens* stieß er an seine Grenzen. Eine Reise nach Deutschland in diesen unruhigen Zeiten? Im Geist wog er alle Risiken und Vorteile ab. Das beschäftigte ihn bis zum Einschlafen. Grübelnd wälzte er sich im Bett von einer auf die andere Seite und ging die Reisepläne durch. Draußen tobte ein Sturm, der das Chaos in seinem Kopf widerspiegelte. Erst im Morgengrauen schlief er erschöpft ein.

4. November 1937

Müde sank Violetta auf den Schreibtischstuhl, legte die Arme auf den Tisch, bevor ihr Kopf dazwischensank und ihre Stirn die kühle Eichenplatte berührte. Sie hatte die Aufgabe unter- und sich selbst überschätzt. Tränen stiegen ihr in die Augen. Dabei hätte sie es besser wissen müssen.

»Auf zwei Hochzeiten kann man nicht gleichzeitig tanzen«, hatte Oma Ilse immer gesagt.

Nie hätte sie gedacht, dass es so schwierig wäre, beiden Aufgaben gerecht zu werden. Das hatte sie sich selbst eingebrockt, in dem sie Mahlers Forderung nachgegeben hatte.

Auch das Ensemble war nicht glücklich über die Umbesetzung der Rolle. Simona hatte vor Wut und Enttäuschung getobt, als Violetta ihr die Entscheidung des Kreisleiters mitgeteilt hatte. Es war Violetta schwergefallen, Simona eine Absage zu erteilen. Sie fühlte mit der jungen Sängerin. An ihrer Stelle hätte sie genauso reagiert.

»Du kannst nicht allen und allem gerecht werden«, hatte der Vater Violetta trösten wollen. »Es geht hier um unser Theater. Simona war wirklich nicht für diese Rolle geeignet«, pflichtete auch ihre Mutter bei. Violetta hätte nie geglaubt, dass ihr diese personelle Angelegenheit so nahegehen würde. Ihre Augen füllten sich mit Tränen.

Die Tür ihres Büros im Theater öffnete sich. Hastig richtete Violetta sich auf und blinzelte die Tränen fort. Zum Glück konnte ihre Schwester sie nicht sehen.

»Violetta?«

»Hier. Am Schreibtisch.«

Florentina kam lächelnd auf sie zu.

Violetta bewunderte, wie ihre Schwester es immer schaffte, sicher ihr Ziel zu finden.

»Was ist denn los? Du klingst irgendwie komisch.«

Sie hätte wissen müssen, dass sie ihrer Schwester nichts vormachen konnte.

»Ich bin erschöpft. Ich habe die ganze Organisation rund um die Uraufführung unterschätzt. Und dann noch die Gesangspartien. Ständig vergesse ich Textpassagen, oder mir fehlt die Kraft für die Atemstütze. Die Aufführung wird eine einzige Katastrophe!«

»Bis zum nächsten Frühjahr hast du noch ein paar Monate«, tröstete Florentina.

»Aber es klappt nicht einmal der erste Akt! Wie lange sollen wir denn noch daran üben? Ständig muss ich das Ensemble verbessern. Das viele Sprechen schlägt mir auf die Stimme.«

Abends kippte sie todmüde und heiser ins Bett.

»Ich hoffe, Hans Brünn weiß es zu schätzen, was du für ihn tust.«

»Es geht nicht um ihn. Die Operette ist ein Juwel.«

Und doch tat sie es vor allem seinetwegen.

»Ich hoffe, dass sie ein Erfolg wird.«

Die Uraufführung des *Goldenen Drachen* war für den 23. April geplant. Hans Brünns fünfundzwanzigster Geburtstag. Violetta war vom Erfolg des Singspiels überzeugt. Gab es ein besseres Geschenk zum Geburtstag?

»Ich kann doch für dich reden, damit du deine Stimme schonst.«

Der Vorschlag ihrer Schwester war wirklich rührend.

»Danke, das ist lieb von dir. Ich nehme dein Angebot gern an.« Sie stand auf und drückte Florentina.

»Ich weiß, du gibst alles. Du bist immer so leidenschaftlich in allem, was du tust. Du brauchst einen Mann, der genauso ist.«

Die Anspielung auf Hans ärgerte sie. Florentina mochte ihn. Dennoch hatte sie ihr schon oft zu verstehen gegeben, dass er nicht der Richtige für sie sei. Doch da täuschte sie sich.

»Hans ist leidenschaftlich. Er kann das nur gut verstecken.«

»Sicher hast du recht. Hat er dir endlich seine Liebe gestanden?«

Hans Brünn und sie verbrachten viele Stunden im Theater miteinander. Sie verstanden sich prächtig, teilten den Humor und besaßen oft den gleichen Geschmack. Wenn sie ehrlich war, wünschte sich Violetta mehr. Dass er sie mit glühenden Blicken verschlang, sie öfter berührte oder einfach in die Arme riss und küsste. Doch wenn sie allein waren, versteifte er sich und geriet ins Stottern. In allem anderen erfüllte Hans Brünn das Bild des Mannes, den sie sich an ihrer Seite wünschte.

»Nein. Ich denke, er ist sehr schüchtern und muss erst allen Mut zusammennehmen.«

»Ich hoffe nur, dass du dir das nicht schönredest.«

»Probe Zweiter Akt!«, schallte die Stimme ihres Vaters durch den Flur. Die Pause war um.

»Ich glaube, ich geh jetzt besser wieder zurück.« Florentina verließ den Raum.

Violettas Knie zitterten. Heute würde Hans im Zuschauerraum sitzen. Sooft es ihm möglich war, nahm er an den Proben teil. Violetta wollte ihm in der Rolle gefallen. Dabei wartete jetzt der schwerste Gesangspart auf sie. Zwei Arien hintereinander, die ihr stimmlich viel abverlangten. Erst das Liebesgeständnis von Chen Lu mit dem hohen A und wenig später das Duett von Wang und der chinesischen Prinzessin, das am Anfang sehr temporeich war. Violetta fürchtete sich besonders vor den hohen Tönen, bei denen ihre Stimme manchmal kippte. Noch einmal tief einatmen und ein letzter Blick in den Spiegel.

»Wo bleibst du denn?« Florentina war noch einmal zurückgekehrt. »Mutti ist schon ganz ungehalten.«

»Ich komme.«

Gemeinsam begaben sie sich in den Zuschauerraum.

Hin- und hergerissen zwischen der Leitung der Uraufführung und der Rolle der Chen Lu, zog sie es vor, an der Bühne zu sitzen. Außerdem hatte Mahler darauf bestanden, in der Loge zusehen zu wollen.

Violetta setzte sich auf den Platz, den früher ihr Großvater eingenommen hatte. Das machte sie irgendwie stolz. Sie blickte zur Loge hinauf, die noch verwaist war. Violetta war erleichtert.

Florentina nahm neben ihr Platz. Wenig später gesellte sich Hans zu ihnen. Sein warmes Lächeln ließ ihr Herz vor Freude schneller klopfen. Hans! Sie nannten sich jetzt beim Vornamen. Nur in Gegenwart ihrer Eltern redete er sie mit Fräulein Schwarz und Sie an.

Irgendetwas war heute anders an ihm. Seine braune Lockenpracht war der Schere zum Opfer gefallen und die Seiten rasiert. Auch trug er ein Hemd mit modischem Stehkragen. Nur der verschlissene, anthrazitfarbene Anzug mit den ausgebeulten Ärmeln war noch immer derselbe.

»Guten Abend, Hans«, begrüßte sie ihn leise.

»Guten Abend, Violetta«, erwiderte er, bevor er ihre Schwester begrüßte.

Verkrampft saß Violetta auf ihrem Platz. Hans hielt ihre eiskalte Hand.

Das Orchester leitete den zweiten Akt ein. Diesmal spielte es fehlerfrei. Anschließend sang der Opernchor. Während der letzten Proben hatte dieser immer wieder Schwierigkeiten mit den Einsätzen gehabt. Violetta war daran verzweifelt und hatte fast schon die Hoffnung aufgegeben. Zu ihrer Erleichterung klappte es heute. Die gefühlvolle Melodie war so sanft und unaufdringlich wie ihr Schöpfer. Hans' Musik besaß einen Sog, der mitriss.

Schließlich kam der Auftritt von Tenor Josef, der die Rolle des Helden Wang sang. Die Arie, die Wangs Gefühle ausdrückte, war voller Liebe und Leidenschaft. Diese Empfindungen vermochte Josef nicht voll zu vermitteln.

»Mir fehlt da etwas«, flüsterte Hans ihr zu.

Violetta brach die Arie durch einen Wink ab und wandte sich an den Tenor.

»Josef, con espressivo, mehr Ausdruck und Gefühl. Wang liebt Chen Lu und betet sie an. Er brennt vor Liebe zu ihr. Das muss klarer herauskommen.«

Josef nickte und versuchte es erneut, jedoch mit dem gleichen Ergebnis. Violetta fühlte sich hilflos.

»Leider ist das immer noch nicht das, was ich mir vorstelle.«

Josef strich mit der Hand durch sein aschblondes Haar und zog ein missmutiges Gesicht.

»Ich verstehe nicht ... Soll ich etwa noch einmal ...?«

»Vielleicht hilft es ihm, wenn du ihm vormachst, was du meinst«, flüsterte Florentina. Vielleicht hatte ihre Schwester wirklich recht. Entschlossen stand Violetta auf und ging auf die Bühne.

»Josef, ich versuche Ihnen vorzusingen, wie ich es mir vorstelle.« Mit einem Handzeichen bedeutete sie dem Dirigenten, die Arie zu wiederholen.

Die tiefere Lage kam ihr entgegen, auch wenn sie sie zwang, von der Kopf- in die Bruststimme zu wechseln. Die Melodie war sanft und fast melancholisch. Der Text erzählte von verpassten Gelegenheiten, der Angebeteten seine Empfindungen zu offenbaren, und endete im Liebesgeständnis als Höhepunkt.

Violetta konnte sich in Wangs Lage hineinversetzen, weil es ihr ähnlich erging. Wie gern hätte sie Hans Brünn ihre Gefühle gestanden. Aber sie hoffte, dass er den Mut finden würde, ihr seine zuerst zu offenbaren.

Die unerfüllte Sehnsucht legte sie in jeden Ton. Dabei sah sie Hans an. Nachdem der letzte Akkord verklungen war, herrschte Stille im Theater.

Hans erhob sich von seinem Platz. »Bravo!«, rief er und klatschte. »Genau so habe ich es mir vorgestellt!«

Ihre Eltern und auch die anderen applaudierten. Josef sah betreten aus.

»Danke, Fräulein Schwarz. Ich glaube, ich habe jetzt verstanden, was Sie wollen.«

»Gut, dann versuchen Sie es aufs Neue.«

Tatsächlich war der zweite Versuch um ein Vielfaches gefühlvoller und Violetta mit ihm zufrieden.

Nach einer Tanzeinlage folgte die Arie der Chen Lu. Violettas Aufregung wuchs mit jedem Atemzug.

Wie zuvor legte Violetta alles Gefühl in ihre Stimme, denn sie sang nur für Hans.

Kaum hatte sie die Arie beendet, applaudierte ihr jemand aus der Loge. Violetta schaute hinüber und erkannte Mahler. Sie hatte sein Kommen und das des Gauleiters in der Aufregung nicht mitbekommen. Ob Mahler ihre Empfindungen für Hans richtig deutete?

Auch der Chor und die Orchestermusiker applaudierten ihr. In den Augen ihrer Mutter schimmerte es feucht.

Anschließend sang sie mit Josef das Duett. Wider Erwarten verlief es ohne einen Patzer. Erneut erklang Applaus.

»Fräulein Schwarz, Sie haben sich einmal wieder selbst übertroffen! Was für eine Begabung!«, rief ihr Dirigent Horn zu.

»Das Talent hat sie natürlich von mir«, scherzte ihr Vater. Unter Gelächter kam er zu ihr auf die Bühne und umarmte sie.

»Du warst fantastisch, Violetta. Ich bin sehr stolz auf dich«, flüsterte er ihr ins Ohr.

Das Lob aus seinem Mund zu hören bedeutete ihr mehr als jeder Applaus. »Danke, Vati.«

Sie hakte sich bei ihm ein, und gemeinsam verließen sie die Bühne.

Im Foyer wartete ein strahlender Hans Brünn auf sie.

»Ist meine Tochter als Chen Lu nicht fantastisch?«, wandte sich ihr Vater an ihn.

»Ich bin begeistert!« Hans nahm Violettas Hände und sah ihr tief in die Augen. »Sie waren wirklich zauberhaft.«

Violettas Herz hüpfte vor Glück. Sie errötete. Mit zauberhaft schien er nicht nur ihren Gesang zu meinen, sondern sie selbst.

»Danke ...« Sie spürte, dass Hans ihr eigentlich mehr sagen wollte, sich aber in Gegenwart des Vaters zurückhielt.

»Vorsicht«, raunte der Vater ihnen zu. Sofort ließ Hans ihre Hände los. In ihren Fingerkuppen prickelte es. Sie spürte einen Luftzug hinter sich und nahm an, dass Florentina ihr gefolgt war.

»Fräulein Schwarz, darf ich Sie zu dieser Darbietung beglückwünschen?« Sie zuckte bei Mahlers Worten zusammen. »Herr Schwarz, mein Kompliment. Ihre Tochter hat Ihr Talent geerbt.«

Langsam drehte sie sich zu Mahler um.

»Guten Abend«, begrüßte sie ihn. Die Ärmel seiner SS-Uniform war zu lang. Er trug eine Hakenkreuzbinde am linken Arm. Sein Begleiter ebenfalls.

»Darf ich Ihnen unseren Gauleiter vorstellen?«

Die Miene ihres Vaters verfinsterte sich. In Hans' Augen lag plötzlich ein wachsamer Ausdruck.

Der Gauleiter ähnelte dem Führer. Es war nicht nur der kurze Oberlippenbart, sondern auch der stechende Blick.

»Heil Hitler!«, begrüßten sie ihn. Nur Hans bewegte stumm die Lippen.

»Ich muss meinem Kreisleiter recht geben. Sie waren wirklich sehr gut, Fräulein Schwarz.« Der Gauleiter lächelte. Sein Atem verriet, dass er getrunken hatte.

Mahler betrachtete Hans, als wäre er ein lästiges Insekt.

»Danke, Herr Gauleiter.« Violetta bemühte sich, freundlich zu bleiben, auch wenn es ihr sehr schwerfiel.

»Die Operette wird unserem Führer sicher gefallen. Die Melodien sind sehr eingängig …«

Der Gauleiter ließ den Satz in der Luft hängen.

»Ich höre da ein Aber heraus.«

»Ist der Herr neben Ihnen der Schöpfer des Werkes?« Der Gauleiter wandte sich an Hans. Es schwang etwas in seiner Stimme mit, das sie erschauern ließ.

Hans' Muskeln spannten sich an wie bei einem Tier, das flüchten wollte.

»Ja, der bin ich«, antwortete er mit gepresster Stimme.

»Herr …?«

»Herr Brünn! Haben Sie vielleicht einen Moment?«, rief Konzertmeister Weber laut und winkte Hans zu sich, der sichtlich erleichtert der Aufforderung folgte.

»Wenn Sie mich bitte entschuldigen würden.« Höflich nickte Hans Brünn Mahler und dem Gauleiter zu.

»Wollen Sie nicht nach der gelungenen Probe mit uns anstoßen? Sie haben doch sicher irgendwo Sekt?«, fragte Mahler.

»Da muss ich Sie leider enttäuschen. In unserem Theater bewahren wir keinen Alkohol auf. Aber wenn Sie möchten, lasse ich aus dem Concerto eine Flasche holen«, sagte Roman.

Das Lächeln der beiden Männer gefror.

»Wir nehmen nichts von einem, der Juden bewirtet.«

Violetta erschrak über die Worte des Gauleiters. Wusste er, dass ihr Vater regelmäßig die Künstlerkneipe besuchte?

»Dort verkehren doch nur harmlose Künstler«, rutschte es ihr heraus.

Der Gauleiter sah sie streng an und hob den Zeigefinger, bevor er sie nachsichtig wie ein Vater anlächelte.

»Liebes Fräulein Schwarz, Juden sind keine Künstler. Sie können es gar nicht sein«, entgegnete er.

Violetta war heilfroh, dass Hans die Antwort nicht gehört hatte. Sie wollte etwas erwidern, wurde aber durch den warnenden Blick ihres Vaters gestoppt.

»Ich hätte Sie gern in meine Residenz eingeladen, aber ich habe noch heute Abend ein Telefonat mit dem Führer. Wir holen das in Kürze nach.«

Violetta atmete auf, weil sie keine Minute länger mit den beiden verbringen wollte.

»Oh, wie bedauerlich«, sagte ihr Vater.

»Was ist denn bedauerlich, Vati?« Florentina war zu ihnen getreten und stützte sich nun auf ihren Langstock.

»Dass wir mit Ihrem Vater und Ihrer Schwester nicht auf die gute Probe anstoßen können.«

Ihre Schwester besaß ein gutes Gespür für Menschen.

Florentina nickte und drehte den Kopf in Violettas Richtung.

»Singen Sie denn auch, Fräulein Florentina?«

Lächelnd schüttelte ihre Schwester den Kopf. »Nein. Das Klavierspielen liegt mir mehr.«

»Soso, auf dem Klavier …«

Es gefiel Violetta nicht, wie Mahler und der Gauleiter ihre Schwester ansahen. Sofort hatte sie das Gefühl, Florentina vor ihnen beschützen zu müssen.

»Ich muss mich jetzt leider verabschieden.« Der Gauleiter reichte ihnen die Hand.

»Ich komme sofort nach. Ich möchte noch kurz mit Fräulein Violetta sprechen«, sagte Mahler.

»Selbstverständlich. Aber beeilen Sie sich. Der Führer wartet nicht gern.« Gauleiter Rust wandte sich um und verließ mit eiligen Schritten das Foyer.

Violetta wurde ganz flau im Magen. Alles in ihr sträubte sich, mit Mahler allein zu sprechen. *Jetzt wird er mich der Lüge bezichtigen!* Sie fürchtete sich vor den Konsequenzen.

»Meine Frau wartet auf meine Tochter. Vielleicht können Sie Ihr Anliegen verschieben …«

»Nein, das kann und will ich nicht.« Verärgert sah Mahler ihren Vater an. Hinter ihrem Rücken fasste Florentina nach Violettas Hand. Immer hatte sie diese Geste getröstet, in diesem Augenblick leider nicht.

»Fräulein Violetta?«

»Vati, sag doch bitte Mutti, dass ich gleich zu ihr komme.«

Mahler bot ihr seinen Arm an. Widerwillig hakte sie sich bei ihm unter und ließ es geschehen, dass er sie mit sich zog.

In einer Ecke des Foyers, wo sie allein waren, blieb er stehen und wandte sich zu ihr um.

Ihr klopfte das Herz bis zum Hals. Im Geist malte sie sich die Konsequenzen ihrer Lügen aus und fühlte sich elend wie nie zuvor.

1. Februar 1938

Der Himmel war wolkenverhangen, als der Zug in den Hannover'schen Bahnhof einfuhr. Auf dem Bahnsteig wehte ein eisiger Wind. Mit dem Koffer in der Hand durchquerte Brian die Gleishalle. Er hoffte, dass vor dem Bahnhof ein Taxi stand. So wie Gideon es ihm beschrieben hatte. Die Reise war aus einem spontanen Impuls heraus entstanden, sodass ihm keine Zeit für Planung geblieben war. Weder hatte er ein Zimmer reserviert noch besaß er eine Eintrittskarte für das Theater am Park.

Schnee drang in Brians Schuhe, und er ärgerte sich, die Stiefel vergessen zu haben.

Er wollte den Zeitraum zwischen zwei Konzerten nutzen, um sein Wissen über Frederik von Uhlenberg zu vertiefen.

Nur Alan und Gideon wussten von seiner Reise.

Sein Bruder war ein gutherziger und harmoniebewusster Mann. Brian konnte sich nicht daran erinnern, je mit ihm gestritten zu haben. Wenn er an Alan dachte, dann jedoch auch an seinen Vater. Die vertraute Bitterkeit stieg in ihm auf.

Wenn der Vater von seiner Reise erfahren hätte, wäre er außer sich gewesen, denn er konnte die Deutschen nicht ausstehen. Zum Glück war Brian ein Disput darüber erspart geblieben.

Er trat aus der Gleishalle und schaute sich um.

Wie Gideon gesagt hatte, standen vor dem Bahnhof Taxis an der Stelle, wo einst die Droschken auf Fahrgäste gewartet hatten.

Mit großen Schritten lief Brian an dem Reiterdenkmal auf dem Vorplatz vorbei zu einem der Automobile.

Im Geist wiederholte er die Worte, die Gideon ihn gelehrt hatte, wie er dem Taxifahrer sein Ziel nennen sollte. Er verstand Deutsch besser, als dass er es sprechen konnte. Wichtiges hatte ihm der Freund in einem kleinen Büchlein notiert, das Brian in der Jackentasche trug.

Er zog es heraus und blätterte darin, bevor er sich zum Fahrer hinunterbeugte. Der Mann hinter dem Steuer schnippte seinen Zigarettenstummel in den Schnee.

»Ja?«

Brian benötigte einen Moment, um sich zu sammeln, bevor er in der Fremdsprache fragte.

»Guten Tag, zum Hotel Konig bitte. In der Nähe von Theater am Park.« *Das hörte sich grauenvoll an.*

Der Fahrer antwortete nicht sofort, dass Brian schon befürchtete, er könnte ihn nicht verstanden haben.

»Ja. Gute Wahl.«

Im dichten Schneegestöber kam das Taxi nur langsam voran. Brian zog seine Taschenuhr heraus. Heute Abend würde im Theater eine Vorstellung laufen. Das wusste er von Burton, der mit einem Freund telefoniert hatte.

»Im Theater am Park … wann beginnt …«

Verdammt, wie lautete nur das deutsche Wort für Aufführung?

»Die Vorstellung?«, fiel ihm der Fahrer ins Wort. »Gegen acht. Haben Sie eine Karte?«

Brian schüttelte den Kopf.

»Das ist schlecht. Die sind immer ausverkauft.«

Doch Brian vertraute auf sein Glück.

Das Taxi hielt vor einem Fachwerkhaus. *Hotel König* stand in goldenen Lettern auf einer Holztafel über dem Eingang. Es war nicht luxuriös, sondern einfach. Ein Glück, dachte Brian. Ein Grandhotel hätte er sich nicht leisten können.

Brian drückte dem Fahrer ein Geldstück in die Hand, bevor er ausstieg.

Hinter der Eingangstür des Hotels hing ein schwerer roter Samtvorhang. Ein Page in Uniform hieß ihn willkommen, und wenig später blickte Brian aus seinem Zimmerfenster im ersten Stock auf das Theater am Park. Obwohl es kein Prachtbau wie das Royal Opera House war, wirkte es durch die vielen verspielten Details architektonisch sehr reizvoll. Verspielt wie die Komposition des Theatergründers. In Gideons Buch war Frederik von Uhlenberg als eigenwilliges Genie beschrieben worden. Manchmal melancholisch und doch überwiegend romantisch. Ob sich das auch im Innern des Theaters fortsetzen würde? Brian war gespannt darauf, es endlich zu sehen.

Gleich nach einem Imbiss brach er zum Theater auf, um sich eine Eintrittskarte zu kaufen. Leider sollte der Taxifahrer recht behalten. Die *La-Traviata*-Vorstellung war ausverkauft. *Irgendjemand sagt immer ab,* sagte sich Brian und wartete vor dem Theater auf Besucher. Er hoffte, jemandem eine Eintrittskarte abkaufen zu können.

Den Kragen seines Mantels nach oben geschlagen und mit verschränkten Armen lief er vor dem Eingang auf und ab. Ein Teil der Besucher kam zu Fuß, andere ließen sich wegen des Schneefalls in Wagen direkt vor den Theatereingang kutschieren. Ein älteres Ehepaar kam per Kutsche.

Damen, in elegante Kleider und Pelze gehüllt, entstiegen den Limousinen, begleitet von Herren in Frack oder maßgeschneiderten Anzügen.

Brian fragte alle nach einer Eintrittskarte. Doch er hatte kein Glück. Enttäuscht blickte er den letzten Theatergästen nach, die ihm Innern des Gebäudes verschwanden. Die Glocke im Foyer, die bis draußen zu hören war, forderte die Besucher auf, die Plätze einzunehmen. Brian war durchgefroren und sehnte sich nach Wärme. Enttäuscht, dass seine Bemühungen erfolglos geblieben waren, wandte er sich um. In London hätte er immer noch eine Karte ergattern können. Ein lackschwarzer Wagen fuhr vor, aus dem eine junge Frau mit einem langen weißen Stock ausstieg. Die getönte Brille auf der Nase wirkte bei dem trüben Wetter befremdlich. Unsicher tastete sie sich mit Hilfe des Stocks Schritt für Schritt voran. Brian ging auf sie zu, um ihr seine Hilfe anzubieten. Von den vielen Besuchern war der Schnee plattgetreten und dementsprechend glatt. Er sorgte sich, sie könne stürzen. Er hatte den Gedanken noch nicht einmal zu Ende gesponnen, als sie plötzlich ausrutschte und schrie. Sofort war er bei ihr und packte ihren Arm.

»Sie schickt der Himmel. Wer auch immer Sie sind, danke, dass Sie mich vor einem Sturz bewahrt haben«, sagte sie lächelnd. Ihre schmale Hand auf seinem Arm zitterte leicht.

»Aber gern. Ich bin Brian Wilcox«, stellte er sich vor und biss sich auf die Lippe, weil er in seiner Muttersprache geantwortet hatte.

»Florentina Schwarz.« *Schwarz! So hieß doch die Intendantin des Theaters.* Die junge Frau musste mit ihr verwandt sein.

»Könnten Sie mich bitte zum Eingang führen?«

»Sie sprechen ausgezeichnet Englisch, Miss Schwarz.«

Er nahm ihren Arm.

»Danke. In meiner Familie sprechen alle mehrere Sprachen. Englisch, Französisch und Italienisch.«

Sie schien sehr gebildet zu sein.

»Es ist immer gut, eine Fremdsprache zu beherrschen.«

Sie nickte und blieb plötzlich stehen. »Warum sind Sie noch hier draußen? Die Vorstellung beginnt doch gleich.«

Da gestand er ihr, keine Eintrittskarte mehr bekommen zu haben. »Dabei wollte ich unbedingt *La Traviata* in diesem Theater sehen.«

»Woher kommen Sie?«

»London.«

»Dann sind Sie extra aus London angereist, um unsere Vorstellung zu besuchen?«

»Ja. Wissen Sie, ich bin ein Liebhaber der Werke Frederik

von Uhlenbergs und wollte schon immer mal sein Theater besuchen.« Das war nicht gelogen.

»Das freut mich sehr. Er ist zufällig mein Vorfahre.« Sie lächelte.

»Nein, wirklich?« Brian konnte sein Glück kaum fassen.

Sie nickte. »Kommen Sie.« Florentina zog ihn nach rechts.

»Aber der Eingang ist doch da vorn …«

»Ich nutze selten den Haupteingang.«

»Aber ich kann nicht mit hinein. Ich habe doch keine Karte.«

»Und ich kann nicht zulassen, dass Sie diese weite Reise umsonst angetreten haben und in der Kälte erfrieren. Nun kommen Sie endlich, es geht gleich los.« Sie zerrte ihn die Stufen zu einer Seitentür hinauf, über der ein Schild mit der Aufschrift *Bühnenpersonal* stand. Florentina Schwarz stieß die Tür auf, und sie fanden sich inmitten kostümierter Künstler wieder. Der Geruch von schwerem Parfüm, vermischt mit Schweiß, hing in der Luft. Von allen Seiten erklangen Töne. Die Orchestermusiker stimmten ihre Instrumente, die Sänger sangen sich ein. Dann brandete Applaus auf. Nie hätte Brian sich träumen lassen, seinem Ziel so schnell nahe zu kommen.

Florentina führte ihn sicher durch die Gänge hinter der Bühne zu einer Treppe. Als sie atemlos oben angekommen waren, öffnete Florentina eine Tür, die in den öffentlichen Gang hinter dem Rang führte. Brian war erstaunt, wie zielsicher sie als Blinde den Weg fand. Sie zog ihn noch ein Stück weiter, legte dann ihren Zeigerfinger auf die Lippen und öffnete eine Tür, hinter der sich eine Loge befand. Einen Moment lang blieb er staunend auf der Schwelle stehen, als sein Blick auf den prachtvollen Kronleuchter fiel, der über den Köpfen der Zuschauer hing.

Florentina versetzte ihm einen leichten Schubs. »Nun setzen Sie sich schon«, raunte sie ihm zu.

»Erst Sie.« Brian reichte ihr die Hand, damit sie sich setzen konnte, bevor er sich neben ihr niederließ.

»Sie sind wirklich ein Gentleman.«

Das war ich einmal!

Sein Blick glitt durch den Zuschauerraum mit den aufwendigen Stuckverzierungen und Goldornamenten an den Wänden, bis das Licht erlosch und nur noch die Bühne angestrahlt wurde. Er wollte Florentina gerade sagen, wie sehr ihn das Ambiente des Theaters beeindruckte, als die Ouvertüre erklang. Brian war beeindruckt. Das Orchester hatte Qualität, die Musiker waren fein aufeinander abgestimmt. Seine Begleiterin wippte mit einem Fuß im Takt, was ihm ein Schmunzeln entlockte. Nach der Ouvertüre öffnete sich der royalblaue Samtvorhang und gab den Blick auf das Bühnenbild frei. Die Kulisse des Salons im ersten Akt erinnerte ihn an englische Herrenhäuser. Es war der Auftakt zur Begegnung zwischen der Kurtisane Violetta und Alfredo. Eine schwarzhaarige Frau in kirschrotem Seidenkleid betrat die Bühne.

»Meine Schwester singt die Violetta«, erklärte ihm Florentina Schwarz stolz. »Möchten Sie vielleicht ein Opernglas? Ich glaube, irgendwo da vorn müsste eines liegen. Ich kann es ja nicht sehen.« Lächelnd deutete sie mit dem Arm zur Brüstung. Tatsächlich hing an einem Haken ein entsprechendes Etui aus Leder.

»Danke.« Brian nahm es an sich. Seine Finger zitterten, als er hindurchschaute und Florentinas Schwester betrachtete. Ihr schmales Gesicht mit den schräg geschnittenen Augen war umrahmt von schwarzem Haar, das in Kaskaden auf ihre bloßen Schultern fiel. Der sinnliche Mund der Frau verzog sich zu einem Lächeln. Brian hielt die Luft an. Sie war atemberaubend schön.

Der Held Alfredo betrat die Bühne und stimmte das bekannte Trinklied der Oper an. Nicht nur vom Äußeren verblasste er gegen die Sängerin, sondern auch stimmlich. Der warme Klang ihrer Stimme berührte ihn tief. Er hatte die Oper schon mehrmals in London angeschaut. Doch niemals hatte ihn eine Sängerin derart gefesselt wie Florentina Schwarz' Schwester.

»Singt sie nicht wundervoll?«, flüsterte Florentina ihm zu.

»Ja«, antwortete Brian heiser und hing an den Lippen der schönen Sängerin. Er tauchte ein in diese fiktive Welt der Violetta, fühlte mit ihr, bis ihn der brandende Applaus wie aus einem Traum in die Realität zurückholte.

Florentina klatschte in die Hände. Brian erhob sich von seinem Platz. »Bravo!«, rief er voller Begeisterung. Die Sängerin sah lächelnd auf. Jetzt erhoben sich auch die anderen Zuschauer. Der Applaus wollte nicht enden.

»Diese Rolle ist wie für Violetta geschaffen.«

»Die Kurtisane heißt so. Das ist richtig«, entfuhr es ihm. Er verstand nicht ganz, was sie meinte. Vielleicht hatte sie sich im Englischen ungeschickt ausgedrückt.

»Haben Sie gedacht, dass ich das nicht weiß?« Florentina schmunzelte.

Touché!

Eine Frau, die aus einer so berühmten Musikerfamilie stammte, kannte sich natürlich in der Opernwelt aus.

»Bitte verzeihen Sie, Fräulein Schwarz. Ich wollte Sie auf keinen Fall beleidigen.«

Brian war die Angelegenheit peinlich, noch dazu, wo ihm diese reizende Frau gestattete, diese grandiose Vorstellung mitzuverfolgen.

»Das habe ich nicht angenommen. Meine Schwester heißt auch Violetta.« Florentina Schwarz kicherte leise hinter vorgehaltener Hand. Es beruhigte ihn, dass sie seinen Fehler mit Humor nahm.

Violetta! Der Name passte zu ihr.

Er hätte ihr ewig lauschen können.

Viel zu schnell waren die ersten beiden Akte vorüber. Violetta! Noch immer ging ihm ihr Name durch den Kopf.

Die Glocke läutete die Pause ein.

Die verbrachten Florentina und er in der Loge. Erstaunt blickte er auf, als zwei Männer in SS-Uniformen die Loge am Ende der Pause betraten. Der jüngere der beiden sah dem Führer zum Verwechseln ähnlich. Der ältere hatte ein aufgedunsenes, glattrasiertes Gesicht. Er musterte Brian ungeniert.

»Heil Hitler, wertes Fräulein Schwarz«, begrüßte er Florentina. Deren Kopf ruckte herum. Auf ihrer Stirn bildeten sich zwei Falten. Deutlich spürte Brian ihr Unbehagen.

»Guten Abend, Herr Kreisleiter.«

Brian sah, dass Florentina Schwarz enormen Respekt vor den beiden Männern besaß.

»Heute in Begleitung?«, fuhr der Ältere fort.

Die Stimmung in der Loge war auf einmal so unterkühlt wie der Tonfall der Bemerkung.

Florentina rutschte auf ihrem Sitz hin und her. Sie griff nach dem Langstock.

»Darf ich Ihnen Mr Wilcox aus London vorstellen?« Ihre freie Hand legte sich auf Brians Arm.

Die feindseligen Blicke der beiden Männer weckten in ihm Widerwillen.

»Ah, aus England«, sprach der Jüngere freundlich.

»Mr Wilcox, darf ich Ihnen unseren Gauleiter Herrn Rust und unseren Kreisleiter Herrn Dr. Mahler vorstellen? Sehr versierte Musikexperten.« Florentinas Stimme klang heiser.

»Guten Abend«, sagte Brian höflich auf Deutsch. Etwas in den Augen der beiden Männer mahnte ihn zur Vorsicht. Florentina zitterte. Ihr Blick verriet ihre Furcht. Brian beschloss, ruhig und gelassen zu bleiben, auch wenn es ihm schwerfiel.

»Sie sind Musiker?«, fragte ihn der Ältere namens Dr. Mahler.

Brian nickte. »Ja, Pianist.«

»Sind Sie in Deutschland auf Konzertreise?«, bohrte Mahler weiter. Brian suchte nach einer Antwort. Sollte er vorgeben, auf Tournee zu sein? *Dann wird er weiter nachfragen!*

»Mein Vater hat mit Herrn Wilcox schon zusammen musiziert«, kam ihm Florentina zuvor. Beinahe war Brian versucht, das richtigzustellen. Doch dann sagte er sich, dass sie sicher ihre Gründe dafür hatte, die beiden Männer anzulügen, und schwieg. Mit jeder weiteren Erklärung hätte er sich nur tiefer in ein Lügengespinst verstricken können.

»Herr Wilcox spricht nur wenig Deutsch«, log sie. »Bitte setzen Sie sich doch zu uns, meine Herren. Gleich beginnt der letzte Akt.«

Die Männer folgten ihrer Aufforderung.

Während des letzten Aktes saß Brian angespannt auf seinem Platz. Er fühlte die prüfenden Blicke der beiden, wenn sie sich unbeobachtet fühlten. Nur der Gesang von Violetta Schwarz versöhnte ihn mit dem Verlauf des Abends.

Tosender Beifall und Dacapo-Rufe erklangen am Ende der Vorstellung. Violetta Schwarz musste mehrere Zugaben geben, bevor sie sich von der Bühne verabschiedete.

»Kommen Sie«, flüsterte Florentina ihm zu und zupfte ihn am Ärmel.

Dann sprang sie von ihrem Sitz auf.

»Wenn Sie mich bitte entschuldigen würden, meine Herren, aber ich fühle mich heute nicht ganz wohl.« Die beiden Uniformierten standen auf, verbeugten sich und wünschten ihr gute Besserung. Sie hakte sich bei Brian unter, der sie aus der Loge führte.

»Ich habe es nicht mehr mit den beiden ausgehalten«, gestand sie ihm draußen. Brian konnte sie gut verstehen. Anstelle einer Antwort drückte er ihren Arm. Plötzlich hielt sie inne.

»Verflixt! Ich habe meine Handtasche in der Loge vergessen.«

Brian erinnerte sich, dass sie ein schwarzes Täschchen bei sich getragen hatte.

»Wenn Sie hier auf mich warten, hole ich es Ihnen gern«, versprach er. Florentina schien erleichtert zu sein und nickte. Er führte sie zu einer gepolsterten Bank neben den Garderoben, bevor er zur Loge zurücklief. Leider kam er nur langsam voran, weil die Theaterbesucher ihm entgegenströmten. Immer wieder musste er ausweichen oder anhalten, um jemanden passieren zu lassen. Die beiden Männer aus der Loge kamen ihm nicht entgegen. Brian hoffte, dass sie bereits gegangen waren. Doch als er die Stufen zur Loge hinaufstieg, hörte er deren gedämpfte Stimmen.

Gideon sprach oft auf Deutsch mit ihm. Jetzt zahlte es sich aus. Wenn er Glück hatte und die beiden langsam sprachen, konnte er sie verstehen. Die letzten Besucher befanden sich auf dem Weg ins Foyer. Einer Eingebung folgend, lehnte Brian sich an die Wand neben der Tür zur Loge und belauschte die beiden.

»Sie haben wirklich einen guten Geschmack, Mahler«, hörte er den Gauleiter sagen. Brian musste sich sehr anstrengen, um dessen Worten zu folgen, denn er sprach schnell.

»Diese Violetta Schwarz ist eine Augenweide. Sie können sich glücklich schätzen.«

»Nicht wahr? Noch diesen Sommer wird sie meine Frau.«

Brian erschrak bei der Vorstellung, dass dieser alte, aufgedunsene Mann diese blühende Schönheit heiraten könnte. Mit keinem Wort hatte ihre Schwester angedeutet, dass die beiden ein Paar waren.

»Aber gibt es da nicht ein Problem namens Brünn, das Ihnen im Weg steht, Mahler?«

Brian fragte sich, was sich hinter dem Begriff Brünn verbarg. Ein anderer Mann vielleicht? Er war auf Mahlers Antwort gespannt.

»Sein Vater steht bei uns auf der Liste.«

Also tatsächlich ein Mann. In welcher Beziehung mochte er zu Violetta Schwarz stehen?

Es war für Brian anstrengend, dem Gespräch der beiden konzentriert zu folgen. Was sollte überprüft werden, und was war das für eine Liste?

»Arbeitslager?«

Ein eisiger Schauer lief Brians Rückgrat hinab. Gideon hatte ihm erzählt, dass sein Vetter auch in ein Arbeitslager deportiert worden und an Erschöpfung gestorben war.

Brian hatte genug vernommen, wandte sich der Tür zu und stieß mit dem Gauleiter zusammen, der gerade die Loge verließ.

»Ah, Herr Wilcox.« Er musterte Brian herablassend. »Ich dachte, Sie wären längst gegangen. Haben Sie etwas vergessen?«

Brian fragte sich in diesem Moment, ob die beiden Männer vielleicht sein Lauschen bemerkt haben könnten. Die Miene des Gauleiters war starr.

»Ich nicht, aber Fräulein Schwarz«, antwortete Brian. Nach allem, was er gehört hatte, musste Brian sich zwingen, freundlich zu bleiben. Er wollte gerade an den beiden vorbeigehen, als Mahler ihm entgegentrat.

»Was ich Sie vorhin schon fragen wollte, Mr Wilcox …«

»Ja?« Brian ließ sich von dem stechenden Blick des Deutschen nicht einschüchtern.

»Wie gehen Sie in England mit dem Judenproblem um?«

Die Frage erwischte Brian eiskalt. Fieberhaft suchte er nach einer Antwort. Wut auf diese intriganten Männer wallte in ihm auf.

»In meiner Heimat haben wir kein Judenproblem«, antwortete er auf Englisch. Verdutzt blickten ihn die beiden an, als hätten sie ihn nicht verstanden. Bevor sie etwas sagen konnten, drückte er sich an ihnen vorbei in die Loge, griff die Tasche und eilte zurück.

»Hat der eben gesagt, sie hätten kein Judenproblem?«, hörte er Mahler leise fragen, als er an den Männern vorbeikam. Das brachte Brian zum Lächeln.

Als er zur Bank zurückkehrte, war Florentina gegangen. Er suchte nach ihr und entdeckte sie schließlich unter den Gästen, die im Foyer den Theaterabend bei einem Glas ausklingen ließen. Die Frau neben ihr war ihr so ähnlich, dass es nur ihre Mutter Leonora sein konnte. Brian lief auf die beiden Frauen zu.

Florentina drehte sich zu ihm um.

»Ah, Mr Wilcox, vielen Dank, dass Sie mir meine Handtasche geholt haben.«

Er wunderte sich, wie sie ihn trotz ihrer Blindheit so schnell erkennen konnte.

»Das habe ich gern getan.«

»Mutti, darf ich dir Mr Wilcox aus London vorstellen?«

Leonora Schwarz war trotz ihres Alters noch immer eine sehr begehrenswerte Frau. Ihr kastanienbraunes Haar war von silbernen Strähnen durchzogen. Sie besaß ein schmales Gesicht mit hohen Wangenknochen wie Florentina. Ihre leuchtend blauen Augen blickten aufmerksam zu ihm auf. Sie reichte ihm ihre Hand, die Brian ergriff und an seine Lippen zog.

»Ich stehe in Ihrer Schuld, Frau Schwarz. Selbstverständlich werde ich den Eintritt bezahlen.«

Auf den fragenden Blick hin erzählte Florentina ihrer Mutter von ihrem Zusammentreffen vor dem Theater und stellte ihn als Konzertpianisten vor.

Leonora Schwarz winkte ab. »Nicht nötig. Betrachten Sie sich heute als unser Gast. Hat Ihnen die Vorstellung denn gefallen?«

Und wie! Besonders Violetta! Noch immer war er fasziniert von ihrem Können und der Ausstrahlung.

»Ich war sehr angetan von Ihrer Tochter«, antwortete er wahrheitsgetreu.

»Violetta hat sich heute selbst übertroffen.« Florentina freute sich mit ihrer Schwester.

»Das Lob wird Sie gern von Ihnen selbst entgegennehmen. Da kommt sie.« Es war rücksichtsvoll von Leonora Schwarz, Englisch zu sprechen. Sie winkte ihrer anderen Tochter hinter ihm zu.

Unwillkürlich begann Brians Herz schneller zu klopfen. Gleich würde er dieser faszinierenden Frau direkt gegenüberstehen. Eine Bedienung kam mit einem silbernen Tablett auf sie zu.

»Champagner?« Leonora Schwarz nahm ein Glas und reichte es Brian, bevor sie Florentina eines in die Hand drückte und sich selbst zwei nahm, um eines an ihre andere Tochter weiterzugeben, als sie zu ihnen trat.

»Violetta, mein Kind, du warst wirklich wunderbar.« Leonora Schwarz reichte das zweite Glas an ihre Tochter weiter, die jetzt ein himmelblaues Kleid trug. Ihr schwarzes Haar fiel offen auf ihre bloßen Schultern. Bei ihrem Anblick hielt Brian den Atem an.

»Danke, Mutti.« Violetta küsste ihre Mutter auf die Wange.

»Das findet Mr Wilcox übrigens auch. Er ist extra aus London angereist, um unser Theater zu besuchen.«

Brian konnte nur nicken, als er in die strahlend blauen Augen Violettas blickte, die ihn freundlich interessiert ansah.

»Das freut mich, Mr Wilcox. Ich hoffe, es hat sich auch für Sie gelohnt.«

Sie ist die schönste Frau, die ich je gesehen habe!

»Auf die gelungene Vorstellung!« Leonora Schwarz hob ihr Glas zum Anstoßen. Brian konnte kaum den Blick von der jungen Sängerin abwenden. Er betrachtete den kleinen Leberfleck über dem Mund. Da fiel es ihm wie Schuppen von den

Augen: *Sie* war das Mädchen auf dem Foto in Gideons Buch, das ihm lange durch den Sinn gegangen war. Tatsächlich, ein Kinderfoto der Töchter von Leonora Schwarz.

Neben ihr zu stehen erschien ihm in diesem Moment unwirklich. Noch dazu war sie eine Nachfahrin Frederik von Uhlenbergs.

»Eine grandiose Vorstellung. Sie waren in der Rolle fantastisch. Mein Respekt, Fräulein Schwarz.«

Sie sah zu ihm auf. Ihr Lächeln war betörend.

»Sind Sie schon lange in Hannover?«, fragte sie in flüssigem Englisch. Dass alle drei Frauen seine Sprache beherrschten, erleichterte ihm die Unterhaltung.

»Nein, ich bin erst heute angereist.«

»Dann werden Sie noch eine Weile bleiben?«

Nichts wünschte er sich mehr. Dennoch war sein Aufenthalt auf eine Woche begrenzt. Er musste rechtzeitig zum nächsten Konzert in der Queen's Hall zurück sein. Das hatte er Burton versprochen.

»Eine Woche.«

Kurz schien ihm, dass so etwas wie Bedauern in ihrem Blick lag. Sie schauten sich eine gefühlte Ewigkeit lang in die Augen, bis sich ihre Lider senkten. Eine zarte Röte überzog ihre Wangen.

»Schade.«

»Mr Wilcox ist Konzertpianist. Bestimmt hat er in seiner Heimat Verpflichtungen«, warf ihre Mutter ein. Brian verstand den Wink von Leonora Schwarz, der ihm signalisierte, bei ihrer Tochter Abstand zu wahren.

»Ja, Ihre Mutter hat recht. Ich muss wegen eines Konzerts nach London zurück.«

»Dann verpassen Sie meine erste Vorstellung, für die ich verantwortlich bin. Der Komponist der Operette hat ein Werk geschaffen, das sicher von sich reden machen wird. Herr Brünn, kommen Sie doch bitte mal zu uns herüber!« Sie

143

wandte sich um und winkte einem jüngeren Mann mit braunem Lockenkopf zu, der mit einem Pärchen plauderte. Der Angesprochene nickte und gesellte sich zu ihnen.

»Mr Wilcox, das ist der Komponist der neuen Operette. Herr Hans Brünn.«

Jetzt wusste er, worüber sich die SS-Männer unterhalten hatten. *Problem namens Brünn. Arbeitslager.*

Es versetzte Brian einen Stich, als Violetta diesem Mann einen verliebten Blick zuwarf.

Hast du gedacht, dass eine solch bildhübsche Frau keine Verehrer hat?

Hans Brünn war gut einen halben Kopf kleiner als Brian und von schmächtiger Gestalt mit langen, schlanken Händen, die er vor sich faltete.

»Herr Brünn, das ist Mr Wilcox. Ein Pianist. Er ist extra aus London angereist, um unser Theater kennenzulernen.«

Brian schämte sich ein wenig, weil es nicht ganz der Wahrheit entsprach. Doch auf keinen Fall wollte er mit der Tür ins Haus fallen. Außerdem befürchtete er, dass Frederik von Uhlenbergs Nachfahren es nicht gerade begrüßen würden, wenn er ihnen von seinem Auftrag erzählte.

»Guten Tag, Mr Wilcox. Sie sprechen Deutsch?«

Brünn reichte ihm die Hand, die Brian ergriff. Der Händedruck des Komponisten war lasch. Doch er fand Hans Brünn sympathisch, er schien ein offener und netter Mann zu sein.

»Ein wenig.«

»Nein, er kann es sehr gut«, widersprach Florentina.

Während sie über die Eigenarten von Sprachen plauderten, sah Brian Violetta verstohlen an. Jede Geste, jede Mimik von ihr sog er auf wie ein Schwamm. Leider blieb ihm nicht verborgen, wie Violetta den Komponisten anhimmelte. Brünn wirkte bescheiden und introvertiert, während Violetta eine Frau mit überschäumendem Temperament war. Wenn sie redete, gestikulierte sie dabei. Brünn stand steif wie ein Stock neben ihr. Auch schien er ihre Blicke nicht zu bemerken oder ließ es sich vor ihm und den anderen nicht anmerken. Was konnte eine solch faszinierende, selbstbewusste Frau wie Violetta nur an Brünn finden?

Sie wird mit ihm nicht glücklich!

Am selben Abend

Violetta war vollauf zufrieden mit der Vorstellung. Heute war ihr alles gelungen. Die Oper *La Traviata* gehörte zu ihren favorisierten Opern, die Arien darin stellten für jede Sopranistin eine Herausforderung dar. Im Gegensatz zu den Proben hatte alles geklappt. Sie war stolz über den nicht enden wollenden Applaus für ihre Darbietung. Drei Zugaben hatte sie gesungen. Bei der letzten hatte sich ihre Stimme schon fast heiser angehört. Jetzt fühlte sie sich erschöpft.

Sie hatte sich vorgenommen, den Abend im Theater ausklingen zu lassen. Mit Hans an ihrer Seite. Wie sie es gewollt hatte.

Dennoch ertappte sie sich immer wieder dabei, wie sie den Engländer heimlich ansah. Sein gutgeschnittenes Gesicht mit den markanten Zügen, das unter vielen herausstach. Der Vollbart und die Haare verliehen ihm etwas Verwegenes. Sie mochte es.

»Was sagen Sie denn zu Violettas Leistung, Herr Brünn?« Die Frage ihrer Mutter ließ sie aufhorchen. Kein Wort hatte Hans bislang über ihre Darbietung verloren. Sie schob es darauf, dass sie noch keine Gelegenheit gehabt hatten, sich allein zu sprechen. Violetta sah den Komponisten abwartend an.

Nachdenklich drehte Hans das Champagnerglas in der Hand.

»Sehr gut. Deshalb bin ich mir auch sicher, dass sie der Rolle der Chen Lu gerecht werden wird.«

Seine verhaltene Antwort besaß die Wirkung einer kalten Dusche. Insgeheim hatte sich Violetta gewünscht, dass er auch vor den anderen mehr Begeisterung zeigte. Wenn sie allein waren, hörte sie von ihm Komplimente, und er bedachte sie mit glühenden Blicken. Er war eben kein Mann, der seinen Emotionen freien Lauf ließ, sondern stets beherrscht war. Violetta dachte an ihren Vater, der seine Gefühle nicht immer im Zaum halten konnte. Sie sehnte sich danach, dass Hans sich endlich zu ihr bekannte und offen seine Gefühle zeigte.

»Ich werde mein Bestes geben«, versprach sie leise.

Als sie nach oben sah, begegnete sie dem Blick des Engländers. Dieser Ausdruck darin, voller Verlangen, ließ sie erröten.

Peinlich berührt wich sie seinem Blick aus. Zugegeben, der Engländer sah in dem modischen Maßanzug schneidig aus. Er wirkte wie ein Mann, der sich nahm, was er begehrte. Er beschäftigte sie mehr, als ihr lieb war. Das verwirrte sie. Ein Gefühlschaos konnte sie gar nicht gebrauchen. Sicher lag es daran, dass sie schon lange vergeblich darauf hoffte, dass Hans ihr endlich seine Liebe gestand. Ihre Kehle war trocken und rau. Mit einem Zug leerte sie ihr Glas Champagner. Wenn sich die Gelegenheit ergab, würde sie gegen den Rat der Mutter den ersten Schritt wagen und Hans ihre Gefühle gestehen. Schließlich ging es dabei um ihr Glück. Als eine der Bedienungen mit einem Tablett Gläser an ihr vorüberging, nahm Violetta eines herunter. Für solch ein Geständnis brauchte sie Mut. Nach kurzem Nippen stürzte sie auch dieses hinunter. Der Champagner prickelte in ihrem Mund. Sie wartete auf eine günstige Gelegenheit, Hans beiseitezunehmen, um mit ihm zu reden. Im Geist legte sie sich die Worte zurecht, die sie ihm sagen wollte. Sie war sich sicher, dass ihr Schritt das Eis brechen würde.

»Hat Vati dich schon zu deiner Leistung beglückwünscht? Wo steckt er eigentlich?«, fragte Florentina.

Violetta zuckte mit den Achseln. »Ich nehme mal an, beim Dirigenten.«

»Hoffentlich.«

Florentina zog ein besorgtes Gesicht.

»Gibt es was, das wir wissen sollten?«

Violetta schaute zu ihrer Mutter, die sich angeregt mit Hans und Brian über das Bühnenbild unterhielt.

Florentina nahm ihren Arm.

»Mahler und der Gauleiter sind hier gewesen«, flüsterte sie.

Erschrocken sah Violetta ihre Schwester an.

»Wann?« Wenn sie auf der Bühne stand, konzentrierte sie sich nur auf ihre Rolle.

Florentina berichtete von der Begegnung mit den beiden Männern, was Violetta ein flaues Gefühl im Magen bescherte.

»Mahler hat dich in den höchsten Tönen gelobt. Ich höre da immer etwas in seiner Stimme, das mir Angst macht.«

Der Kreisleiter weckte auch bei Violetta Furcht.

»Dann hatte ich auch noch meine Tasche in der Loge vergessen. Zum Glück ist Mr Wilcox zurückgegangen und hat sie geholt.«

»Hat er etwas gesagt, dass die beiden noch in der Loge waren?«

»Nein.«

Bei dem Gedanken, dass die beiden Männer ihren Vater womöglich getroffen haben könnten, verspürte sie ein ungutes Gefühl. Ihr Vater zeigte seine Abneigung gegen die Partei allzu offen.

»Ich mag mir gar nicht ausmalen, was passiert sein könnte, wenn sie Vati getroffen haben.« Ihr Herz klopfte dumpf in der Brust. Ein unbedachtes Wort von ihm könnte die Zukunft des Theaters und ihrer Familie gefährden.

Ihre Mutter kam auf sie zu.

»Ist euer Vater hier gewesen?«, fragte sie besorgt.

»Nein. Aber Mahler und der Gauleiter sind hier.«

Bei Florentinas Worten wurde ihre Mutter bleich.

»Ich werde gleich nach ihm suchen.«

»Ich komme mit.« Florentina fasste den Arm der Mutter.

»Ich auch«, sagte Violetta. Doch ihre Mutter hob abwehrend die Hand.

»Nein. Es ist besser, wenn du bei Herrn Brünn und Mr Wilcox bleibst.«

»Nein, Mutti, ich komme mit dir«, beharrte Violetta und stellte ihr Glas auf einem der Tische ab.

»Florentina, macht es dir was aus, den beiden Männern Gesellschaft zu leisten?«

Sie sah ihrer Schwester an, dass ihr die Entscheidung nicht gefiel.

»Ja, natürlich«, gab Florentina dennoch nach. »Geht nur.«

»Danke.« Violetta drückte die Hand ihrer Schwester.

Gemeinsam mit ihrer Mutter begab sie sich auf die Suche nach ihrem Vater. Gleichgültig wen sie auch fragten, keiner hatte ihn gesehen. Das galt auch für Mahler und den Gauleiter.

Die Sorgenfalten auf Leonoras Stirn wurden tiefer.

»Vielleicht ist er einfach im Intendantenzimmer.« Violetta nahm die Hand ihrer Mutter und zog sie mit sich.

Als sie den Korridor vor den Garderoben betraten, hörten sie Männerstimmen. Sie drangen durch die geöffnete Tür des Intendantenzimmers. Ihr Vater sprach gerade. Violetta blieb stehen und hielt ihre Mutter zurück.

Beide lauschten angespannt.

»Das sind nicht Mahler oder der Gauleiter!« Freudig eilte die Mutter ins Intendantenzimmer.

Violetta folgte ihr. Hoffentlich hatte sich ihre Mutter nicht geirrt.

»Max! Max Adam! Sind Sie es wirklich?« Ihre Mutter umarmte einen schmalen Mann mit grauen Schläfen.

»Leonora«, sagte er sichtlich gerührt und drückte ihre Mutter fest an sich.

Der Mann schien sich ebenso über das Wiedersehen zu freuen wie ihre Eltern.

Ihr Vater zeigte keine Eifersucht, was Violetta sehr ungewöhnlich fand.

Als ihre Mutter sich von Max Adam löste, schimmerten ihre Augen feucht.

Ihre Eltern hatten seinen Namen mal erwähnt. Wenn sie sich recht erinnerte, war er Dirigent gewesen, nachdem ihre Mutter das Theater übernommen hatte. Ihm hatte sie viel zu verdanken.

Doch der einstige Dirigent sah krank aus mit seiner wächsernen Haut und den dunklen Schatten unter den Augen.

»Du bist noch immer so schön wie damals, Leonora«, sagte er. Ihre Mutter winkte lächelnd ab.

»Alter Schmeichler.«

Vergessen war die Angst um den Vater. Stattdessen war Violetta erleichtert.

»Was machst du hier? Wo kommst du her?« Ihre Mutter bombardierte Max Adam mit Fragen.

»Leonora, es ist schon spät. Max braucht ein wenig Ruhe«, bremste der Vater ihre Mutter aus. Seine ernste Miene bereitete Violetta Sorgen. Sie spürte, dass irgendetwas nicht stimmte. Fragend sah sie ihren Vater an.

»Dein Einverständnis voraussetzend, wird Max bei uns nächtigen.«

»Aber natürlich. Ich freue mich darauf, mit dir zu plaudern, Max.«

Violetta hatte ihre Mutter noch nie so heiter erlebt wie in diesem Augenblick. Als die drei über vergangene Zeiten sprachen, hatte Violetta das Gefühl zu stören.

Sie kehrte zu den beiden Männern und ihrer Schwester ins Foyer zurück.

Hans sah ihr lächelnd entgegen. In seinen Augen lag ein

Glanz, der sie wie auf Wolken schweben ließ. Sie vermied es, Mr Wilcox anzusehen. Dennoch spürte sie seinen Blick.

»Habt ihr Vati gefunden?«, fragte Florentina ängstlich.

»Ja, er war im Intendantenzimmer und hat sich mit einem ehemaligen Dirigenten des Theaters unterhalten.«

Auch Florentina war erleichtert. Erst da bemerkte Violetta, dass ihre Schwester noch immer ihr Champagnerglas in der Hand hielt.

»Du hältst noch dein Champagnerglas.«

»Ich weiß. Mr Wilcox hat angeboten, es wegzustellen, aber das wollte ich nachher selbst tun.«

Violetta kannte ihre Schwester gut genug, um zu wissen, dass sie es hasste, auf Hilfe angewiesen zu sein, und alles lieber selbst erledigte.

»Die Gläser und Tabletts sind schon alle weggeräumt.«

Violetta nahm es ihr ab und drückte Mr Wilcox das leere Glas in die Hand. »Wären Sie so nett, Mr Wilcox?«

»Sure«, antwortete er.

»Danke.«

In Gegenwart von Mr Wilcox fühlte sie sich leicht. Er war humorvoll und unkompliziert. Sie genoss seine Komplimente und Blicke. Sie war wütend auf sich, dass er ein solches Gefühl in ihr auslöste. Violetta war froh, als der Engländer sich mit dem Glas in der Hand entfernte. Jetzt war die Gelegenheit gekommen, mit Hans allein zu reden. Sie nahm all ihren Mut zusammen und fasste dessen Arm.

»Wir müssen etwas miteinander besprechen.« Sie wollte ihn mit sich ziehen. Doch er blieb stehen.

»Und Mr Wilcox?«

Sie warf einen Blick über die Schulter zurück und sah den Engländer mit Konzertmeister Weber plaudern.

»Der unterhält sich auch gut ohne uns. Er plaudert gerade angeregt mit Weber.«

Hans nickte und begleitete sie.

Violetta führte ihn in die Garderobe, wo sie allein waren. Sie standen sich gegenüber. Sie blickte in seine dunklen, warmen Augen und nahm seine Hände.

Alle Worte, die sie sich zurechtgelegt hatte, waren ihr in diesem Moment entfallen.

»Violetta, was willst du denn mit mir besprechen?«, fragte er sanft.

Anstelle einer Antwort schlang sie die Arme um seinen Nacken, beugte sich vor und küsste ihn. Es fühlte sich genauso gut an, wie sie es sich vorgestellt hatte. Ein vertrautes Gefühl. Sie spürte, wie er sich versteifte, als ihre Lippen fordernd seinen warmen Mund berührten. Voller Hingabe setzte sie den Kuss fort, während ihre Finger mit seinem Nackenhaar spielten. Es fühlte sich gut an. Er erwiderte die Liebkosung zwar, aber sein Kuss war genauso zurückhaltend, wie er sich immer gab. Violetta wollte sich in diesem Kuss verlieren. Wenn sie liebte, dann aus vollem Herzen und mit Leidenschaft. Sanft löste sie sich von ihm.

Ihr Herz pochte schwer, als sie ihm ins Gesicht blickte. Seine feuchten Lippen glänzten. Er ließ die Arme sinken. *Warum sagte er denn nichts?* Offenbar war sie zu weit gegangen. Violetta schämte sich für ihr Vorpreschen. Sollte ihre Mutter recht behalten, und es war ein Fehler gewesen, als Frau den ersten Schritt zu wagen? Ihre Wangen brannten vor Enttäuschung und Scham.

»Es tut mir leid«, flüsterte sie, wandte sich um und wollte davoneilen. Hans holte sie ein, bevor sie die Garderobe verlassen konnte.

»Violetta!« Er hielt sie am Arm fest. Langsam drehte sie sich zu ihm um und blickte aus feuchten Augen zu ihm auf.

»Ich bereue, dass ich dich geküsst habe!«, rief sie tief verletzt.

»Violetta …«

»Nein, bitte hör mir zu. Ich wollte dir endlich zeigen, was

ich für dich empfinde. Ich habe geglaubt, dass du die gleichen Gefühle für mich hegst. Aber das war ein Irrtum.« Sie wollte sich von ihm losreißen, aber er hielt sie zurück.

»Aber ich erwidere deine Gefühle«, widersprach er sanft.

»Und warum zeigst du es mir dann nicht? Hast du eine Ahnung, wie lange ich auf eine Erklärung von dir gewartet habe?« Sie kämpfte gegen die aufsteigenden Tränen.

»Violetta, du hast ja keine Ahnung …«

»Dann erkläre es mir doch!«

»Ich denke Tag und Nacht an dich, weil ich mich in dich verliebt habe. Aber das darf nicht sein.«

Was redete er nur?

»Meine Mutter ist eine Halbjüdin. Mein Vater hat damals gefälschte Papiere eingereicht. Wenn die Nazis das entdecken, werden sie mich verhaften. Und dich auch. Ich kann nicht zulassen, dass du in Gefahr gerätst. Deshalb ist es besser, auf Abstand zu gehen, vor allem vor anderen.«

Aus Sorge um sie hatte er sich zurückhaltend gezeigt. Jetzt konnte sie die Tränen nicht mehr zurückhalten.

»Es ist mir egal, ob deine Vorfahren Juden waren. Ich liebe dich so, wie du bist, Hans Brünn.«

In Hans' Augen schimmerte es feucht.

»Ich möchte jede Sekunde mit dir zusammen sein, Violetta.«

»Ich habe mich in dich verliebt, als wir uns vor dem Siloah begegnet sind.«

Nun fielen sie sich richtig in die Arme. Hans und sie gehörten zusammen wie Dur und Moll. Sie war froh, die Initiative ergriffen und ihn aus der Reserve gelockt zu haben. Endlich hatte er ihr seine Liebe gestanden.

Inmitten des Glückstaumels hatte sie das Gefühl, beobachtet zu werden. Sie öffnete die Augen und sah hinüber zu dem Mann in der Tür, der mit starrem Blick zu ihnen herüberschaute, und erstarrte.

14. Februar 1938

Vielen Dank noch mal, dass Sie mir die Partituren Frederik von Uhlenbergs zur Verfügung gestellt haben.« Brian reichte Konzertmeister Alois Weber vor seiner Hotelzimmertür die Hand.

»Danken Sie nicht mir, sondern Herrn Schwarz. Er wollte noch mit Ihnen persönlich sprechen. Eigentlich müsste er schon hier sein.« Weber schaute auf seine Armbanduhr.

Brian fühlte sich nicht wohl in seiner Haut. »Wissen Sie denn, was er von mir wollte?« Waren Roman Schwarz oder dessen Frau gegen seine Analysen der Kompositionstechniken von Frederik von Uhlenberg? Er verspürte ein schlechtes Gewissen, weil er ihnen nicht die ganze Wahrheit gesagt hatte.

»Wenn Sie mich nun entschuldigen würden, Mr Wilcox. Ich möchte nicht zu spät zur Probe kommen. Fräulein Violetta ist da sehr streng. Ich wünsche Ihnen alles Gute, und vielleicht sehen wir uns irgendwann einmal wieder.«

»Ja, ja, natürlich.« Sie verabschiedeten sich voneinander. Dann eilte Weber davon.

Brian warf sein Notizbüchlein mit den wichtigen Informationen über von Uhlenberg in den Koffer.

Seufzend legte er die Strickjacke obenauf. Für den heutigen Valentinstag hätte er sich etwas anderes erhofft. Zwar hatte er seine Recherchen über Frederik von Uhlenberg abgeschlossen, aber er verließ Hannover ungern.

Der Anblick des glücklichen Paares hatte ihn enttäuscht. Die Frau, in die er sich auf den ersten Blick verliebt hatte, war diesem Komponisten zugeneigt.

Zum Teufel mit Violetta Schwarz! Seit dem Abend der *La-*

Traviata-Aufführung hatte er sie nicht mehr gesehen. Er war ihr aus dem Weg gegangen. Es war besser so. Er wünschte ihr alles Glück dieser Welt, auch wenn ihm sein Bauchgefühl sagte, dass sie und der Komponist Brünn nicht zueinander passten.

Er wollte gerade die letzten Utensilien einpacken, als es an die Tür klopfte.

»Ja?«

»Herr Wilcox, auf Sie wartet ein Herr unten in der Rezeptionshalle«, sagte der Page durch die Tür.

»Danke. Richten Sie ihm bitte aus, dass ich gleich nach unten komme.«

Er hörte, wie sich der Page entfernte, legte die letzten Dinge in den Lederkoffer und schloss die Schnappverschlüsse. Dann begab er sich mit seinem Gepäck nach unten.

Roman Schwarz saß in einem der Ohrensessel, vor sich auf dem niedrigen Tisch eine Tasse Kaffee.

»Guten Tag, Herr Schwarz«, begrüßte Brian den berühmten Sänger auf Deutsch. Sein Gegenüber besaß das gleiche lackschwarze Haar wie seine Töchter. Nur an den Schläfen war er grau. »Ich bin überrascht, dass Sie mich noch einmal sprechen wollen.«

»Mr Wilcox, ich bin hier, weil ich Ihnen eine Frage stellen will, bevor Sie abreisen.«

Er mochte die direkte Art des Sängers.

»Ja, natürlich … bitte …«

»Wollen Sie sich nicht einen Moment zu mir setzen? Da spricht es sich leichter. Möchten Sie auch einen Kaffee? Oder lieber Tee?«

Nach einem kurzen Blick auf die Uhr nahm Brian im Sessel gegenüber Platz.

»Kaffee.«

Roman Schwarz winkte den Kellner herbei und orderte einen Kaffee.

»Sind Sie im Besitz des gesamten *Liebesreigens?*«

»Nein, ich habe leider nur die Ouvertüre«, korrigierte Brian.

»Wie dem auch sei. Darf ich fragen, wie Sie an die Noten gekommen sind?«

»Von einem Adligen, der Frederik von Uhlenberg sehr verehrt hat. Derselbe, der Ihrer Frau die Originalnoten ausgehändigt hat.« Brian war froh, dass er nicht lügen musste. Schließlich hatte Onkel Edgar die Noten an sich genommen.

»Besitzt … dieser Adlige vielleicht noch mehr Seiten? Oder das Libretto?«

»Nein, sonst hätte er es Ihnen sicherlich übergeben.«

Roman Schwarz blickte ihn skeptisch an.

»Ich kenne ihn schon seit vielen Jahren. Er ist aufrichtig.« Dass er mit ihm verwandt war, verschwieg er. Er hatte Onkel Edgars Ehrlichkeit immer geschätzt.

»Leonora wird untröstlich sein. Für sie besitzt das unveröffentlichte Werk ihres Vorfahren einen hohen Wert. Sie möchte es natürlich vollständig haben. Seit Jahren sucht meine Frau vergeblich nach dem Verbleib dieser Komposition.«

»Kann ich verstehen. Sicher wäre das gesamte Werk ein Vermögen wert.«

Die Miene des Sängers war undurchdringlich. Dennoch verspürte Brian das Gefühl, dass Roman Schwarz nicht nur deshalb zu ihm gekommen war. Für einen Moment wurden sie durch die Bedienung abgelenkt, die Brian den Kaffee servierte.

»Gestatten Sie mir noch eine Frage. Haben Sie denn Werke von Frederik in Ihrer Heimat gespielt?«

»Offen gestanden sind deutsche Komponisten zurzeit in England nicht sehr gefragt.«

»Dabei ist doch die Musik eine Sprache, die alle verstehen und vereinen sollte.«

Das konnte Brian nur bestätigen.

Roman Schwarz trank seinen Kaffee aus. Seine ernste Miene verriet Brian, dass ihn noch mehr beschäftigte.

»Ich habe gehört, dass es den Juden in England besser geht als in Deutschland oder dem Osten Europas.«

Viele jüdische Bürger waren wegen der antisemitischen Gesetze emigriert. Manche nach Südafrika, andere nach Palästina oder Lateinamerika. Aber auch nach England waren einige geflohen, wie sein Freund Gideon. Als der Zustrom zu groß geworden war, hatte die britische Regierung beschlossen, nur noch eine beschränkte Anzahl jüdischer Emigranten aufzunehmen. Emigranten, die Verwandte in England hatten oder ein außergewöhnliches Handwerk beherrschten, das gebraucht wurde, waren bevorzugt worden.

»England ist meist nur eine Art Durchlaufstation für jüdische Emigranten, bevor es nach Palästina weitergeht. Sie sind übrigens der Zweite, der mich danach fragt, wie es jüdischen Emigranten in meinem Heimatland ergeht.«

»Der Zweite?«, fragte Schwarz erstaunt.

»Dieser Mahler hat mich das gefragt.«

»Dieser verfluchte Schurke!« Der Tenor schlug mit der Faust auf die Sessellehne. »Wenn er herausfindet, dass ...« Er stoppte und blickte sich um. »Dass Hans Brünn jüdische Wurzeln hat und meine Tochter ihn liebt. Nach dem Gesetz der Rassenschande macht sie sich damit strafbar.«

Das war es also, was Roman Schwarz auf der Seele lastete!

Brian schluckte. Jetzt, da er das wusste, fürchtete auch er um Violetta. Der Gauleiter würde nicht dulden, dass die Operette eines Nichtariers aufgeführt wurde. Und wenn er erst erfuhr, dass sie mit dem Komponisten ein Liebesverhältnis unterhielt, wäre ihr eine Strafe gewiss. Von Gideon wusste er, dass Leute, die Juden unterstützten, in Schwierigkeiten gerieten. Roman Schwarz beugte sich vor und packte seinen Arm.

»Sie müssen mir versprechen, niemandem etwas davon zu erzählen«, sagte er leise und eindringlich.

»Sie können sich auf mich verlassen, Herr Schwarz«, versprach Brian.

Sein Gegenüber nickte.

»Wenn ich irgendetwas für Sie und Ihre Familie tun kann, lassen Sie es mich wissen.« Brian zog seinen Koffer heran, nahm aus der Seitentasche Stift und Zettel und notierte darauf seine Adresse in London.

»Danke.« Roman Schwarz steckte den Zettel in die Innentasche seines Anzugs.

»Ich habe Ihnen zu danken, dass Sie mir die gewünschten Auskünfte über Frederik von Uhlenberg gegeben haben. Ich habe einen Freund, der Ihnen oder vielmehr Ihrer Tochter und Herrn Brünn helfen könnte. Er hat spezielle Kontakte. Sie verstehen, was ich meine?«

Roman Schwarz nickte.

»Wann brechen Sie auf?« Er deutete auf Brians Koffer.

»Mein Zug nach Dünkirchen fährt in einer guten halben Stunde. Anschließend geht es mit dem Schiff über den Kanal in meine Heimat.«

Die Tage seit seiner Ankunft in Hannover waren viel zu schnell verflogen.

Roman Schwarz stand auf und schien es mit einem Mal eilig zu haben. »Dann will ich Sie nicht aufhalten. Ich habe Ihre kostbare Zeit schon viel zu lange in Anspruch genommen, Mr Wilcox. Ich danke Ihnen und wünsche Ihnen eine gute Heimreise. Ich würde mich freuen, wenn wir uns einmal wiedersehen würden. Vielleicht ein Klavierkonzert in unserem Theater?«

Brian wollte gerade etwas erwidern, als er den SS-Offizier bemerkte, der am Rezeptionstresen stand und zu ihnen herüberschaute. Stand Roman Schwarz auch unter Beobachtung?

»Ja, sehr gern.« Dann beugte er sich vor. »Wir werden beobachtet.«

Roman Schwarz schaute zur Seite und nickte.

»Es ist wirklich sehr schade, dass Sie nicht mehr über den Verbleib des restlichen *Liebesreigens* wissen. Falls Sie irgendwann etwas darüber erfahren, wären wir Ihnen über eine Nachricht dankbar. Es ist das Familienerbe meiner Frau und Töchter.«

»Sie können versichert sein, dass Sie in diesem Fall von mir hören werden.«

»Danke.« Schwarz' Händedruck war kräftig.

»Passen Sie auf sich und Ihre Familie auf, Herr Schwarz. Vielleicht wäre es ratsamer, wenn Sie alle in der Schweiz Zuflucht finden könnten«, sagte Brian leise.

»Meine Frau würde das Theater niemals aufgeben.«

Dann drehte er sich um und verließ die Rezeptionshalle.

Der SS-Offizier sah Roman Schwarz hinterher. Es musste furchtbar sein, in solch einem Land zu leben, wo jeder Schritt beobachtet wurde.

Brian nahm seinen Koffer, orderte an der Rezeption ein Taxi und lief zum Ausgang.

Draußen war es bereits dunkel. Dicke Schneeflocken schwebten herab. Er musste nicht lange warten, bis das Taxi vorfuhr.

»Möge Gott mit dir sein, Violetta«, flüsterte er, als er am Theater am Park vorbeifuhr. Am liebsten wäre er zu ihr gefahren und hätte sie mitgenommen. Aber ihr Herz gehörte einem anderen.

15. April 1938

Die anderen warteten auf sie. Violetta nahm ihren Schal von der Garderobe und legte ihn sich um. In gut einer Woche würde die Premiere von Hans' Operette stattfinden. Da konnte sie keine Erkältung gebrauchen. Seit Monaten bereitete sie sich neben den Proben stimmlich auf die schwere Partie vor, stets darauf bedacht, dass nichts ihren Auftritt gefährdete. Morgens ein rohes Ei, abends warme Milch mit Honig und zwischendurch eines von Justines selbstgemachten Kräuterbonbons. Sie knöpfte ihren Wollmantel zu und eilte zum Nebeneingang. Ihre Eltern und Florentina hatten gesagt, dass sie schon vorgehen und am Kriegerdenkmal auf sie warten wollten. Sie wollte die Geduld der drei nicht strapazieren. Violetta verließ das Theater wie gewohnt durch den Künstlereingang. Als Letzte wollte sie gerade die Tür hinter sich abschließen. Plötzlich nahm sie eine Bewegung hinter sich wahr. Bestimmt musste ihr ungeduldiger Vater nachsehen, wo sie blieb. Sie schmunzelte.

»Ich schließe nur schnell ab, Vati.«

»Guten Abend, Fräulein Violetta.«

Sie erstarrte in der Bewegung. Mit ihm hatte sie am wenigsten gerechnet, vor allem, weil er zu den letzten Proben nicht gekommen war. Alle redeten darüber, dass sich die Wehrmacht auf einen Krieg vorbereitete und die SS in der Frage der Nichtarier härter durchgreifen wollte. Die Vorstellung war furchteinflößend.

»Ich darf Sie doch bei Ihrem Vornamen nennen? Er klingt so … melodiös.«

Violetta drehte sich betont langsam um.

»Guten Abend Dr. … Herr Kreisleiter.« Zum Glück hatte sie sich noch rechtzeitig verbessert. Im fahlen Licht der Laterne wirkte Mahlers Miene noch härter als sonst. Sie schaute über seine Schulter hinweg zum Kriegerdenkmal, ob sie ihre Familie dort sah. Diesmal hoffte Violetta inständig ihren Vater herbei. Doch niemand war zu sehen. Bestimmt war es den dreien am Kriegerdenkmal zu zugig gewesen, und sie waren schon in den Wagen gestiegen. Ihr Vater nannte sich jetzt stolzer Besitzer eines Automobils mit Chauffeur. »Ich möchte nicht, dass ihr im Dunkeln durch die halbe Stadt nach Hause lauft«, hatte er schlicht gesagt.

Früher waren Florentina und sie gern im Dunkeln zu Fuß nach Hause gelaufen oder hatten das Tandem genutzt. Aber in letzter Zeit war es auf den Straßen gefährlich geworden. Immer wieder kam es zu handgreiflichen Auseinandersetzungen zwischen der SA und den Sozialdemokraten. Doch jetzt schien der rettende Wagen unendlich weit entfernt, sodass sie Mahler ausgeliefert war.

»Es ist gefährlich um diese Uhrzeit für eine schöne Frau wie Sie, durch die Straßen Hannovers zu laufen.«

Violetta winkte ab. »Keine Sorge, mein Vater wollte mich gleich abholen. Unten an der Straße«, log sie.

»Ich habe ihn nicht gesehen. Gestatten Sie mir, dass ich Sie zur Straße hinunterbegleite?« Er bot ihr seinen Arm an. Violetta zögerte, sich bei ihm einzuhaken. Entschlossen nahm Mahler ihren Arm und führte ihn unter seinem durch.

»Es ist wirklich sehr freundlich von Ihnen, dass Sie sich um mich Sorgen machen, aber mein Vater muss jeden Augenblick hier sein. Er ist immer pünktlich.« Sie wollte ihm ihren Arm entziehen, aber er hielt sie fest.

»Aber, aber, Fräulein Violetta. Sie sind doch sonst nicht so zurückhaltend.«

Mahler hatte sie und Hans in inniger Umarmung gesehen. Sie wollte etwas erwidern, schluckte aber die heftigen

Worte hinunter. Wusste ihr Begleiter etwas über Hans' Herkunft und die gefälschten Papiere? Sie konnte nicht einschätzen, wie groß der Einfluss Mahlers war, ob er es ihm erlaubte nachzuforschen. Vor Furcht schlug ihr Herz hart gegen die Rippen.

Wenn er Bescheid wusste, warum hatte er Hans und sie nicht längst verhaften lassen?

»Ich ... ich weiß nicht, worauf Sie hinauswollen.«

»Ich will großzügig über Ihren Fehltritt hinwegsehen.«

Sein gönnerhaftes Lächeln machte sie wütend. Dennoch blieb sie beherrscht. »Fehltritt? Ich verstehe nicht ...«

»Sie hegen doch Gefühle für den Komponisten?«

Violetta schluckte.

»Ich finde ihn sehr sympathisch, ja ...« Sie forschte in seiner Miene, ob er schon von Hans' jüdischen Wurzeln wusste.

»Ich hoffe in Ihrem Interesse, Violetta, dass Sie sich ihm gegenüber zurückhaltender verhalten, wenn Ihre Uraufführung stattfinden soll.«

Mahler drohte ihr und schaffte es tatsächlich, Angst einzuflößen.

Er wandte sich zu ihr um und schaute sie an. Das Verlangen in seinen Augen schnürte ihr die Kehle zu.

»Ihnen ist es doch sicher nicht entgangen, dass ich in glühender Leidenschaft zu Ihnen entbrannt bin.«

Violetta war wie vom Donner gerührt. Sein Geständnis weckte Ekel in ihr. Was bildete er sich ein? Schließlich war er älter als ihr Vater.

Warum kam der denn nicht, um sie aus dieser misslichen Lage zu befreien? Krampfhaft suchte sie nach passenden Worten.

»Aber ... Sie kennen mich doch gar nicht.«

»Gut genug, um zu wissen, dass wir beide wunderbar miteinander harmonieren würden. Ich würde Ihnen die ganze Welt zu Füßen legen und die Sterne vom Himmel holen.«

Fast hätte sie über diese dramatischen Worte gelächelt.

Er zog sie enger an sich. *Lieber Gott, schick mir Vati her!*

Hans schwebte in Gefahr. Die Angst schnürte ihr die Kehle zu.

Ihr Körper spannte sich an, als Mahler ihre Hand nahm und an seine Lippen zog. Sie ließ es geschehen. *Hätte ich doch nur nicht getrödelt!*

»Wie schön Sie sind, Violetta. Ihre Haut ist so weich.« Seine fleischigen Finger strichen über ihre Wange, dass sie sich versteifte.

Mit einem Ruck zog er sie an sich und presste sie an seinen fülligen Körper. Sein Atem roch nach Schnaps.

Der Vollmond tauchte den Theaterpark in silbriges Licht. Mit Hans hier entlangzuwandeln wäre romantisch gewesen. In Gegenwart Mahlers jedoch konnte sie die sanfte Abendstimmung nicht genießen.

»Auch wenn Sie mich zu kennen glauben, ich weiß so gut wie nichts über Sie.« Sie wand sich aus seinen Armen.

»Das lässt sich ändern.«

Niemals könnte Mahler ihr Herz gewinnen.

»Violetta?«

Ihr fiel ein Stein vom Herzen, als endlich ihre Gebete erhört worden waren.

Mit weit ausholenden Schritten und düsterer Miene kam ihr Vater auf sie zu.

»Vati, da bist du ja endlich!«

Sie eilte auf ihn zu.

Ihr Vater funkelte Mahler wütend an.

Sie spürte seinen Zorn und wusste, wie impulsiv er handeln konnte. Wie immer, wenn er und Mahler zusammentrafen, drohte die Situation zu eskalieren.

Ihre Furcht wuchs mit jedem Atemzug. Wenn er wüsste, dass Mahler sie zur Frau begehrte, würde die Begegnung in einer Katastrophe enden.

163

»Komm, Violetta, wir wollen deine Mutter und Schwester nicht länger warten lassen. Heil Hitler, Herr Kreisleiter.«

Violetta war erleichtert, dass er diesmal keine Konfrontation mit dem Kreisleiter suchte.

»Herr Schwarz, in diesen unruhigen Zeiten würde ich eine solch hübsche Tochter nicht allein lassen.«

»Gut, dass Sie keine Tochter haben.«

Mahlers Mundwinkel zogen sich nach unten.

»Vati, mir ist kalt«, erinnerte Violetta ihn daran, dass sie gehen wollten.

Er nickte und legte den Arm schützend um ihre Schultern.

»Guten Abend, Dr. Mahler«, sagte er. Noch immer weigerte sich ihr Vater, sein Gegenüber mit Kreisleiter anzureden. Violetta nickte Mahler zu, bevor sie mit ihrem Vater davoneilte.

»Guten Abend«, hörte sie Mahler sagen. Violetta war nur froh, ihm entfliehen zu können.

»Was wollte dieser Schurke von dir?«, fragte ihr Vater, als sie weit genug von Mahler waren.

»Er hat sich angeblich um meine Sicherheit gesorgt. Mahler ist an mir interessiert. Als Frau.«

»Ist er etwa zudringlich geworden?«

Violetta schüttelte den Kopf. »Nein, aber er möchte, dass ich bei Hans auf Distanz gehe, wenn die Uraufführung stattfinden soll. Meinst du, er hat herausgefunden, dass Hans jüdische Wurzeln hat und die Papiere seiner Mutter gefälscht waren?«

Ihr Vater sah besorgt aus. »Schwer zu sagen. Wir reden zu Hause in Ruhe darüber«, sagte er. Violetta war müde und verspürte nicht die geringste Lust dazu.

Später saß sie mit ihren Eltern und Florentina in der guten Stube. Violetta musste ihre Begegnung mit Mahler haarklein schildern.

Mit geballten Fäusten sprang ihr Vater vom Sessel auf. Sein Gesicht war vor Zorn rot angelaufen.

»Ich bringe ihn um, wenn er dich noch mal anfasst!«, brach es aus ihm heraus.

»Roman, bitte setz dich wieder hin. Ich bin genauso beunruhigt wie du. Doch wir müssen jetzt einen kühlen Kopf bewahren«, beschwichtigte ihre Mutter. »So wie du es geschildert hast, glaube ich nicht, dass er von Hans' Herkunft weiß.«

»Violetta muss dringend von hier fort. Nach Italien zu meiner Schwester oder was weiß ich wo.«

Violetta sah das anders. Sie wollte nicht fort. Ihr Platz war hier.

»Ich bleibe«, sagte sie fest.

»Ich glaube, du ahnst nicht mal in deinen kühnsten Träumen, was auf dich und Brünn zukommen kann!« Ihr Vater wurde mit jedem Wort lauter. »Mahler wird die Operettenaufführung verbieten!«

Konnte er das wirklich?

»Dann gehe ich eben zum Gauleiter, und wenn es sein muss, sogar zum Führer.«

Die Operette vom Spielplan nehmen, wo so viel Arbeit und Schweiß drinsteckte? Das konnte nicht sein.

»Das könnte die Lage verschlimmern«, warf ihre Mutter ein. Wo war der Kampfgeist ihrer Mutter geblieben?

»Du hast ihm doch damals auch die Stirn geboten!«

»Aber das waren doch ganz andere Zeiten, und dein Vater war kein Jude!«

»Ich habe dich gewarnt, Violetta. Verstehst du nun, warum wir uns gesorgt haben? Ihr seid beide in Gefahr.«

»Ja, du hast mich gewarnt. Aber ich liebe Hans nun mal! Hättest du Mutti aufgegeben?«

Grübelnd kaute ihr Vater auf der Unterlippe.

»Nein, das hätte ich nicht«, gab er zu.

»Was ist denn mit deinem Freund Lehár? Seine Werke

werden doch auch aufgeführt, obwohl er mit einer Jüdin verheiratet ist.«

»Das kannst du nicht vergleichen. Der Führer liebt seine Musik und hat dessen Frau zur Ehrenarierin gemacht. Aber das Glück hat nicht jeder!«

»Das mag sein. Aber nach der Aufführung des *Goldenen Drachen* werden alle von ihm reden.« Davon war sie überzeugt. »Vielleicht wird seine Operette dann auch in Berlin aufgeführt. Der Führer würde sie lieben.«

»Ich finde, Violetta hat recht. Hans' Operette ist wirklich gut«, stimmte ihre Mutter zu.

»Deshalb glaube ich nicht, dass Mahler so kurz vor der Premiere die Aufführung verbieten lässt. Dann hätte er das doch schon längst getan.« Die Worte ihres Vaters klangen plausibel.

»Hoffen wir mal, dass du recht behältst, Roman.«

Die Zweifel im Blick ihrer Eltern stimmten Violetta nachdenklich. Auch Florentina, die ihr sonst immer zur Seite stand, war seltsam still.

Konnte Mahler wirklich so heimtückisch sein und die Premiere verbieten?

22. April 1938

Vor lauter Nervosität bekam Violetta Schluckauf. Morgen würde die Premiere des *Goldenen Drachen* stattfinden.

»Ich glaube, ich bin aufgeregter als du«, sagte sie zu Hans, der ihr in die Garderobe gefolgt war.

Er lächelte und küsste sie auf den Mund.

Wie konnte er nur so ruhig bleiben?

Violetta wünschte sich sehnlich, dass alles am Premierentag glattlief. Heute bei der Generalprobe war sie bei ihrer ersten Arie mit dem Einsatz zu spät gewesen. Sie atmete tief ein und sang die Tonleiter. Gleich musste sie auf die Bühne. Die zweite Arie der chinesischen Prinzessin war noch schwieriger als die erste.

Hans ergriff ihre Hände.

»Du wirst das Liebeslied wunderbar singen.« Das klang so überzeugend, dass sie fast daran geglaubt hätte.

»Warum musstest du auch so eine schwere Passage komponieren?« Violetta zog einen Schmollmund. Hans lachte und fuhr mit dem Zeigefinger neckend über ihren Nasenrücken.

»Vielleicht weil ich dich ärgern wollte?«, fragte er grinsend.

»Das ist dir gelungen.« Violetta schnaubte wütend. »Das ist die schwerste Stelle, die ich je gesungen habe. Da ist Mozart ein Kinderlied dagegen.«

Hans legte den Kopf in den Nacken und lachte schallend.

»Ich fühle mich geschmeichelt, dass du mich mit Mozart vergleichst.«

Violetta verstand das als Aufforderung und schlang die Arme um seinen Nacken. Dann küsste sie ihn. Sie liebte Hans. In seiner Nähe fühlte sie sich stets geborgen. Vor ein paar Tagen hatten sie sich verlobt. Heimlich, um nicht ins Visier der Nationalsozialisten zu gelangen. Die Zeit war schnelllebig geworden. Die Monarchie war durch die Republik abgelöst worden und Letztere durch das Deutsche Reich. Irgendwann würde auch das durch etwas Neues ersetzt werden. Hans und sie hatten entschieden, in ferner Zukunft zu heiraten, wenn die Judenfeindlichkeit endete.

Violetta fürchtete sich davor, dass die Nazis Hans' jüdische Herkunft herausfinden könnten.

»Mach dir nicht so viele Gedanken, mein Engel. Viele Juden sind einflussreich und mit arischen Partnern verheiratet. Die Nazis können und werden bestimmt nicht alle verhaften.«

»Stimmt. Und der Führer liebt die Musik Lehárs. Ich bin mir sicher, dass du berühmt wirst und er deine genauso lieben wird. Dann wird er dich wie Lehárs Frau zum Ehrenarier erklären.« Hans' Optimismus war ansteckend. Irgendwann würde der Spuk mit der Judenhetze und -diskriminierung vorbei sein, und dann mussten sie sich und ihre Liebe nicht mehr verstecken.

Seit dem Abend vor dem Theater war Mahler nicht mehr zu den Proben erschienen. Zunächst hatte sie das erleichtert aufgenommen. Doch sie wusste auch, dass das mehr der Ruhe vor dem Sturm glich. Morgen fand die Premiere statt.

»Alles nimmt ein gutes Ende für den, der warten kann«, hatte Großmutter Ilse immer Tolstoi zitiert. Violetta lächelte.

Sanft schob Hans sie von sich. »Ich glaube, du musst jetzt auf die Bühne.« Wie immer war er so schrecklich vernünftig.

Violetta nickte und blickte in seine dunklen Augen, die voller Wärme waren, und ging zur Tür. Sie warf ihm eine Kusshand zu. »Bis später«, sagte sie und freute sich auf den gemeinsamen Abend.

Laute Stimmen im Flur ließen sie aufhorchen.

»Hier lang!« Dann folgte Gepolter. Violetta riss die Tür auf und sah hinaus. Sie erschrak beim Anblick der beiden Polizisten, die einen der Orchestermusiker abführten. Es war einer der Trompeter, der sich wehrte. Dahinter folgten zwei Männer in dunklen Anzügen mit grimmigen Mienen sowie weitere Polizisten und ihr Vater.

»Lassen Sie den Mann los!«, rief er. »Wir brauchen jeden Musiker für die morgige Premiere!«

Als die Männer sich unbeeindruckt zeigten, hielt ihr Vater einen der Anzugträger am Ärmel fest. Ein Polizist stieß ihn derb mit dem Ellbogen zurück und setzte noch einmal nach, dass ihr Vater sich krümmte und aufschrie. Violetta war entsetzt über die Grobheit der Männer.

»Vati! Oh Gott, Vati!«

Sie lief zu ihm, der bleich an der Wand lehnte.

»Bist du verletzt?«

Er schüttelte den Kopf. »Ich werd's überleben. Sie führen alle ab, und wir können nichts tun.«

»Wen führen sie ab und warum?«

»Hier.« Ihr Vater zog ein Schreiben aus der Jackentasche.

Violetta überflog das von Adolf Hitler unterzeichnete Dekret. Die Vorwürfe und Anschuldigungen trafen sie bis ins Mark. Es wurde ihnen verboten, das Werk eines Juden aufzuführen. Ihnen wurde die Beschäftigung von Nichtariern untersagt.

»Vier unserer besten Tänzer und ein paar Orchestermitglieder haben sie auch festgenommen. Andere werden noch verhört.«

Es konnte sich bei den Tänzern nur um die handeln, die dem gleichen Geschlecht zugeneigt waren. Violetta wusste, dass sich ein Teil der Musiker der verbotenen Sozialdemokratie zurechnete.

Genau genommen traf das auf über die Hälfte des Ensembles zu. Wie sollten sie dann die Aufführung gewährleisten? Bisher hatte das keiner hinterfragt. Weder der Gauleiter noch Mahler, als sie den Proben beigewohnt hatten.

Violetta zerknüllte das Schreiben.

»Das können die doch nicht machen! Die arbeiten seit Ewigkeiten für uns und haben sich nie etwas zuschulden kommen lassen. Du musst etwas tun, Vati!«

»Wie stellst du dir das vor? Die würden mich genauso verhaften. Denen ist es egal, dass ich Schweizer bin. Bestenfalls würde ich des Landes verwiesen werden.«

Violetta fühlte sich ohnmächtig. Die Ensemblemitglieder gehörten quasi zur Familie. Und doch hatte ihr Vater recht. Wenn sie sich den Nazis widersetzten, mussten sie mit Konsequenzen rechnen.

Hilflos sah Violetta mit an, wie die Polizisten weitere Chorsänger, Tänzer und Instrumentalisten abführten. Es war so ungerecht.

Sie brauchte die Künstler verdammt noch mal für die Generalprobe!

Einer der Polizisten stieß eine der Tänzerinnen grob nach vorn. Nicht einmal vor einer Frau machten sie Halt. Entschlossen stellte Violetta sich ihm in den Weg.

»Was machen Sie denn? Hat man Ihnen keinen Umgang mit Frauen …«

Weiter kam sie nicht.

»Aus dem Weg!« Der Polizist stieß sie beiseite, dass sie ins Taumeln geriet und fast gestürzt wäre. Als sie sich an der Wand abfing, packte sie jemand am Arm. Dann wurde sie in ein Zimmer gezogen.

»Mutti!«

Mit einem Fußtritt schloss ihre Mutter hinter ihnen die Tür und hielt Violetta kurz den Mund zu.

»Still«, flüsterte sie, als draußen auf dem Flur erneut Tumult herrschte. Jemand schrie.

Eine eisige Hand umspannte Violettas Herz. »Hans.« Sie hatte ihn allein in der Garderobe zurückgelassen.

»Keine Sorge, er ist in Sicherheit. Sie haben sich im Requisitenkeller versteckt«, flüsterte ihre Mutter.

Dort unten lagerten alle sperrigen Teile. Der Keller war dunkel und sehr unübersichtlich. Sie und Florentina hatten sich immer dort unten gefürchtet.

Jetzt war sie erleichtert.

»Und Vati?«

»Ist bei ihnen.«

Violetta fiel ihrer Mutter dankbar um den Hals.

»Ich konnte es leider nicht verhindern, dass sie ein Drittel der Musiker und ein Dutzend Tänzer verhaftet haben. Selbst unseren Choreografen Hanno haben sie mitgenommen«, berichtete ihre Mutter. Violetta konnte sehen, wie nah ihr das alles ging.

»Ich habe schon seit Längerem damit gerechnet.«

Ein Drittel des Orchesters! Das konnte doch nicht wahr sein!

»Und was ist mit der morgigen Premiere?«

Ihre Mutter seufzte. »Ich befürchte, die findet nicht statt.«

»Was?« Violettas Augen füllten sich mit Tränen. Hans' Operette? Ihre ganze Arbeit, alles umsonst? Wut wallte in ihr auf.

»Das ist allein Mahlers Schuld.«

Violetta berichtete ihrer Mutter, dass der Kreisleiter sie mit Hans in inniger Umarmung gesehen hatte. Ihre Mutter sank auf einen Hocker und schlug die Hände vors Gesicht.

»Gott im Himmel! Jetzt begreife ich.«

Die Tür wurde aufgerissen, und ihr Vater stürmte zornig herein.

»Das war bestimmt Mahlers Werk!«, platzte er heraus. »Er muss den Gauleiter um eine Razzia bei uns gebeten haben.«

Dann zählte er auf, welche Ensemblemitglieder verhaftet worden waren. Ein herber Schlag fürs Theater und für ihre Familie.

Violetta fühlte sich an diesem Desaster schuldig.

Sie sank auf den Stuhl und stammelte immer wieder, dass sie das nicht gewollt hätte, bedeckte ihr Gesicht mit Händen. »Hätte Mahler Hans und mich nicht zusammen gesehen, dann …«

Sie erwartete von ihrem Vater Vorwürfe.

»Dich trifft keine Schuld, Violetta. Es war nur eine Frage der Zeit, wann sie bei uns eine Razzia machen. Sie überprüfen alle Theater.«

Die Worte des Vaters trösteten sie nur wenig.

»Mahler begehrt dich. Das konnte ein Blinder sehen«, wandte ihre Mutter ein. »Er hat dich mit Hans angetroffen und will sich nun aus Eifersucht rächen.«

»Gut, aber was hat das mit euch zu tun? Ist es wegen damals? Bitte, ihr müsst mir endlich erzählen, was zwischen euch und Mahler vorgefallen ist.«

Nach einem kurzen Blickaustausch zwischen den Eltern berichtete ihre Mutter von ihrer Entführung durch Mahler, dessen Bruder und Bruno von Edel, dem ehemaligen Mäzen von Violettas Großvater.

»Er hat behauptet, dass wir seiner Familie etwas schuldig wären.«

»Schuldig?«

»Glaub mir, ich habe mir darüber den Kopf zerbrochen und keine Antwort gefunden.«

»Wegen dieser Agnes? Ist Frederik an ihrem Tod schuld?«

Ihre Mutter zuckte mit den Achseln. »Wir wissen es nicht.«

In Violettas Kopf herrschte Chaos. Je tiefer sie über alles nachdachte, desto verworrener erschienen ihr die Zusammenhänge. Ich schwirrte der Kopf.

Alles schien sich gegen sie verschworen zu haben. Ihr war elend zumute.

»Die Gestapo wird zurückkehren. Dann seid ihr in Gefahr.

Hör zu, Violetta, du und Hans, ihr müsst Deutschland verlassen.«

Fassungslos sah Violetta ihren Vater an.

»Deutschland verlassen? Das ist meine Heimat! Und was ist mit euch? Mit Florentina und dem Theater?«

»Wir müssen bleiben. Notfalls werden wir mit dem Theater untergehen.«

»Habt ihr vergessen, dass das Theater auch zu meinem Leben gehört?«

»Violetta, sei doch vernünftig. Du und Hans, ihr seid die Zukunft. Wenn ihr nicht geht, stecken sie Hans ins Zuchthaus, oder schlimmer noch, in ein Lager!«

Violetta erschrak zu Tode.

Doch die Vorstellung, fern der Heimat zu leben, ängstigte sie.

»Ich kann nicht ...«

Ihr Vater fasste sie an den Schultern. »Violetta, du musst Deutschland verlassen! Rassenschande! Weißt du, was das bedeutet?«

Ja, gestand sich Violetta das erste Mal ein. Die Rassegesetze waren jedem bekannt.

»Violetta, in diesen Zeiten müssen wir Opfer bringen«, warf ihre Mutter ein. »Im letzten Krieg habe ich nicht nur meinen Vater und meinen Bruder, sondern auch mein Zuhause verloren, weil ich mich fürs Theater entschieden habe. Jetzt stehst du vor einer ähnlichen Entscheidung. Du bist stark wie alle Von-Uhlenberg-Frauen. Du und Florentina sichert das Überleben unserer Familie.«

»Vielleicht sehen wir uns lange nicht oder nie wieder!«, rief Violetta schluchzend. Das Schicksal konnte doch nicht wirklich so grausam sein und sie alle auseinanderreißen.

Ihre Eltern schwiegen. Ein eisiger Schauer lief Violettas Rücken hinab. Die Mutter nahm sie in den Arm.

Sie las die Furcht im Blick des Vaters. Ihre Eltern und das

Theater zurücklassen? In einer ungewissen Zukunft? Es brach ihr das Herz.

Sie rannte aus dem Zimmer. Es gab nur einen, der sie trösten konnte: Hans.

Im Flur war es jetzt still geworden. Eine bedrückende Stille, nachdem die Gestapo und die Polizisten das Theater verlassen hatten.

Nur aus dem Ballettraum hörte sie ein leises Weinen. Hastig wischte Violetta ihre Tränen fort, bevor sie sich entschied nachzusehen. In der hintersten Ecke kauerte Hilde, eine der jungen Tänzerinnen. Sie wurde von Schluchzern geschüttelt. Violetta hockte sich neben sie und legte eine Hand auf ihre Schulter. Die junge Frau blickte auf. Die Schminke war verlaufen. »Sie haben Ernst und Hanno verhaftet«, stieß sie hervor. »Wie können die nur so was tun? Nur weil sie einander lieben? Liebe ist doch nichts Verwerfliches.« Sie brach erneut in Tränen aus. Violetta fühlte mit ihr und umarmte sie.

»Was geschieht jetzt mit Ernst und Hanno? Werden sie in ein Lager gebracht?«

Betroffen sah Violetta die Tänzerin an. Bei dem Gedanken, dass Hans ein ähnliches Schicksal drohte, wurde ihr ganz flau.

»Ich weiß es nicht«, antwortete sie mit erstickter Stimme.

Violetta richtete sich auf und verließ den Ballettraum. Noch vor einer Stunde hatte sie sich auf die morgige Premiere gefreut, auf ein gemeinsames Leben mit Hans. Doch jetzt erschien ihr die Zukunft düster und beängstigend.

Opfer bringen, hatte ihre Mutter gesagt. Entweder musste sie ihre Eltern zurücklassen oder sich von Hans trennen.

3. Mai 1938

Brian verabschiedete seinen Freund Gideon vor dem Laden im Erdgeschoss der Musikgesellschaft.

»Dann wünsche ich dir damit viel Glück.« Er deutete auf den Geigenkasten, in dem sich ein selbst gebautes Instrument seines Freundes befand. Gideon hatte es verdient, als Instrumentenbauer beachtet zu werden. Der Klang seiner Geigen stand den Stradivaris in nichts nach. Es hatte Brian einige Überredungskunst gekostet, den Ladeninhaber davon zu überzeugen, dass es lohnenswert wäre, Gideons Instrumente näher in Augenschein zu nehmen. Jetzt drückte er dem Freund die Daumen.

»Danke. Dir auch viel Erfolg.« Gideon hob zum Gruß die Hand, bevor er sich umdrehte und den Laden betrat.

Mit seiner Ledertasche unter dem Arm stieg Brian die Stufen hinauf. Tage hatte er auf diese Gelegenheit gewartet. Immer wieder hatte Mr Burton ihn vertröstet. Heute wollte er ihm endlich von seiner Analyse berichten. Brians Schritte wurden durch den dichten Teppichflor im ersten Stock gedämpft.

Die Tür zum Büro des Musikdirektors stand offen. Diskret räuspernd blieb Brian vor der Schwelle stehen. Burton telefonierte und blies dabei Ringe seines Zigarrenrauchs in die Luft. Er sah auf, nickte ihm zu und winkte ihn zu sich. Als Brian vor seinem Schreibtisch stand, legte er auf.

»Mr Wilcox, guten Tag. War Ihre Analyse erfolgreich?« Burton kam immer gleich zur Sache. Brian setzte sich auf einen der Stühle vor dem Schreibtisch, öffnete die Tasche und zog einen Schwung von mit Notizen versehenen Notenblättern heraus, die er vor ihn hinlegte.

Grob erklärte er dem Musikdirektor sein Vorgehen bei der Analyse und die gewonnenen Erkenntnisse zu den Werken von Uhlenbergs.

Aufmerksam hörte Burton ihm zu.

»Von Uhlenberg bedient sich verschiedener Techniken. Hier zum Beispiel nutzt er die gegenläufigen Stimmen wie einst Bach.« Brian tippte auf das Papier. »Seine Kompositionen sind eine Mischung verschiedener Techniken.«

»Das nutzen andere auch. Was macht ihn besonders? Das ist doch die Frage.«

»Es ist nicht die Technik, es sind die Melodien. Wehmütig und sanft. Sehnsüchtig mit manchmal exotischen Klängen.«

»Das ist alles?« Burton schien enttäuscht zu sein. Scheinbar hatte er sich eine Art Rezept erhofft, nach dem von Uhlenbergs Stil von anderen kopiert werden konnte.

»Ja, aber von Uhlenberg hat ferne Länder mit allen Sinnen erfasst und das niedergeschrieben. Das scheint ihn inspiriert zu haben.«

Burton zog die Stirn kraus. »Was sollten junge Komponisten Ihrer Meinung nach beachten?«

»Experimenteller sein. Einflüsse verschiedener Stilrichtungen annehmen.«

Als Beispiel erwähnte Brian Hans Brünns Operette. In Hannover hatte das Orchester Teile daraus geprobt. Die Musik hatte ihm gefallen. Wenn Hans Brünn Erfolg hätte, würde auch Violetta daran teilhaben. Brian war ihr Glück wichtig. Er hoffte, Burtons Interesse an dem Komponisten zu wecken. Brian musste zugeben, dass er Hans Brünn schon ein wenig beneidete, der sich ein Leben mit Violetta aufbauen konnte.

Burton schwieg eine Weile. Seine Miene blieb verschlossen. Die Spannung im Raum war unerträglich.

In seinem Heimatland waren die Musiker nicht so experimentierfreudig wie ein von Uhlenberg oder Brünn, sondern eher konservativ. Andererseits hatte Burton ihn gebeten herauszufinden, was von Uhlenbergs Werke so erfolgreich gemacht hatte.

»Ich werde Ihre Analyse mit den anderen besprechen und Ihnen dann unsere Entscheidung mitteilen. Sie hören von mir, Mr Wilcox.«

Brian war bitter enttäuscht. Seine Reise, die ganze Arbeit ... alles womöglich umsonst? Nachdenklich blieb er vor Burtons Schreibtisch stehen.

Je mehr sich Brian in die Werke des deutschen Komponisten vertieft hatte, desto begeisterter war er von ihnen gewesen. Er dachte an die letzte Komposition von Uhlenbergs, den *Liebesreigen*.

»Haben Sie noch etwas auf dem Herzen, Mr Wilcox?«

Am liebsten hätte Brian seiner Enttäuschung Luft verschafft. Aber er brauchte diesen Job.

»Nein, nein ...«

»Gut.« Burton ordnete die von Brian mitgebrachten Notenblätter.

Brian wandte sich mit einem knappen Gruß um und lief zur Tür. Burton behandelte ihn wie einen Schüler.

»Ach, Mr Wilcox!«

Brian blieb stehen und drehte sich langsam um.

»Mr Burton?«

»Sie haben doch immer einen Kontrabassisten gesucht.«

Brian nickte.

»Heute hat sich jemand bei uns vorgestellt. Vielleicht etwas für Sie? Sitzt im letzten Raum am Ende des Korridors.«

»Danke.«

Eigentlich verspürte Brian keine Lust, sich den Musiker anzuhören. Aber seine Neugier überwog. Durch die Tür hörte er die tiefen Töne eines Kontrabasses. Brian drückte die Klinke hinunter und blieb überrascht auf der Schwelle stehen.

Eine Frau stand am Fenster und führte den Bogen versiert über die langen Saiten des Instruments. Als sie sein Eintreten bemerkte, hörte sie auf und sah ihn an.

»Guten Tag«, begrüßte Brian sie. Sein Orchester bestand bislang nur aus männlichen Musikern. Eine Frau wäre eine Novität. »Musikdirektor Burton hat mir gesagt, dass Sie einen Job in einem Orchester suchen und der Gesellschaft vorspielen wollen.«

Die junge Musikerin legte vorsichtig den Kontrabass auf den Boden, bevor sie zu ihm kam. Erst jetzt bemerkte Brian, dass sie eine Hose trug.

»Ist beim Spielen praktischer«, erklärte sie mit roten Wangen und scheuem Lächeln. Auch ihr restliches Äußeres war sehr unkonventionell. Entgegen der Mode trug sie ihr blondes Haar zu einem Dutt mitten auf dem Kopf zusammengefasst. Über der grünen Hose trug sie einen gelb-blau gestreiften Poncho. Auch waren ihre Augen auffällig geschminkt und erinnerten Brian an Bilder und Reliefs antiker Kulturen. Er war geneigt, ihr sofort abzusagen, weil er das Gerede der anderen Musiker befürchtete. Doch sie besaß ein entwaffnendes Lächeln, als sie ihm die Hand entgegenstreckte.

»Dana-Maria Harper«, stellte sie sich vor. »Aber alle nennen mich nur Dana.«

»Brian Wilcox.«

»Darf ich Ihnen vorspielen?«

»Bitte.«

Dana lief zu ihrem Kontrabass und stellte ihn wieder auf. Sie schloss die Augen und legte den Bogen auf die Saiten.

Jeder Ton saß perfekt. Ihr Spiel war voller Inbrunst und Leidenschaft, was ihn an Violetta erinnerte. Brian war von ihrer Darbietung beeindruckt.

Er blätterte in den Noten, die er in der Hand hatte, und reichte ihr das Solo für Kontrabass aus dem Requiem Frederiks von Uhlenberg. Dana spielte es wunderbar expressiv.

Brian winkte ab, denn er hatte genug gehört. Dana würde sich aus musikalischer Sicht wunderbar in sein Orchester einfügen.

»War es nicht gut genug?«, fragte sie erschrocken.

»Doch, Sie haben sehr gut gespielt.«

Dann wandte er sich ab. Ihr Temperament beim Musizieren erinnerte ihn an Violetta. Wenn er doch eher nach Deutschland gereist wäre, bevor sie diesen Brünn kennengelernt hätte.

2. August 1938

Und du bist dir ganz sicher?« Überrascht sah Brian in das schmale Gesicht seines Freundes Gideon. Schweiß perlte auf seiner Stirn. Seit Tagen war es in London unerträglich heiß. Brian öffnete den obersten Knopf seines Hemdes.

»Wenn ich es dir doch sage. Die Premiere wurde im April von einem Tag auf den anderen abgesagt. Hat Onkel Eduard mir geschrieben. Er hatte Karten gekauft und konnte sie danach nicht eintauschen.«

Gideons Onkel besuchte regelmäßig das Theater am Park. Seine Frau hatte dort früher als Maskenbildnerin gearbeitet. Vor fünf Jahren war sie gestorben und Gideons Onkel nach Celle gezogen. Aus alter Verbundenheit war er dem Theater treu geblieben.

Mit einem Taschentuch wischte sich Gideon den Schweiß von der Stirn.

Die Premiere abgesagt! Die Worte hallten in Brians Kopf nach. Es musste ein schwerer Schlag für Violetta gewesen sein, der die Operette viel bedeutet hatte. Ein Premierenprojekt, in das sie viel Arbeit und Herzblut hineingesteckt hatte. Für Brian besaß das auch einen Beigeschmack. Violetta war die Premiere wichtig gewesen, weil ihr der Schöpfer dieses Werkes etwas bedeutete. Brian sah auf, als Gideon die Geigensaiten zupfte. »Immer noch zu hoch«, fluchte er und drehte den Wirbel erneut, bevor er ein zweites Mal die Saite zupfte.

Brian grübelte über den Grund der Absage.

»Weißt du auch, warum die Premiere abgesagt worden ist?«

Gideon legte seufzend die Geige beiseite.

»Bestimmt haben die Nazis von Brünns jüdischen Wurzeln erfahren. Wie bei Lehárs Librettisten Beda. Ich bin froh, dass ich Deutschland verlassen habe. Ich wäre sonst vielleicht auch in einem Lager gelandet.« Ein schmerzvoller Ausdruck lag für einen flüchtigen Moment in Gideons Blick.

»Zum Glück bist du in Sicherheit.« Brian klopfte dem Freund auf die Schulter. In Gedanken jedoch war er bei Violetta. Sein Herz klopfte schwer in der Brust, denn nach allem, was er erfahren hatte, wurden arische Frauen, die sich mit einem Juden eingelassen hatten, geächtet, den jüdischen Männern drohte Zuchthaus. Die Vorstellung, sie könnte in Hannover öffentlich angeprangert worden sein, war für ihn unerträglich.

»Nicht sie ...«, rutschte es Brian heraus.

Gideon sah ihn an.

»Sie geht dir nicht aus dem Kopf. Nicht wahr? Diese Violetta Schwarz hat dich ja schwer beeindruckt.« Gideon lächelte ihn an.

»Ja, schon, aber sie ist mit diesem Komponisten Brünn liiert.«

Das Lächeln auf den Lippen des Freundes gefror.

»Wenn das den Nazis bekannt wird, sollten sie und der Komponist Deutschland schnellstens verlassen, solange es noch möglich ist.«

Brian wusste, wie riskant das war. Im März war Österreich annektiert worden, und viele Juden hatten versucht, die Heimat zu verlassen. Doch das wurde immer schwieriger, weil die anderen europäischen Länder kaum noch Juden aufnahmen. Außerdem wurde seit diesem Jahr die Hälfte ihres Hab und Guts von den Nazis beschlagnahmt, wenn es ihnen gelang, alle Papiere zum Verlassen des Landes zusammenzubekommen. Die Verfolgung der Juden wurde immer schlimmer. Er dachte an das Gespräch mit Violettas Vater. Violetta und ihre Familie durften nicht ins Verderben laufen.

Brian sprang von seinem Platz auf.

»Was hast du vor?« Gideon sah ihn erstaunt an.

»Ich muss dringend was erledigen.« Brian stürmte aus der Werkstatt.

In der Pension angekommen, schrieb er einen Brief an Roman Schwarz. Er wählte die Worte mit Bedacht, denn er hielt es für möglich, dass, wenn die Familie Schwarz ins Visier der Nazis geraten war, Briefe aus dem Ausland vorher geöffnet wurden.

Geschätzter Herr Schwarz,
gern und voller Dankbarkeit denke ich an die angenehmen und bereichernden Stunden in Ihrem Theater zurück. Ich habe Ihre Familie schätzen gelernt.

Brian hielt beim Schreiben einen Moment inne und lächelte versonnen vor sich hin. Violetta! Er würde nie ihr liebliches Gesicht vergessen und die eigenwillige Art, wie sie ihr Haar zurückstrich. *Das Schicksal hat einen anderen für sie ausgesucht.* Seufzend nahm er den Stift wieder zur Hand und beendete den Brief.

Wie Sie wissen, verbindet uns die Musik des Theatergründers. Ich möchte mich gern für Ihre Gastfreundschaft erkenntlich zeigen und lade Sie und Ihre Familie nach London ein. Es würde mich sehr freuen, solch herausragende Künstler wie Sie alle zu einem Konzert zu verpflichten. Das musikbegeisterte London wird Ihnen zu Füßen liegen.
Hochachtungsvoll
Ihr Brian Wilcox

Dann kritzelte er noch ein Postskriptum mit einer deutschen Telefonnummer darunter.

Das ist die Nummer des Herrn, der Ihnen die besten Reise-

informationen geben kann. Sie gehörte Gideons Onkel, der Kontakte zu Fluchthelfern besaß.

Der Tenor war klug und würde den Wink durchschauen. Brian klebte das Kuvert zu und eilte zum Postamt.

Nachdem er den Brief aufgegeben hatte, fühlte er sich besser. Es war ihm ein Bedürfnis, dieser sympathischen und zugleich begabten Familie zu helfen. Was, wenn seine Einladung zu spät käme? Oder die Familie nicht ausreisen mochte, weil sie ihr Theater nicht den Nazis überlassen wollte? Grübelnd trat er den Heimweg an.

Unterwegs kaufte er sich eine Ausgabe der Times wegen des Artikels auf der Titelseite, der über die Ausgrenzung der Juden in Deutschland berichtete. Brian las schnell, um die furchtbaren Szenen, die sich ihm aufdrängten, auszublenden. Er wollte die Zeitung gerade aus der Hand legen, als sein Blick auf die unteren Zeilen fiel. In mehreren deutschen Städten waren Juden und Sozialdemokraten verhaftet worden. Auch Homosexuelle.

Brian schluckte, als er las, dass sich auch Ensemblemitglieder des Hannover'schen Theaters am Park in polizeilichem Gewahrsam befanden und nun deportiert werden sollten. Die Angst um Violetta und ihre Familie schnürte ihm die Kehle zu.

Am frühen Nachmittag erhielt Brian unerwarteten Besuch von Gideon.

»Du?« Brian trat beiseite und zog die Tür auf, um den Freund einzulassen.

»Als du vorhin so schnell gegangen bist, habe ich mich gefragt, ob ich mich sorgen muss, und wollte nach dir sehen.« Gideon trat in den Flur und setzte seinen Hut ab.

»Lass uns in mein Zimmer gehen.«

Während Brian seinem Freund einen Whisky eingoss, berichtete er ihm von dem Zeitungsartikel und seinem Brief an Familie Schwarz.

»Das Schicksal dieser Familie geht dir sehr nah.« Über den Rand seines Glases sah Gideon ihn forschend an.

»Ja. Roman Schwarz und seine Töchter besitzen die Schweizer Staatsbürgerschaft. Ich verstehe nicht, weshalb die Familie nicht in sein Heimatland flieht.« Darüber hatte Brian schon oft nachgegrübelt.

»Meinst du wirklich, Leonora Schwarz würde Deutschland tatsächlich verlassen und ihr Theater im Stich lassen?«

Brian zuckte mit den Achseln. Wahrscheinlich hatte Gideon recht. Violettas Mutter hing sehr an dem traditionellen Theater und hatte ihm in den letzten Jahren wieder zu neuem Glanz verholfen.

»Meine Großeltern haben das auch nicht gewollt und immer betont, dass sie in Hannover zu Hause wären.« In Gideons Augen lag wieder dieser traurige Ausdruck. Seine Eltern und er waren nach England emigriert. Die Großeltern waren zurückgeblieben. Seitdem hatte er nichts mehr von ihnen gehört.

»Ohne meinen Onkel hätten wir es nicht hierhergeschafft. Aber es wird immer schwieriger. England hat die Aufnahme jüdischer Flüchtlinge seit der Annexion Österreichs stark begrenzt. Nur Kinder finden hier zurzeit Zuflucht.«

Brian hatte von den Kindertransporten gehört.

»Alle Familienmitglieder der Familie Schwarz sind hervorragende Künstler! Sie könnten in ganz Großbritannien bei Konzerten auftreten oder sogar ein Bühnenengagement bekommen ...«

Gideon legte seine Hand auf Brians Schulter. »Vergiss nicht, dass sie alles verlieren werden, wenn sie Deutschland verlassen. Ihr Haus, ihr Theater und vielleicht noch mehr. So wie wir. Meine Eltern haben alles verkauft, um zu fliehen und sich anderswo eine neue Zukunft aufzubauen. Dass ich hier als Instrumentenbauer Fuß fassen konnte, war großes Glück. Es gibt so viele andere.«

»Aber nicht so gute.« Brian war von Gideons Fertigkeiten überzeugt.

Doch die Worte des Freundes stimmten ihn nachdenklich. Das Theater war der Stolz der Familie Schwarz. Auch Violetta hatte immer leuchtende Augen bekommen, wenn sie darüber gesprochen hatte. Wäre sie dazu bereit, das Theater und ihre Heimat für die Sicherheit zu opfern?

Gideon war längst gegangen, aber die Sorge um die Familie Schwarz ließ Brian nicht mehr los. Er konnte und wollte nicht noch länger warten.

Entschlossen verließ er sein Zimmer und suchte nach Mrs Dobbs, die einen Fernsprecher besaß.

Er fand die Pensionswirtin in ihrem Wintergarten. Das Telefon war ein Luxus, den sie ihrem Bruder, einem General, verdankte. Sie mochte das neumodische Ding nicht, wie sie es nannte, und benutzte es nie. Wenn ihr Bruder sie besuchte, wollte er jedoch erreichbar sein.

Sie beschnitt ihre Topfrosen und blickte erst auf, als er gegen die Scheibe klopfte.

»Mrs Dobbs?« Brian wusste, dass sie keine Störung mochte, wenn sie sich um ihre geliebten Rosen kümmerte.

»Mr Wilcox, ich hoffe, Sie besitzen einen triftigen Grund, dass Sie mich ausgerechnet jetzt stören.«

»Ja, Mrs Dobbs. Dürfte ich vielleicht Ihren Fernsprecher benutzen?«

Eine steile Falte bildete sich über ihrer Nase, wie immer, wenn sie sich über etwas oder jemanden ärgerte.

»Es geht um Leben und Tod«, schob Brian nach.

Sie legte die Rosenschere auf den Pflanztisch und nickte.

»Kommen Sie.« Sie wischte die Hände an der Schürze ab und bedeutete Brian mit einem Wink, ihr zu folgen.

»Geht es um Ihren Freund Mr Gideon?«, fragte sie auf dem Weg.

»Nein.« In knappen Sätzen berichtete er Mrs Dobbs von seiner Sorge um Familie Schwarz, deren Tochter mit einem Juden liiert war. Zum Glück zeigte Mrs Dobbs Verständnis, denn sie war nicht gut auf die Deutschen zu sprechen. Sie hatte im letzten Krieg ihren Mann verloren.

»Kommen Sie, Mr Wilcox.«

Der Fernsprecher stand auf einem Sekretär in einem kleinen, hellen Zimmer mit Blümchentapeten und -vorhängen.

»Bitte.« Sie deutete auf den Apparat, bevor sie den Raum verließ. Brian nahm den Hörer in die Hand und drehte die Wählscheibe. Kurz darauf meldete sich die Vermittlungsstelle.

»Bitte verbinden Sie mich mit Mr Edgar Southerland.«

»Einen Moment bitte.« Es rauschte in der Leitung.

Bis sich jemand meldete, dauerte es eine gefühlte Ewigkeit. Brian trommelte mit den Fingern auf die Schreibtischplatte.

Nach einer langen Weile klickte es in der Leitung, und sein Onkel meldete sich am anderen Ende.

Brian war erleichtert.

»Onkel Edgar, ich brauche deine Hilfe.« In wenigen Sätzen erklärte Brian ihm sein Vorhaben.

»Eine Flucht aus Deutschland ist sehr riskant.«

»Aber es ist die einzige Möglichkeit. Ich werde Roman Schwarz ein Telegramm schicken. Du kennst einige in der Einwanderungsbehörde. Bitte, Onkel Edgar, es ist mir sehr wichtig.« Gideon hatte ihm den Namen des Fluchthelfers in Deutschland gegeben. Zusammen mit Onkel Edgar, der die Entscheidungsträger in der Behörde kannte, müsste eine Flucht doch möglich sein. Sein Onkel seufzte.

»Also gut, ich werde sehen, was ich ausrichten kann. Aber versprechen kann ich dir nichts.«

»Danke, Onkel Edgar.«

Nachdem Brian aufgelegt hatte, ging er zum Postamt und

schickte zwei Telegramme los, an Roman Schwarz und an Gideons Fluchthelfer in Hannover, der Juden ins Ausland schleuste. Danach fühlte er sich gleich besser.

2. Oktober 1938

Violetta verließ das Haus der Symphonie und zog die Kapuze ihres Mantels weit über ihren Kopf. Kurz blieb sie stehen und schaute sich um. Ein älteres Ehepaar ging mit seinem Dackel Gassi. Außer ihnen war niemand zu sehen. Erleichtert atmete sie auf und begab sich zum Theater.

Ihre Eltern hatten nach der Razzia darauf bestanden, dass Hans sich hier versteckte, um den Nazis zu entgehen. Im Theater hatten sie allen erzählt, dass er nach dem Vorfall Verwandte besuche. Zur Sicherheit, falls die Gestapo nach ihm fragen sollte.

Sie ging nur im Schutz der Dunkelheit zum Haus der Symphonie. Auf dem Weg zum Theater warf sie immer wieder einen Blick über die Schulter zurück, ob sie jemand verfolgte.

Im Park vor dem Theatereingang trat ihr ein Polizist entgegen. Er musste ihr hier aufgelauert haben. Sie blieb stehen, ihr Herz pochte schmerzhaft schneller.

»Fräulein Violetta Schwarz?«

»Ja?«, antwortete sie heiser. Schon lange fürchtete sie sich davor, dass Hans' Versteck auffliegen könnte. Ihre Mutter hatte ihr eingeimpft, dass sie trotz Angst ruhig und gelassen bleiben sollte. Doch das fiel ihr schwerer als gedacht.

»Wo ist er?«, fragte der Polizist.

»Ich weiß nicht, wen Sie meinen.« Violetta hielt dem forschenden Blick des Polizisten stand. Sie hoffte inständig, dass er ihr glaubte.

Derb packte er sie am Arm.

»Doch, das wissen Sie ganz genau.« Sein breiter Mund verzog sich zu einem hämischen Grinsen.

»Wen meinen Sie denn?«

»Brünn. Sie sind doch ein Paar.«

Forschend blickte sie dem Gesetzeshüter ins Gesicht. Was wusste er?

»Wie kommen Sie denn darauf? Er war ein vielversprechender Komponist für unser Theater. Mehr nicht.«

Würde er ihr das abkaufen?

»Lügen Sie mich nicht an. Also, wo ist Hans Brünn?« Verachtung sprach aus seiner Stimme. Violetta erschrak. Ihr Herzschlag glich einem Trommelfeuer.

»Ich ... ich weiß es nicht. Nachdem seine Operette abgesagt wurde, hat Herr Brünn das Theater verlassen. Ich schwöre Ihnen, ich habe ihn seitdem nicht mehr gesehen.« Hastig senkte sie den Blick. *Das glaubt er dir nie!* Sie war schon immer eine schlechte Lügnerin gewesen.

Wütend stieß er sie von sich.

»Ich werde Sie im Auge behalten, Fräulein Schwarz. Gnade Ihnen Gott, wenn Sie uns angelogen haben!«

Violetta atmete auf, als der Polizist davonging. Ihre Knie zitterten noch immer. Lange schien Hans' Versteck nicht mehr sicher zu sein. Früher hatte das Haus der Symphonie Signore Giovanni de Luca gehört, einem bekannten Tenor, von dem ihre Eltern unterrichtet worden waren. Einer seiner Neffen Tomaso, ein Mäzen der Kunst, hatte es geerbt. Tomaso de Luca war im Herzen Sozialdemokrat und verabscheute die Verfolgung der Juden.

Violetta besuchte Hans, sooft es ihr möglich war. Manchmal war sie auch über Nacht geblieben, denn mit jedem Tag wurde er unleidlicher. Er fühlte sich gefangen.

Die Begegnung mit dem Polizisten hatte ihr sehr zugesetzt. Die Sorge um Hans, dass die Nazis ihn im Haus der Symphonie finden könnten, wuchs und zerrte an ihren Nerven. Überhaupt die Heimlichtuerei und ständig die Angst im Nacken, dass Hans' Versteck auffliegen könne, war belastend. Lange würde sie diese Furcht nicht mehr aushalten können. Wäre die Flucht in ein anderes Land wirklich die Lösung, wie ihre Eltern behaupteten? Doch für ihre Sicherheit bedurfte es sorgsamer Planung und Organisation. Es gab so vieles bei einer Flucht zu bedenken, was Zeit kostete.

Violetta war unkonzentriert und beteiligte sich nur selten an den Diskussionen um die zukünftigen Aufführungen. Ständig grübelte sie über ihre Situation nach. Es verfolgte sie auch im Schlaf und ließ die grausamsten Albträume entstehen.

Die Stimmung im Theater hatte sich seit der Razzia nur scheinbar beruhigt. Ihr entgingen nicht die ängstlichen Blicke der anderen, wann immer sich eine Tür öffnete. Als befürchteten sie, einer von ihnen könnte der Nächste sein, den die Gestapo holte. Es brauchte nicht viel, um ins Visier der Geheimen Staatspolizei zu geraten.

Für Violetta hatte sich noch keine Gelegenheit geboten, ihren Eltern von der Begegnung mit dem Polizisten zu erzählen. Die beiden waren eifrig bemüht, Ersatz für die fehlenden Ensemblemitglieder und die Operette zu finden.

Erst am späten Abend ergab es sich, ihrer Mutter davon zu berichten.

»Mach dir keine Sorgen«, versuchte ihre Mutter sie zu beruhigen. »Tomaso hat mir versichert, dass er rechtzeitig gewarnt würde, wenn die Gestapo das Haus der Symphonie ins Visier nähme.«

Violetta nickte. Es gab überall Spitzel, auch bei der Polizei. Dennoch vermochte das nicht ihre Ängste und Zweifel zu zerstreuen.

Am nächsten Abend schlug ihre Mutter vor: »Vati kann dich begleiten, wenn du hinübergehst zu Hans.«

»Das ist lieb von dir, Mutti, aber ich gehe allein.«

Die Begleitung ihres Vaters hätte womöglich noch mehr Argwohn geweckt. Sicher war die Geheimpolizei längst über ihre Gewohnheiten im Bild und wusste, dass sie jeden Abend zum Üben ins Haus der Symphonie ging. Außerdem war es die einzige Zeit, die sie gemeinsam mit Hans verbringen konnte.

»Pass auf dich auf, mein Schatz.« Ihre Mutter gab ihr einen Kuss auf die Wange und drückte sie an sich, bevor sich Violetta den Mantel überzog und nach dem Korb für Hans griff.

Die Luft war kühl und klar. Über ihr wölbte sich der samtblaue Sternenhimmel. Den Anblick hätte sie gern mit Hans zusammen genossen. Stattdessen würden sie eingepfercht in dem spartanisch eingerichteten Zimmer unter dem Dach zum Fenster hinausschauen. Im Korb befanden sich Speisen, die Justine zubereitet hatte. Er besaß einen doppelten Boden, sodass sie obenauf die Notenbücher legen konnte. Manchmal hatte sie sich verfolgt gefühlt. Weil sie niemanden gesehen hatte, schien das Gefühl eher Einbildung gewesen zu sein.

Sie holte ihr Fahrrad aus dem kleinen Requisitenraum, klemmte den Korb auf dem Gepäckträger fest und verließ das Theater, als die Kirchturmuhr acht Mal schlug.

Mit dem Rad waren es nur wenige Minuten bis zum Haus der Symphonie. Heute jedoch entschied sie sich, nicht durch den Stadtwald zu fahren, sondern den Umweg auf der beleuchteten Straße zu nehmen.

Ihr Atem schwebte in weißen Wolken voraus, als sie keuchend in die Pedale trat. Ein Wagen überholte sie. Violetta hielt an der Kreuzung an und schaute sich um, ob ihr keiner folgte, bevor sie weiterfuhr. Ihre Furcht wurde von der Vorfreude auf das Wiedersehen mit Hans verdrängt.

Endlich erreichte sie das Haus der Symphonie. Die Fenster waren hell erleuchtet. Gedämpfte Trompetenklänge und Gesang waren zu hören. In diesem Haus lebte auch der renommierte Korrepetitor Theo Franz, der schon mit ihrer Mutter

Musikstücke erarbeitet hatte. Offiziell studierte Violetta mit ihm Partien ein, so war es mit ihm abgesprochen.

Wie immer stellte sie das Fahrrad unter dem Dachüberstand ab und nahm den Korb vom Gepäckträger, als sie plötzlich Schritte hinter sich hörte. Aus dem Schatten des benachbarten Hauses schälte sich eine Gestalt. Violetta fuhr erschrocken zusammen.

»Guten Abend, Violetta.«

Beim Klang von Mahlers Stimme lief es ihr eiskalt den Rücken hinunter. Immer wieder schaffte er es, sie zu erschrecken. Wie damals, als er sie unverhofft am Künstlereingang des Theaters abgepasst hatte.

Reiß dich zusammen! Lass dir nichts anmerken!

Betont langsam drehte sie sich zu ihm um. Er musste hier auf sie gewartet haben. Ahnte er etwa, dass Hans sich hier versteckt hielt?

»Guten Abend, Herr Kreisleiter. Sie haben mich erschreckt.«

Im Schein der Hausbeleuchtung konnte sie sein Gesicht sehen. In seinen Augen lag ein gefährliches Glitzern.

»Oh, Verzeihung. Ich konnte nicht widerstehen, Ihr kleines Herz zum Klopfen zu bringen.«

Wut stieg in ihr auf.

»Machen Sie immer einen Abendspaziergang, oder warum sind Sie hier?«

»Das Gleiche könnte ich Sie auch fragen.« Ein lauernder Ausdruck lag in seinen Augen. Violetta hielt seinem Blick stand.

»Ich mache hier, was alle Musiker tun: Üben.« Sie war selbst überrascht, wie fest ihre Stimme klang.

»Aber das können Sie doch auch morgens.«

Worauf wollte er hinaus?

Sie musste mit ihrer Wortwahl vorsichtig sein. Violetta winkte lächelnd ab.

»Sie wissen doch, wir Künstler sind Eulen, die das Nachtleben bevorzugen. Morgens schlafe ich gern lange.«

Er lächelte breit. »Dann haben wir ja schon eine Gemeinsamkeit.«

Violetta biss sich auf die Lippe, befürchtete, er könnte sich ihr wieder nähern.

Sie wollte an ihm vorbei, aber er stellte sich ihr in den Weg.

»Ich möchte nicht unhöflich erscheinen, aber Herr Franz wartet auf mich. Besonders jetzt, wo wir kurzfristig ein neues Stück erarbeiten müssen. Es ist Ihnen doch nicht entgangen, dass die Aufführung der Operette verboten wurde, nicht wahr?«

»Da heute keine Probe im Theater angesetzt war, warum sind Sie dann nicht eher hier?«

Es überraschte Violetta nicht mehr, wie gut er informiert war. Ob er Spitzel bei ihnen besaß?

»Ich habe meine Eltern unterstützt. Schließlich müssen wir alles umplanen.«

Das flaue Gefühl in ihrem Magen wuchs.

»Sie haben der Polizei gesagt, dass Sie nicht wissen, wo sich Herr Brünn aufhält.«

Er weiß Bescheid!

Die Furcht schoss wie ein Blitz durch ihren Körper.

Erneut begannen ihre Knie zu zittern.

Sie nickte.

»Das mag ich gar nicht glauben, wo Sie sich doch so überaus gut mit ihm verstanden haben.«

War er geschickt worden, um sie auszufragen?

»Es ist aber nun mal so. Sie haben doch selbst zu mir gesagt, ich sollte mehr Distanz zu ihm wahren. Erinnern Sie sich?«

»Ich weiß, was ich gesagt habe«, antwortete er barsch, bevor er fortfuhr. »Sie haben wirklich keine Ahnung, wo er sich aufhalten könnte?«

Violetta hielt Mahlers forschendem Blick stand. Sie wagte nicht einmal zu zwinkern.

»Nein«, antwortete sie mit fester Stimme.

»Das ist aber sehr schade.«

Nichts in seiner Miene verriet, ob er ihr glaubte.

»Ja, das ist es, denn er war ein guter Komponist.«

Die Züge Mahlers verhärteten sich.

»Dann will ich Sie nicht länger von Ihren Übungen abhalten. Eine angenehme Nacht, Violetta.« Er lüpfte seinen Hut und wollte sich gerade abwenden, als sein Blick auf den Korb in ihrer Hand fiel.

Sein Lächeln schnürte ihr die Kehle zu. *Er ahnt doch etwas!*

»Nehmen Sie immer Proviant für sich und die Musiker mit?« Er deutete auf den Korb.

Wenn ich jetzt alles auspacken muss, ist womöglich Hans' Schicksal besiegelt. Violetta betete, dass Mahler nicht den gesamten Korb durchwühlen würde. Hoffentlich hatte Justine das Essen so verpackt, dass er es nicht riechen konnte.

»Im Korb befinden sich meine Noten.«

Der Blick Mahlers verriet, dass er an ihren Worten zweifelte. Ehe sie reagieren konnte, trat er vor, hob das Handtuch an und blickte in den Korb. Violetta hielt den Atem an.

Lieber Gott, lass ihn bitte nicht weiter nachsehen!

Er schlug den Buchdeckel der Partitur auf.

»Ah, *Carmen*. Ich könnte Sie mir wirklich gut in dieser Rolle vorstellen. Voller Leidenschaft und Temperament …«

Für einen Moment glaubte sie, dass er das Notenbuch herausnehmen und darunter den Zwischenboden finden könnte, als er blätterte.

Zu ihrer Erleichterung ließ er davon ab, schloss das Buch

wieder und zog das Handtuch darüber. Dann beugte er sich vor und fasste sie unters Kinn.

»Wenn Sie die Carmen singen, werde ich bei der Premiere in der ersten Reihe sitzen. Das verspreche ich Ihnen. Viel Spaß beim Üben. Gute Nacht und süße Träume.«

»Gute Nacht«, stieß sie heiser hervor.

Lächelnd wandte Mahler sich um und ging davon. Nach der Begegnung mit ihm rebellierte ihr Magen. Ihr war speiübel, dass sie würgen musste. Ehe Violetta es verhindern konnte, erbrach sie sich aufs Pflaster.

Einen Moment lang wartete sie, bis die Übelkeit verflogen war. Dann vergewisserte sie sich, dass Mahler gegangen war, bevor sie das Haus der Symphonie betrat. In diesem aufgewühlten Zustand wollte sie nicht zu Hans. Er würde sonst nicht mehr wollen, dass sie zu ihm käme.

Auf der Toilette spülte sie sich den Mund aus und benetzte Gesicht und die Innenseiten ihrer Handgelenke mit kaltem Wasser. Langsam normalisierte sich ihr Puls wieder. Anschließend stieg sie die Treppe zur Dachwohnung hinauf.

In der Mansardenwohnung wurde sie bereits ungeduldig von ihrem Verlobten erwartet. »Na endlich!«, rief er, kaum dass sie eingetreten war. Er nahm ihr den Korb ab und stellte ihn auf den Boden, bevor er sie in die Arme zog und küsste. Sanfte Küsse. Violetta schmiegte sich an ihn. Es tat so gut, ihn zu spüren.

»Du zitterst ja«, flüsterte er an ihrem Ohr.

»Es ist sehr kühl draußen.«

»Ich bin jeden Tag in Sorge um dich.«

Der liebevolle Ausdruck in seinen Augen entschädigte sie für die Ängste, die sie kurz zuvor ausgestanden hatte. Sie küsste ihn stürmisch.

»Ist dir jemand gefolgt?«, fragte er, nachdem er atemlos seinen Mund von ihrem gelöst hatte.

»Mahler war hier. Ich weiß nicht, ob er mir gefolgt ist oder hier auf mich gewartet hat.« In wenigen Sätzen berichtete sie Hans von der Begegnung. »Es war so furchtbar. Wenn er das Buch ganz herausgenommen hätte, wäre ihm sicher der doppelte Boden aufgefallen. Er ist misstrauisch. Ich weiß nicht, wie lange du dich hier noch sicher verstecken kannst.«

»Meinst du, mir gefällt das? Ich fühle mich wie in einem Gefängnis!«, brach es aus ihm heraus. Sie spürte seine Hilflosigkeit und Verzweiflung über die Lage.

»Mein Vater bemüht sich, einen Platz auf einem Schiff für uns zu bekommen. Wir müssen nur noch etwas Geduld haben.«

»Geduld! Geduld! Wir können doch nicht ewig warten! Heute Abend war Mahler da, morgen vielleicht die Gestapo. Dann ist es vorbei mit uns! Kannst du deinen Vater nicht bitten, dass wir schon morgen das Land verlassen?«

»Beruhige dich. Vertrau meinem Vater.« Sie erklärte ihm, dass Tomaso sie vorher warnen würde, und konnte Hans beruhigen. Doch je länger sie warten mussten, desto mehr würde seine Unzufriedenheit wachsen.

»Untätig hier herumzusitzen macht mich wahnsinnig. Mein Kopf ist leer, dass ich nicht einmal komponieren kann.«

»Ich weiß.« Sanft streichelte sie seine Wange.

Sie setzten sich auf die Matratze am Boden und hielten einander schweigend umschlungen. Vergessen war die Begegnung mit Mahler, und es zählte nur, dass sie zusammen waren.

»Ich kann es kaum erwarten, Deutschland zu verlassen.«

Bei seinen Worten wurde Violetta traurig, der es schwerfiel, ihre Familie zurückzulassen. Auch fürchtete sie sich davor, in einem Land fern der Heimat ein neues Leben zu beginnen.

»Freust du dich denn gar nicht?« Diesmal war seine Begeisterung nicht ansteckend.

»Ja … nein …«, stammelte sie. Hans umfasste ihr Gesicht und sah sie ernst an.

»Ich habe Angst«, gestand sie.

»Wovor denn? Nirgendwo kann es schlimmer sein als hier.«

»Was ist, wenn ich meine Familie nicht mehr wiedersehe? Oder wir nicht mehr hierher zurückkönnen? Wenn wir in einem anderen Land keine Arbeit finden und nicht glücklich werden?«, brach es aus ihr heraus.

»Sch, sch, sch«, beruhigte er sie wie ein aufgeregtes Kind.

»Wir lassen alles hinter uns, können unsere Liebe frei ausleben. Zählt das nicht?«

Ihre Furcht war so groß, dass seine Worte die Wirkung verfehlten und nicht trösten konnten. Sie wollte nicht fort.

»Ja, schon …« Violetta konnte die Tränen nicht länger zurückhalten. Sie hatte sich ihr Leben mit Hans anders vorgestellt. Hier in Hannover, bei ihren Eltern und im Theater. »Und wenn die Nazis von unseren Plänen erfahren?« Im Geist malte sie sich die schrecklichsten Szenarien aus. Sanft wischte er ihr die Tränen aus dem Gesicht, bevor er sie in die Arme zog. Violetta sank gegen seine Brust, spürte seinen Herzschlag.

»Das werden sie nicht.«

»Wenn der ganze Spuk vorbei ist, wirst du endlich meine Frau«, flüsterte er. Violetta klammerte sich an ihn wie an einen Rettungsring. Er strich ihr übers Haar. Wie ihr Vater es immer bei ihr getan hatte, um sie zu trösten. Aber sie wollte mehr, wollte in der Leidenschaft Vergessen finden.

Sie schlang die Arme um seinen Nacken und küsste ihn, als existiere kein Morgen.

»Liebe mich, Hans. Hier und jetzt«, flüsterte sie an seinen Lippen. Nur in seinen Armen könnte sie ihre Furcht vergessen.

Da wurde seine Umarmung endlich ganz fest. »Die Nacht gehört uns, liebste Chen Lu«, flüsterte er.

Es war noch dunkel, als Violetta aufwachte. Hans' gleichmäßige Atemzüge verrieten, dass er tief und fest schlief. Unter den Wolldecken war es mollig warm. Sie hätte sich gewünscht, die ganze Nacht nackt neben ihm zu liegen. Aber Hans hatte darauf bestanden, dass sie sich wieder anzogen. Von ihm geliebt zu werden hatte sich vertraut angefühlt. Dennoch hatte er ihre Ängste und Zweifel nicht zerstreuen können. Tausend Fragen schwirrten durch ihren Kopf. Würde sie wirklich in einem fremden Land mit ihm allein glücklich werden? Die Trennung von ihrem geliebten Zuhause fiel ihr unendlich schwer.

9. November 1938

Ich gehe nicht ohne euch.« Trotzig sah Violetta ihre Mutter an.

Sie wollte, dass Florentina und die Eltern mit ihnen emigrierten.

»Sei doch vernünftig. Wir können nicht mit euch gehen. Ich kann nicht zulassen, dass unser Theater, das sich seit Generationen in Familienbesitz befindet, in die Hände der Nazis fällt.«

Einerseits konnte Violetta das verstehen, denn auch sie hing am Theater. Aber ihr wurde das Herz schwer bei dem Gedanken, bald die geliebten Eltern und ihre Schwester verlassen zu müssen, in der Ungewissheit eines Wiedersehens.

»Das Leben stellt uns viel zu oft vor schwere Entscheidungen, Violetta.«

Sie wollte gerade etwas erwidern, als schwere Schritte im Flur erklangen. Ihr Vater kehrte pünktlich zum Mittag zurück.

»Roman!« Ihre Mutter ging auf den Vater zu. »Hast du etwas bei Herrn Meier erreichen können?«

Ihr Vater nickte.

Violetta sah ihre Eltern abwechselnd an.

»Wer ist das?«, fragte sie.

»Er hilft euch, Deutschland zu verlassen.«

Sie erfuhr von ihrem Vater, dass dieser Herr Meier der Hannover'schen Widerstandsbewegung angehörte und die Flucht jüdischer Bürger ins Ausland koordinierte. Er kannte die besten Fluchtrouten. Violetta lauschte aufmerksam den Erklärungen des Vaters.

Sein eindringlicher Blick ängstigte sie. Ihre Furcht vor der Flucht wuchs mit jedem Atemzug.

»Es ist so weit.«

Die Worte des Vaters stellten die schicksalhaften Weichen. Violetta hatte den Gedanken an eine Flucht immer weit weggeschoben. Die Neuigkeit kam so plötzlich. Sie schluckte hart.

»Herr Meier hat dir und Hans Einreisevisa für England besorgt. Er wird sie euch rechtzeitig aushändigen. In wenigen Tagen ist es so weit. Ihr fahrt mit dem Zug nach Hamburg. Dort erfahrt ihr dann, wie es für euch weitergeht. Bitte haltet euch streng an die Weisungen, die er euch zukommen lassen wird.« Er zog aus der Manteltasche zwei Zugfahrkarten und hielt sie hoch.

Ein Kloß bildete sich in Violettas Hals. »In ein paar Tagen schon?«, fragte sie erstickt.

Ihr Vater nickte. Sie erkannte in seinen Augen, wie nah auch ihm die Trennung ging.

»Wo werden wir wohnen?«, fragte Violetta heiser.

»Bei einem Cellisten des Londoner Symphonieorchesters, bis ihr etwas Eigenes gefunden habt.«

»Wovon sollen wir eine Wohnung bezahlen? Wir brauchen Arbeit. London ist bestimmt ein teures Pflaster.«

»Keine Sorge. Clive hat mir fest versprochen, sich um ein Vorsingen für dich zu bemühen. In London könnt ihr gut verdienen.«

Violetta vertraute dem Musiker, weil ihr Vater es tat. Jetzt konnte sie nur hoffen, dass sie die Theaterintendanten in England würde überzeugen können, um ein Engagement zu erhalten.

»Ich werde auch meinem damaligen Konzertpartner schreiben«, bot ihre Mutter an, die im vergangenen Jahr in der Londoner Queens Hall gesungen hatte. »Ich bin mir sicher, du wirst London mit deiner Stimme bezaubern.« Sie lächelte ihr aufmunternd zu.

»Danke, Mutti. Und Hans?«

»Er ist so begabt. Ich könnte mir vorstellen, dass seine Operette in England Anklang finden wird. Ich werde es meinem Duettpartner mitteilen. Er hat gute Beziehungen bis ins Königshaus.«

»Weiß Hans schon von alldem?«

Ihre Eltern verneinten.

»Gut, dann werde ich es ihm heute Abend sagen.«

»Wir sollten zeitnah deine Sachen packen«, schlug ihre Mutter vor. »Und kein Wort zu Berta und Justine.«

Am Nachmittag packte Violetta mit Hilfe Bertas zwei Reisetaschen. Es fiel ihr schwer, die Zofe, die schon ihren Großeltern gedient hatte, anzulügen.

»Das hellblaue Seidenkleid muss auch mit«, wies Violetta sie an.

»Das passt nicht mehr hinein, und Sie haben genügend Kleider mit, die sich für ein Vorsingen eignen«, widersprach Berta.

Die Eltern hatten Berta und Justine erzählt, dass sie zu einem Vorsingen nach Salzburg fahren würde.

Auf fast alle guten Kleider hatte Violetta verzichten müssen, denn sie durfte auf die Fähre nur zwei Reisetaschen mitnehmen. Die waren bereits prallgefüllt.

»Ich möchte aber das zum Vorsingen. Es hat mir immer Glück gebracht.« Auf keinen Fall wollte sie auf ihr Lieblingskleid verzichten. Also nahm sie das hellblaue Seidenkleid vom Bügel und stopfte es obenauf in die lederne Reisetasche.

»Aber Frollein Violetta, das wird ja ganz zerknittert sein, wenn Sie es wieder herausnehmen. Was sollen denn die Leute denken?« Berta war im Begriff, das Kleid wieder aus der Reisetasche zu ziehen. Doch Violetta hinderte sie daran.

»In Salzburg wird es bestimmt jemanden geben, der es bügeln kann.«

Berta schüttelte den Kopf.

»Gibt es ein Problem?«, schaltete sich ihre Mutter ein, die unerwartet im Türrahmen stand.

»Ihr Frollein Tochter möchte das hellblaue Kleid mitnehmen. Ich habe ihr gesagt, dass es nicht mehr hineinpasst. Aber sie besteht darauf.«

Ihre Mutter lief auf die Tasche zu, zog das Kleid wieder heraus und hängte es auf den Bügel.

»Berta hat recht. Für ein Vorsingen brauchst du es nicht. Du hast doch genügend andere Kleider eingepackt.«

»Aber keines, das elegant genug wäre«, protestierte Violetta.

»Wir werden nicht darüber diskutieren, junge Dame«, sagte ihre Mutter streng, bevor sie sich umdrehte und wieder das Zimmer verließ.

»Ihre Frau Mutter hat recht.« Berta schloss die Reisetasche und verließ ebenfalls das Zimmer.

Kaum waren beide gegangen, stopfte Violetta ihr Lieblingskleid in die Reisetasche zurück. Zu viele Erinnerungen barg es, als dass sie es zurücklassen konnte.

Zufrieden schloss sie den Reißverschluss. Nach dem Abendessen wollte sie zum Haus der Symphonie fahren und Hans die Neuigkeiten überbringen. Sie sah zum Fenster hinaus. Draußen war es bereits dunkel geworden. Das erinnerte sie an die unangenehmen Begegnungen mit Mahler. Die letzten Tage hatte sie Ängste ausgestanden, die Gestapo könnte Hans' Versteck gefunden haben. Der Gedanke erschreckte sie so, dass ihr übel wurde. Sie rannte hinüber ins Badezimmer und erbrach sich. Dann kehrte sie in ihr Zimmer zurück und legte sich aufs Bett. Violetta starrte an die Decke und sann über ihre Zukunft nach. Nichts wünschte sie sich sehnlicher, als den Rest ihres Lebens mit Hans zu verbringen. Dennoch fürchtete sie sich vor einem Leben in einem anderen Land. Sie schloss die Augen, um sich wegzuträumen. Das half ihr, die

Angst zu überwinden. Doch anstelle von Hans' Gesicht sah sie das von Brian Wilcox vor sich. Erschrocken riss sie die Augen auf.

Unten ertönte der Gong. Justine rief zum Essen. Obwohl Violetta keinen Hunger verspürte, begab sie sich nach unten in die gute Stube. Ihre Eltern und Berta saßen bereits am Tisch.

»Wo ist Florentina?«, fragte sie.

»Ich nehme mal an, noch im Theater. Sie wollte sich unbedingt die Probe der Streicher anhören und dann mit dem Taxi zurückkehren. Bestimmt wird sie jeden Moment erscheinen.«

Die Antwort des Vaters verursachte bei ihrer Mutter Stirnrunzeln. »Und wenn sie wieder mit Hannah zu Fuß nach Hause geht?«, gab sie zu bedenken.

»Das glaube ich nicht. Florentina ist doch vernünftig.« Der Vater tätschelte die Hand der Mutter. Doch ihre besorgte Miene blieb, als sie sich Violetta zuwandte.

»Ich habe euch gebeten, bei Einbruch der Dunkelheit zu Hause zu sein. Es ist auf den Straßen gefährlich geworden. Nach dem Attentat auf vom Rath ist es unruhig geworden. Wie damals, als der Thronfolger in Sarajevo erschossen wurde. Da braut sich was zusammen.«

Alle Zeitungen hatten über das Attentat des Juden Herschel Grynszpan auf den Legationssekretär in Paris ausführlich berichtet.

Aber sie musste doch zu Hans! Das konnten die Eltern ihr nicht verwehren.

Wenn ihre Eltern von der unliebsamen Begegnung mit Mahler wüssten, würden sie es ihr erst recht verbieten.

»Aber ihr wisst doch, dass ich jeden Abend zu Hans fahre.«

»Heute nicht mehr«, entschied ihre Mutter.

»Ich kann gut auf mich selbst aufpassen!«

Ihre Mutter öffnete den Mund zum Protest.

»Deine Mutter hat recht. Ab morgen stelle ich dir unseren Wagen und Chauffeur zur Verfügung.«

Der Vorschlag des Vaters war akzeptabel.

»Einverstanden.«

Sie sah zu ihrer Mutter hinüber, die verärgert schien.

Ihr Vater nahm die Hand der Mutter. »Bist auch du damit einverstanden, Leonora?«

»Ja«, gab sie zögernd nach.

Justine trug das Essen auf. Das Porzellan auf dem Tablett klirrte, als ihre gichtknotigen Hände zitterten. Vorsichtig stellte sie das Tablett auf dem weißen Tischtuch ab. Violetta half ihr beim Decken.

Als Leonora später der Dampf der heißen Suppe in die Nase stieg, wurde ihr erneut übel. Sicher lag es an der Aufregung vor ihrer Reise in eine unbekannte Zukunft und daran, dass sie sich um die Familie in der Heimat sorgte. Nach drei Löffeln Suppe schob sie den Teller von sich.

»Aber Frollein Violetta, schmeckt Ihnen meine Suppe nicht?«, fragte Justine gekränkt.

Ihre Mutter schaute sie nachdenklich an.

»Doch, wie immer lecker. Ich habe einfach keinen Appetit. Bestimmt die Aufregung.«

Justine gab sich mit der Antwort zufrieden und setzte sich zu ihnen an den Tisch.

Violetta kannte außer ihnen keine Familie, bei der die Bediensteten mit am Tisch saßen. Das hatte sich nach dem Verkauf der Familienvilla eingebürgert. Auch ihre Mutter hatte damals Entscheidungen treffen müssen. Oft hatte sie ihr und Florentina erzählt, wie schwer es ihr gefallen war, die Villa aufzugeben. Heimlich war Violetta ein paar Mal am einstigen Familiensitz vorbeigefahren. Ein herrschaftliches Haus, umgeben von einem weitläufigen Park. Jetzt gingen die Nazis dort ein und aus.

Immer wieder hatten Berta und Justine ihr von den glanzvollen Zeiten in der Villa Uhlenberg vorgeschwärmt. Jetzt gehörte sie der NSDAP. Ihr Vorfahr, Frederik von Uhlenberg, war ein sehr freiheitsliebender Mensch gewesen. *Er würde sich im Grabe umdrehen, wenn er wüsste, dass in seiner Villa der Gauleiter residierte.*

»Du hast ja auch kaum etwas gegessen«, riss der Vater sie aus ihren Grübeleien und deutete auf den Teller ihrer Mutter.

»Florentina wollte längst zurück sein.«

»Mach dir keine Sorgen, Leonora. Die Probe wird sicher etwas länger gedauert haben.«

Violetta schaute zum Fenster hinaus. Plötzlich bemerkte sie, dass der Himmel rötlich verfärbt war.

»Schaut mal!«, rief sie und zeigte zum Fenster. Alle wandten sich um. Ihr Vater sprang auf und kam zu ihr.

»Es brennt in der Nähe!«, rief er aufgeregt und stürzte zur Haustür. Ihre Mutter folgte ihm. Als er die Tür öffnete, strömte beißender Brandgeruch herein. Durch die Straße hallten laute, aufgeregte Stimmen. Jemand schrie. Jetzt hielt es auch Berta und Justine nicht mehr auf ihren Plätzen.

»Gott im Himmel! Die Synagoge brennt!«, rief ihre Mutter entsetzt.

»Sie machen es also wahr«, merkte ihr Vater grimmig an. Erneut verspürte Violetta Furcht.

Plötzlich hörten sie das rhythmische Geräusch von Stiefeln auf dem Pflaster. Irgendwo knallte es, dann hörten sie Glas splittern. Wieder folgten Schreie und laute Stimmen.

»Alle ins Haus!«, rief ihr Vater und drängte sie mit dem Arm zurück. Dann verschloss er die Tür.

Entsetzt beobachteten sie durchs Fenster, wie die Sturmtruppen gegenüber beim jüdischen Metzger Simonsohn die Fensterscheiben einschlugen und die Fensterläden zertrümmerten. Anschließend zerrten SA-Männer die Familienmitglieder einzeln an den Haaren aus dem Haus, beschimpften, traten und schlugen sie.

Violetta kannte die Familie Simonsohn. Es waren alles freundliche und hilfsbereite Menschen, besonders deren älteste Tochter Hannah. Wie konnte man nur so etwas tun? Fassungslos wandte sie sich ab, denn sie konnte den Anblick nicht mehr ertragen.

»Hoffentlich war Florentina wirklich vernünftig. Gott steh uns bei«, murmelte ihre Mutter völlig aufgelöst und schlug die Hände vors Gesicht.

Ihr Vater wollte mit geballten Fäusten aus dem Haus laufen, um einzuschreiten. Aber ihre Mutter hielt ihn zurück.

»Roman! Nein! Du kannst da jetzt nicht hinausgehen.«

»Soll ich vielleicht zusehen?« Ihr Vater schüttelte die Hand der Mutter ab.

»Roman, bitte, geh nicht. Du kannst gegen die SA-Männer nichts ausrichten.«

»Vati, Mutti hat recht. Geh lieber nicht.« Noch nie hatte Violetta solche Furcht um ihren Vater verspürt.

»Wie können die so etwas tun?«, jammerte Justine.

Violetta sah, wie die Familienmitglieder in einen Wagen gestoßen wurden.

Sie zuckte zusammen, als draußen erneut Glas klirrte.

»Wo bringen sie sie hin?« Tränen rannen über Bertas volle Wangen. Die SA-Männer zogen weiter. Violetta war wie gelähmt.

»Weg mit dem Judenpack!«, grölten die Nationalsozialisten. Dann folgte ein markerschütternder Schrei. Violetta konnte das kaum ertragen.

»Großer Gott, sie machen es wahr«, sagte Berta. Ihre Lippen zitterten, und ihre Augen füllten sich mit Tränen.

»Florentina ist immer noch irgendwo in der Stadt. Und was ist, wenn sie Hans finden?« Violetta kam vor Sorge fast um.

»Ich kümmere mich darum«, entschied ihr Vater. Er

schaute zum Fenster hinaus. Draußen war es ruhiger geworden.

»Ich komme mit«, sagte Violetta, fest entschlossen, ihn trotz der Gefahr zu begleiten. Doch er schob sie zurück und schüttelte mit dem Kopf.

»Das ist für dich viel zu gefährlich. Ihr bleibt alle im Haus und verriegelt die Tür. Hier seid ihr sicher. Sie wissen sicher, dass hier keine Juden wohnen.«

»Aber Vati …« Sorgenvoll blickte Violetta zu ihm auf. Was, wenn ihm etwas geschah?

Er zog sie ein Stück zur Seite. »Pass auf die anderen auf, solange ich fort bin. Ich kann mich doch auf dich verlassen?«

»Ja, Vati«, widersprach Violetta leise und drückte seine Hand.

»Roman …« Ihre Mutter kam zu ihnen.

Er küsste ihre Mutter auf die Stirn.

»Ich verspreche dir, dass ich Florentina finden werde. Und ich werde mich auch vergewissern, dass es Hans gut geht.«

Eine letzte Umarmung, dann verließ er das Haus.

In derselben Nacht

Die Ungewissheit war das Schlimmste. Wo war Florentina? Violetta betete stumm, dass ihrer Schwester nichts geschehen war. Sie setzte sich ans Fenster und schaute hinaus in die Dunkelheit. Jeder Schatten, der sich bewegte, könnte Vater oder Schwester sein.

Die Minuten verrannen, wurden zu Stunden. Längst hatte die Standuhr im Flur Mitternacht geschlagen. Violetta war todmüde, und doch konnte sie nicht schlafen. Die Sorge ließ ihr keine Ruhe.

Die Schreie waren seit einer Weile verstummt und die SA-Männer abmarschiert. Rauch stieg über den Dächern auf. Überall auf der Straße und dem Gehweg lagen Scherben und Glassplitter. Ein Kinderschuh vor dem Haus des Metzgers erinnerte an das Geschehen. Keiner aus der Nachbarschaft wagte sich mehr auf die Straße. Der Himmel über der Stadt war blutrot.

Ein eisiger Schauer rann Violettas Rückgrat hinab. In diesem Land konnte sich keiner mehr sicher fühlen. Sie sah zu ihrer Mutter hinüber, die zusammengesunken auf dem Stuhl saß, das Gesicht in den Händen vergraben. Zwischendurch hatten sie zusammen gesungen, um sich gegenseitig Mut zu machen.

Berta und Justine hatten sich in die Küche zurückgezogen, nachdem sie die Stunden mit ihnen ausgeharrt hatten. Auch Violetta hätte sich gern abgelenkt. Aber sie wagte nicht, vom Fenster zu weichen.

Nach einer halben Ewigkeit sah sie einen Schatten auf das Haus zuwanken. Sie kniff die Augen zusammen. Die Silhouette, der Gang … Sie sprang auf, rannte zur Tür und sperrte sie auf. Tränen der Erleichterung liefen ihr über die Wangen, als sie ihren Vater erkannte, der die leblose Florentina auf den Armen trug.

»Mutti, schnell!«, rief Violetta aufgeregt. Automatisch suchte ihr Blick nach Hans. Aber er war nicht bei ihnen. Vor Angst wurde ihr schwindlig, dass sie sich am Türrahmen festhalten musste.

Ihre Mutter lief an ihr vorbei auf den Vater zu. »Roman!«, rief sie mit erstickter Stimme. »Oh mein Gott, Florentina!«

Im Licht der Straßenbeleuchtung sah Violetta, dass Florentina sich auch bei Ansprache der Mutter nicht regte. *Bitte, lieber Gott, lass sie leben!*

Keuchend schleppte ihr Vater die Schwester hinauf in ihr Zimmer. Die Erschöpfung war ihm deutlich anzusehen. Violetta folgte ihm.

»Was ist denn geschehen, Vati?«

»Ich weiß es nicht«, stieß er hervor. Schweiß rann seine Schläfen hinab. »Sie hat kein Wort mit mir gesprochen.«

»Wo ist Hans?«, rief Violetta ängstlich.

»In Sicherheit.«

Violetta atmete auf.

»Wo … wo hast du Florentina gefunden?« Die Stimme der Mutter zitterte.

»In der Nähe der brennenden Synagoge.« Sein Haar klebte an der feuchten Stirn, und Rußstreifen zogen sich über sein Gesicht. Behutsam legte der Vater ihre Schwester aufs Bett. Violetta setzte sich auf den Bettrand und nahm ihre eiskalte Hand. Die Mutter stand auf der anderen Bettseite und beugte sich zu ihrer Schwester herunter.

»Florentina?« Sanft tätschelte sie Florentinas Wange. Endlich regte sie sich.

»Alles wird gut.« Mit diesen Worten wollte die Mutter ihre Schwester beruhigen und trösten. Anstatt der gewünschten

Wirkung wurde Florentina unruhig. Sie entzog Violetta die Hand und schlug nach ihr, während sie immer wieder »Nein!« schrie. Auch die Hände der Mutter stieß sie fort.

Violetta sprang erschrocken auf, verstand nicht, warum ihre Schwester sich so gebärdete.

»Was hat sie nur, Mutti?«

»Florentina! Wir sind es. Mutti und Violetta!«, versuchte ihre Mutter zu ihrer Schwester durchzudringen. Aber es zeigte keine Wirkung. Hilflos schauten sie auf Florentina hinunter, bis sie schließlich die Gegenwehr aufgab und erschöpft und keuchend in die Kissen sank. Die Augen geschlossen, lag sie wie ein bleiches Gespenst im Bett. Ihre Lider flatterten. Sie weinte und stöhnte.

Florentina wehrte sich nicht, als Violetta die Hand auf ihre kalte Stirn legte. Aber ihr Körper war verkrampft. Was mochte ihrer Schwester nur widerfahren sein, dass sie nicht mehr wiederzuerkennen war?

Violetta stimmte ein Wiegenlied ein, das die Mutter ihnen früher immer vor dem Einschlafen vorgesungen hatte. Nach der ersten Zeile sang ihre Mutter mit. Endlich begann sich Florentina zu entspannen. Ihr Atem beruhigte sich, und ihre Glieder ruhten schlaff auf dem Bett.

»Mutti … Violetta …« Sie streckte die Arme nach ihnen aus und begann herzzerreißend zu weinen. Violetta sah zu ihrem Vater auf, der sich an den Türrahmen gelehnt hatte und ihre Schwester mit besorgter Miene betrachtete. Violetta hatte das Gefühl, dass er ihnen nicht alles gesagt hatte. Berta und Justine standen mit tränenfeuchten Augen neben ihm.

»Mein armes, liebes Kind«, sagte ihre Mutter leise und streichelte Florentinas Wange.

Ihr erschöpfter Vater war auf einen Stuhl gesunken. Dunkle Ringe lagen unter seinen Augen. Justine brachte ihm ein Glas Portwein, das er gierig hinunterstürzte.

Nach einer Weile war Florentina eingeschlafen.

»Was ist ihr nur geschehen?« Violetta sah ihren Vater an.

»Ich … ich weiß es nicht. Ich habe sie überall verzweifelt gesucht, bin durch die Straßen geirrt. Die Synagoge glich einem brennenden Inferno. Die SA hatte alles abgesperrt und wollte mir den Zugang in eine Seitenstraße verwehren. Weil sie dort die Fensterscheiben jüdischer Bewohner zertrümmert haben. Der beißende Rauch, die Schreie …« Ihr Vater stockte und blickte gerade starr geradeaus, als durchlebe er die furchtbaren Momente noch einmal.

»Dann bin ich zum Haus der Symphonie gelaufen, um nach Hans zu sehen. Er hat die Ruhe bewahrt und hält sich versteckt. Auf dem Rückweg habe ich dann Florentina in einem Hinterhof nahe der Synagoge gefunden. Sie lag reglos auf dem Boden. Ohne ihren Langstock. Ich dachte, sie wäre tot.«

Zum ersten Mal sah Violetta ihren starken und stolzen Vater weinen.

»Doch dann habe ich gespürt, dass sie noch atmet. Ich habe sie hochgehoben und nach Hause getragen. Die Schuldigen werden büßen für das, was sie meiner Tochter angetan haben.« Entschlossen ballte er die Faust.

»Mein armes Kind, was haben sie nur mit dir gemacht?« Ihre Mutter küsste Florentina auf die Stirn.

»Wenn es ihr bessergeht, wird sie uns bestimmt alles erzählen, Mutti.« Dann sah Violetta zu ihrem Vater auf.

»Danke, Vati«, sagte sie und drückte seine Hand. Er hatte sein Versprechen gehalten. Glücklich dankte sie dem Schicksal, dass er wohlbehalten zu Hause angekommen war.

Nach einer Weile gingen ihre Eltern nach unten, damit ihr Vater sich von der Strapaze erholen konnte. Violetta wollte mit Bertas Hilfe Florentina die schmutzige und nach Rauch stinkende Kleidung ausziehen. Ihre Schwester war so erschöpft, dass sie nicht aufwachte. Berta holte eine Schüssel mit warmem Wasser und befreite Florentinas Gesicht von Ruß und Straßenstaub. Violetta zog ihrer Schwester den Rock aus und erschrak, als sie den großen Blutfleck in der Unterwäsche bei ihrer Schwester bemerkte. Auch Bertas Augen weiteten sich. Das Blut klebte auch an den Innenseiten ihrer Oberschenkel. Daneben zeichneten sich Blutergüsse ab.

»Grundgütiger!«, rief Berta und schlug entsetzt die Hände vors Gesicht.

Violetta hatte davon gehört, dass manche Frauen von Männern mit Gewalt genommen worden waren. *Aber doch nicht ihre Schwester!*

Und doch schien es geschehen zu sein.

»Warum?«, flüsterte Violetta unter Tränen.

Ihre Schwester wirkte so zerbrechlich, dass es ihr das Herz zerriss.

Zorn wallte in Violetta auf.

»Ich werde herausfinden, wer dir das angetan hat, und ihn zur Rechenschaft ziehen. Das verspreche ich dir«, sagte sie leise.

Wie konnte Gott so etwas Schreckliches zulassen?

15. November 1938

Violetta umarmte ihre Schwester. Sie versteifte sich dabei. Seit der furchtbaren Nacht vor ein paar Tagen, als die Synagoge gebrannt hatte, waren Florentinas Tränen versiegt. Sie wirkte ängstlich, scheute Berührungen und weigerte sich, das Haus zu verlassen. Selbst zu den Proben war sie nicht mehr mitgekommen. Stattdessen hatte sie zu Hause stundenlang auf dem Klavier immer dasselbe Stück gespielt. Immer wenn Violetta sie nach den Geschehnissen in der besagten Nacht gefragt hatte, war ihr die Schwester ausgewichen. Warum sprach sie nicht mit ihr darüber? Sie hatten sich doch immer alles anvertraut.

»Ich will jetzt nicht darüber reden. Bitte akzeptiere das«, waren ihre Worte gewesen.

Inzwischen hatte Violetta es aufgegeben, Florentina zu fragen.

Florentina hatte ihre Fröhlichkeit verloren. Sie war geistesabwesend und melancholisch.

Aus diesem Grund hatten die Eltern sich dazu entschieden, Florentina früher als geplant zu Tante Lina nach Sant' Anna di Stazzema zu schicken. In der malerischen Toskana sollte sie wieder zu sich selbst finden. Sie alle hofften, dass Florentina ihre Lebensfreude zurückgewann. Tante Linas offene Herzlichkeit würde ihr sicher dabei helfen. Florentina hatte die Entscheidung hingenommen. Es schien, als wäre ihr alles gleichgültig geworden.

»Grüße mir besonders Tante Lina und Gianna«, sagte Violetta auf dem Bahnsteig zu ihr. »Und natürlich alle anderen.« Ihr fiel es schwer, sich von der geliebten Schwester zu verabschieden. In wenigen Stunden würden auch Hans und sie in einen Zug einsteigen und Deutschland verlassen. Das Wiedersehen aller war ungewiss.

Florentina nickte. »Mach ich.« Es schien, als würde sie der Abschied nicht berühren.

»Und du musst mir unbedingt schreiben, ja? Ich teil dir meine neue Adresse mit.«

»Ja.« Für einen flüchtigen Augenblick glaubte Violetta Schmerz in den Augen ihrer Schwester zu erkennen. Doch schnell war dieser Eindruck wieder verflogen. Immer wieder quälte Violetta die Frage, was geschehen war.

»Dir und Hans alles Gute in England.«

»Danke«, antwortete Violetta gerührt.

Die Augen der Mutter schimmerten feucht. Ihr Vater war ebenfalls sichtlich um Fassung bemüht. Violetta kämpfte tapfer gegen die aufsteigenden Tränen.

»Wir Von-Uhlenberg-Frauen sind stark.« Ihre Mutter legte die Arme um sie beide und drückte sie an sich.

»Wir werden uns alle wiedersehen. Ganz bestimmt.«

Violetta hoffte sehr, dass ihre Schwester bei den warmherzigen Verwandten alles Furchtbare vergessen konnte. Zum Schluss umarmten sich die Schwestern noch einmal. Florentina klammerte sich an sie, als wäre es ein Abschied für immer. Eng umschlungen standen sie da, bis der Pfiff des Schaffners sie voneinander trennte.

»Du musst jetzt einsteigen, sonst fährt der Zug noch ohne dich.« Liebevoll stupste Violetta ihre Schwester an und sah rasch nach unten, um nicht doch noch in Tränen auszubrechen.

Mit dem neuen Langstock, den der Vater hatte anfertigen lassen, tastete Florentina sich zum Zug voran. Der Vater half ihr beim Einsteigen und trug ihr Gepäck ins Abteil.

Ein letztes Winken, eine Kusshand, und der Zug mit der schnaufenden Dampflok setzte sich in Bewegung.

»Ich hasse Abschiede auf Bahnhöfen«, sagte ihre Mutter. Violetta wusste, dass ihre Mutter auf den Abschied von ihrem Bruder Albert anspielte, der damals mit dem Zug in den Krieg gefahren war. Tröstend griff sie nach ihrer Hand und drückte sie liebevoll.

Violetta und ihre Eltern standen lange am Gleis und winkten dem Zug hinterher, bis er aus ihrem Blickfeld verschwunden war.

Der Tag des großen Abschieds!

Die Stille im Haus, als sie heimkehrten, war bedrückend. Im Flur stand Violettas Gepäck. Berta und Justine verrichteten ihre Arbeiten. Sie glaubten, dass Violetta zu einem Vorsingen fuhr. Violettas Eltern wollten kein Risiko eingehen und die Flucht verraten.

Die Stimmung beim Abendessen war gedrückt. Furcht schwebte im Raum wie eine dunkle Wolke über ihren Köpfen. Was, wenn ihre Flucht scheitern würde?

Aus der Küche klangen die Stimmen der beiden Bediensteten zu ihnen herüber.

»Die Spatzen pfeifen von den Dächern, dass es bald wieder einen Krieg geben wird.«

»Berta, mal den Teufel nicht an die Wand«, wies Justine die Zofe zurecht.

»Mach ich doch nicht!«

Krieg! Das Wort hallte in Violettas Kopf nach. Oft hatten ihre Eltern davon erzählt. Im Kriegsfall wäre die Familie für Jahre getrennt.

»Es wird keinen Krieg geben! Schließlich liegt der andere noch nicht lange zurück. Keiner will eine Wiederholung«, sagte ihr Vater, als hätte er ihre Gedanken gelesen.

Violetta atmete auf. Sie hatte sich immer auf ihren besonnenen Vater verlassen können.

Über den Tisch griff sie nach den Händen der Eltern.

»Alles wird sich zum Guten wenden. Das Theater hat schon zwei Kriege und ein Feuer überstanden und die von Uhlenbergs auch. Wir werden uns bald wiedersehen.«

16. November 1938 in den frühen Morgenstunden

Die Zugfahrt hatten sie gut und ohne Vorkommnisse überstanden.

Der freundliche Schaffner hatte ihre Fahrkarten geknipst und ihnen eine gute Fahrt gewünscht.

Obwohl Violetta todmüde war, hatte sie im Abteil kein Auge zugetan.

Die letzten Tage waren wie ein Albtraum gewesen. Jetzt steuerte sie mit Hans hoffentlich in eine neue, glücklichere Zukunft.

Vor dem Hamburger Hauptbahnhof wurden sie von einem kleinen, unscheinbaren Mann zu einem Wagen gewinkt. Er trug eine unmoderne Prinz-Heinrich-Mütze.

»Fräulein Schwarz?«

Violetta nickte, dann folgten sie seiner Aufforderung und stiegen hinten in den Wagen ein. Der Fremde setzte sich ans Steuer und drehte sich zu ihnen um.

»Hier sind Ihre Visa. Ich fahre Sie jetzt zum Hafen. Auf dem Kai reihen Sie sich in die Warteschlange ein. Getrennt. Niemand darf wissen, dass Sie zu zweit an Bord gehen. Die Kontrolleure werden alle Passagiere genau unter die Lupe nehmen. Bedenken Sie, dass ein falsches Wort Sie verraten könnte und Ihre Flucht gefährdet. Gute Reise.«

Violetta kam die Anweisung des Fluchthelfers, getrennt in der Warteschlange zu stehen, seltsam vor. Ihr Bauchgefühl sagte, dass etwas nicht stimmte.

Dann startete er den Motor und fuhr sie schweigend zum

217

Hamburger Hafen. Sie war froh, dass er nicht sprach, denn sie war viel zu aufgeregt, als dass sie sich auf ein Gespräch hätte einlassen können.

Es wehte ein eisiger Wind, als Violetta und Hans einzeln den Kai betraten und sich in die Schlange der wartenden Passagiere einreihten. Zwei riesige Schiffe schaukelten zu beiden Seiten sanft auf den Wellen. Beim Anblick der Schaukelbewegungen wurde Violetta ganz flau. Die Gruppe SS-Männer in schwarzen Uniformen am Fuße der Schiffstreppe flößte ihr mehr als Respekt ein. Wie gern hätte sie jetzt nach Hans' Hand gefasst. Der stand zwei, drei Meter hinter ihr in der Schlange. Sie wagte nicht, sich nach ihm umzudrehen.

»Keine Angst, alles wird gut gehen. Morgen sind wir in England und beginnen unser neues Leben«, hatte Hans ihr vorhin im Zug zugeflüstert. Doch ihre Zuversicht sank beim Anblick der SS-Männer.

Im Geist ging sie noch einmal alles durch, was sie besprochen hatten. Jeder von ihnen besaß ein entsprechendes Schreiben vom Reichswirtschaftsministerium, das ihnen die Ausreise erlaubte.

In den vergangenen Tagen hatten die Nazis Hans' Vater verhaftet, der etwas gegen die Partei gesagt hatte. Das trübte ihre Abreise. Die Widerstandsbewegung hatte von Hans für die Flucht und sämtliche Papiere dreißigtausend Reichsmark verlangt. Das hatten ihre Eltern bezahlt. Hans hatte sich zunächst geweigert, das Geld anzunehmen, bis Violetta ihm gedroht hatte, ihn nicht zu begleiten. Hans hatte sich schließlich einverstanden erklärt, wenn er ihnen alles auf Heller und Pfennig zurückzahlen durfte.

Auch die Miete hatte ihr Vater an den Cellisten überwiesen.

Alles war perfekt organisiert.

Violetta zog den Kragen enger um den Hals, als der eisige

Wind unter ihre Kleidung kroch. Immer die Angst im Nacken, dass noch irgendetwas ihre Flucht verhindern könnte. Mit Unmut nahm sie wahr, dass die Schlangen auf dem Kai lang waren. Familien, Pärchen, Einzelpersonen.

Sie vermisste die anderen und das Theater schon jetzt.

Violetta wurde unsanft aus ihren Grübeleien gerissen, als ihr jemand einen Schubs gab.

»Vorgehen bis zur Kontrolle!«, forderte der Matrose mit der Bassstimme neben ihr. Sie nickte und schloss zu einem Pärchen auf.

Plötzlich wurde ein Mann zwei Reihen vor ihr von einem der SS-Männer grob gepackt. Seine Begleiterin schrie auf und klammerte sich an seinem Arm fest. Gleich darauf bekam sie einen Schlagstock von einem der anderen SS-Männer zu spüren und stürzte auf den Boden. Violetta wollte ihr aufhelfen, wurde aber von einem Matrosen daran gehindert. Das brutale Vorgehen erschütterte sie. Sie beobachtete, wie das Pärchen gleich darauf zu einem Transporter geführt wurde und einstieg.

Plötzlich fühlte sie sich beobachtet und sah sich um. Ein Stück von den Wartenden entfernt standen zwei Männer in langen, dunklen Mänteln, die zu ihr herüberschauten und tuschelten. Sie vermutete, dass sie von der Gestapo waren.

Unwillkürlich blickte Violetta zu Hans.

Die Angst wuchs. Wieder wurden Wartende aus der Schlange gezerrt und abgeführt.

»So etwas passiert, wenn man sich denen widersetzt«, sagte hinter ihnen ein älterer Mann mit Vollbart.

»Wir haben alle erforderlichen Dokumente dabei«, erwiderte die Frau hinter ihr.

»Fühlen Sie sich nur nicht zu sicher. Keiner weiß, was in deren Köpfen vorgeht«, raunte der Vollbärtige wieder. »Die riechen einen Juden von Weitem.«

Violetta schluckte und verdrängte die Frage, ob Hans

durch seinen Vater ebenfalls ins Visier der Gestapo geraten sein könnte.

Ihre Hände waren eiskalt, als sie an der Reihe war. Einer der SS-Männer befahl ihr vorzutreten.

»Sie reisen allein, Fräulein …?«

Violetta reichte ihm ihre Papiere, in denen er zu blättern begann. »Fräulein Schwarz?«

»Ja.« Violetta lächelte den SS-Mann an. Ihr Lächeln gefror unter dem eisigen Blick ihres Gegenübers. Wieder musste sie an die Nacht der brennenden Synagoge denken, in der sie hautnah die Gewalt der SS und SA gesehen hatte. Die schrecklichen Bilder würden ihr ewig im Gedächtnis bleiben.

»Sie sind Schweizer Staatsbürgerin?«

Violetta nickte. Seine Miene blieb unbeweglich.

»Warum nach London?« Seine Fragen nervten sie.

»Ich habe dort ein Vorsingen. Und wenn ich Glück habe und angenommen werde, ein Konzert.« Sie hatte mit ihren Eltern jeden Satz einstudiert. Dennoch bebte sie vor Aufregung. Nach einer gefühlten Ewigkeit erhielt sie ihre Papiere zurück und steckte sie ein.

»Sie können weiter«, drängte sie der SS-Mann und schob sie nach vorn.

»Der Nächste.«

Erleichtert ging Violetta auf den Anlegesteg zu. Jetzt musste nur noch alles bei Hans glattlaufen, dann konnten sie gemeinsam auf dem Schiff die Luft der Freiheit einatmen. Bevor sie emporstieg, drehte sie sich noch einmal um.

Zwischen ihr und Hans wurden eine kleine Familie und der Vollbärtige überprüft. Die Familie sprach Englisch und wurde ohne große Kontrolle durchgewunken. Den Vollbärtigen hielten sie zurück.

»Weiter!«, brüllte sie einer der SS-Männer an. Violetta schleppte ihre schweren Reisetaschen bis zum Anlegesteg. Dort nahm einer der Matrosen ihr das Gepäck ab und trug es an Bord. Oben an Deck wurden die Passagiere namentlich aufgerufen und die Kabinen zugeteilt, sodass sich alles auf dem Steg staute. Violetta drehte sie sich noch einmal zu Hans um. Er sprach mit dem SS-Kontrolleur und den zwei dunkel gekleideten Männern, die hinzugetreten waren, und war seltsam blass. Sie spürte, dass etwas nicht stimmte.

Der SS-Kontrolleur ließ sich mit der Durchsicht von Hans' Papieren viel Zeit. Zu viel Zeit, wie Violetta fand. Ihr wurde ganz flau im Magen, besonders als die Gesten der Männer eindringlicher wurden. Sie konnte nicht verstehen, was sie sprachen.

Der Vollbärtige und die Familie waren inzwischen zu ihr aufgeschlossen. »Gehen Sie endlich weiter. Sie halten den ganzen Verkehr auf.«

»Aber ...« Sie wollte Hans rufen, aber dann dachte sie an die Warnung ihres Fluchthelfers.

Der Steg schwankte durch die Schaukelbewegung des Schiffes. Violettas Magen begann zu rebellieren.

Als sie wieder in der Schlange stand, drehte sie sich nach Hans um. Der Blick hinunter machte sie schwindlig. Sie krallte sich an das Geländer. Ihr Herz schlug ihr bis zum Hals, und die Übelkeit wuchs. Sie sah, wie Hans den Kopf schüttelte und abwehrend die Hände hob. Dann blickte er zu ihr hinauf. In seinen dunklen Augen lagen Verzweiflung und Hoffnungslosigkeit.

Violettas Knie knickten ein. Hätte sie nicht einer der Matrosen gepackt, wäre sie den Steg hinabgestürzt.

»Nein, nein«, stammelte sie. Die beiden dunkel gekleideten Männer packten Hans rechts und links, zogen ihn aus der Warteschlange und führten ihn zu einem Wagen.

»Ich muss zu ihm«, sagte sie.

»Das geht nicht. Kommen Sie, Fräulein.« Die Stimme des stämmigen Matrosen klang ungeduldig.

»Aber ich muss zu ihm!« Tränen rollten ihr übers Gesicht.

»Seien Sie doch vernünftig.« Sie wollte sich losreißen, als ihr plötzlich schwarz vor Augen wurde und ihre Beine nachgaben. Dann hüllte sie Dunkelheit ein.

Als Violetta erwachte und die Augen aufschlug, lag sie in einer Kajüte. In ihrem Kopf dröhnte es wie nach einem Kater. Durch das Schaukeln des Schiffes war ihr wieder übel. Sie sah sich um. Sie war allein. Wo war Hans? Die Furcht um ihn schnürte ihr die Kehle zu. Violetta wollte sich aufsetzen, aber der pochende Schmerz hinter den Schläfen ließ sie zurück aufs Kissen sinken.

Im gleichen Augenblick betrat eine blonde Krankenschwester die Kajüte. *H. Miller* stand auf dem Schild, das an ihrer Brust steckte. Als sie sah, dass Violetta aufstehen wollte, eilte sie zu ihr.

»Bitte bleiben Sie liegen, Miss«, sagte sie bestimmt auf Englisch und drückte Violettas Schultern hinunter.

»Aber ... aber ich muss nach meinem Verlobten suchen«, widersprach sie.

»Sie müssen sich in erster Linie ausruhen. Ich bin Schwester Miller«, stellte sie sich vor und reichte Violetta die Hand.

»Violetta Schwarz.« Der Händedruck der Schwester war fest und kurz. Sie besaß ein sympathisches Lächeln.

»Ist Ihr Verlobter denn an Bord der Arcadia?«

»Ja ... nein ... Ich hoffe es.« In Violettas Kopf dröhnte es, dass sie keinen klaren Gedanken fassen konnte. Außerdem kämpfte sie erneut gegen die Übelkeit.

Schwester Miller sah sie mitleidig an, als hätte sie den Verstand verloren.

»Sie hoffen es? Sind Sie denn nicht gemeinsam an Bord gegangen?«

»Nein. Da waren zwei Männer ... und ich bin ohnmächtig geworden.« Die Männer in den langen, dunklen Mänteln hatten Hans zu einem Lastwagen geführt. Das war das Letzte, woran sie sich erinnerte.

Violetta erzählte der Schwester in wenigen Sätzen, was geschehen war.

»Zwei von der Besatzung haben Sie hergetragen. Aber da war niemand bei Ihnen.«

Dann war Hans also nicht an Bord gegangen. Violetta schlug die Hände vors Gesicht.

»Ich muss zurück.« Violetta versuchte aufzustehen.

»Unmöglich. Wir befinden uns auf See.«

Es dauerte einen Moment, bis Violetta ihre Lage begriff. Hans war vermutlich in Hamburg, und sie befand sich auf dem Weg nach England. Eine Träne lief ihr über die Wange.

»Es tut mir leid. Die Männer ... die müssen von der Gestapo gewesen sein.«

Bei dem Gedanken lief es Violetta eiskalt den Rücken hinunter.

»Wie heißt denn Ihr Verlobter?«

»Hans. Hans Brünn. Er ist Komponist. Wir kommen aus Hannover.«

»Ich werde einen der Offiziere fragen, ob er an Bord ist«, schlug die Schwester vor. Dankbar lächelte Violetta sie an.

»Sie ruhen sich bitte aus.«

»Aber ...«

»Keine Widerrede. Wir legen bald in Dover an.«

Violetta wollte protestieren. Wie könnte sie hier liegen, wenn sie nicht wusste, was mit Hans geschehen war?

Überhaupt, was sollte sie ohne ihn in England?

Von der ganzen Aufregung wurde Violetta wieder übel. Sie würgte und presste die Hand auf den Mund. Da eilte die Schwester hinaus und kehrte mit einer Schüssel zurück.

Violetta erbrach sich. Danach ging es ihr etwas besser. Schwester Miller reichte ihr ein Tuch und ein Glas Wasser.

»Verzeihen Sie meine Frage. Sind Sie nur seekrank oder vielleicht guter Hoffnung?«

Violetta erschrak. In all der Aufregung hatte sie über diese Möglichkeit gar nicht nachgedacht.

»Seekrank«, antwortete sie ausweichend.

»Dann müssen Sie liegen bleiben. Ich komme zurück und helfe Ihnen, sobald wir den Hafen erreicht haben.«

Violetta dachte an ihr Gepäck.

»Meine Sachen?«

»Stehen da drüben.« Die Schwester deutete in die Kajütenecke auf die beiden Reisetaschen.

»Danke.«

»Bis später.«

Mit diesen Worten verabschiedete sich Schwester Miller.

Grübelnd starrte Violetta an die Kajütendecke. Hans und sie hatten gemeinsam ein neues Leben beginnen wollen. Und jetzt war er womöglich nicht an Bord. Die Angst um ihn brachte sie um. Sie dachte an die Geschichten über die Juden, die in ein Lager geschickt worden waren. Konnte das Schicksal wirklich so grausam sein und sie von dem geliebten Mann trennen?

Violetta drehte sich in die Kissen und ließ ihren Tränen freien Lauf.

Nach einer Weile öffnete sich die Kajütentür, und Schwester Miller kehrte zurück. Ihre Miene verriet, dass sie keine guten Nachrichten mitbrachte.

»Es tut mir sehr leid. Ihr Verlobter stand auf der Passagierliste, aber er hat das Schiff nicht betreten. Vermutlich wurde er von der Gestapo …«

Die folgenden Worte gingen ungehört an Violetta vorbei. Ihre Befürchtungen wurden zur Gewissheit. Sie klammerte sich verzweifelt an die Hoffnung, dass Hans stark genug war, die Haft oder ein Lager zu überleben. Sie würde Himmel und Hölle in Bewegung setzen, um herauszufinden, wo er sich befand. Violetta war sogar bereit, sich dafür Armin Mahler hinzugeben.

Dumpfe Geräusche hallten durch die Kajüte.

»Wir laufen gerade in den Hafen ein. Kommen Sie, ich helfe Ihnen beim Ankleiden«, sagte Schwester Miller.

»Können Sie mir bitte helfen? Ich muss wieder zurück.«

»Nach Deutschland?« Ungläubig sah die Schwester sie an.

»Ja, natürlich.« Violetta hatte in diesem Moment beschlossen, nach Hause zurückzukehren.

»Vor morgen Abend läuft kein Schiff mehr aus. Und wenn Ihr Verlobter tatsächlich von der Gestapo festgenommen wurde, sind Sie dort vermutlich nicht mehr in Sicherheit.«

Violetta hatte das Gefühl, als würde ihr jemand den Boden unter den Füßen wegziehen. Ihre Augen füllten sich mit Tränen.

»Aber ich muss doch gleich zurück«, sagte sie leise.

Schwester Miller legte die Hand auf ihre Schulter.

»Es tut mir leid.«

Die Tränen rannen über Violettas Gesicht. Das musste ein Albtraum sein. Eben noch waren sie und Hans voller Hoffnung auf eine bessere Zukunft gewesen.

»Sie können nicht an Bord bleiben. Kommen Sie.« Schwester Miller reichte ihr die Hand. Wie betäubt erhob sich Violetta und folgte der Schwester durch die schmalen Gänge nach oben. Was sollte sie ohne Hans?

»Werden Sie von jemandem erwartet?«, fragte Schwester Miller. Violetta schüttelte den Kopf.

»Nein. Aber ich habe eine Adresse. In London.« Sie nannte der Krankenschwester die Adresse von Clive Owens.

»Ich fahre heute auch nach London zurück. Mit der Bahn anderthalb Stunden. Die Straße liegt in der Nähe von Kings Cross. Keine sichere Gegend für uns Frauen.«

Da hatte sie gedacht, es könnte nicht schlimmer werden, und doch war es so.

Ihr Vater hatte in London gesungen und jedes Mal in Hotels übernachtet.

»Aber wo soll ich denn dann hin?«

»Eine Freundin von mir führt eine nette, gepflegte Pension in Hammersmith. Wenn Sie wollen, bringe ich Sie dorthin.«

Violetta sah Schwester Miller forschend an. Konnte sie der Krankenschwester vertrauen? Was würde Mr Owens sagen, wenn sie nicht wie verabredet zu ihm käme?

»Sie können diesen Mr Owens anrufen oder ihm eine Nachricht bringen lassen«, schlug Schwester Miller vor, als hätte sie ihre Gedanken gelesen. »Meine Freundin besitzt einen Fernsprecher.«

Die Antwort der Schwester überzeugte Violetta schließlich. Sie nickte.

»Sie können mich ruhig Heather nennen«, sagte sie und reichte Violetta die Hand.

»Danke. Ich bin Violetta.«

Gemeinsam verließen sie das Schiff.

18. November 1938

Sie müssten längst angekommen sein. Es gab keine Meldungen, dass die Arcadia verspätet in Dover einlaufen würde.«

Brian seufzte. Roman Schwarz hatte ihm in einem Brief den Ankunftstag und -ort von Violetta und dem Komponisten mitgeteilt. Brian hatte dem Tenor versprochen, die beiden zu unterstützen, damit sie sich schneller an das Londoner Leben gewöhnten.

Doch im Zug aus Dover waren sie nicht gewesen. Er freute sich darauf, Violetta wiederzusehen, und war enttäuscht gewesen, als sie nicht aus dem Zug gestiegen war.

»Vielleicht haben sie es sich unterwegs anders überlegt«, gab Gideon zu bedenken.

»Das glaube ich nicht. Sie hatten ein festes Ziel in London, einen Musikerkollegen ihres Vaters.«

»Sie könnten schon dort sein.«

»Sind sie aber nicht. Daran hatte ich auch schon gedacht und nachgefragt.« Brian nannte Gideon die Adresse, die ihm Roman Schwarz mitgeteilt hatte.

»Bei dieser üblen Gegend haben sie es sich sicher anders überlegt. Sie könnten überall und nirgendwo in London sein.«

»Ich weiß. Die beiden zu finden gleicht der Suche nach der Nadel im Heuhaufen.«

»Was hast du vor?«, fragte Gideon.

»Nach ihnen suchen.«

Gideon schüttelte den Kopf.

Brian setzte sich auf Gideons Sofa und schaute hinaus in den Nebel. Er mochte sich nicht ausmalen, dass den beiden etwas geschehen sein könnte.

»Hitler rüstet weiter auf«, sagte Gideon nach einer Weile. »Es wird Krieg geben.«

Brian zählte nicht zu den Kriegsbefürwortern, obwohl ihm das scharfe Vorgehen der Deutschen gegen die Juden sehr missfiel.

»Ja«, antwortete Gideon bedrückt. »Dabei hätten alle aus dem letzten Krieg lernen können.«

Brian erhob sich, denn er wollte noch seinen Bruder Alan besuchen. In den letzten drei Wochen hatte Alan gesundheitliche Fortschritte erzielt. Er fühlte etwas in seinem linken Bein. Vielleicht würde er eines Tages entgegen der Ärztemeinung wieder gehen können.

»Ich will Alan noch einen Besuch abstatten«, erklärte Brian und verabschiedete sich hastig von seinem Freund.

Alan befand sich noch im Sanatorium, nicht weit entfernt von Wilcox Manor. Auf dem Weg dorthin kaufte Brian in einem kleinen Lädchen noch eine Schachtel Ingwerpralinen, die sein Bruder so gern aß.

Das Sanatorium war ein viktorianischer Bau in U-Form mit einem angrenzenden Park, den einst die berühmte Gartenplanerin Gertrude Jekyll angelegt hatte. Ein fast zauberhafter Ort zum Genesen. Alan liebte die Natur und würde hier sicher die notwendige Kraft zum Genesen finden. Brian freute sich darauf, seinen Bruder wiederzusehen. Allerdings hatte Will ihn vorgewarnt, dass sein Vater regelmäßig das Sanatorium besuchte. Innerlich auf eine weitere unangenehme Begegnung mit ihm gewappnet, schritt Brian entschlossen weiter.

Bei seinem letzten Besuch hatte Alan wieder Gefühl in einem Bein gehabt. Das hatte alle zuversichtlich gestimmt, dass sein Bruder wieder ganz genesen könnte. Ein Leben im Rollstuhl hätte den einst vor Kraft strotzenden Alan verzweifeln lassen. Brian würde ihm weiter Mut zusprechen.

Pfeifend durchquerte er den endlos lang erscheinenden Korridor, an dessen Ende das Krankenzimmer seines Bruders lag. Sein Vater hatte keine Kosten gescheut, um Alan ein komfortables Leben im Sanatorium zu bieten.

Zu seinem Erstaunen stand die Tür zum Krankenzimmer weit offen. Ein seltsames Gefühl beschlich ihn, als er den Raum betrat. Das Zimmer war penibel aufgeräumt. Offenbar war Alan schon entlassen worden. Weshalb hatte er ihm dann keine Nachricht zukommen lassen?

Schritte ertönten im Korridor. Eine Krankenschwester blieb stehen.

»Darf ich fragen, was Sie hier machen?«

»Ich wollte Lord Alan Wilcox besuchen. Ist er schon entlassen worden?«

»Sind Sie ein Verwandter oder Freund von ihm?«

»Sein Bruder.«

»Oh.« Die rothaarige Schwester zog eine betroffene Miene. »Dann … dann wissen Sie es noch gar nicht?«

Brians Herz schlug hart gegen die Rippen.

»Nein. Was denn? Geht es ihm schlechter? Ist er wieder im Krankenhaus?«

»Es tut mir wirklich sehr leid. Aber Ihr Bruder ist gestern unerwartet verstorben.«

Brian schluckte. *Nicht Alan!*

Ihm wurde übel.

»Das … das kann nicht sein. Ihm ging es doch letzte Woche besser. Er konnte sein Bein wieder spüren.« Fassungslos starrte er die Schwester an.

»Uns alle hat sein Tod sehr mitgenommen.« Er konnte sehen, wie bewegt auch die Schwester war. »Es ging alles so furchtbar schnell …«

Brian mochte nicht glauben, was ihm die Schwester erzählte. Alan war gerade einmal fünfundzwanzig! Brian sackte auf einen Hocker.

Die Schwester trat neben ihn und legte ihre Hand tröstend auf seine Schulter.

»Woran ist er denn gestorben?«, fragte Brian mit erstickter Stimme.

»Seine Nieren haben versagt. Haben Ihre Eltern Ihnen denn nichts gesagt?«

Brian schüttelte den Kopf. »Nein. Wir haben keinen Kontakt mehr.«

»Oh, das tut mir leid.«

»Wissen Sie vielleicht, wann die Beerdigung sein wird?«

»Nein, leider nicht. Bitte entschuldigen Sie, aber ich muss jetzt wieder zurück.«

»Ja, natürlich.«

Wie betäubt stand Brian auf und verließ das Sanatorium. Er konnte nicht weinen, fühlte sich leer. Alans Tod machte ihn wütend. Er warf sich vor, seinen Bruder nicht eher besucht zu haben. Am schlimmsten war es, dass er sich nicht von ihm hatte verabschieden können.

15. Dezember 1938

Die Tage schlichen dahin. Das war also ihr neues Leben in England. Es war so ganz anders, als sie es sich vorgestellt hatte. Einsam ohne Hans und ihre Familie. Was hatten sie für Träume und Pläne gehabt!

Alle schwiegen. Wir wissen nicht, ob Hans im Gefängnis ist oder in ein Lager gebracht wurde, hatte ihr Vater in seinem letzten Brief geschrieben.

Bis heute wusste sie nichts über das Schicksal ihres Verlobten.

Sie hatte ihren Vater angeschrieben und angefleht, sich zu erkundigen, was mit Hans geschehen war.

Ich möchte so gern zu euch zurückkommen. Ich vermiss euch so. Dabei war eine Träne aufs Briefpapier getropft.

Ihr Vater hatte sie daraufhin gewarnt zurückzukehren.

Das können wir nicht riskieren. Mahler war im Theater. Er ist verantwortlich für Hans' Verhaftung. Mahler weiß alles von den gefälschten Dokumenten von Hans' Mutter. Er hat sich deinetwegen Hoffnungen gemacht. Jetzt fühlt er sich in seiner Eitelkeit gekränkt, weil du mit einem Mann mit jüdischen Wurzeln geflohen bist. Das wird er dir nie verzeihen. Uns hat er angedroht, dass er dich bei deiner Rückkehr verhaften lassen will! Sei vernünftig, Violetta, und bleib in Sicherheit.

So schwer es ihr auch fiel, sie musste hier in England bleiben und auf bessere Zeiten hoffen.

Es gab für sie momentan kein Zurück.

Jeden Abend vor dem Einschlafen betete sie für Hans und ihre Familie. Ihre Hoffnung, sie bald wiederzusehen, schwand mit jedem Tag.

Selbst wenn sie sich zu einer Rückreise entschließen würde, konnte sie diese nicht bezahlen. Ihr Geld war längst für ihren Lebensunterhalt aufgebraucht, und ihre Eltern wollte sie nicht darum bitten. Sie musste endlich ein Engagement bekommen, um mehr als nur von der Hand in den Mund zu leben.

Weil die Wohnung des Cellisten Clive Owens wie von Heather beschrieben in einer üblen Gegend lag, war sie in die kleine Pension von Heathers Freundin Sally gezogen. Sally war nicht viel älter als sie und eine warmherzige Person. Sie hatte ihren Mann früh verloren und musste ihre drei kleinen Kinder allein durchbringen. Violetta fühlte sich bei ihr wohl.

»Ich weiß nur zu gut, wie es ist, wenn man sich allein durchschlagen muss«, hatte sie zu Violetta gesagt. »Ich habe auch nichts gegen die Deutschen.«

Sally hatte ihre missliche Lage sofort erkannt und sie ohne zu zögern bei sich aufgenommen.

Violetta hatte ihren Eltern mitgeteilt, dass sie nicht bei dem Musiker Clive wohnte und nach einem Zimmer suchte. Sie bewarb sich um Engagements auch außerhalb Londons und wusste nicht, wie lange sie noch bei Sally wohnen würde.

Bei den meisten Londonern war Violetta unerwünscht, sobald sie hörten, dass sie aus Deutschland kam.

Seufzend schaute sie aus dem kleinen Fenster ihres Zimmers auf die verschneiten Hausdächer. Wie es jetzt wohl in Hannover aussah? Ob im elterlichen Garten ebenso viel Schnee lag? Sie verspürte ein solches Heimweh nach der Familie und dem Theater, dass es schmerzte.

Mit einem Engagement hätte sie sich leichter eingefunden. Stattdessen verdiente sie ihr Geld als Straßenmusikerin.

Violetta stand auf, um sich einen Tee zu kochen. Morgen würde sie wieder in den Straßen Londons singen und musste gut bei Stimme sein.

Nachdem sie den Wasserkessel auf den Holzofen gestellt

hatte, klopfte es an ihrer Tür. Sie guckte durch den Spion und war erleichtert, als sie Heather erkannte. Seit der Überfahrt auf der Arcadia hatten sie sich miteinander angefreundet. Hier durfte sie wenigstens am Vormittag ungestört singen, wenn die anderen Pensionsgäste außer Haus waren. Nur leider fehlte Violetta ein Klavier, das ihr das Üben erleichtert hätte.

»Hallo Heather.« Zur Begrüßung umarmte sie die neugewonnene Freundin. »Mit dir habe ich nicht gerechnet.«

Heather strahlte. »Ich bringe gute Nachrichten.«

Sofort schöpfte Violetta Hoffnung, die Freundin könnte etwas von Hans erfahren haben. Heather hatte versprochen, durch einen Matrosen der Arcadia etwas herauszufinden.

»Hans?«

Das Lächeln auf Heathers Gesicht erlosch. Sie schüttelte den Kopf.

»Nein.« Verlegene Röte überzog deren Wangen. »Ich habe einen Raum gefunden, wo du jederzeit üben kannst. Ein Klavier gibt es dort auch.« Violetta suchte schon seit langem vergeblich nach einem geeigneten Übungsraum.

Die Nachricht rührte sie zu Tränen.

»Wirklich?« Sie konnte es kaum fassen.

»Reverend Hull hat meiner Bitte stattgegeben. Drüben im kleinen Gemeindesaal steht ein Klavier, das selten genutzt wird. Er meinte, du könntest dort außer sonntags üben, wann immer du willst und keine Veranstaltungen sind. Ist das nicht toll?«

»Ja«, antwortete Violetta und umarmte Heather. »Danke«, flüsterte sie der Freundin ins Ohr.

»Schon gut.« Die burschikose Heather klopfte ihr auf den Rücken. »War schwer, den guten Reverend zu überzeugen.«

»Ich kann dir gar nicht sagen, wie viel mir das bedeutet. Das erleichtert mir das Üben ungemein.«

»Ich kann doch der Karriere einer solch tollen Sängerin

wie dir nicht im Wege stehen«, sagte Heather augenzwinkernd.

Das Gemeindehaus von Reverend Hull lag nur wenige Meter von der Pension entfernt. So würde es Violetta möglich sein, auch abends zu üben.

Violetta bot Heather einen Kräutertee an.

Sie setzten sich mit den Teetassen an den kleinen runden Tisch in ihrem Zimmer.

»Ich habe noch etwas mitgebracht.« Heather zog etwas in Butterbrotpapier Eingewickeltes aus ihrer Handtasche. Es war ein Stück Schafskäse. Letzte Woche hatte Violetta solch einen Heißhunger darauf verspürt und sich im Laden um die Ecke ein größeres Stück Käse gekauft. Gierig hatte sie es verschlungen. Heute jedoch bewirkte der Geruch des Käses Übelkeit. Violetta hielt sich erst die Nase zu, dann presste sie die Hand auf den Mund. Der Geruch war unerträglich, dass sie zur Toilette rannte, wo sie sich erbrach.

»Alles in Ordnung?«, fragte Heather besorgt, als Violetta von der Toilette zurückkehrte. Violetta nickte.

»Sei mir nicht böse, aber bist du sicher, dass du nicht schwanger bist? Deine ständige Übelkeit ... Und zugenommen hast du auch, obwohl du wie ein Vögelchen isst.«

Auch Violetta hatte schon darüber nachgedacht. In diesem Moment verspürte sie ein unglaubliches Glücksgefühl, vielleicht Hans' Kind unter dem Herzen zu tragen.

»Vielleicht hast du recht.«

»Dann solltest du unbedingt einen Arzt aufsuchen, um Gewissheit zu haben.«

»Aber ich kann keinen Arzt bezahlen.« Violetta verdiente nicht viel als Straßensängerin.

»Lass mich mal machen. Mir wird schon was einfallen. Schließlich kenne ich als Krankenschwester einige Ärzte.«

Heather war wirklich ein Schatz.

»Ich lass dir den Käse trotzdem hier. Vielleicht überkommt dich noch der Hunger.«

Dann plauderten sie über Violettas Straßenmusik. Nur wenige Minuten weit von der Pension entfernt lag ein Platz, auf dem regelmäßig Straßenmusiker spielten. Violetta war schon ein paar Mal dort gewesen. Sie brauchte dringend Geld. Parallel dazu bewarb sie sich an verschiedenen Bühnen.

Heather hatte sie ins Grübeln gebracht, dass sie vielleicht schwanger sein könnte. Ein Kind würde ihren Plan von einem Engagement durchkreuzen. Nachdem die Freundin gegangen war, betrachtete sich Violetta eingehend im Spiegel. Bildete sie es sich nur ein, oder wirkten ihre Brüste praller? Ihre ohnehin schon immer sehr schwach gewesene Monatsblutung war seit geraumer Zeit ganz ausgeblieben. Zugenommen hatte sie kaum, denn es gab Tage, an denen sie nur wenig zu essen hatte. Violetta hatte ihre Übelkeit immer auf den Hunger und ihre Traurigkeit zurückgeführt. Ein Kind würde ihr Leben erschweren. Doch der Gedanke daran erfüllte sie mit einem warmen Gefühl. Sanft strich sie über ihren Bauch. Würde Hans sich freuen, wenn er von einem Kind erfuhr?

Um Gewissheit zu bekommen, dass sie schwanger war, wollte sie Heathers Ratschlag befolgen und einen Arzt aufsuchen.

Sie grübelte die ganze Nacht, wie sie ein Kind ohne Hans und fern der Eltern aufziehen sollte, bis sie erschöpft gegen Morgengrauen einschlief.

20. Dezember 1938

Es schneite heftig, als Violetta am Vormittag das Haus des Arztes verließ. Sie setzte die Kapuze auf und zog den Wollschal enger um den Hals. Den Kopf nach vorn geneigt stapfte sie durch den Schnee. Endlich hatte sie Gewissheit. Sie trug Hans' Kind in ihrem Bauch. Wenn er doch nur bei ihr sein könnte. Nichts hätte sie sich mehr gewünscht, als die Freude darüber mit ihm zu teilen. Ihre Augen füllten sich mit Tränen. Wochen waren vergangen ohne ein Lebenszeichen von ihm. Und wenn er nicht mehr lebte? Violetta schüttelte den Kopf. Hans lebte, und sie würden sich wiedersehen. Daran wollte sie fest glauben.

Der Glaube versetzt Berge, pflegte Justine immer zu sagen.

Einen Moment lang war sie versucht, ihren Eltern ein Telegramm zu schicken, um ihnen die frohe Botschaft mitzuteilen. Doch sie würden sicher sofort zu ihr nach England reisen wollen. Und was wäre dann mit dem Theater? Mitten in der besten Bühnensaison? Nein, sie hatte ihren Eltern genug Scherereien gemacht. Sie beschloss, ihre Schwangerschaft erst einmal zu verschweigen.

Das Weihnachtsfest stand vor der Tür. Zum ersten Mal würde sie es ohne die Familie verbringen. Allein, in dem winzigen Pensionszimmer.

Violetta lief zu Sallys Pension zurück, um Heather und Sally die frohe Kunde mitzuteilen. Nur wenige Schritte vor der Haustür eilte ihr Reverend Hull entgegen. Der gütige und hilfsbereite Geistliche trug trotz der Kälte über seinem Anzug nur die Soutane, die im Wind flatterte. Seine Nase war von der Kälte knallrot. Er hob zum Gruß die Hand und lief zum kleinen Gemeindesaal, der gegenüber der Kirche lag. Früher hatte dort ein Chor geprobt, wie sie von Sally erfahren hatte. Violetta folgte ihm und holte ihn in der Vorhalle ein.

»Reverend Hull, kann ich Sie vielleicht kurz sprechen?«

Er drehte sich zu ihr um. Der drahtige Mann mit dem rotblonden Haar lächelte freundlich.

»Ja, natürlich. Was kann ich für Sie tun?« Im Gegensatz zu vielen anderen Londoner Bewohnern behandelte er sie stets mit Respekt.

»Das Klavier im Saal, es müsste dringend gestimmt werden. Haben Sie vielleicht einen Klavierstimmer an der Hand?« Ihr Vater hatte großen Wert darauf gelegt, dass die Instrumente immer perfekt gestimmt waren. Sie unterdrückte erneut das Heimweh, das stets in ihr aufkam, wenn sie an Hannover dachte.

»Es tut mir leid, Miss Schwarz, aber momentan können wir uns keinen Klavierstimmer leisten. In wenigen Tagen ist Weihnachten, und die Kirchenglocke muss bis dahin repariert sein.«

»Oh«, antwortete sie enttäuscht. »Aber Sie kennen doch sicher jemanden, der ein Klavier stimmen kann? Vielleicht ist jemand aus Ihrer Gemeinde so spendabel, die Kosten zu übernehmen? Ich würde dafür auch in Ihrem Gottesdienst zu Weihnachten singen. Umsonst natürlich. Als Gegenleistung.«

Er zog die Stirn kraus und schien zu grübeln.

»Ich nehme Ihr Angebot gern an, dem Herrn Freude zu bereiten. Aber ich kann Ihnen nicht versprechen, dass eines der Gemeindemitglieder den Klavierstimmer bezahlen würde.«

»Weil ich allein darauf übe und aus Deutschland komme?«

Reverend Hull schaute auf den Boden, was Violetta in ihrer Annahme bestätigte.

»Aber wenn das Klavier fertiggestimmt ist, könnten Sie es

doch noch zu anderen Gelegenheiten nutzen. Für den Kirchenchor zum Beispiel. Das wäre vielleicht ein Argument.«

»Ich werde mit dem Kanonikus sprechen«, antwortete er nach einer Weile. Der Schnee in seinem Haar taute auf und tropfte ihm ins Gesicht.

»Danke.« Violetta strahlte ihn an.

»Versprechen kann ich Ihnen nichts. Wenn der Bischof zustimmt, werde ich Herrn Mandler bitten, das Klavier zu stimmen.«

»Sagten Sie eben Mandler?« Violetta war sich sicher, den Namen schon einmal gehört zu haben, aber sie konnte sich nicht erinnern.

»Mr Gideon Mandler. Er ist Instrumentenbauer hier in London und kümmert sich auch um die Instrumente meiner Gemeinde.«

»Ich bin Ihnen wirklich sehr dankbar, Reverend.«

»Schon gut, Miss Schwarz.« Der warme Ausdruck in seinen Augen erinnerte sie wieder schmerzhaft an Hans und ließ sie erneut traurig werden.

»Haben Sie denn schon etwas von Ihrem Verlobten gehört?«

Wie sensibel der Geistliche war, bewies er mit dieser Frage.

»Leider nein.«

»Alles Gute. Wegen Weihnachten … Sie können gern in der Kirche üben. Abends spielt unser Organist Martin dort. Er könnte Sie auf der Orgel begleiten. Ich sage ihm nachher gleich Bescheid. Jetzt muss ich aber zur Krippenspielprobe.«

Gideon Mandler! Wann und wo hatte sie diesen Namen schon einmal gehört?

Violetta kehrte in ihr Zimmer zurück und feuerte den Holzofen an, um sich zu wärmen und eine Suppe zu kochen.

Die Kirchturmuhr schlug sechs. Da sie schon öfter im kleinen Gemeindesaal geübt hatte, wusste sie, dass der Organist meistens um diese Zeit in der Kirche spielte. Violetta löffelte hastig ihre Suppe und begab sich anschließend zur Kirche. Sie hatte sich einen zweiten Wollschal um den Hals gewickelt. In der Kirche singen. Wie sehr ihr das Theater fehlte, wurde ihr erst jetzt wieder bewusst.

Aus der hell erleuchteten Kirche drangen Orgelklänge. Wie immer, wenn sie sich ein einem Gotteshaus betrat, war sie von Ehrfurcht erfüllt. Sie hatte schon lange keins mehr besucht, obwohl sie die Akustik darin liebte. Als Jugendliche hatte sie mit dem elterlichen Chor in verschiedenen Kirchen Hannovers gesungen.

Als sie vom Vorraum ins Kirchenschiff trat, sah sie zwei riesige Tannenbäume rechts und links des Altars stehen. Ein warmes Gefühl durchströmte Violetta. Im Theater hatten sie im Foyer zur Weihnachtszeit auch immer einen Christbaum aufgestellt. Orgelklänge hallten durch die Kirche. Sie blieb stehen und blickte zur Empore hinauf. Der Organist spielte die Toccata und Fuge in d-moll von Bach. Die Musik und die geschmückte Kirche erinnerten sie an ihre Heimatstadt, an die gemütlichen Winterstunden mit der Familie. In diesem Augenblick wurde Violetta klar, dass alles der Vergangenheit angehörte und nur noch Teil ihrer Erinnerungen war. Sie war nie sehr gottesfürchtig und fromm gewesen. Dennoch setzte sie sich in eine der Kirchenbänke und betete für Hans, ihre Familie und das Kind, das sie unter ihrem Herzen trug. Gebete gaben ihr Kraft, diese schwere Zeit zu überstehen. Violetta lauschte dem Orgelspiel. Erst als der Organist die Fuge beendet hatte, stieg sie die Treppe zur Empore hinauf.

»Guten Abend«, begrüßte sie den rotblonden Organisten.

»Guten Abend … Miss Schwarz?«, fragte er freundlich. Sie schätzte ihn auf Anfang vierzig. Sein Lächeln war nicht aufgesetzt oder herablassend, sondern angenehm sympathisch.

Violetta nickte.

»Ich bin Martin Piper.« Er hob die Hände. »Ich weiß, mein

Name passt hervorragend zu meinem Beruf.« Er zwinkerte ihr zu.

»Ehrlich gesagt habe ich jetzt nicht daran gedacht.« Violetta lächelte ebenfalls.

»Dann bin ich ja beruhigt. Reverend Hull hat mir gesagt, dass Sie zu Weihnachten in der Kirche singen würden.«

Wenn er lächelte, sah sein hageres, streng geschnittenes Gesicht viel jünger aus.

»Ja, das stimmt.«

Eine Weile sprachen sie über das, was sie in der Christmette singen könnte. Die meisten von Martins Vorschlägen waren Choräle, die so gar nicht Violettas Wunsch entsprachen.

»Ich würde gern die Sopranarie aus dem Weihnachtsoratorium singen, *Flößt mein Heiland*«, schlug sie vor. Hans hatte die Arie geliebt, und ihre Mutter hatte sie zigmal bei Konzerten gesungen. Violetta schluckte gegen den Kloß der Traurigkeit in ihrer Kehle an.

Martin Piper wirkte erstaunt.

»Das ist aber ein sehr schweres Stück. Trauen Sie sich das wirklich zu?«

Scheinbar wusste er nicht, dass sie eine ausgebildete und bühnenerfahrene Sopranistin war. Violetta verkniff sich ein Schmunzeln.

»Ich denke schon. Können Sie es denn spielen?«

Martin schnappte empört nach Luft. »Na, hören Sie mal, ich habe schon in der Queen's Hall gespielt.«

»Auf der Orgel?«

»Nein, auf einem Flügel.«

Die Bach-Fuge, die sie eben von ihm gehört hatte, war sehr gut gespielt worden. Sie hoffte, jemanden gefunden zu haben, mit dem sie zusammen musizieren könnte. Das gab ihr ein gutes Gefühl.

»Wollen wir es nicht erst mit etwas Einfachem versuchen?«, fragte er und kramte in dem Notenregal neben der Orgel.

»Einverstanden«, antwortete Violetta.

Er suchte ein Notenbuch hervor und zog ein paar Register an der Orgel.

Wenig später schallten die ersten Orgelklänge durch das Gotteshaus.

Zum Glück kannte sie das Lied *The first Noel*, das er ausgesucht hatte. Sie mochte das schlichte Weihnachtslied, das durch sanfte Töne zu überzeugen wusste.

Sie öffnete den Mund, und ihre voluminöse, sanfte Stimme erfüllte die Kirche. Immer wenn sie sang, tauchte sie in eine andere Welt ein. Eine Eigenschaft, die sie von ihrem Vater geerbt hatte. Er verschmolz stets mit seiner Rolle und vergaß alles um sich herum. Von ihrer Mutter hingegen hatte sie die warme Stimmfarbe geerbt.

»Wow«, sagte Martin, nachdem der letzte Ton verklungen war. »Sie besitzen die schönste Stimme, die ich je gehört habe. Und technisch war das perfekt. Wo haben Sie so singen gelernt?«

»Von meinen Eltern.« Dann plauderte Violetta über das Theater und ihre musikbegeisterte Familie.

»Wir alle sind Musiker«, sagte sie stolz. Es tat gut, sich mit jemandem darüber unterhalten zu können.

Martin stand mit offenem Mund da.

»Sie müssen unbedingt an einer Bühne vorsingen.«

Seine Fürsorge ehrte sie, aber sie hatte bereits erfahren müssen, dass man in England nicht gut auf Künstler aus Deutschland zu sprechen war. Obwohl sie einen Schweizer Pass besaß, fühlte sie sich im Herzen als Deutsche.

»Glauben Sie mir, ich habe mich schon für mehrere Vorsingen beworben, bekam aber immer eine Absage. Sobald ich sage, woher ich komme, werden alle sehr reserviert.«

Martina Piper schüttelte den Kopf. »Eine Schande ist das!

Bei Ihrem Talent! Haben Sie schon den Instrumentenbauer Mr Mandler kennengelernt? Er ist mit jemandem aus der Royal Philharmonic Society befreundet. Der könnte Ihnen vielleicht weiterhelfen.«

»Leider nein. Reverend Hull hat ihn erwähnt, als ich ihn um einen Klavierstimmer gebeten habe. Aber die Kirche hat vor Weihnachten kein Geld dafür. Und ich, offen gestanden, auch nicht.«

»Ich habe schon eine Ewigkeit nicht mehr auf diesem Klavier gespielt. Wenn Sie wollen, kann ich Mr Mandler bei nächster Gelegenheit fragen.«

Violetta schüttelte den Kopf. »Wie gesagt, ich kann mir das nicht leisten.«

»Ich könnte mir vorstellen, dass Mr Mandler bei Ihnen eine Ausnahme macht, wenn er Sie hört. Er ist sehr großherzig und mir noch einen Gefallen schuldig.«

Sie allein wäre sicher mit weniger Geld ausgekommen und hätte das Stimmen bezahlen können. Aber sie musste jetzt auch an ihr Kind denken.

»Das ist wirklich sehr nett von Ihnen, Martin, aber ich will keine Umstände machen. Das Üben hat bisher auch mit dem verstimmten Klavier funktioniert.«

»Na, vielleicht klappt es ja doch. Es geschehen immer noch Zeichen und Wunder.«

Martins Worte verliehen ihr Zuversicht.

Zum Abschied verabredeten sie sich für ein weiteres gemeinsames Musizieren.

Der Name Mandler ging ihr nicht aus dem Sinn. Wo und in welchem Zusammenhang hatte sie diesen Namen schon einmal gehört? Eigentlich besaß sie immer ein gutes Gedächtnis. Hier jedoch ließ es sie im Stich.

Als sie ihre Zimmertür aufschloss, war sie durchgefroren. Schnell feuerte sie den Ofen an und wärmte ihre Finger darüber. Bei ihren Eltern war es in der Vorweihnachtszeit immer warm und gemütlich gewesen.

Du musst stark sein. Für dich und das Kind.

23. Dezember 1938

Erneut verließ Brian enttäuscht das Büro von Mr Burton. Er erhielt einfach keinen Zuschuss von dem Musikdirektor. Seine Hoffnung, nach der erfolgreichen Analyse der Uhlenberg'schen Kompositionstechnik mehr finanzielle Unterstützung zu bekommen, hatte sich zerschlagen.

Stattdessen hatte ihn der Musikdirektor von Woche zu Woche mit der Entscheidung vertröstet, bis er Brian heute mitgeteilt hatte, dass ihm die finanziellen Mittel fehlten, um ihn zu unterstützen. Nach dem letzten Gespräch hatte Brian geahnt, dass er eine Absage bekommen würde, und deshalb viele Konzerte organisiert, um das Orchester bezahlen zu können. Jetzt war er auf sich allein gestellt. Aber er würde Burton und allen anderen zeigen, dass er sich als Pianist und Orchesterleiter behaupten würde. Wütend trat Brian nach einem Stein. Es waren nicht die Zeiten für waghalsige Investitionen in die Kunst.

Aber er wollte nicht undankbar sein. Die Gesellschaft hatte ihm geholfen, in der Musikwelt Fuß zu fassen und als Pianist bekannt zu werden. Jetzt stand er an einem Scheidepunkt in seinem Leben, er musste sich vor Augen halten, auf sich allein gestellt zu sein. Seine Chancen waren gut, denn jeder Musiker seines Orchesters war ein Virtuose. Das allein reichte jedoch nicht, um auf dem Musiksektor zu bestehen. Um sich von anderen abzuheben, mussten sie die Darbietungen abwechslungsreicher gestalten. Es gab nicht allzu viele Angebote für Kammerensembles. Viele Zuhörer legten Wert auf Gesangseinlagen. Schuld daran waren die Spielfilme in den Lichtspieltheatern mit berühmten Sängern in den Hauptrollen. Immer mehr eroberten die Lichtspielhäuser die Städte und wurden zur starken Konkurrenz für herkömmliche Theater und Konzerthäuser. Im Gegensatz zu manchen Theaterkarten waren die Eintrittskarten für Lichtspielhäuser für normale Bürger erschwinglich. Sie strömten zuhauf dorthin, um Sänger wie Beniamino Gigli oder Richard Tauber auf der Leinwand zu erleben.

Seine Gedanken wanderten zu Violetta Schwarz zurück, deren Stimme nicht nur das Publikum, sondern auch ihn tief berührt hatte. Deutlich sah er ihr bildhübsches Gesicht vor sich, umrahmt von blauschwarzem Haar. Brian seufzte. Er wusste ja nicht einmal, ob sie noch lebte. Im Haus des Cellisten war das Paar nie angekommen.

Besorgt hatte er ihren Eltern telegrafieren wollen, doch dann hatte Gideons Onkel im Brief geschrieben, dass die Gestapo Hans Brünn abgeführt hatte. Violetta offenbar auch, sonst wäre sie doch in London eingetroffen. Oder? Brian fühlte sich für ihre Flucht verantwortlich und könnte es sich nie verzeihen, wenn der Sängerin etwas zugestoßen war. Der Gedanke, sie könnte ins Gefängnis oder in eines der Lager gebracht worden sein, war ihm unerträglich.

Brian stand vor der Werkstatt seines Freundes Gideon. Ihm konnte er sein Vorhaben anvertrauen. Wie einst Alan. Brian trauerte sehr um seinen Bruder.

Wie so oft arbeitete Gideon an einer Violine. Sein Freund sah auf, als Brian eintrat, und sie begrüßten einander mit einer Umarmung.

»Das trifft sich gut. Ich hätte dir sonst später noch einen Besuch abgestattet«, begrüßte ihn Gideon.

»Gibt es einen besonderen Anlass?« Brian sah seinen Freund fragend an.

»Martin Piper ist bei mir gewesen und hat mich gebeten, morgen Abend in die Christmette zu kommen. Diesmal hat er einen besonderen Gast. Eine Sängerin. Martin meinte, sie wäre außergewöhnlich. Vielleicht wäre sie etwas für dich? Du suchst doch noch nach Gesangstalenten, oder?«

Das war gut gemeint von Gideon, aber Brian stand nicht der Sinn nach einem Kirchgang. Und weihnachtliche Stimmung käme durch den Tod seines Bruders nicht bei ihm auf.

Außerdem würde die Sängerin nicht so außergewöhnlich wie Violetta sein!

»Danke, aber ich möchte die Zeit lieber nutzen, um weitere Konzerte zu planen.« Anschließend berichtete er seinem Freund vom Gespräch mit Mr Burton.

»Ich bewundere deinen Mut, diesen Weg zu gehen. Und das in so unsicheren Zeiten, in denen Deutschland auf Eroberung aus ist.«

»Es muss doch weitergehen. Ich kann nicht einfach nur abwarten. Schließlich ist das mein Einkommen.« Brian vertraute Chamberlains Politik und glaubte daran, dass ein Krieg abzuwenden sei.

»Hast du schon mal daran gedacht, nach Hause zurückzukehren? Jetzt, da dein Bruder gestorben ist, braucht dein Vater dich sicher.«

»Ich werde nicht mehr nach Wilcox Manor zurückkehren. Hast du vergessen, dass mich mein Vater verstoßen hat?«

Noch immer war er wütend auf ihn. Und dass ihn seine Eltern nicht von Alans Tod benachrichtigt hatten, machte es nur noch schlimmer. Der Schmerz saß tief.

»Nein, das habe ich nicht. Aber jetzt, da Weihnachten vor der Tür steht und dann diese unruhige Zeit … das wäre doch eine Chance, sich auszusöhnen.«

Gideon meinte es sicher gut, aber der Freund kannte seinen verbitterten, sturköpfigen Vater nicht. Der würde niemals vergeben. Und er ihm wahrscheinlich auch nicht.

»Du hast ja keine Ahnung, wie mein Vater ist!«

Schon so manches Mal in den letzten Tagen hatte er an

Wilcox Manor, den altehrwürdigen Landsitz, gedacht. In der Vorweihnachtszeit war das Herrenhaus immer liebevoll geschmückt worden. Alan und er hatten sich als Kinder gern hinter den beiden Christbäumen in der Eingangshalle versteckt. Es hatte nach Scones und Keksen geduftet und Harriets berühmtem Plumpudding.

»Nein, ich habe ihn nicht kennengelernt«, gab Gideon zu. »Aber für eine Versöhnung ist es nie zu spät.«

Brian klopfte dem Freund auf die Schulter. »Lass es gut sein, Gideon. Selbst wenn ich einen Befehl des Königs bekäme, würde ich nicht nach Wilcox Manor fahren.«

Er hatte mit seinem Vater ein für alle Mal abgeschlossen.

»Du willst doch nicht wirklich nur arbeiten?«

Brian zuckte mit den Achseln.

»Willst du es dir nicht noch einmal überlegen und mich in die St. Peters Church begleiten? Vielleicht kann dich die Sängerin begeistern.«

Brian kannte Gideon gut genug, um zu wissen, dass sein Freund nicht lockerlassen würde, ihn davon zu überzeugen, mit ihm zum Weihnachtsgottesdienst zu gehen.

»Von mir aus. Du gibst sonst nie auf«, antwortete er lächelnd.

»Na also! Ich hole dich morgen pünktlich ab«, schlug der Freund vor.

Auf dem Nachhauseweg war Brians Stimmung getrübt. Was, wenn Gideon recht behielte und es Krieg geben würde? Gideon kannte die Deutschen schließlich besser als die meisten. Was würde aus seinem Orchester werden, wenn er vielleicht in der Armee dienen musste? Brian hatte noch nie etwas für Waffen übriggehabt. Sein Vater hatte ihn früher mit auf die Jagd genommen, um aus ihm einen erfolgreichen Jäger zu machen. Das war stets fehlgeschlagen. Er verabscheute jede Form von Gewalt und könnte niemals einen Menschen töten.

Seine Finger waren fürs Klavier geschaffen und nicht für den Abzug einer Waffe.

Er dachte an Gideons Bitte, ihn zur Christmette zu begleiten. Vielleicht war das wirklich eine gute Gelegenheit, sich ein wenig Ablenkung zu verschaffen und gleichzeitig eine Künstlerin anzuwerben.

Tief in Gedanken versunken, stapfte er zurück zu seiner Pension.

25. Dezember 1938

Sie hatte ihre Eltern angelogen. Nur um sie nicht zu beunruhigen. Violetta hatte ihnen geschrieben, dass sie einem glücklichen Umstand ein Engagement zu verdanken hatte. In einem kleinen Londoner Theater. *Eine Lüge zieht die nächste nach sich*, hatte ihre Mutter immer gesagt. Als hätte sie nicht schon genug gelogen, hatte sie ihren Eltern erzählt, dass sie das Weihnachtsfest im Kreis von Freunden feiern würde. Nichts davon war wahr. Heather fuhr zu ihrer Familie in die Nähe von Oxford, und Sally feierte mit ihren Kindern bei den Schwiegereltern auf dem Land. Sally hatte ihr angeboten, sie zu begleiten. Doch da wäre sie wieder in einer fremden Umgebung gewesen. Es gab also niemanden, mit dem sie die Weihnachtstage verbringen könnte. Sie hatte sich noch nie so einsam gefühlt wie jetzt.

»Miss Violetta?«, raunte Martin und bedeutete ihr mit einer Geste, dass gleich ihr Einsatz bevorstand. Violetta nickte. Sie war professionell genug, um alles andere weit wegzuschieben.

Hastig zwinkerte sie eine Träne fort und stellte sich an die Brüstung auf der Empore. Jeder Platz auf den Bänken war belegt. Die Besucher standen sogar in den Gängen. Von unten schallten Gemurmel und Räuspern herauf. Manche der Kirchenbesucher blickten neugierig zu ihr nach oben. Violetta war froh, dass sie im letzten Moment ihr Lieblingskleid eingepackt hatte. Es verlieh Sicherheit und kaschierte ihren Bauch. Sie wollte nicht, dass jetzt schon jemand von ihrer Schwangerschaft erfuhr.

Lächelnd nickte Martin ihr zu, bevor seine Finger über die

Tasten glitten. Einen Wimpernschlag lang war sie irritiert, als sie etwas in ihrem Bauch spürte. Das löste ein Glücksgefühl in ihr aus. Violetta gab sich den weichen Klängen hin. Wie von selbst flossen die Töne über ihre Lippen. Sie ließ ihren Gefühlen freien Lauf und sang zuerst das Lied und schließlich die Arie aus dem Weihnachtsoratorium vor.

Als der letzte Ton des Orgelnachspiels in der Kirche verhallt war, herrschte Stille. Violetta schaute auf den Kronleuchter mit den flackernden Kerzen vor ihr. Sie wollte sich gerade wieder auf den Hocker neben der Orgelbank setzen, um die Mette weiterzuverfolgen, als sich die Kirchenbesucher von ihren Plätzen erhoben und ihr applaudierten. Violettas Augen füllten sich mit Tränen, als sie sich verneigte.

»Danke, Martin«, flüsterte sie dem Organisten zu. Der ergriff ihre Hand und küsste sie.

»Ich habe zu danken, dass ich eine solch herausragende Künstlerin begleiten durfte.«

»Nun übertreiben Sie nicht. Sie spielen ebenso hervorragend.«

Reverend Hull forderte die Kirchenbesucher nach dem Applaus zum Schlussgebet auf.

Nach der Christmette wollte Violetta die Kirche verlassen und in die Pension zurückkehren.

»Bitte warten Sie noch einen Moment.« Martin hielt sie am Arm fest. »Ich möchte Ihnen noch jemanden vorstellen.«

Violetta schüttelte den Kopf. Sie wollte nicht sehen, wie sich die Kirchenbesucher vor dem Gotteshaus mit Wünschen zur Weihnacht verabschiedeten. Es erinnerte sie schmerzhaft an die Geborgenheit in ihrer Familie.

»Bitte, nur einen Moment.« Der warme Blick aus Martins grauen Augen stimmte sie um.

»Also gut, aber nur einen Augenblick.«

Martin lächelte sie an.

Er deutete hinter sie. Langsam drehte Violetta sich um

und stand zwei Männern gegenüber. Es waren die blauen Augen des Hochgewachsenen, von denen sie sich kaum lösen konnte. Augen so klar wie ein Bergsee im Winter. Sie kannte ihn.

»Darf ich Ihnen Mr Gideon Mandler vorstellen«, hörte sie Martin sagen. Das war der Mann, der einen halben Kopf kleiner war als sein Begleiter. Er trug einen dunkelgrauen Maßanzug und passenden Hut. Sein schwarzer Vollbart glänzte feucht. Seine offene Ausstrahlung gefiel ihr auf Anhieb. Doch er verblasste gegen das Charisma seines Begleiters.

»Dann sind Sie der Mr Mandler, der Instrumentenbauer?« Mühsam riss sie sich vom Anblick seines Begleiters los und reichte dem Instrumentenbauer die Hand. Jetzt wusste sie auch, wo sie den Namen Mandler gehört hatte.

»Ja, Miss, der bin ich. Darf ich Ihnen meinen Freund Mr Wilcox vorstellen.«

»Merry Christmas, Mr Wilcox«, begrüßte sie ihn lächelnd und reichte auch ihm die Hand. Als sie zu ihm aufschaute und ihre Hände sich berührten, klopfte ihr Herz unerwartet schneller.

»Miss Schwarz, wie schön, Sie wiederzusehen.« Brian Wilcox schenkte ihr ein charmantes Lächeln. Es tat gut, ein bekanntes Gesicht zu sehen. Auch in Hannover hatte sich Brian Wilcox ihr gegenüber sehr galant verhalten.

»Sie kennen sich bereits?«, frage Martin erstaunt.

»Ja, aus Deutschland«, antwortete Wilcox. Violetta nickte. Gleichzeitig entzog sie Brian Wilcox ihre Hand.

»Miss Schwarz, ich war von Ihrer Stimme wieder bezaubert.«

»Danke, Mr Wilcox.« Sie freute sich über sein Lob.

»Ich kann meinem Freund nur zustimmen, Miss Schwarz. Sie haben das Lied und die Arie in einer einzigartigen Weise vorgetragen, wie ich sie noch nie zuvor gehört habe.«

Auch Martin Piper pflichtete ihnen bei. Violetta freute sich über das Lob der Männer.

»Merry christmas allerseits.« Mit diesen Worten gesellte sich Reverend Hull zu ihnen. »Wie ich sehe, Miss Schwarz, haben Sie sich bereits mit Mr Mandler bekanntgemacht. Sie haben übrigens wundervoll gesungen und die Mette zu etwas Besonderem werden lassen. Der Herrgott wird es Ihnen danken.«

»Es hat mir Freude bereitet, in Ihrer Kirche singen zu dürfen. Die Akustik ist wirklich einzigartig.«

Der Reverend lächelte voller Stolz. »Mr Mandler, hätten Sie vielleicht Zeit, unser Gemeindeklavier zu stimmen? Miss Schwarz übt dort jeden Tag«, wandte sich der Reverend an den Instrumentenbauer.

»Ich würde Ihnen ja gern den Wunsch erfüllen, Reverend, aber ich fürchte, das klappt nicht mehr so schnell. Die Geige, die ich gerade baue, muss bis Neujahr fertig sein«, gestand Mandler.

Violetta zog ein enttäuschtes Gesicht.

»Ich könnte doch das Stimmen übernehmen«, bot sich Brian Wilcox an.

»Da wäre ich dir dankbar«, stimmte Gideon Mandler zu.

»Was halten Sie davon, Miss Schwarz?«

Einerseits schmeichelte es ihr, dass Brian Wilcox ihr helfen wollte.

»Danke für Ihr Angebot, Mr Wilcox. Aber das Stimmen des Klaviers ist wirklich nicht so eilig. Ich kann auf Mr Mandler warten.« Ihr entging nicht seine enttäuschte Miene.

»Schade, ich wäre Ihnen sehr gern behilflich gewesen. Wir hätten die Partien zusammen einstudieren können.«

Sein Angebot war wirklich verlockend, aber sie wollte lieber allein üben.

Schon in Hannover hatte er sie mit Blicken verschlungen, wenn er sich unbeobachtet gefühlt hatte. Zugegeben, der

Mann besaß eine sympathische Ausstrahlung, aber Hans wäre vielleicht nicht begeistert, wenn er davon erführe.

Die Reihen auf der Empore lichteten sich. Die bewundernden Blicke der zur Treppe drängenden Gottesdienstbesucher galten ihr.

Brian Wilcox erhielt einen Schubs und stieß gegen sie. Violetta zuckte zusammen und bekam sofort eine Gänsehaut.

»Sorry.« Verlegen trat er wieder zurück.

»Schon gut«, presste sie hervor und warf ihm einen vorwurfsvollen Blick zu. Sie mochte es nicht, wenn ein anderer Mann ihr nahe kam, auch nicht zufällig.

»Ich würde die Herrschaften gern ins Pfarrhaus einladen.« Reverend Hull blickte in die Runde.

Violetta wollte sich lieber in die Pension zurückziehen. Gleichzeitig fürchtete sie sich davor, den Weihnachtsabend allein zu verbringen.

Während Martin und Mr Mandler sofort freudig die Einladung annahmen, zögerte Brian Wilcox auffällig mit der Antwort. Er sah sie an, als mache er seine Entscheidung von ihrer abhängig.

»Vielen Dank, Reverend, aber ich habe noch viel zu planen.«

Violetta atmete insgeheim auf. Ein Abend in Gegenwart dieses Mannes überforderte sie.

»Doch nicht am Weihnachtstag, Mr Wilcox. Heute ist der Tag der Liebe. Machen Sie mir bitte die Freude. Sie auch, Miss Schwarz.«

Violetta verspürte ein schlechtes Gewissen dabei, den Geistlichen zu enttäuschen.

»Bitte, Miss Schwarz.«

»Danke, Reverend, ich folge Ihrer Einladung gern.« Sie wagte nicht, Brian Wilcox anzusehen.

Das Pfarrhaus mit den dicken Eichenbalken an der Decke und den quadratisch angelegten Räumen erinnerte Violetta wieder an ihr Elternhaus. Es war sparsam und zweckmäßig eingerichtet. Doch die schlichte weihnachtliche Dekoration versprühte ihren Zauber. Mit Nelken bespickte Orangen und Äpfel waren zu Kerzenhaltern umfunktioniert. Ein köstlicher Essensduft erfüllte das Zimmer. Sie hätte es nicht für möglich gehalten, aber die Atmosphäre hier versetzte sie in eine gewisse Weihnachtsstimmung. Nur Brian Wilcox' Anwesenheit störte sie.

Sie nahmen an der einfach gedeckten Tafel Platz. Ein Pärchen aus der Gemeinde betrat zeitgleich mit Brian Wilcox den Raum. Höflich wie er war, überließ er ihnen die Wahl des Sitzplatzes. Als nur noch der Stuhl neben Violetta frei war, setzte er sich neben sie. Reverend Hulls Haushälterin schenkte allen einen köstlichen Rotwein ein und servierte anschließend Truthahn und Plumpudding. Violetta nippte nur aus Höflichkeit am Wein. Das Essen, das eben noch so köstlich geduftet hatte, ließ Übelkeit in ihr aufsteigen. Dennoch zwang sie ein paar Bissen hinunter und betete im Stillen, dass sie sich nicht übergeben müsste.

»Ist Ihnen nicht wohl?«, flüsterte Brian Wilcox ihr zu.

»Der Abend erinnert mich nur schmerzlich an meine Familie«, log sie. Er legte seine Hand tröstend auf ihre.

»Ich kann Sie nur zu gut verstehen.«

Wie einfühlsam er sein konnte! Es klang ehrlich, als hätte er Ähnliches erlebt. Die Berührung besaß etwas Tröstliches. Ein vertrautes Gesicht in der Runde tat gut.

Die Stimmung bei Tisch war fröhlich, dass Violetta eine Weile ihre Ängste und Sorgen vergaß. Brian Wilcox unterhielt alle mit Anekdoten von seinen Konzerten. Mit Charme und Witz brachte er die Gesellschaft oft zum Lachen. Auch sie. Violetta beteiligte sich nur wenig am Gespräch, sondern beschränkte sich aufs Zuhören. Brian Wilcox war der geborene Alleinunterhalter und seine Freundschaft zu Gideon Mandler offensichtlich. Sie erfuhr, dass der Instrumentenbauer ein deutsch-jüdischer Emigrant war, dem Brian Wilcox geholfen hatte, in England Fuß zu fassen.

»Miss Schwarz, wäre es sehr vermessen, uns noch eine Kostprobe Ihres Könnens zu geben?« Reverend Hull sah sie bittend an. »Dort hinten steht ein Flügel. Vielleicht mag Mr Wilcox Sie begleiten?«, wandte er sich an ihren Tischnachbarn.

»Aber gern.« Brian Wilcox erhob sich von seinem Platz und reichte ihr die Hand. Violetta wollte auf keinen Fall den gastfreundlichen Geistlichen vor den Kopf stoßen und erhob sich ebenfalls. Sie legte ihre eiskalte Hand in die von Brian Wilcox und ließ sich von ihm zum Flügel führen, der an der Wand stand.

»Was möchten Sie singen?« Brian deutete auf das Regal neben dem Klavier. Sie las die Titel auf den Buchrücken. Wider Erwarten war darunter nicht nur geistliche, sondern auch weltliche Musik zu finden.

»Reverend Hull ist ein großer Musikliebhaber. Er geht gern ins Theater«, warf Martin ein.

Violetta zog eines der Notenhefte heraus und reichte es Brian.

Seine Augenbrauen gingen nach oben, dann schmunzelte er amüsiert. Violetta stellte sich ans andere Ende des Flügels, um die Distanz zwischen ihnen so groß wie möglich zu halten. Brian nickte ihr zu, bevor sich seine Hände auf die Tasten senkten. Selbstbewusst legte Violetta den Kopf in den Nacken und öffnete die Spange, die ihr Haar hielt. Mit den Fingern fuhr sie durch ihre schwarze Haarflut, die nun in weichen Wellen über die Schultern fiel. Es hatte sie schon immer gereizt, die Arie der Carmen zu singen. Ihre Eltern hatten ihr nie die Chance gegeben. Immer hatten sie alle mit ihrer Mutter verglichen. Aber ihre Stimme war anders. Deutlich spürte sie den Blick von Brian Wilcox.

»L'amour est un oiseau rebelle.« Die Töne kamen leicht über ihre Lippen. Sie ging ein paar Schritte mit Hüftschwung nach vorn und fühlte sich trotz der Schwangerschaft verführerisch wie die Heldin dieser Oper. Noch konnte ihr Lieblingskleid die Wölbung kaschieren. Aber in wenigen Wochen ließe sich das nicht mehr verbergen. Wie immer verschmolz sie mit der Rolle der Carmen. Violetta schüttelte ihr Haar und fühlte sich musikalisch sehr wohl. Die tiefere Tonlage entsprach ihrer Natur. Sie kokettierte mit den Zuhörern, sogar mit dem Reverend. Nur Brian Wilcox gönnte sie keinen Blick. Doch sie musste zugeben, dass er sie sehr einfühlsam begleitete und sich jedem Tempowechsel anpasste.

Für die Arie bekam sie viel Beifall und überschwängliches Lob von allen.

»Sie gehören ins Londoner Opernhaus! Das Publikum wird Ihnen zu Füßen liegen. Sie müssen dort unbedingt vorsingen!« Der Reverend sprühte vor Begeisterung. Auch Martin Piper und die anderen beglückwünschten sie zu ihrem Talent, dass Violetta ganz verlegen wurde. Sie hatte sich bereits an der Londoner Oper beworben, jedoch keine Antwort erhalten. Sicher war auch dort ihre Herkunft das Hindernis. Gerade jetzt, da letztens erst in der Zeitung gestanden hatte, dass die Schweiz Juden über die Grenze nach Deutschland schickte.

»Mr Wilcox wollen wir natürlich nicht vergessen. Sie haben Miss Schwarz hervorragend begleitet. Ich würde mich sehr freuen, wenn Sie beide beim Gemeindefest im Sommer etwas vortragen könnten.«

»Reverend, das ist doch noch so lange hin«, gab Martin zu bedenken.

»Aber alles muss vorher geplant werden, wenn es gut werden soll«, antwortete der Geistliche, und schon diskutierten die beiden über die Sinnhaftigkeit von Planungen.

Violetta wollte zurück an die Tafel, als Brian Wilcox sie

am Arm fasste. Auf ihrer Haut begann es zu kribbeln. Schon lange war sie nicht mehr berührt worden. Erst recht nicht von einem Mann.

»Sie haben die Carmen nicht nur gut gesungen und gespielt, sondern sie gelebt«, sagte er sanft. In seinen Augen lag ein Leuchten. Hinter seiner kühlen Fassade loderte Leidenschaft. Das erinnerte sie an ihren Vater.

»Danke, auch für Ihre Begleitung. Sie haben wirklich hervorragend gespielt«, antwortete sie und entzog ihm ihren Arm.

»Sie verdienen Ihren Lebensunterhalt mit Straßenmusik, sagte mir Martin? Es ist eine Schande, dass eine solche Begabung wie Sie kein festes Engagement an einer Bühne hat.«

»Ich bin nicht in der Lage, mir Angebote auszusuchen, im Gegenteil, in England werde ich wegen meiner Nationalität nicht sehr geschätzt. Ich rechne es dem Reverend hoch an, dass ich in seiner Messe singen durfte und er mich am Weihnachtsabend zu sich eingeladen hat.«

»Würden Sie denn bei einem meiner Konzerte auftreten?«

Seine Frage kam unverhofft, dass Violetta nicht wusste, was sie darauf antworten sollte.

»Bei Ihren Konzerten?« Sie hörte sich an wie ein Papagei.

»Mein noch junges Orchester und ich reisen quer durch ganz England. Für nächstes Jahr haben wir bereits ein Konzert in Manchester in Planung. Würden Sie mir die Freude machen und bei einem oder auch gern mehreren Konzerten auftreten? Die Gage ist vielleicht nicht wie in Ihrem Theater, aber Sie hätten ein Einkommen. Sie könnten sich einen Namen machen und vielleicht auch die Chance auf ein festes Engagement an einem der hiesigen Opernhäuser erhalten.«

Brian Wilcox' Angebot war durchaus reizvoll, aber mit einem kleinen Kind nicht möglich. Sie konnte sich gut daran erinnern, wie sehr sie und Florentina jedes Mal unter der Abwesenheit ihrer Mutter gelitten hatten. Ein Konzert nach dem anderen, bei dem sie ihr Kind nicht mitnehmen konnte. Das war nicht das, was sie sich vorstellte. Außerdem würde sie Brian Wilcox mehr sehen, als ihr lieb war. Zwar mochte sie ihn, aber da war etwas an ihm, das ihr gefährlich werden konnte.

»Ihr Angebot ehrt mich sehr, Mr Wilcox, aber ich möchte gern meine ursprünglichen Pläne verfolgen. Auch wegen meines Verlobten.« Das war gelogen. Hastig sah sie weg und knetete ihre Finger.

Das Leuchten in den Augen ihres Gegenübers war erloschen, als sie zu ihm aufblickte.

»Das ist wirklich sehr schade. Aber ich kann natürlich Ihre Beweggründe verstehen.«

Tust du nicht!

Sein Blick sagte etwas anderes.

»Vielleicht überlegen Sie es sich anders. Für diesen Fall …« Er zog ein Kärtchen aus seiner Brusttasche und reichte es ihr. Es war schlicht, aus dünnem Karton, sein Name und die Adresse der Pension Dobbs waren daraufgedruckt. »Jetzt wissen Sie, wo Sie mich finden oder mir eine Nachricht hinterlassen können. Ich würde mich sehr freuen, wenn wir zusammenarbeiten würden, Miss Schwarz.«

»Danke, Mr Wilcox.« Achtlos steckte sie seine Visitenkarte ein. Sie würde sich sowieso nicht bei ihm melden. Wenn er herausbekäme, dass sie schwanger war, könnte er womöglich ihren Eltern davon erzählen. Auf keinen Fall wollte sie ihnen noch mehr Sorgen bereiten. Mit einem unehelichen Kind blieben ihr viele Türen verschlossen. Noch immer hoffte sie auf das Wunder, Hans eines Tages wiederzusehen, hoffte auf eine gemeinsame Zukunft. Doch tief in ihrem Innern ahnte sie, dass es die nicht geben würde.

16. März 1939

Erwartungsvoll schaute Brian in sein Postkästchen, das Mrs Dobbs für ihn in die Diele gestellt hatte. Es war nur die übliche Post in dem schmalen hölzernen Behältnis, von den Veranstaltern, deren Räume er für seine Konzerte gemietet hatte. Keine Nachricht von Violetta Schwarz. Nach dem Weihnachtsfest hatten sie sich nicht mehr gesehen. Oft hatte er die Straßen Londons durchstreift, in der Hoffnung, sie irgendwo musizieren zu sehen. Auch Gideon hatte sie seitdem nicht mehr gesehen.

Die Erinnerung an den Weihnachtsabend würde für ihn unvergesslich bleiben. Es war nicht nur die Sängerin, die ihn verzaubert hatte, sondern vor allem die Frau. Sie hatte die Arie der Carmen voller Temperament und Leidenschaft gesungen. Violetta hatte sich verführerisch präsentiert und ein starkes Verlangen in ihm geweckt, sie in die Arme zu reißen und ihren roten Mund mit einem Kuss zu verschließen. Er hatte sich in sie verliebt. Sie hingegen ging bei ihm stets auf Distanz, und die Anspielung auf ihre Beziehung mit Hans Brünn hatte ihm einen Stich versetzt. Was hatte er denn geglaubt? Seine Gefühle würden immer unerwidert bleiben. Damit musste er sich abfinden. Manchmal bildete er sich ein, dass sie die Schwingungen zwischen ihnen genauso gespürt hatte. Der Eindruck und hinterließ einen bitteren Nachgeschmack. Er musste endlich begreifen, dass ihr Herz einem anderen gehörte.

Nachdem der Komponist im Hamburger Hafen von der Gestapo abgeführt worden war und niemand mehr etwas von ihm gehört hatte, lag die Vermutung nahe, dass er in ein Lager gekommen war. Nach allem, was Brian von den deutschen Konzentrationslagern gehört hatte, schien eine Rückkehr nicht wahrscheinlich zu sein. Violetta hingegen schien unerschütterlich daran zu glauben. Brian wünschte ihr von ganzem Herzen, dass sich ihre Hoffnung erfüllte.

Am Weihnachtsabend war er im Überschwang der Gefühle kurz versucht gewesen, ihr zu gestehen, was er für sie empfand. Jetzt wusste er, dass es besser gewesen war zu schweigen.

Seufzend nahm er seine Post an sich und wollte auf sein Zimmer gehen, als sich die Salontür unerwartet öffnete und Mrs Dobbs in ihrem Witwenkleid auf der Schwelle stand.

»Mr Wilcox, gut, dass Sie endlich da sind.«

Brian schaute verwundert auf.

»Ja?«

»Besuch für Sie. Eine Dame.«

Sein Herz klopfte schneller. Violetta! In freudiger Erwartung, sie wiederzusehen, stürmte er in den Salon und hielt enttäuscht inne, als er die schlohweiße Frisur sah.

Im Sessel von Mrs Dobbs saß seine Mutter, kerzengerade wie ihr Stock in der Hand. Die dreireihige Perlenkette schimmerte auf ihrem Trauerkleid. Das Familienerbstück der Wilcox'. Als er eintrat, stand sie auf.

»Guten Tag, Brian.« Ihre Stimme klang brüchig. Er zuckte kurz zusammen. Mit seiner Mutter hatte er nicht gerechnet. Seine Muskeln spannten sich an. Sie standen sich gegenüber wie Fremde.

»Guten Tag, Mutter.«

Stille. Seit Monaten hatten sie keinen Kontakt mehr gehabt. Was wollte sie nun von ihm?

»Weiß Vater, dass du hier bist?«

Sie schüttelte den Kopf.

»Bitte setz dich. Ich muss mit dir reden.« Sie deutete auf den Stuhl und nahm wieder im Sessel Platz.

»Ich wüsste nicht, was wir noch zu bereden hätten.« Brian

hatte seiner Mutter nicht verziehen, dass sie nicht für ihn Partei ergriffen, sondern zum Vater gehalten hatte.

»Bitte setz dich und hör mich an.«

Brian war hin- und hergerissen und zögerte. Seine Neugier überwog, dass er schließlich nachgab und auf dem Stuhl Platz nahm.

»Also, was hast du mir zu sagen?«

Er bemerkte die zittrigen Hände auf dem Schoß der Mutter.

»Dein Vater kommt über Alans Tod nicht hinweg. Er ist nur noch ein Schatten seiner selbst und hat keine Kraft, das Gut zu bewirtschaften. Du bist sein einziger Erbe.«

»Hast du vergessen, dass er mich verstoßen hat?«

»Ich habe das nicht gutgeheißen. Aber dein Vater …«

»Du hättest ihn stoppen können!«

Betroffen sah sie ihn an.

»Es tut mir leid, Brian. Ich … ich … es war …« Seine Mutter suchte nach Worten.

»Zu spät, Mutter. Ich war nie der Sohn, den Vater sich gewünscht hat, und auch jetzt bin ich nur eine Notlösung, um das Familienanwesen zu halten. Nein, ich werde nicht nach Wilcox Manor zurückkehren. Ich bin kein Landwirt und werde es nie sein. Ich bin Musiker!«

Die ohnehin fahle Haut der Mutter wurde noch blasser.

»Du willst zulassen, dass unser Familienerbe in fremde Hände gelangt?« In ihren Augen schimmerte es feucht.

»Es ist nicht mehr mein Familienerbe. Ich bin nicht mehr Lord Wilcox, sondern der Musiker Brian Wilcox.«

Seine Mutter schnappte nach Luft, dass sie ihm leidtat. Die Zeit war nicht zurückzudrehen.

Dennoch missfiel ihm die Vorstellung, dass Wilcox Manor in fremden Besitz übergehen könnte. Es war sein Elternhaus, in dem er viele unbeschwerte Tage verlebt hatte. Nur, ein Anwesen wie dieses zu führen, dazu brauchte es mehr als Erinnerungen. Er war nicht wie Alan befähigt, die Verantwortung dafür übernehmen. Die Rinder- oder Pferdezucht hatte ihn nie wirklich interessiert. Das Reiten und Jagen hatte er nur gelernt, weil sein Vater ihn dazu gezwungen hatte. Er hatte es gehasst.

Brian erhob sich. »Es tut mir leid, Mutter, aber deine Bemühungen, mich zur Rückkehr zu bewegen und die Verantwortung für Wilcox Manor zu übernehmen, sind leider umsonst. Mein Leben ist hier in London als Musiker.«

Ihre Lider senkten sich, bevor sie nickte.

»Verstehe. Gibt es vielleicht etwas, das deine Meinung ändern könnte?«, fragte sie leise.

»Nein.«

Der Besuch seiner Mutter hatte Brian trotz allem aufgewühlt und ins Grübeln gebracht. Rowena hätte ihm unmissverständlich zu verstehen gegeben, dass es seine Verpflichtung war, Wilcox Manor zu retten. Doch er kannte seinen Vater gut genug, um zu wissen, dass dieser außer sich wäre, wenn er vom Handeln der Mutter erfahren würde. Sein Vater und er waren in ihren Ansichten und Vorstellungen zu verschieden, als dass sie miteinander harmoniert hatten.

Wie hätte sich Alan an seiner Stelle entschieden?

30. Juni 1939

Violetta hob die Zigarrenkiste hoch, die zu ihren Füßen stand. Plötzlich wurde ihr schwindlig. Weil sie schwankte, purzelten einige Münzen aus der Kiste aufs Pflaster. Sie ging in die Hocke, um sie wieder einzusammeln. Das Bücken fiel ihr immer schwerer. Bevor sie die letzte Münze aufheben konnte, durchfuhr sie ein heftiger Schmerz in ihrem Leib, der sie in die Knie zwang. Instinktiv umklammerte sie die Straßenlaterne neben sich, wollte sich daran hochziehen. Doch der Schmerz kam in Wellen und raubte ihr den Atem. Jetzt war es doch zu früh! Bis zur Geburt war es noch etwa drei Wochen, wenn alles glattlief, hatte der Arzt gesagt. Violetta atmete tief ein und aus. Das hatte Heather ihr geraten. So schnell, wie der Schmerz gekommen war, ebbte er auch wieder ab. Sie fühlte sich erschöpft von den Tagen als Straßenmusikerin. Keuchend sank sie auf die Knie und lehnte den Kopf gegen den Laternenpfahl. Die anderen Straßenmusiker sahen zu ihr herüber, ohne ihr zu helfen.

»Es gleicht einem Wunder, dass du dort in der Straße singen darfst. Sei bloß vorsichtig!«, hatte Heather sie erst neulich gewarnt. Die anderen Straßenmusiker waren zwar nicht freundlich, aber sie duldeten ihre Anwesenheit. Manchmal glaubte Violetta sogar bewundernde Blicke bei einigen zu erkennen, wenn ihre Stimme durch die Straße schallte. Doch sie wollte sich nicht beschweren. Die Londoner Bürger waren großzügig, und manchmal bekam sie auch einen Geldschein in die Kiste. Oft dachte sie wehmütig an ihre Auftritte im elterlichen Theater zurück. Das Publikum hatte ihr frenetisch applaudiert. Im Gegensatz zu London war sie in Hannover eine bekannte und bewunderte Sängerin gewesen.

Mühsam zog Violetta sich an der Laterne hoch und klopfte den Schmutz von ihrer Kleidung ab. Sie legte die letzte Münze zurück in die Zigarrenkiste. Zusammen mit den Pfundnoten reichte es für eine ganze Monatsmiete, sogar für das Essen. *Wenn ihre Eltern wüssten, dass sie ihren Lebensunterhalt als Straßenmusikerin verdiente, wären sie entsetzt!*

Lieber hätte sie für Reverend Hull gesungen, aber in der Kirche verdiente sie viel zu wenig. Sie war froh, dass sie weiter im Gemeindesaal oder in der Kirche mit Martin üben durfte.

Violetta hatte oft bereut, Brian Wilcox' Angebot abgelehnt zu haben. Dabei war es sehr großherzig von ihm gewesen. Sie hatte sich gegen ihn entschieden, weil seine Gegenwart irritierte. Immer wenn sie sich begegneten, lag eine Spannung in der Luft, die sie sich nicht erklären konnte.

Ihre Bewerbungen für Bühnenengagements waren im Sand verlaufen. Mit fadenscheinigen Ausreden war sie abgewiesen worden, sobald sie ihre Heimatstadt Hannover erwähnt hatte. Die Engländer schienen vergessen zu haben, wie eng ihr Land ihrer Heimatstadt Hannover verbunden gewesen war.

An das letzte Gespräch mit dem Intendanten eines Kleinstadttheaters konnte sie sich noch gut erinnern. Vielleicht hätte er sie trotz ihrer Herkunft sogar engagiert. Diesmal war es ihre Schwangerschaft gewesen, die ihr einen Strich durch die Rechnung gemacht hatte.

Danach hatte sie es aufgegeben, sich weiter an Bühnen zu bewerben.

Hastig steckte sie die Münzen in ihren Lederbeutel unter dem Mantel, bevor sie sich auf den Heimweg machte. Ihre Beine waren schwer vom Stehen.

Es war schon dunkel, als sie in die kleine Seitenstraße mit den viktorianischen Häuserzeilen bog, in der die Pension lag.

Die verschnörkelten Straßenlaternen erinnerten an ihre Heimatstadt Hannover. Es gab zwischen den beiden Städten viele Gemeinsamkeiten, geprägt durch die einstigen gemeinsamen Monarchen. Die Stadt London mit ihren vielen Parks und verträumten Häusern gefiel ihr. Aber Hannover besaß dennoch ein ganz eigenes Flair durch die eklektizistischen Bauten. Die Themse schlängelte sich durch London, in Hannover waren es Leine und Ihme. Viele Straßen waren von Bäumen gesäumt. Hannovers Parks und das prächtige Schloss mit dem Barockgarten standen dem Buckingham Palace und St.-James-Park in nichts nach.

Schritte hallten durch die stille Straße. Violetta sah auf. Ein Mann kam ihr entgegen. Erst beim Näherkommen konnte sie sein Gesicht unter dem breitkrempigen Hut erkennen. Violetta blieb stehen. Sie freute sich sehr, ihn wiederzusehen. Auch er hielt an. Ein Lächeln huschte über sein Gesicht.

»Fräulein Schwarz, was für eine Überraschung!«, rief er freudig auf Deutsch.

»Herr Mandler, guten Abend. Was verschlägt sie nach Hammersmith?«

»Ich habe gerade einen Kunden besucht. Und Sie?«

»Ich wohne in Sally's Pension. Dort hinten.« Sie zeigte darauf, und er nickte.

»Wie geht es Ihnen? Haben Sie ein Engagement bekommen?«

Er schien wirklich Anteil an ihrem Leben zu nehmen. Sie war froh, dass der weitgeschnittene Mantel ihre Schwangerschaft verbarg.

»Ich bin zufrieden, auch wenn ich kein Engagement bekommen habe. Sie wissen ja, dass Künstler aus Deutschland nicht gern genommen werden.«

Er zog ein besorgtes Gesicht.

»Haben Sie etwas von Ihrem Verlobten gehört?«

Violetta schluckte. Wenn sie an Hans dachte, dessen

Schicksal noch immer im Dunkeln lag, stieg Traurigkeit in ihr auf.

»Leider nein. Nichts. Niemand hat etwas von ihm gehört.«

Keiner ahnte, wie sehr sie Hans vermisste. Seinetwegen war sie in ein Land gereist, in dem sie kaum geduldet wurde.

»Es wird ihm unmöglich gemacht werden, ein Lebenszeichen von sich zu geben in den Fängen von Polizei und Gestapo. Das tut mir von Herzen leid. Die Ungewissheit ist schwer zu ertragen. Beten und hoffen Sie für ihn. Das hilft.«

Violetta nickte. Sein Zuspruch tat ihr gut. Vielleicht geschähe noch ein Wunder, und Hans würde ganz plötzlich vor ihrer Tür stehen.

Gideon Mandler erzählte von seinem Geschäft. Als Brian Wilcox' Name fiel, war sie kurz versucht, nach ihm zu fragen. Aber sie tat es nicht. Gideon Mandler klagte über die vielen Aufträge, die er bislang eigenhändig erledigen musste, darunter Zubehör- und Ersatzteillieferungen.

»Darf ich fragen, womit Sie Ihren Lebensunterhalt verdienen?«

»Als Straßenmusikerin.«

Gideon Mandler wirkte entsetzt.

»Das mag ich kaum glauben bei Ihrem Talent. Die Londoner sind nicht mehr so großzügig wie früher. Da verdienen Sie nicht genug.«

»Was soll ich denn sonst machen?«, brach es verzweifelt aus ihr heraus.

»Mein Freund Mr Wilcox hatte Ihnen doch meines Wissens angeboten, auf seinen Konzerten zu singen. Warum haben Sie das denn nicht angenommen?«

Mit dieser Frage brachte er sie in Verlegenheit.

»Ich helfe meiner Freundin bei den Kindern und kann daher nicht reisen.« Das war nur halb gelogen, denn wenn es sich ergab, passte sie auf Sallys Kinder auf.

»Was halten Sie davon, für mich zu arbeiten?«

Gideon Mandlers Vorschlag verschlug ihr die Sprache.

»Allerdings nichts mit Gesang. Dafür aber ein festes Einkommen.«

»Was müsste ich denn tun?« Ein geregelter Lohn wäre sehr hilfreich.

»Ich habe ein kleines Lager für den Instrumentenbau. Das wäre zu verwalten und vielleicht der eine oder andere Botengang zu erledigen.«

Dann könnte sie bald auch vor Gideon Mandler ihren Zustand nicht mehr verbergen. Violetta wollte sein Angebot gerade dankend ablehnen, da fuhr er fort: »Ich bin nur selten dort. Sie wären also auf sich allein gestellt. Natürlich nur, wenn Sie wollen und sich das zutrauen.« In wenigen Sätzen erklärte er ihr die Aufgaben. Seine Schilderungen klangen vielversprechend. Sie wäre allein im Lager, und es würde nicht stören, wenn sie ihr Kind bei sich hätte. Hatten die Frauen in den Fabriken früher nicht auch mit ihren Neugeborenen weitergearbeitet? Sie wollte nicht noch ein Angebot ausschlagen.

Also fasste sie sich ein Herz. War Gideon nicht auch geflüchtet? Konnte er sie vielleicht verstehen? Sie musste es wagen.

»Mr Mandler, ich muss Ihnen unter dem Siegel der Verschwiegenheit etwas mitteilen.«

Er lächelte. »Dass Sie guter Hoffnung sind?«

Sie stockte.

»Es ist nicht zu übersehen. Sie bringen Ihr Kind einfach mit. Wir Flüchtlinge müssen zusammenhalten.«

Ihr fehlten die Worte. Sie nickte. »Sie verraten es niemandem, nicht wahr?«

Er schüttelte den Kopf. »Ich wünsche Ihnen von Herzen, dass Ihr Verlobter den Nazis entrinnt.« Sie nickte. »Danke. Das bedeutet mir viel. Möge Gott es Ihnen vergelten.«

Zur Besiegelung der Übereinkunft reichten sie sich die Hände.

Erschöpft, aber zufrieden betrat Violetta ihr Zimmer. Bald würde sie für Mandler arbeiten. Sie blickte auf den Zettel, auf den er ihr die Adresse des Lagers notiert hatte. Als sie ihn auf den Tisch legte, bemerkte sie erst den Brief. Er war von ihren Eltern. Hastig streifte sie den Mantel ab und öffnete voller Vorfreude das Kuvert. Schon seit Tagen wartete sie auf eine Nachricht von ihnen. Sie lechzte danach, alles aus der Heimat zu erfahren. Wie es ihren Eltern erging, ob das Theater gut besucht war und wie es Florentina in Italien gefiel. Ihre Hände zitterten vor Aufregung beim Auseinanderfalten des Briefbogens. Gespannt las sie.

Hannover, den 22. April 1939

Geliebte Tochter,

wir hoffen sehr, dass du bei bester Gesundheit bist und es dir an der kleinen Bühne gefällt.

Violetta unterbrach das Lesen kurz. Erneut drückte sie das schlechte Gewissen. *Sie musste ihnen endlich die Wahrheit sagen.* Tief atmete sie ein, bevor sie weiterlas.

Sind die Engländer auch gut zu dir? Ich habe gehört, dass sie Deutsche und auch Schweizer nicht immer gut behandeln. Ich wünschte, du könntest nach Hause kommen. Doch ich fürchte, dass das immer noch nicht möglich ist.
Dein Vater hat alles versucht, herauszufinden, wohin sie Hans gebracht haben. Irgendjemanden scheinen seine Fragen zu stören. Plötzlich stand die Polizei vor unserer Tür und hat uns unmissverständlich erklärt, dass wir die Nachforschungen sofort einstellen sollen. Sie haben uns Strafe angedroht und die Schließung des Theaters. Bitte versteh, dass wir nichts riskieren konnten. Aber ich

verspreche dir, dass wir nicht aufgeben werden. Wir werden die Wahrheit über Hans herausfinden.

Auch über den Verbleib von unserem treuen Hanno und den anderen wissen wir nichts. Ich mag gar nicht daran denken, dass man sie ins Gefängnis oder in ein Lager gebracht haben könnte.

Traugott Fromm ist ebenfalls verhaftet worden, weil er den Führer als Kriegstreiber betitelt hat. Du kennst ja Cordulas Vater. Ein Freigeist, der sich den Mund nicht verbieten lässt. Cordula ist außer sich vor Sorge.

Überall im ganzen Land ist eine gewisse Unruhe zu spüren. Ein Krieg steht vor der Tür. Ich glaube, dass er noch furchtbarer sein wird als der letzte.

Mr Wilcox hat uns geschrieben, dass er dich am Weihnachtstag in der Kirche hat singen hören. Er hat dich in den höchsten Tönen gelobt. Mir scheint, dass er dich sehr verehrt. Wir wünschten, wir hätten dabei sein können. Mr Wilcox ist ein sehr netter und hilfsbereiter Mann. Siehst du ihn manchmal?

Wieder ließ Violetta den Briefbogen sinken. Dass Brian Wilcox noch immer den Kontakt zu ihren Eltern hielt, erstaunte sie nicht. Von Anfang an hatte sie gemerkt, dass Vater und Mutter ihn schätzten. Wenn sie wüssten, dass sie sein Angebot abgelehnt hatte! Seufzend las sie weiter.

Deine Schwester hat sich bei Tante Lina gut eingelebt und besucht regelmäßig das Conservatorio in Florenz. Sie schwärmt in ihren Briefen immer nur von ihrem Lehrer. Ich glaube fast, dass sie ein wenig in ihn verliebt ist. Mit Gianna versteht sie sich sehr gut. Meine zweite Schwester nennt Florentina sie.

Bestimmt möchtest du wissen, was sonst noch in Hannover geschehen ist.

Vor zwei Tagen haben wir Hitlers fünfzigsten Geburtstag gefeiert. Mehr noch als damals bei den Kaiserbesuchen war die Stadt mit Fahnen und Girlanden geschmückt. Die HJ und der BDM sind sin-

geud durch die Stadt marschiert. Jeder hat ein Geschenk für den
Führer zum Haus des Gauleiters gebracht. Stell dir vor, die Partei-
genossen unserer Stadt haben dem Führer ein echtes Pferd ge-
schenkt, und in Hameln hat die Untertertia des Lyzeums extra für
ihn Mäuse und Ratten aus Marzipan gefertigt. Dein Vater fand das
ganze Brimborium furchtbar und dachte, wir kämen um diese Fes-
tivitäten herum. Aber der Gauleiter und Dr. Mahler sind zu uns ge-
kommen und haben eine besondere Vorstellung zum Führergeburts-
tag verlangt. Es sollte unbedingt eine Wagner-Oper sein oder ein
Stück von Franz Lehár. Weil dein Vater Wagners Musik nicht mag,
haben wir uns für Lehárs Land des Lächelns entschieden. Dein Vater
und ich haben die Hauptpartien gesungen. Die Vorstellung war ein
voller Erfolg. Aber was bedeutet das schon ohne euch geliebte Töch-
ter?

Sie hatte ihre Eltern vor Augen, hörte deren unvergleichliche
Stimmen, den klaren, dennoch warmen Sopran ihrer Mutter
und die voluminöse Stimme ihres Vaters. Ihrem Geschmack
nach sang er die Rolle besser als Richard Tauber, für den
Franz Lehár die Operette komponiert hatte. Nie hätte sie geglaubt, dass sie die beiden und das Theater derart vermissen
würde. Aber das Jammern half nichts. Sie musste für ihr Kind
stark sein.

Anschließend haben alle im Foyer gefeiert. Das hat deinem Vater
nicht gefallen, wo er doch den Gauleiter und Mahler nicht ausstehen
kann. Natürlich ist er mit Mahler wieder aneinandergeraten. Zum
Glück konnte ich deinen impulsiven Vater vor einer Dummheit be-
wahren.

Die Zeilen ließen sie schmunzeln. Nur zu gut konnte sie sich
das Gesicht des Vaters vorstellen. Die Zornesfalte, die sich immer über der Nasenwurzel bildete, wenn es in ihm brodelte.

Ich warte sehnsüchtig auf einen Brief von dir und bin gespannt, was du so alles vom Theater berichten wirst.

Deine dich innig liebende Mutti.

Mit Tränen in den Augen faltete Violetta den Brief wieder zusammen und steckte ihn ins Kuvert zurück.

Die Sorge um die Eltern und das Heimweh zerfraßen ihr das Herz. Wie oft hatte sie sich in letzter Zeit gefragt, warum gerade ihr das widerfahren musste.

Bin gespannt, was du so alles vom Theater berichten wirst.

Eine Lüge zog die nächste nach sich. Violetta schämte sich. Das hatten ihre Eltern nicht verdient. Wie feige sie doch war!

Sie zog die Schublade unter dem Tisch heraus, um den Brief darin zu verstauen, als sie plötzlich einen heftigen Schmerz verspürte. Instinktiv krallten sich ihre Finger um die Tischkante. Das Bild vor ihren Augen begann zu verschwimmen. Violetta zwang sich, ruhig zu atmen. Bis zur Geburt waren es noch drei Wochen hin, hatte der Arzt zu ihr gesagt. Nach wenigen Atemzügen ebbte der Schmerz wieder ab. Erleichtert drehte sie sich um. Doch dann kehrte er aufs Neue zurück, noch heftiger als zuvor. Sie besaß keinerlei Erfahrung. Wie gern hätte sie sich jetzt ihrer Mutter anvertraut. Heather hatte ihr den Namen einer Hebamme notiert, die eine Straße weiter wohnte. Violetta schleppte sich aus ihrem Zimmer und über den Flur bis zu Sallys Wohnung. Immer wieder folgten die Wehen, die mit jeder Welle stärker wurden. Violetta klopfte mit der Faust gegen die Tür ihrer Vermieterin, bevor sie keuchend auf die Knie sank. Es dauerte eine gefühlte Ewigkeit, bis die stämmige Sally in ihrem dunkelblauen Wollkleid ihr öffnete.

»Großer Gott, Violetta!«, rief sie besorgt und half ihr beim Aufstehen. »Ist es schon so weit?«

»Ja«, stieß Violetta zwischen den Zähnen hervor.

»Ich bringe dich erst mal zurück in dein Zimmer, und dann hole ich die Hebamme.«

Matt sank Violetta auf ihr Bett. Sally wollte sich umdrehen und das Zimmer verlassen, aber Violetta hielt sie am Arm zurück. Sie hatte Furcht und wollte nicht allein sein.

»Ruhig atmen«, befahl ihr Sally, »ich bin gleich mit der Hebamme zurück. Versprochen.« Daraufhin eilte sie aus dem Zimmer.

Bis zur Ankunft der Hebamme kamen die Wehen in immer schnelleren und stärkeren Wellen. Sie stöhnte und schrie vor Schmerz und verwünschte ihren Zustand. Nach einer gefühlten Ewigkeit hörte sie Stimmen und Türen klappern. Sally saß neben ihrem Bett, hielt ihre Hand und redete beruhigend auf sie ein, während die Hebamme ihre Beine spreizte und sie schon bald zum Pressen aufforderte.

»Ich kann nicht«, stammelte Violetta.

»Sie sind doch Sängerin?«, fragte die Hebamme.

Violetta nickte.

»Dann singen Sie, lassen Sie die Töne mit jedem Schmerz hinaus.«

Violetta wusste zwar nicht wie, aber sie beherzigte den Rat der Hebamme, sang, schrie und stöhnte abwechselnd, bis sie erschöpft in die Kissen zurücksank, als der Schmerz verebbte und der kräftige Schrei eines Kindes zu hören war.

»Etwas zu früh zwar, aber dennoch ein gesundes, prachtvolles Mädchen.« Die Hebamme legte ihr die Kleine auf die Brust. Ihr rotes Gesichtchen, umrahmt von schwarzem Haar, verzog sich unwillig. Dann öffnete das Kind den Mund und plärrte. Ein Glücksgefühl durchströmte Violetta. Sanft strich sie ihrer Tochter übers Haar, das sich wie der seidige Flaum von Gösseln anfühlte, die im letzten Jahr durch den elterlichen Garten gewatschelt waren. Ihre Tochter schrie lauter.

»Das arme Ding hat Hunger«, stellte die Hebamme schmunzelnd fest und fingerte an Violettas Blusenknöpfen.

Wenig später umschlossen die Lippen ihrer Tochter schmatzend ihre Brustwarze.

»Sie hat eine sehr kräftige Stimme wie ihre Mama.«

Sally lächelte. »Wie soll sie denn heißen?«

»Constanze.« Der Name war Violetta spontan eingefallen. Während der Schwangerschaft hatte sie sich keinen Namen überlegt, weil sie gehofft hatte, ihn gemeinsam mit Hans auszusuchen.

»Der Name gefällt mir für das wunderhübsche Kindchen.« Sally strahlte.

10. Juli 1939

Violetta war froh, dass sie bei der Hitze drinnen saß.

Zufrieden polierte sie die Bratsche, die Gideon Mandler für einen jungen Violinisten gebaut hatte. Anschließend legte sie sie in den samtausgeschlagenen Geigenkasten und platzierte obenauf das Kärtchen mit dem Namen des Adressaten: Yehudi Menuhin. Der Violinist war nicht älter als sie und galt als Wunderkind. In der Zeitung hatte gestanden, dass er sich gerade auf einer Konzertreise in Südamerika befand. Er hatte bei Gideon den Bau eines zweiten Instruments in Auftrag gegeben, das nach Buenos Aires geschickt werden sollte. Ein wahres Glanzstück, wie sie fand. Sie bewunderte Gideons Arbeiten und seine Akribie, mit der er die Instrumente fertigte. Bislang hatte ein Streichinstrument für sie wie das andere geklungen. Doch seit sie Gideons gefertigte Violinen gehört hatte, wusste sie die feinen Nuancen der Klänge zu unterscheiden. Gideon verlieh jedem Ton seiner Instrumente Wärme. Das wussten auch seine Kunden zu schätzen.

Er konnte zu Recht stolz auf seine Arbeit sein. Die Tätigkeit für Gideon bereitete Violetta Spaß. Sie war zwar nicht anspruchsvoll, aber Violetta konnte sich den ganzen Tag über die Zeit einteilen, was ihr sehr entgegenkam. Ihre Nächte waren durch Constanze kurz und unruhig, dass Violetta am Tag oft eine bleierne Müdigkeit überfiel. In letzter Zeit hatte sie nicht mehr oft Singen geübt, weil sie todmüde ins Bett fiel. Die Geburt hatte ihrem Körper viel Kraft geraubt.

Zum Glück kümmerte sich Sally während ihrer Abwesenheit rührend um Constanze. Manchmal nahm Violetta ihre Tochter auch mit zur Arbeit, wenn Gideon keinen Besuch angekündigt hatte. Doch in der vergangenen Nacht war ihre Tochter so unruhig gewesen, dass Sally darauf bestanden hatte, sie zu Hause zu lassen.

Seitdem Constanze geboren worden war, wuchs in Violetta der Wunsch, wieder auf der Bühne zu stehen. Der Weihnachtsabend hatte ihr klargemacht, dass sie die Bühne schmerzlich vermisste. Sie ging zwar in der Mutterrolle auf, aber das Leben auf der Bühne war etwas, wo sie ihre tief verborgenen Sehnsüchte und Träume ausleben konnte. Etwas, das nur ihr gehörte. Jetzt verstand sie, was ihre Mutter dazu getrieben hatte, ihr Leben dem Theater zu widmen.

Violetta vermisste das Lampenfieber vor jeder Aufführung und den Beifall, wenn den Zuschauern ihr Vortrag gefallen hatte.

Oftmals schloss sie die Augen und erlebte noch einmal ihre Auftritte. Nur die Erinnerungen daran waren ihr geblieben.

Violettas Magen knurrte laut. In der morgendlichen Hektik hatte sie das Frühstück ganz vergessen. Das Läuten von Big Ben kündigte die Lunchtime an. Auf dem Tresen über den fertiggestellten Instrumenten lag der rotbackige Apfel, den sie in Sallys Garten gepflückt hatte. Obwohl Gideon sie großzügig bezahlte, reichte ihr Lohn kaum zum Leben für sie und Constanze. Wenn das Geld am Monatsende knapp wurde, musste sie auf der Straße singen. Manchmal musste sie auf die Straßenmusik verzichten, weil sie müde war und ihre Stimme heiser klang.

Nachdem sie den Instrumentenkasten verschlossen hatte, streifte sie die Handschuhe ab, die Kratzer auf dem Instrument verhinderten. Hungrig nahm sie ihren Apfel vom Teller, um ihn in dem winzigen, fensterlosen Hinterzimmer zu essen. Kaum war sie dort, ertönte das kleine Glöckchen über dem Eingang. Das musste Gideon sein. Er war heute Morgen losgefahren, um Kartons für die Auslieferung zu besorgen, und wollte bis zum Nachmittag zurück sein.

»Ich bin hier hinten!«, rief sie und schluckte hastig das Apfelstück hinunter.

Gideon kam nicht wie gewohnt, um mit ihr die Aufträge zu besprechen. Er hatte ihr avisiert, dass einer der Kunden sein Instrument lieber persönlich abholen wollte. Violetta wischte mit dem Handrücken über den Mund, bevor sie in den vorderen Raum trat.

Mitten in der Bewegung erstarrte sie, als sie Brian Wilcox gegenüberstand. Der dunkelblaue Maßanzug stand ihm gut. Schon in Hannover war ihr aufgefallen, dass er nie einen Hut trug. Das durch die Glastür einfallende Sonnenlicht verfing sich in seinem blonden Haar.

»Ah, Mr Wilcox. Gideon ist leider nicht da.«

»Ich weiß. Ich wollte zu Ihnen.«

»Zu mir?« Ihr Herz klopfte schneller.

»Ja. Ich bin hier, weil ich es schade finde, dass Sie Ihr Talent vernachlässigen.«

»Hat Gideon das gesagt?«

»Lassen Sie uns das doch beim Lunch besprechen. Ich habe nämlich einen Mordshunger.«

Sein Vorschlag klang eigentlich sehr verlockend. Dennoch zögerte sie zuzustimmen. Nur zu gut erinnerte sie sich an seine begehrlichen Blicke am Weihnachtstag. Sie wollte ihn nicht zu mehr ermutigen.

»In Conny's Café gibt es die besten Sandwiches weit und breit. Ich lade Sie natürlich ein.«

Bei der Vorstellung lief ihr das Wasser im Mund zusammen. Violettas Magen knurrte laut zur Bestätigung. Brian Wilcox schien das zu amüsieren. Schließlich war ihr Hunger so übermächtig, dass sie Brian trotz ihrer Vorbehalte begleitete. Es kam selten vor, dass sie sich satt essen konnte. Lieber verzichtete sie für Constanze darauf.

Violetta musste an sich halten, dass sie ihr köstliches Thunfisch-Sandwich nicht gierig verschlang. Schließlich sollte Brian Wilcox nicht denken, dass sie keine Tischmanieren besaß. Er betrachtete sie amüsiert, während er von einem geplanten Konzert in der Queen's Hall sprach. Sein Sandwich lag noch immer unangerührt auf dem Teller.

Da war sie wieder, diese Spannung, die jedes Mal in der Luft lag, wenn sie sich begegneten.

»Ich dachte, Sie könnten vielleicht noch einmal die Arie der Carmen in meinem Konzert singen. Hier in London. Ich bin mir sicher, dass Sie das Publikum genauso begeistern werden wie die Gäste von Reverend Hull und … mich.«

Bei seinem Vorschlag verschluckte sich Violetta und begann zu husten. Er reichte ihr sein Taschentuch, als ihr die Tränen liefen.

»Nun? Was halten Sie von meinem Vorschlag?« Die Gage, die er ihr bot, würde für eine längere Zeit weiterhelfen, und es bliebe sogar noch etwas zum Sparen übrig. Außerdem würde sie endlich wieder auf einer Bühne stehen.

»Danke, dass Sie mir noch einmal eine Chance geben. Ich werde gern auf Ihrem Konzert singen.«

Er griff über den Tisch nach ihrer Hand.

»Sie ahnen nicht, welche Freude Sie mir machen. Vielleicht öffnet Ihnen der Auftritt die Türen zu Londons Bühnen.«

Sanft strich sein Daumen über ihre Hand. Die einfache Berührung verlieh Hoffnung, dass das Leben mehr für sie bereithielt als nur Schicksalsschläge. Sie blickte ihm in die Augen, die in diesem Moment heller strahlten als zuvor.

Brian Wilcox war einfach ein guter Freund, der an sie glaubte und in schwerer Zeit half. Konnte das nicht sein?

Violetta ließ es geschehen, dass er noch immer ihre Hand hielt. Es vermittelte ihr ein Gefühl von Geborgenheit. Tief tauchte sie ein in die Wärme seines Blickes.

Hans' Berührungen schienen eine Ewigkeit her zu sein. All die Nächte ohne ihn, in denen sie sich einsamer gefühlt hatte denn je. Sie sehnte sich nach menschlicher Nähe, nach jemandem, der sie umarmte. Der sie liebte.

So begehrlich wie Brian Wilcox hatte Hans sie nie angesehen. Bei der Erinnerung an Hans zog sie ihren Arm zurück.

Brian Wilcox wirkte enttäuscht und nahm seine Hand vom Tisch.

»In gut zwei Wochen beginnen die ersten Proben. Es wäre schön, Fräulein Schwarz, wenn Sie dazukommen könnten.« Er notierte ihr auf einem Zettel die Adresse des Proberaums und schob ihn über den Tisch. Violetta steckte ihn ein.

Ein Auftritt! Sie hatte schon fast vergessen, wie sich das anfühlte.

»Haben Sie denn gar keinen Hunger?« Sie deutete auf seinen Teller. Er hatte keinen Bissen vom Sandwich gegessen.

»Sie können das Sandwich gern haben.« Er schob ihr seinen Teller hin.

»Danke. Ich glaube, ich muss jetzt wieder ins Lager zurück.« Violetta verdrängte ihren Appetit und stand auf. Brian Wilcox erhob sich.

»Ja, natürlich.«

Galant zog er ihren Stuhl zurück und reichte ihr den Arm, damit sie sich unterhaken konnte. Bei ihm fiel es ihr leicht, weil sie ihn mochte. Er roch angenehm. In seiner Gegenwart fühlte sie sich wohl. Vor dem Café verabschiedeten sie sich, denn Violetta wollte nicht, dass er sie zurückbegleitete.

»Danke für das Essen.« Sie vermied es, zu ihm aufzusehen.

»Gern. Wann immer ich Ihnen helfen kann, lassen Sie es mich wissen.«

Violetta nickte und sah hastig weg, bevor sie sich erneut in seinem Blick verlor.

Was hatte Brian Wilcox nur an sich, dass er es bei jeder Begegnung schaffte, sie zu verwirren?

Deutlich spürte sie seinen Blick im Rücken, als sie zur Tür des Lagerhauses ging, das am Ende der Straße lag. Sie war versucht, sich nach ihm umzudrehen, gab aber dem Gefühl nicht nach.

Als Violetta am Abend nach Hause zurückkehrte, begegnete sie im Hausflur Heather, die Sally besucht hatte. Sie trug ihre Schwesterntracht und schien es eilig zu haben. Die Haube saß schief auf dem Kopf.

»Hallo Heather.«

»Violetta.« Die Freundin sah sie prüfend an.

»Was ist denn? Habe ich vielleicht einen Punkt auf der Nase?«, scherzte Violetta.

»Das nicht, aber du siehst irgendwie verändert aus.«

Heathers Worte irritierten sie.

»Wie meinst du das?«, hakte sie nach.

»In deinen Augen liegt ein Leuchten.«

»Wirklich?« Violetta schluckte.

»Entweder du hast jemanden getroffen oder ein Engagement bekommen.«

Violetta spürte, wie die Hitze in ihre Wangen stieg.

Heather lächelte. »Oder hast du vielleicht eine Nachricht von Hans?«

Violetta schüttelte traurig den Kopf. Heather streichelte tröstend ihren Arm.

»Nein, ich werde bei einem Konzert singen.« Grob erzählte Violetta von Brian Wilcox' erneutem Angebot.

»Das sind ja wunderbare Nachrichten!« Heather umarmte sie. »Ich freue mich für dich. Diesen Mann solltest du dir warmhalten. Er scheint an dich zu glauben. Bitte nimm es mir nicht übel, aber meine Schicht beginnt gleich.«

Mit diesen Worten eilte Heather davon.

Constanze schlief friedlich neben Violetta und nuckelte am Daumen. Violetta hingegen konnte nicht einschlafen. Die Vorfreude, an Brian Wilcox' Konzert teilzunehmen, raubte ihr die Ruhe. Sie konnte es kaum erwarten, wieder vor einem größeren Publikum zu singen. Hatte Brian Wilcox ihr das Angebot vielleicht nur wegen ihrer Eltern gemacht? Sie wusste nicht, ob er noch Kontakt zu ihnen hatte. Sein Lob hatte aufrichtig geklungen. Genauso wie in der Kirche und im Pfarrhaus. Mit einem Lächeln auf den Lippen schlief sie endlich ein.

In der Nacht wachte sie vom Weinen Constanzes auf. Sie zog die Wiege zu sich heran, die ihr Sally überlassen hatte, und versuchte, ihre Tochter zu beruhigen. Vergeblich. Constanze weinte herzzerreißend. Violetta prüfte die Windeln, gab ihr das Fläschchen, konnte ihr aber nichts recht machen. Summend trug sie Constanze durchs Zimmer und wiegte sie in den Armen. Irgendwann schlief ihr Kind ein, und sie konnte es zurück in die Wiege legen. Doch gleich darauf ging das Geschrei von vorn los.

Violetta war müde und verzweifelt. Sie wusste nicht, was ihrem geliebten Kind fehlte. Ihre Mutter wüsste jetzt sicher Rat. In ihrer Not ging sie hinüber zu Sally und weckte sie.

»Mit Constanze stimmt etwas nicht. Ich weiß nicht mehr weiter«, sagte sie außer sich vor Sorge. Ihre Tochter war das Einzige, was ihr geblieben war.

»Ich komme«, antwortete Sally verschlafen und verließ das Bett.

»Sie glüht vor Fieber«, stellte Sally fest, als sie ihre Hand an Constanzes Stirn legte. »Du musst ihr Wadenwickel machen.«

Violetta nickte und lief in die Küche, um eine Schüssel Wasser und saubere Handtücher zu holen.

Alle halbe Stunde erneuerte sie bei Constanze die Wickel, die sich mit aller Kraft dagegen wehrte. Doch das Fieber wollte nicht sinken. Wieder musste sie Sally wecken, die ihr das aber zum Glück nicht übelnahm.

»Wir sollten einen Arzt holen«, schlug Sally besorgt vor.

Violetta erschrak. Wie sollte sie die Kosten für eine Behandlung tragen? Aber Constanze ging es schlecht. Sie brauchte dringend Hilfe.

»Warum bittest du nicht Gideon um einen Vorschuss?«, fragte Sally, die Violettas Zögern richtig deutete.

Sallys Vorschlag war gut gemeint, aber Violetta wollte es allein schaffen.

»Ich werde noch einmal auf der Straße singen.«

Sally sah sie zweifelnd an. »Wie ich neulich im Vorbeigehen erkennen konnte, ist dein Platz von einem anderen besetzt.«

Bisher hatten ihr alle immer einen Platz zugestanden. Violetta hoffte, dass es auch diesmal so sein würde.

»Ich muss, Sally, ich muss. Hier geht es um das Leben meiner geliebten Kleinen.«

»Ihr Baby hat eine Angina. Es braucht dringend Penicillin und viel Ruhe. Und vor allem keine Zugluft.«

Violetta fiel ein Stein vom Herzen. Dennoch bereitete ihr der Preis für die Medizin, den der Arzt ihr nannte, Sorge.

»So viel kann ich jetzt nicht auf einmal bezahlen.« Violetta war das peinlich.

»Haben Sie denn niemanden, der Ihnen etwas borgen könnte?« Der Arzt sah sie durch seine dicken Brillengläser an. Sie schüttelte den Kopf. Auf keinen Fall wollte sie jemanden anbetteln.

»Tja, dann«, sagte der Arzt seufzend und war im Begriff, die braune Glasflasche mit der Medizin wieder in seine Tasche zu stecken.

»Bitte, Sie müssen meiner Tochter helfen!«, flehte Violetta und umklammerte den Arm des Arztes.

»Wenn Sie bezahlen.« Er blieb hart.

»Ich kann Ihnen heute Geld geben und morgen den Rest«, versprach sie. Hinter der gerunzelten Stirn des Arztes schien es zu arbeiten.

»Also gut«, gab er nach. Violetta fiel ein Stein vom Herzen. Sie holte ihre Börse und gab dem Arzt ihr letztes Geld. Er steckte es ein und flößte Constanze ein in Wasser gelöstes Pulver ein.

»Danke.«

»Mit zwei Gaben ist es sicher nicht getan. Und ich kann nichts versprechen. Der Zustand ihrer Tochter ist kritisch. Ich werde übermorgen wiederkommen, es sei denn, es geht der Kleinen schlechter. Das Penicillin ist rar. Geben Sie ihr viel zu trinken.«

»Ich kümmere mich darum. Sie bekommen von mir das restliche Geld. Versprochen.«

Er nickte, bevor er sich von ihr verabschiedete und das Zimmer verließ.

Constanze lag friedlich in der Wiege und schlummerte. Ihr Gesichtchen war hochrot. Violetta beugte sich über sie und hauchte ihr einen Kuss auf die Stirn. Dann begab auch sie sich zur Ruhe. Morgen lag ein anstrengender Tag vor ihr. Sie musste für Gideon ein Dutzend reparierte Streichinstrumente zu den Besitzern bringen und am Nachmittag auf der Straße singen.

12. Juli 1939

Die Hitze machte Violetta zu schaffen. Schweiß perlte auf ihrer Stirn. Immer wieder tupfte sie ihn mit dem Taschentuch ab. Ihr Mund war ausgetrocknet. Wie sollte sie unter diesen Bedingungen singen? Sie musste vorher etwas trinken. Nur leider besaß sie keinen Penny mehr für ein Getränk. Alles hatte sie dem Arzt gegeben. Da erinnerte sich Violetta an einen Brunnen, gleich in der Nähe. Viele Londoner tranken an heißen Tagen das Wasser daraus. Zielstrebig schlug sie die Richtung ein. Der Brunnen lag nicht weit entfernt von der Straße, in der sie immer ihre Lieder zum Besten gegeben hatte. Sie musste nicht lange suchen, bis sie ihn gefunden hatte. Nachdem sie ihren größten Durst gestillt hatte, stellte sie die alte Zigarrenkiste zu ihren Füßen und sang ein paar melancholische Volksweisen. Zwei ältere Paare blieben stehen und lauschten ihrem Gesang. Anschließend applaudierten sie Violetta und warfen Münzen in die Kiste.

»Danke schön.« Violetta nickte ihnen lächelnd zu. Die Hitze weckte erneut ihren Durst. Für eine Sängerin gab es fast nichts Schlimmeres als eine trockene Kehle, die Hustenreiz hervorrief.

Aus dem Augenwinkel bemerkte sie drei junge Straßenmusiker, die sich auf der Bank neben dem Brunnen niedergelassen hatten.

Der schmalste von ihnen zog eine Geige aus seinem Instrumentenkasten und begann, sie zu stimmen. Ein guter Platz, denn zu dieser Tageszeit flanierten viele Londoner durch diese Straße zur Themse hinunter, wo sie sich Abkühlung versprachen. Manche von ihnen blieben stehen und lauschten den Musikern. Mittlerweile kannte Violetta viele von ihnen. Das Trio aber war ihr unbekannt. Während Violetta trank, bemerkte sie die Blicke des Geigers. Seine beiden Begleiter, ein Flötist und ein Gitarrist, stimmten ihre Instrumente. Violetta beschloss, dem Trio eine Weile zuzuhören, bevor sie an ihren Platz zurückging. Mit Instrumentalbegleitung wäre es für sie noch einfacher, die Aufmerksamkeit der Passanten zu wecken. Es gab nur wenige Stücke, die sich für unbegleiteten Gesang eigneten. Vielleicht würden die drei Musiker mit ihr ein, zwei Lieder zusammenspielen. Sie lehnte sich an den gemauerten Brunnen und wartete auf deren Vortrag.

Die drei Musiker spielten englische Folklore. Zwischen ihren Vorträgen griffen sie nach einer Flasche, die sie in einem selbstgenähten Rucksack trugen. Jeder von ihnen nahm einen kräftigen Zug daraus, bevor sie weitermusizierten. Violetta rümpfte die Nase. Sie mochte es nicht, wenn die Straßenmusiker Alkohol tranken. Schon oft war es im betrunkenen Zustand zu Pöbeleien gekommen.

Bei einigen Liedern sang der Geiger. Violetta entging nicht, dass er an manchen Stellen die Töne nicht traf. Doch es schien ihm nicht aufzufallen. Der Alkohol trug ebenfalls dazu bei. Viele der Passanten schüttelten den Kopf und warfen nicht einmal einen Penny in ihren Hut.

Violetta entschied, weiter allein zu singen. Der Geiger rief ihr etwas zu, was sie nicht verstand.

»Entschuldigung, meinten Sie mich?«, sprach sie ihn an und erschrak über dessen frostige Miene.

»Ja, dich! Verpiss dich!«, rief er ihr zu und ging drohend auf sie zu. Violetta ignorierte ihn. Auf keinen Fall wollte sie die angetrunkenen Musiker provozieren.

Sie verspürte ein komisches Gefühl, besonders der Geiger schien gewaltbereit zu sein.

Verdammt! Sie brauchte das Geld für Constanzes Medizin.

Violetta ging auf die andere Seite des Brunnenplatzes, klappte die alte Zigarrenkiste wieder auf und wollte singen. Doch es fiel ihr schwer. Sie fühlte sich unwohl unter der Beobachtung des Trios.

Im Theater und in der Kirche hatte sie das Interesse und die Erwartung des Publikums gespürt. Die Atmosphäre im elterlichen Theater war durch nichts zu ersetzen. Violetta öffnete den Mund, ohne dass ein Ton über ihre Lippen kam. Die Straßengeräusche und feindseligen Blicke der drei Männer lenkten sie ab. Du musst. Für Constanze. Violetta schloss die Augen und stellte sich vor, wieder auf der Bühne des elterlichen Theaters zu stehen. Das half ihr, und wie von selbst flossen die Töne über ihre Lippen. Sie sang ein italienisches Volkslied, das sie schon oft vorgetragen hatte. Die ersten Fußgänger blieben stehen und lauschten ihrem Gesang. Wie immer legte sie ihre Gefühle hinein. Viele der Passanten gaben großzügig. Sogar ein paar Pfundnoten waren dabei. Die rollte sie zusammen und schob sie in eine kleine Geheimtasche unter dem Rockbund. Violetta nickte ihnen dankbar zu. Manche applaudierten ihr sogar. Wenn das so weiterlief, würde sie das Geld für Constanzes Medizin schneller zusammenbekommen als gedacht.

Durch die Lücke ihrer Zuhörer konnte sie das Trio am anderen Ende des Brunnenplatzes sehen. Der Geiger sang wieder laut und schräg, und so mancher Ton war nicht sauber gespielt. Neidisch glotzten die drei zu ihr herüber. Zwischendurch tuschelten sie miteinander.

Nach einer Handvoll Lieder gingen die Zuhörer weiter in Richtung Themse. Sie lobten Violetta und bedankten sich. Violetta legte eine Pause ein, bevor sie weitersingen wollte. Unerwartet und mit festem Schritt kam der Geiger des Trios schnurstracks auf sie zu. Ehe Violetta etwas sagen konnte, stahl er das Geld samt der Zigarrenkiste und eilte damit zu seinen Begleitern zurück. Wütend rannte Violetta ihm hinterher.

»Hey! Was soll das? Das ist mein Geld! Bleib stehen!«, rief sie. Als sie ihn eingeholt hatte und ihn packen wollte, wurde sie von den beiden anderen gehindert.

»Verschwinde!« Der rechte von ihnen, der Gitarrist mit fettigem Haar und Keulenarmen, stieß sie derb zurück.

»Das ist mein Geld, das ihr mir gestohlen habt!«, fuhr sie die Männer an, die ihr mit verschränkten Armen wie ein Bollwerk den Weg versperrten.

»Das steht uns zu. Auf dem Brunnenplatz machen wir Musik und kein anderer! Und schon gar keine Deutsche.«

»Ich habe das gleiche Recht, hier zu musizieren, wie ihr!« Die Mienen der drei verhärteten sich.

»Ich brauche das Geld. Für meine Tochter. Sie ist sehr krank«, versuchte sie deren Mitleid zu erregen. Aber die Männer ließen sich nicht erweichen.

»Bitte gebt mir das Geld zurück«, flehte Violetta. Der Geiger trat vor und musterte sie aus zusammengekniffenen Augen.

»Hast du nicht kapiert? Es ist jetzt unser. Sieh zu, dass du von hier verschwindest. Deutsche haben hier nichts zu suchen. Verschwinde, Hun!« Anschließend spuckte er ihr vor die Füße.

Wie abfällig das Wort Hun aus seinem Mund klang.

Aber Violetta ließ sich nicht einschüchtern.

»Ich gehe erst, wenn ich mein Geld zurückbekomme«, sagte sie bestimmt und streckte den Arm aus. Sein Atem roch nach Alkohol.

»Hast du es immer noch nicht verstanden? Wenn jemandem etwas zusteht, dann uns!« Die Männer sprangen vor und packten sie am Arm. Violetta schrie auf. Hilfesuchend blickte sie sich um. Aber niemand der Vorübergehenden schritt ein.

Violetta war den Tränen nah und unterdrückte sie verzweifelt, um keine Schwäche zu zeigen.

»Hilfe!«, schrie sie und bemerkte zu spät, dass sie das in ihrer Verzweiflung auf Deutsch gerufen hatte.

Die drei Männer zerrten sie mit sich. Violetta wehrte sich nach allen Kräften. Aber die drei waren ihr körperlich überlegen. Sie wusste nicht, was sie mit ihr vorhatten.

»Halt dein Maul! Wo ist das restliche Geld?«, blaffte sie der Geiger an und holte mit dem Arm aus, als wolle er sie schlagen. Unwillkürlich dachte sie an Florentina, die damals in der Reichskristallnacht vergewaltigt worden war. Die Angst vor einem ähnlichen Schicksal verlieh Violetta ungeahnte Reserven. Sie wusste, dass sie nur eine Chance besaß, wenn sie den Männern entkommen könnte. Der Geiger drückte sie mit dem Ellbogen an eine Hauswand, mit der anderen Hand berührte er ihr Gesicht, während er sie lüstern anschaute.

»Was denn für Geld? Ich hab keins mehr. Nur das in der Zigarrenkiste.« Sie konnte nur hoffen, dass die Männer ihr glaubten.

»Ich habe genau gesehen, dass du auch Pfundnoten bekommen hast. Nun sag schon, wo hast du noch was? Vielleicht im Futter deines Rocks?«

»Nein!«

Violetta dachte an Constanze, was ihr den Mut verlieh, den Geiger gegen das Bein zu treten. Er jaulte auf und ließ sie fluchend los. Sie nutzte die Gelegenheit, sich loszureißen, und rannte los. Doch einer der anderen Männer stellte ihr ein Bein und brachte sie damit zu Fall. Sie stürzte nach vorn und knallte auf das Kopfsteinpflaster. Ein heftiger Schmerz durchzuckte ihr rechtes Knie und die Hände. Ehe sie sich aufrappeln konnte, drückte sie einer der Männer mit dem Fuß auf den Boden. Sie spürte den Absatz zwischen ihren Schulterblättern und wusste, dass sie ihnen ausgeliefert war. Aber sie würde sich bis zum Letzten wehren.

Am selben Tag

Die Orchesterprobe war beendet. Die Villa besaß eine einzigartige Akustik. Brian war Onkel Edgar dankbar, dass er ihm und seinen Musikern diese Stadtvilla für eine kleine Miete zur Verfügung stellte. Summend kehrte Brian von der Probe nach Hause zurück. Seine gute Laune lag an Violettas Zusage, beim nächsten Konzert mitzuwirken. Es war nicht nur die Freude darüber, eine solch talentierte Sängerin zu gewinnen, sondern auch die Chance, die begehrenswerte Frau näher kennenzulernen und auch, sie zu beschützen. Er war verärgert. Gideon hatte kein Sterbenswörtchen gesagt, dass Violetta für ihn arbeitete, eher zufällig hatte er es vor drei Tagen erwähnt.

Immer wieder führte das Schicksal Violetta und ihn auf wunderbare Weise zusammen. Das musste doch etwas zu bedeuten haben. Er sah ihr liebliches Gesicht mit den veilchenblauen Augen vor sich. *Himmel, wie verliebt er in diese Frau war!*

Ihr galt sein erster Gedanke nach dem Aufwachen und der letzte, bevor er einschlief. Nie hätte er es für möglich gehalten, dass er so starke Gefühle für eine Frau empfinden könnte. Sogar eine Klaviersonate hatte er für sie komponiert. Leider wurden seine Gefühle nicht erwidert. Ihre sehnsüchtigen, in die Ferne gerichteten Blicke verrieten, dass sie an den vermissten Komponisten dachte. Was hätte er darum geben, wenn sie ihm gelten würden.

Neulich beim Lunch hatte sie sehr zerbrechlich gewirkt. Brian wollte, dass sie ihm vertraute. Sollte Hans Brünn zurückkehren, gönnte er ihr das Glück.

»Mr Wilcox? Mylord?«

Die vertraute Stimme ließ Brian aufblicken.

Vor der Haustür wartete Will auf ihn. Brian war immer noch wütend auf ihn, weil er ihn nicht über Alans Tod informiert hatte.

»Hat meine Mutter Sie geschickt? Da hätten Sie sich die Mühe sparen können. Ich werde nicht nach Wilcox Manor zurückkehren. Nicht nach allem, was geschehen ist«, sagte Brian deshalb barsch.

Betreten sah Will ihn an.

»Niemand hat mich geschickt, Mylord. Ich arbeite schon seit einiger Zeit nicht mehr für Ihren Vater.«

Überrascht sah Brian den Butler an.

»Wie lange haben Sie meinem Vater gedient? Fünfundzwanzig Jahre oder mehr?«

»Neunundzwanzig, um genau zu sein.«

Brian mochte kaum glauben, was Will da behauptete. Der Butler gehörte praktisch zum Inventar.

»Haben Sie das Silberbesteck gestohlen oder meinen Vater als sturköpfigen, verbitterten Mann bezeichnet?« Brian bereute seinen flapsigen Spruch, als er Wills betroffene Miene sah.

»Nein. Ich wollte Ihnen damals vom Tod Ihres Bruders erzählen. Aber Ihr Herr Vater hat es mir verboten. Doch ich fand, dass Sie ein Anrecht darauf hätten, und habe einen Brief geschrieben. Leider hat Ihr Herr Vater ihn abgefangen und in meinen Zeilen einen großen Vertrauensbruch gesehen, der mich meine Stellung gekostet hat. Doch dann habe ich gesehen, wie Sie das Sanatorium betreten haben. Als Sie mit versteinerter Miene herausgekommen sind, war mir klar, dass Sie vom Tod Ihres Bruders erfahren haben. Ich habe lange mit mir gerungen. Es war mir ein Bedürfnis, Ihnen das zu sagen.«

Will klang offen und ehrlich. Brian hatte das Gefühl, dass der Butler noch etwas auf dem Herzen hatte.

»Sind Sie deshalb zu mir gekommen? Um sich zu erklären?«

»Das Schicksal Ihrer Familie liegt mir trotz der Umstände am Herzen. Ich habe von der Zofe Ihrer Mutter erfahren, dass Ihr Vater einen Schlaganfall hatte und nicht mehr sprechen kann, geschweige denn die Geschicke von Wilcox Manor leiten. Ich dachte, das sollten Sie wissen.«

Die Schicksalsschläge rissen nicht ab. Brian brauchte einen Moment, um sich zu sammeln. Wilcox Manor würde nicht mehr lange in Familienhand bleiben, wenn keiner es führte. Aber er verstand doch nichts von der Landwirtschaft.

»Sie haben wohl vergessen, dass ich Musiker bin.«

»Aber Sie sind der letzte Wilcox-Erbe. Ihr Vater ist zu stolz, um Sie zu bitten zurückzukehren, das weiß ich. Aber ich sehe es als Ihre Pflicht an, das Familienerbe zu erhalten.«

Unwillkürlich dachte Brian an Leonora Schwarz, die ihr Heimatland wegen des Theaters nicht hatte verlassen wollen. Brian war nicht dazu bereit, die Musik dafür aufzugeben, um sein Leben auf dem Land in einem verstaubten Herrenhaus zu verbringen.

»Ist es das?« Aufgebracht sah er Will an, dessen Augen sich ungläubig weiteten.

»Mylord, ob Sie es wollen oder nicht, Sie sind jetzt der Herr von Wilcox Manor.«

»Mein Vater hat mich enterbt!«

Will schüttelte den Kopf. »Ja … nein, er wollte es, aber Ihr Bruder hat darauf bestanden, dass er es nicht tut … Er wollte Ihnen nichts wegnehmen, hat er gesagt. Sie sind immer noch der Erbe.«

»Alan …«, flüsterte Brian bewegt und schluckte gegen den Kloß in seinem Hals an.

Er hatte nie der Herr von Wilcox Manor sein wollen, auch wenn er an dem elterlichen Anwesen hing. *Verdammt, Alan!*

»Ich will es aber nicht sein. Soll mein Vater doch das Testament ändern und den Gutsverwalter zum Nachfolger bestimmen.« Dass sein Vater ihn verstoßen hatte, war ein schwerer Schlag gewesen.

Brian bemerkte, wie Wills Schultern nach vorn sackten. Die Enttäuschung war ihm deutlich anzusehen.

»Ich hatte gehofft, dass Sie nicht zusehen werden, wie alles zugrunde geht. Bedeutet Ihnen Wilcox Manor denn nichts?«

»Mein Vater hat nie verstanden, dass ich ein anderes Leben führen wollte. Selbst wenn ich wollte, habe ich keine Ahnung von Landwirtschaft!«

»Aber da ist doch auch noch Mr Travers, der Gutsverwalter Ihres Vaters.«

Alles in Brian sträubte sich, die Verantwortung auf sich zu laden und nach Wilcox Manor zurückzukehren.

Brian klopfte Will auf die Schulter. »Es ehrt Sie, aber lassen Sie es gut sein, Will. Tut mir leid, dass Sie mich umsonst besucht haben. Einen schönen Tag noch.« Mit diesen Worten eilte er in die Pension.

Doch Brian, der eigentlich die Konzertplanung fortführen wollte, war zu aufgewühlt, um sich konzentrieren zu können. Außerdem war es in seinem Zimmer heiß und stickig. Er beschloss, einen Spaziergang zur Themse zu unternehmen, in der Hoffnung auf Abkühlung und einen klaren Kopf.

Pflicht ... Erbe ... Wilcox Manor ... Die Begriffe kreisten in einer Endlosschleife in seinem Kopf.

Die Sonne brannte auf ihn herunter und brachte ihn trotz der leichten Brise, die vom Fluss herüberwehte, zum Schwitzen. Leider fand er auch hier keine Ablenkung. So winkte er nach einer Droschke und ließ sich nach Fulham kutschieren, wo es immer wieder hörenswerte Straßenmusiker gab. Am Ufer der Themse spielten zwei Geiger. Eine Weile lauschte er deren Spiel. Doch ihr Können überzeugte ihn nicht. Ziellos streifte Brian durch die Straßen, bis er zufällig Wortfetzen eines Gesprächs von zwei Paaren aufschnappte, die sich über eine schwarzhaarige Sängerin mit außergewöhnlicher Stimme unterhielten. Sofort musste er an Violetta denken. Sollte sie trotz ihres Jobs bei Gideon weiterhin als Straßenmusikerin singen?

»Entschuldigung«, unterbrach er das Gespräch der Paare, »ich habe zufällig etwas von Ihrer Unterhaltung mitangehört. Diese Sängerin, von der Sie eben sprachen, wo hat sie gesungen?«

»Zwei Straßen weiter ist ein Platz mit einem Trinkbrunnen. Dort hat sie gestanden.« Die Frau mit den grauen Locken deutete die Straße hinauf. Brian bedankte sich bei ihr. Voller Vorfreude eilte er die Straße entlang. Er kannte den Platz mit dem Brunnen, wo oft Straßenmusiker ihr Können zum Besten gaben.

Doch als er den Brunnenplatz erreichte, war von Violetta weit und breit nichts zu sehen. Enttäuscht wollte er sich wieder umwenden, als er plötzlich erstickte Laute und Keuchen hörte. Er blieb stehen und sah sich um. Das hörte sich nach zwei Menschen an, die miteinander rangen. Und einer davon schien eine Frau zu sein. Einer Eingebung folgend, ging er den Geräuschen nach und bog in die Seitengasse ein. Das Bild, das sich ihm bot, ließ Wut in ihm aufwallen. Eine schwarzhaarige Frau lag am Boden und wehrte sich keuchend gegen einen Mann, der auf ihr kniete und seine Hände um ihren Hals gelegt hatte. Zwei andere Männer feuerten ihn an.

»Sofort loslassen!«, brüllte Brian. Die beiden anderen Männer packten ihre Instrumentenkästen und flohen. Brian hasste Gewalt gegen Frauen. Er packte den schmalen Kerl auf der Frau an den Schultern, riss ihn zurück und streckte ihn mit einem Faustschlag nieder. Stöhnend stürzte der auf die Knie. Blut rann aus seiner Nase.

Drohend ging Brian einen Schritt auf ihn zu. Da sprang er auf und rannte davon. Seinen Geigenkasten und eine schäbige

Zigarrenkiste ließ er achtlos auf dem Pflaster liegen. Brian wandte sich der am Boden Liegenden zu, deren offenes Haar das Gesicht verdeckte.

Sie strich es zurück. Brian erstarrte, als er erkannte, wen er soeben gerettet hatte.

»Violetta!« Er rief sie beim Vornamen. Sie wirkte so verloren.

»Mr Wilcox! Dem Himmel sei Dank!« Nachdem er ihr aufgeholfen hatte, sah sie aus tränenfeuchten Augen zu ihm auf.

»Ich weiß nicht, was geschehen wäre, wenn Sie nicht gekommen wären ... Die haben mir mein Geld abgenommen ... Weil ich hier gesungen habe ...«, stammelte sie.

»Zum Glück sind die Kerle ja jetzt weg. Sind Sie verletzt worden?« Er sorgte sich um sie.

Violetta schüttelte den Kopf. Neulich beim Lunch war ihm aufgefallen, wie dünn sie geworden war. Sie blickte zu der Zigarrenkiste auf dem Pflaster.

Brian drehte sich um und bückte sich danach.

»Ist das vielleicht Ihre? Der Kerl hat sie liegen lassen. Wie seinen Geigenkasten.«

»Ja, ja, es ist meine.« Sie lächelte erleichtert. »Danke.«

Ihr Lächeln glich einem Sonnenstrahl.

»Schon gut.«

Eine Strähne ihres schwarzen Haares klebte an der feuchten Schläfe. Wie gern hätte er sie ihr aus dem Gesicht gestrichen. Aber diese Geste hätte seine Gefühle für sie verraten, und er wollte sie nicht verschrecken.

Der Blick aus ihren veilchenblauen Augen nahm ihn in Bann. Kurz war er versucht, ihr seine Empfindungen zu gestehen. Plötzlich lag wieder diese Spannung in der Luft, die ein Kribbeln in ihm hervorrief.

Violetta leckte sich über die Lippen. Fast könnte er glauben, dass seine Gefühle erwidert wurden, als er den warmen

Glanz in ihren Augen bemerkte. Es zählte nur der Moment, in dem sie sich ansahen. Doch dann dachte Brian wieder daran, dass ihr Herz einem anderen gehörte und er sicher mehr in ihren Blick hineininterpretierte, als gut für ihn war. *Sie ist dir nur dankbar. Mehr nicht.* Hoffentlich fand sie es nicht zu aufdringlich, wie er sie ansah. Hastig senkte er den Blick, räusperte sich und reichte ihr die Zigarrenkiste.

»Danke für alles … Brian«, sagte sie leise. Es war das erste Mal, dass sie ihn beim Vornamen nannte. Ein warmer Schauer überlief ihn.

Violetta klopfte den Staub aus ihrer Kleidung und band ihr Haar zu einem Zopf zusammen.

»Jemand muss sich um Ihre Hände und Ihr Knie kümmern.« Er nahm die aufgeschürften Hände in seine und betrachtete sie.

»Sally, meine Pensionswirtin, wird das erledigen.«

Er nickte.

»Kann ich vielleicht noch etwas für Sie tun? Sie nach Hause bringen?« Er wollte sie nicht allein gehen lassen. Vielleicht lauerten ihr die Kerle irgendwo auf.

»Gern. Würden Sie mich bitte zur St. Peters Church begleiten? Ich bin heute Abend mit Martin zum Üben verabredet.«

»Ich möchte Sie lieber nach Hause bringen, wo ich Sie in Sicherheit weiß.«

Sie schien einen Moment zu überlegen, und er befürchtete schon, sie könnte ablehnen.

»Gut. Einverstanden«, gab sie nach.

Violetta hakte sich bei ihm unter. Gemeinsam schritten sie zur Pension.

»Wer weiß, was geschehen wäre, wenn Sie nicht zur rechten Zeit da gewesen wären, Brian.«

»Sie müssen besser auf sich aufpassen, Violetta. Londons Straßen können für eine Frau gefährlich werden. Versprechen

Sie mir bitte, dass Sie nicht mehr auf der Straße singen werden?«

Violetta wandte sich zu ihm. »Aber das Geld, das ich bei Gideon verdiene, reicht leider nicht aus.«

»Nein, aber wenn Sie bei meinen Konzerten singen, zahle ich Ihnen eine gute Gage …«

»Die ich erst nach dem Auftritt bekomme«, fiel sie ihm ins Wort.

»Ich kann Ihnen auch gern einen Vorschuss gewähren.«

Er vertraute ihr.

»Das würden Sie wirklich tun?«

Brian nickte.

»Und wenn ich dann nicht auftrete?«

»Glaube ich nicht«, antwortete er lächelnd.

»Na, Sie scheinen sich ja sehr sicher zu sein«, sagte sie augenzwinkernd.

»Weil ich Ihnen vertraue, Violetta.«

Den letzten Rest des Weges legten sie schweigend zurück.

Vor der Eingangstür verabschiedeten sie sich voneinander. Brian bemerkte eine Frau, die sie hinter der Gardine verborgen beobachtete.

»Wir sehen uns zur ersten Probe?« Noch immer befürchtete er, Violetta könnte es sich anders überlegen.

»Ja, wir sehen uns dort.«

16. Juli 1939

Nebel schwebte an diesem Donnerstagmorgen über der Themse, als Violetta sich auf den Weg zu ihrer ersten Probe mit Brian Wilcox' Orchester begab. Normalerweise blieb sie stets einen Moment lang am Ufer stehen, um die Nebelschwaden zu betrachten. Heute jedoch kreisten tausend Gedanken in ihrem Kopf herum. Das Erlebnis auf dem Brunnenplatz in Fulham beschäftigte sie noch immer. Die Feindseligkeit, die ihr von den Straßenmusikern entgegengeschlagen war, hatte sie geängstigt. Doch noch mehr beschäftigte Brian sie. Er war ihr rettender Engel gewesen. Gleichzeitig hatte er sie verwirrt. Brian Wilcox war ein sympathischer Mann. Sie hegte gewisse Gefühle für ihn. Natürlich nur rein freundschaftlicher Art, sagte sie sich. Sie liebte doch Hans.

Hans! Verzweifelt rief sie sich sein Gesicht ins Gedächtnis zurück und erschrak, weil ihr das nicht gelingen wollte. Seine Züge waren verschwommen. In seiner Gegenwart hatte sie sich stets wohlgefühlt. Schon seit Beginn ihres Studiums hatte sie für ihn geschwärmt und sich nichts sehnlicher gewünscht, als dass er eines Tages ihre Gefühle erwidern würde.

Wenn sie doch nur ein Lebenszeichen von ihm bekäme.

Die viktorianische Villa in Kensington, in der die Proben stattfanden, erinnerte sie an die Villen in der Eilenriede. Erneut stieg das Heimweh in ihr auf. Die Briefe und Anrufe ihrer Eltern waren in der letzten Zeit rarer geworden. Die Fronten zwischen England und Deutschland hatten sich verhärtet, sodass die Post nur noch schleppend eintrudelte. Die Zeitungen schrieben, dass die Deutschen mobilmachten.

Unabhängig von der drohenden Kriegsgefahr hatte Violetta das Gefühl, dass zu Hause etwas nicht stimmte. Im letzten Brief hatten ihre Eltern nicht wie sonst humorvoll und offen, sondern verhalten geschrieben, als würde jemand ihre Zeilen kontrollieren.

Die Villa lag etwas zurückgelegen, und der üppig blühende Vorgarten war durch eine dichte Ligusterhecke von der Außenwelt abgeschottet. Ein ornamentreiches, vergoldetes Gartentor führte hinein. Bereits von außen wirkte das weiße Gebäude wie eine kleinere Ausgabe des Buckingham-Palastes. Violetta fragte sich, wie Brian es geschafft hatte, diese feudale Stadtvilla für Orchesterproben zu mieten. Welchen Beziehungen oder glücklichen Umständen mochte er das zu verdanken haben? Sie wusste nichts über ihn, außer dass er hervorragend Klavier spielen und sehr charmant sein konnte. Während seines damaligen Aufenthaltes in Hannover hatte er nie ein Wort über seine Familie oder seinen Werdegang verloren.

Violetta stieß das Tor zum Vorgarten auf, das quietschend zur Seite schwang. Großzügige Blumenbeete empfingen sie mit dem intensiven Duftgemisch von Zentifolien, Salbei und Lavendel. Bewundernd folgte sie dem schmalen Weg über Bruchsteinplatten, der zum Eingang führte. Zwei riesige Buchskugeln rahmten die dreistufige Vortreppe ein.

Als Violetta vor der doppelflügeligen Eingangstür stand, verließ sie jedoch der Mut. Gleich würde sie Brian wiederbegegnen. In Hannover war er galant, hilfsbereit und charmant gewesen. Sein Lächeln konnte Eisberge zum Schmelzen bringen. Violetta war ihm dankbar, dass er sie vor den Straßenmusikern gerettet hatte. Ohne das Geld hätte sie Constanzes Medikamente nicht bezahlen können. Hans fehlte ihr sehr.

Und wenn du ihn nicht wiedersiehst? Schnell schob sie den Gedanken beiseite. *Sie würden sich wiedersehen und alle drei eine richtige Familie sein.*

Oft fühlte sie sich einsam, sehnte sich nach Liebe und Zärtlichkeit. Brians Aufmerksamkeit tat ihr einfach nur gut.

Angespannt starrte sie auf den Messingtürklopfer. Sie kannte die Musiker nicht, wusste nicht, was Brian von ihr als Sängerin erwartete. Der Mut verließ sie, auch wenn sie sich sehr freute, wieder mit einem Orchester zu arbeiten. Was, wenn Brian war wie ihr Vater und die Probe erst beendet, wenn er mit der Leistung aller zufrieden war? Ihre Zeit für die Proben war begrenzt. Sie hatte Sally versprochen, bis zum Nachmittag zurück zu sein, um ihr Constanze abzunehmen.

Während Violetta grübelnd dastand, wurde die Eingangstür geöffnet, und Brian stand auf der Schwelle. Das freudige Aufblitzen in seinen Augen vermittelte ihr ein schlechtes Gewissen.

»Ich habe dich gar nicht klopfen gehört, Violetta. Schön, dass du gekommen bist.«

Sein Haar war zu lang und fiel ihm ungeordnet in die Stirn. Die Zweifel schwanden mit seinem Lächeln.

»Guten Tag, Mr Wilcox.«

»So steif? Wollen wir es nicht bei Brian belassen? Alle, mit denen ich arbeite, nennen mich so. Und wir duzen uns.«

Sie nickte.

»Komm, ich bringe dich zu den anderen.«

Er fasste sie bei der Hand und zog sie mit sich ins Haus.

Sie durchquerten eine quadratische Halle mit Säulen und Marmorboden. Der Kristallleuchter in der Mitte der Decke erinnerte sie an den im elterlichen Theater. Marmorne Büsten und Statuen schmückten die Nischen. Eine geschwungene Treppe führte zu beiden Seiten hinauf in den ersten Stock. An den Wänden der Treppe hingen Gemälde berühmter Komponisten. Sie erkannte Bach, Mozart, Schubert und ein Foto ...

Violetta riss erstaunt die Augen auf, als sie das Bildnis ihres Vorfahren Frederik von Uhlenberg erblickte.

»Frederik von Uhlenberg?«, murmelte sie und zeigte nach oben.

»Ich habe das Foto gefunden und konnte nicht widerstehen, es neben die anderen zu hängen«, erklärte ihr Brian.

»Du willst mir schmeicheln«, sagte sie amüsiert. Insgeheim freute es sie, dass Brian ihren Vorfahren auf diese Art ehrte.

»Ich wollte dir eine Freude bereiten, damit du dich hier heimischer fühlst. Außerdem bin ich wirklich ein Freund seiner Musik, wie du dich erinnern kannst.«

»Ja, ich weiß.« In Hannover hatte er ihren Eltern zu ihrem Vorfahren Löcher in den Bauch gefragt.

»Ich wusste gar nicht, dass du ein Foto von ihm besitzt.«

»Es gibt so vieles, was du nicht von mir weißt.«

Dabei blickte er ihr tief in die Augen. In seiner Nähe fühlte sie sich geborgen und wohl.

»Die anderen warten bestimmt schon auf uns.« Ihre Stimme klang heiser.

Statt einer Antwort zog er sie mit sich durch die Eingangshalle zu einem hohen Raum, in dem bereits die Orchestermitglieder auf sie warteten. Sie war froh, als sie auch eine Frau unter ihnen entdeckte.

Brian stellte ihr jeden Einzelnen vor. Sie spielten alle eine kurze Passage aus berühmten Werken. Die Virtuosität der Musiker beeindruckte sie und flößte ihr gleichzeitig Respekt ein. Wie bei ihrem Vater durfte sie sich auch hier keinen Patzer erlauben. Auf keinen Fall wollte sie sich blamieren.

Als sie sah, wie Dana Harper über ihren Kontrabass Brian ansah, versetzte ihr das einen Stich. Dennoch fühlte sie sich in der Runde willkommen. Zwei der Musiker sprachen Deutsch, was ihr manches erleichtern würde.

Sofort vertiefte sich Brian in die Arbeit.

»Wir beginnen gleich mit der *Habanera*«, bestimmte er und setzte sich an den weißen Flügel, bevor er ihr aufmunternd zunickte. Ihr Lampenfieber stieg. Sie wollte nicht versagen.

Brian forderte durch eine Handbewegung alle auf, sich auf

ihr Spiel zu konzentrieren. Seine Hände glitten über die Tasten, und er leitete die Arie der Carmen ein. Sie liebte den sinnlichen Grundrhythmus. Die Akustik im Raum übertraf ihre Erwartungen. Violetta drückte den Rücken durch und stützte sich mit dem Ellbogen auf den Flügel. Wenn sie in sein Gesicht sah, hatte sie das Gefühl, auch die schwierigste Partie zu schaffen, denn er vermittelte ihr durch seine besonnene Art Ruhe und Gelassenheit. Diesmal kokettierte sie auch mit ihm während des Gesangs. Deutlich spürte sie die Schwingungen zwischen ihnen.

»L' amour.« Auch heute wurde Violetta zu Carmen. Brians Blicke und wie er musikalisch auf sie einging, beflügelten sie, alles in ihre Darbietung hineinzulegen. Sie tänzelte verführerisch mit wiegenden Hüften um den Flügel herum, ohne den Blick von ihm abzuwenden.

Nach dem Schlussakkord herrschte Stille. Brian und sie sahen sich noch immer an. Das Strahlen in seinen Augen verriet, dass auch er das Zusammenspiel genossen hatte. Erst der Applaus der anderen brach den Bann zwischen ihnen.

»Sie haben wunderbar gesungen, Fräulein Schwarz«, lobte sie Wilhelm Steiner mit seinem unverkennbar salzburgischen Dialekt.

»Das habe ich auch Ihnen allen durch die hervorragende Begleitung zu verdanken.« Besonders Brian, der auf jede ihrer Phrasierungen eingegangen war. Er musste sie nicht loben, seine Miene verriet mehr als tausend Worte.

»Magst du noch ein wenig bleiben, Violetta?«, fragte er. Sie sah auf die Uhr und nickte.

»Ein wenig.«

Anschließend nahm sie auf einem der Stühle Platz und lauschte dem *Nocturne* von Bizet, das Brians Orchester spielte. Dabei betrachtete sie seine Miene. Der verträumte, stille Charakter des Stückes wurde durch Brians sensibles Spielen hervorgehoben. Er spielte aus Überzeugung und Leidenschaft.

Das zeichnete ihn aus und erinnerte sie wieder einmal an ihre Familie. Wie ihr Vater schien auch Brian alles um sich herum zu vergessen.

Ganz in Brians Bann bemerkte Violetta recht spät den älteren, elegant gekleideten Mann, der in der geöffneten Tür des Proberaums stand und zu Brian sah.

Zwischen den beiden Männern bestand eine gewisse Ähnlichkeit, dass Violetta annahm, der Fremde wäre Brians Vater. Der ältere Mann wartete, bis Brian und sein Orchester das *Nocturne* beendet hatten, bevor er sich mit einem Handzeichen bemerkbar machte.

»Onkel Edgar!«, rief Brian erstaunt und zugleich freudig.

»Ich muss dich sprechen, Brian. Jetzt!«

Brian stand auf und umarmte seinen Onkel, bevor er sich an die Musiker wandte. Es war offensichtlich, dass Onkel und Neffe sich gut verstanden.

»Könnt ihr vielleicht noch mal die letzte Passage spielen?«, fragte Brian die Musiker, bevor er mit seinem Onkel den Raum verließ. Violetta konnte durchs Fenster sehen, dass die beiden in den Garten gingen.

Sie standen unter einem ausladenden Birnbaum. Der Onkel redete zu Brian, dessen Gesicht rot anlief. Daraus entstand eine hitzige Diskussion, bei der beide gestikulierten. So aufgebracht hatte sie Brian noch nicht gesehen. Er schüttelte den Kopf und lief unter der Baumkrone auf und ab. Dann blieb er stehen und redete mit seinem Onkel. Der alte Herr stand auf seinen Stock gestützt da und hörte zu, bis er den Kopf sinken ließ. Brian wollte davongehen, doch sein Onkel hielt ihn zurück. Zu ihrem Bedauern konnte Violetta kein Wort verstehen, auch wenn die Stimmen der beiden Männer lauter geworden waren.

Kurz darauf stürmte Brian aufgebracht in den Proberaum zurück. Sein Gesicht glich einer starren Maske.

Der Onkel hingegen kehrte nicht zurück. Während der

restlichen Probe wirkte Brian unkonzentriert und gereizt, bis er schließlich abbrach.

»Wir proben nächste Woche an drei Tagen, immer um die gleiche Zeit«, sagte er zu den Musikern, von denen keiner wagte, ihn zu fragen, was ihn derart verstimmt hatte. Während die Musiker ihre Instrumente säuberten und verstauten, blickte Brian hinaus in den Garten. In Gedanken schien er weit weg zu sein. Violetta hätte längst gehen müssen, aber sie spürte, dass er jetzt jemanden brauchte.

Nachdem die anderen die Villa verlassen hatten, blieb sie auf dem Stuhl sitzen und schaute ihn an. Er ballte die Hand zur Faust und schlug auf die Notenablage des Flügels, dass die losen Notenblätter durch die Luft auf den Boden segelten.

Violetta stand auf und ging zu ihm. Brian stützte sich schwer atmend auf den Flügel. Sacht legte sie ihre Hand auf seine Schulter, befürchtete, er würde sie zurückstoßen. Aber er tat es nicht.

»Schlechte Nachrichten?«

»Ja ... in gewisser Weise!«, rief er.

»Das tut mir sehr leid. Ich kann zuhören.«

Er schwieg.

Eine Weile blieb sie neben ihm stehen, spürte den inneren Kampf, den er mit sich ausfocht. Jeder Muskel seines Körpers war bis aufs Äußerste angespannt. Sie wusste nicht, ob ihre Worte in seinem aufgewühlten Zustand zu ihm durchgedrungen waren. Als er noch immer schwieg, drehte sie sich um und wollte den Proberaum verlassen.

»Geh nicht«, sprach er leise. Sie wandte sich wieder zu ihm um. In seinen Augen lag Schmerz, der sie tief berührte.

Aus einem Gefühl heraus umarmte sie ihn.

»Was immer es auch sein mag, ich ...«, flüsterte sie an seiner Brust.

Weiter kam sie nicht, denn er drückte sie an den Schultern

zurück und sah sie an. In seinen Augen lag eine Mischung aus Wut und Schmerz.

»Ich muss eine Entscheidung treffen, die mein Leben in eine andere Richtung lenkt. Aber ich will es nicht.«

Sie konnte ihn nur zu gut verstehen.

»So wie ich, als ich meine Familie und das Theater für eine ungewisse Zukunft in England zurückließ.«

»Und hast du den Schritt bereut?«, fragte er und streichelte sanft ihre Wange.

»Ja, nur blieb mir keine andere Wahl. Sie hätten mich sicher verhaftet.«

»Du vermisst deine Familie sehr?«

»Jeden Tag. Und das Theater.« Traurig blickte Violetta geradeaus.

»Kann dich verstehen. Je nachdem, wofür ich mich entscheide, verleugne ich einen Teil von mir. Musik ist mein Leben.«

»Das Gefühl kenne ich nur zu gut. Manchmal hilft es, mit jemandem zu reden.«

Sie spürte, wie er mit sich rang. Dann erzählte er ihr offen, was ihn zur Entscheidung zwang. Lord Brian Wilcox, das war also sein Geheimnis. Es war ihr gleichgültig, ob er der Sohn eines Lords war. Sie mochte und bewunderte den Mann und Musiker Brian, die Entschlossenheit, mit der er seine Ziele anstrebte.

»Verstehst du nun? Mein Vater hat mich verstoßen! Ich will das Erbe nicht!«

Das Verhalten des Vaters hatte nicht nur Brians Stolz verletzt, sondern ihn bis ins Mark getroffen. Ihrer Mutter war es einst ähnlich ergangen.

»Er ist ein alter, kranker Mann. Er hätte dich nicht darum gebeten zurückzukehren, wenn er nicht bereuen würde.«

»Aber er hat nie wirklich verstanden, dass die Musik mein Leben ist.«

»So wie du von Wilcox Manor sprichst, bedeutet es dir etwas. Du kannst auch als Herr von Wilcox Manor weiter musizieren. Vorausgesetzt, du hast einen fähigen Verwalter für das Anwesen. Aber es wäre deins, und kein Fremder würde sein Schicksal bestimmen. Lehnst du das Erbe ab, glaub mir, würdest du es immer bereuen.«

Violetta schluckte. Ihr war klar, dass sie sich nicht mehr so oft sehen würden, wenn er Herr von Wilcox Manor war. Und wenn sie irgendwann nach Deutschland zurückkehren würde, bliebe auch er nur eine schöne Erinnerung.

»Danke für deine offenen Worte. Du hast recht, ich würde es mir nicht verzeihen, wenn Fremde die Geschicke von Wilcox Manor lenken würden.«

Irgendwo schlug eine Uhr. Das erinnerte sie daran, dass ihre geliebte Tochter zu Hause auf sie wartete. Brian wäre sicher entsetzt, wenn er von ihrem unehelichen Kind erfuhr.

»Ich … es tut mir leid, aber ich muss jetzt gehen.«

Die Enttäuschung war ihm anzusehen.

»Ich begleite dich«, schlug er vor.

Sie schüttelte den Kopf. »Nein, lass nur. Es ist wichtiger, dass du nach Wilcox Manor fährst und deinen Eltern deine Entscheidung mitteilst.«

»Du hast wahrscheinlich recht. Dann sehen wir uns bei der nächsten Probe?«

»Ja«, antwortete sie. Das Leben war zu kurz, um nicht jeden schönen Moment auszukosten.

Violetta kehrte bedrückt in die Pension zurück. Constanze lag in der Wiege und schlummerte friedlich. Sie beugte sich zu ihrer Tochter hinunter und küsste sie auf die Stirn. Die Kleine rekelte sich und gähnte, bevor sie ihren Daumen in den Mund steckte und nuckelte. Ein rötlicher Glanz lag auf ihrem Haar, das Violetta schmerzlich an das ihrer Mutter erinnerte. Die Eltern hatten ihren letzten Brief immer noch nicht beantwortet. Die Zeitungen waren voll mit Artikeln über Deutschlands

Mobilmachung. Der Gedanke an einen bevorstehenden Krieg ängstigte sie zunehmend. Dieser würde noch zerstörerischer werden als der letzte. Sie mochte sich gar nicht vorstellen, was das für das Theater und ihre Familie bedeuten könnte. Und sie war nicht da, um den Eltern bei ihren Sorgen und Nöten zu helfen.

Den Rest des Nachmittags kümmerte sie sich um ihre Tochter, aber die Unruhe blieb. Später, in der Nacht, ließen Albträume sie immer wieder aufwachen. Sie träumte von Florentina, die von schwarzgekleideten Männern abgeführt wurde, und dann wieder sah sie das Theater in Flammen. Schweißgebadet wachte sie auf. Der Morgen graute. Sie stand auf und betrachtete am Fenster die dunklen Gewitterwolken, die am Horizont aufzogen und wie ein düsteres Omen wirkten. Unheil schien auf sie zuzurollen. Violetta fürchtete sich davor, alles zu verlieren, was ihr lieb und teuer war.

18. Juli 1939

Der laue Sommerwind spielte mit Brians Haar, als er die Auffahrt zu seinem Elternhaus entlangschritt.

Einen Moment lang blieb er stehen, um den Anblick des imposanten Herrenhauses auf sich wirken zu lassen. Hier schien die Zeit stillzustehen, und doch hatte sich alles verändert. Alan war nicht mehr da. Noch immer überfiel ihn lähmende Traurigkeit, wenn er an seinen Bruder dachte.

Alan hatte darauf gehofft, eines Tages der Herr von Wilcox Manor zu sein und seiner Passion mit den Zuchttieren nachzugehen. Aber das Schicksal hatte anders entschieden.

»Dein Vater bittet dich darum, zurückzukehren«, hatte Onkel Edgar gesagt. Nie würde Brian den abfälligen Blick und die harschen Worte seines Vaters vergessen, als sie sich im Krankenhaus begegnet waren. Nie hätte er sich von seinem Onkel umstimmen lassen. Doch Violetta hatte gespürt, was er fühlte, und ihm die Augen geöffnet. Wilcox Manor, das sich seit Jahrhunderten im Familienbesitz befand, in den Händen Fremder? Das hätte er sich nie verziehen.

Entschlossen folgte Brian der Buchenallee, die zum Eingang des Herrenhauses führte. Mit einem beklemmenden Gefühl klopfte er an die Tür. Anstelle von Wills vertrautem Gesicht öffnete ihm ein Mann mittleren Alters mit Schnurrbart und lichtem Haar.

»Guten Tag, Mylord«, begrüßte er Brian und machte eine kleine Verbeugung. Es war ein komisches Gefühl für Brian, mit dem Titel angeredet zu werden. Er hatte sich schon an Brian Wilcox gewöhnt, und so fühlte er sich auch.

»Guten Tag, Mr Travers«, grüßte er den Verwalter zurück,

der ihn offen aus seinen intelligenten Augen ansah. Travers trat beiseite, um Brian hereinzulassen.

»Ihr Vater erwartet Sie bereits im Salon.«

Jede Ecke, jeder Winkel des Hauses waren ihm vertraut. Es war Balsam für seine Seele, wieder hier zu sein. Erst jetzt wurde ihm bewusst, wie sehr er sein Elternhaus vermisst hatte.

Travers schritt voran, und Brian folgte ihm.

Im Salon mussten sich seine Augen erst an das Halbdunkel gewöhnen. Die samtenen Vorhänge an den Fenstern waren zugezogen und ließen kaum Sonnenlicht herein. Als Brian im fahlen Licht einer Tischlampe die abgemagerte Gestalt im Ohrensessel erkannte, erschrak er zu Tode. Sein Vater wirkte wie ein Schatten seiner selbst. Durch den Schlaganfall war sein Gesicht schief, und aus einem Mundwinkel tropfte Speichel. *Onkel Edgar hätte mich auf den Anblick vorbereiten sollen!*

Zwar hatte er sich auf der Zugfahrt hierher die Begegnung mit dem Vater ausgemalt, aber nicht damit gerechnet, wie erschütternd sein Anblick war.

»Mylord, Ihr Sohn ist hier.« Travers ging auf den Sessel zu und sprach laut und eindringlich zu seinem Vater. Offensichtlich hatte auch das Gehör durch den Schlaganfall gelitten. Brian stand noch immer auf der Schwelle des Salons.

»Bitte kommen Sie näher, Mylord, damit Ihr Vater Sie sehen kann.« Travers winkte ihn zu sich. Zögernd trat Brian auf die beiden Männer zu. Er konnte noch immer nicht fassen, dass der gebrechliche Mann im Sessel sein einst stattlicher Vater sein sollte.

Ein kehliger Laut drang aus dessen Kehle.

»Guten Tag, Dad.« Die Situation erschien Brian bizarr. Bei der letzten Begegnung mit seinem Vater hatte dieser vor Kraft gestrotzt.

Travers trat neben ihn. »Er kann nicht mehr sprechen.«

»Ich weiß.«

»Er war den ganzen Tag über aufgeregt, weil Sie kommen.«

Brian blickte seinen Vater an und suchte in dessen Augen die gewohnte Feindseligkeit. Stattdessen bemerkte er eine Träne, die sich löste und übers Gesicht rann. Seine Lippen formten Worte, aber seinen Mund verließen nur gutturale Laute.

Er streckte den Arm aus und deutete auf Travers und dann auf Brian.

»Nein, Ihr Sohn hat noch nicht mit mir gesprochen, Mylord«, deutete Travers das Zeichen des Vaters, bevor er sich Brian zuwandte. Bevor er weiterreden konnte, betraten seine Mutter und Onkel Edgar den Raum. Auch heute war seine Mutter in Trauerkleidung.

»Brian, schön, dass du gekommen bist«, begrüßte sie ihn und drückte seine Hand. Onkel Edgar klopfte ihm auf die Schulter mit den Worten: »Na, doch noch besonnen.«

Brians Vater stöhnte und lallte. Speichel rann vermehrt aus seinem Mund, seine Mutter tupfte ihn mit einem Taschentuch ab.

»Er war schon den ganzen Tag durcheinander. Eure Anwesenheit strengt ihn sehr an. Dabei hat der Arzt gesagt, dass er viel Ruhe braucht. Vielleicht könnt ihr eure Gespräche besser im Arbeitszimmer fortführen«, schlug sie vor.

Onkel Edgar, der Gutsverwalter und Brian erklärten sich einverstanden und begaben sich in das Arbeitszimmer gegenüber. Brian hatte das Büro des Vaters mit den schwarzgebeizten Eichenmöbeln nie gemocht. Hier hatten Alan und er immer ihre Strafen entgegengenommen. Zu Brians Erleichterung fiel Tageslicht in den düsteren Raum.

»Setz dich, Brian. Jetzt bist du der Gutsherr.« Onkel Edgar deutete auf den klobigen Stuhl hinter dem Schreibtisch, auf dem sein Vater immer gesessen hatte. Gutsherr! Das hörte sich fremd an. Er war Pianist.

Die Scheu, auf dem Stuhl Platz zu nehmen, ließ Brian zögern. Er schaute zur Tür, als würde sein Vater jeden Moment hereinkommen wie damals und ihn von seinem Platz vertreiben.

Doch jetzt war alles anders. Brian ließ sich auf dem Stuhl nieder. Er fühlte sich nicht wohl in der Rolle des Gutsherrn.

»Mr Travers, ich bin kein Landwirt, sondern mit Leib und Seele Musiker, und ich gedenke das nicht zu ändern.« Es war wichtig, von Anfang an seinen Standpunkt klarzustellen.

Travers nickte. »Ich weiß. Ihr Bruder hat mir erzählt, dass Sie Pianist sind. Wenn Sie wünschen, werde ich das Gut in Absprache mit Ihnen weiterführen. Sie können sich meiner Loyalität sicher sein.«

»Mr Travers hat außerordentlich gute Dienste geleistet«, warf Onkel Edgar ein und zählte die Zuchterfolge auf. Brian hatte sich immer auf das Urteil seines Onkels verlassen können. Er besaß genügend Menschenkenntnis.

»Mr Travers, wenn Sie meinen Neffen und mich einen Moment entschuldigen würden ...« Sein Onkel sah den Gutsverwalter auffordernd an. Travers verstand sofort und verließ den Raum.

»Travers ist ein guter Mann«, kam Onkel Edgar gleich zur Sache. »Nicht nur wegen der Musik, insbesondere da sich alle Welt für einen Krieg rüstet, brauchst du jemanden, auf den du dich hier verlassen kannst. Wenn du möchtest, werde ich während deiner Abwesenheit ein Auge auf das Gut haben. Was hältst du davon?«

Er hatte immer auf seinen Onkel zählen können. »Danke. Ich verlasse mich auf dein Urteil und werde Travers das Gut leiten lassen.«

Doch sein Onkel zögerte.

»Deine Mutter und ich finden, dass es gut wäre, wenn in dein Leben Ruhe einkehren würde. Eine Frau an deiner Seite könnte für das Anwesen da sein.«

Brian ahnte, worauf sein Onkel hinauswollte.

»Ich lasse mir nicht vorschreiben, wen ich heirate.«

»Dann gibt es eine Frau in deinem Leben?«, fragte Onkel Edgar ernst.

»Ja.« Brian hatte gespürt, dass Violetta seine Gefühle erwiderte. Er hoffte, dass sie sich für ihn entscheiden würde, selbst wenn Hans Brünn wieder freikam.

»Ich hoffe, die Auserwählte ist mehr mit der Landwirtschaft verbunden als du.« Brian ahnte, dass sein Onkel auf Rowena anspielte.

»Da muss ich dich leider enttäuschen. Sie ist Musikerin wie ich.«

Die buschigen Brauen seines Onkels ruckten nach oben.

»Du sprichst doch nicht etwa von dieser Sängerin?«

»Doch. Sie ist übrigens Frederik von Uhlenbergs Ururenkelin. Du erinnerst dich sicher daran, dass du ihrer Mutter die Noten des *Liebesreigens* überbracht hast?«

»Daran erinnere ich mich sehr gut. Ich verehre diesen Komponisten, wie du weißt, aber ...«

Brian wollte nichts weiter hören.

»Ich bin deinem Rat gefolgt, Onkel. Auch ich will nicht, dass Wilcox Manor in fremde Hände fällt. Es ist meine Verantwortung, meine Pflicht. Aber mein Leben bestimme ich selbst, auch mit wem ich es teile.«

»Ich hoffe, du weißt, was du tust. Du weißt, dass ich Frederik von Uhlenbergs Werke schätze. Aber er hat einen Menschen auf dem Gewissen.«

Es war seinem Onkel anzumerken, dass ihm Brians Wahl nicht gefiel.

»Was nicht bewiesen ist.« Er war nicht gewillt, sich von anderen in sein Leben reinreden zu lassen.

Es war Brian ein Bedürfnis, noch einmal mit seinem Vater unter vier Augen zu reden, bevor er zurück nach London fuhr.

Nachdem seine Mutter den Salon verlassen hatte, setzte Brian sich zu ihm. Die Hände des Vaters zitterten.

»Ich weiß, dass ich nie deinen Ansprüchen genügt habe, Dad. Du hast mich verstoßen, weil ich deinem Willen nicht gefolgt bin. Sicher hast du dir nie in deinen kühnsten Träumen vorstellen können, dass ausgerechnet ich einmal die Verantwortung für Wilcox Manor übernehmen werde. Ich habe dich immer für das, was du hier geleistet hast, bewundert. Ich hätte mir gewünscht, dass Alan das Gut in deinem Sinne weiterführt, was ich nicht kann. Aber ich gebe mein Bestes, und zusammen mit Mr Travers werden wir Wilcox Manor erhalten. Ich wollte, dass du das weißt.«

Sein Vater versuchte ihm etwas mitzuteilen und winkte ihn näher heran. Brian beugte sich vor, um ihn zu verstehen.

»Verzeih mir.« Es war leise und verwaschen, aber Brian verstand es dennoch. In den feuchten Augen des Vaters war zu erkennen, dass er sein Verhalten bereute. Brian nahm die Hand des Vaters in seine und drückte sie.

»Das werde ich.«

23. Juli 1939

Gegen Mittag brachte Violetta Constanze zu Sally. Sie wollte pünktlich zur Probe erscheinen, die Brian für den heutigen Nachmittag angesetzt hatte. Wie wichtig diese war, hatte er mehrmals betont. Zwei Musikmäzene, darunter Brians Onkel und ein gewisser Mr Burton, hatten zugesagt, bei der Probe dabei zu sein. Nicht nur wegen des Orchesters, sondern auch wegen ihr selbst. Violettas Knie zitterten vor Aufregung. Heute musste sie alles geben. Sie wollte sich nicht blamieren.

»Mach's gut, meine Süße.« Violetta drückte ihre Tochter an sich und küsste sie auf beide Wangen. Es fiel ihr jedes Mal schwer, sich von ihrem geliebten Kind zu trennen, auch wenn Sally es herzensgut mit ihr meinte.

»Gib sie mir bitte, sonst kommst du noch zu spät«, sagte Sally und streckte die Arme nach Constanze aus. Seufzend überließ Violetta Constanze Sallys Obhut.

Sie eilte in der Hitze zur Villa. Als sie die Gartenpforte erreichte, stand ihr der Schweiß auf der Stirn. Hastig wischte sie ihn mit einem Tuch fort. Im Schatten der Ligusterhecke blieb sie stehen und fächelte sich Luft zu. Erst danach betrat sie den Vorgarten. Auf dem Weg zum Eingang pochte ihr Herz vor Aufregung. Aber Lampenfieber gehörte zu ihrem Beruf. In Gedanken ging sie den Text noch einmal durch. Sie hatte ihn in den letzten zwei Tagen wie eine Wahnsinnige geübt.

Verwundert bemerkte Violetta, dass die Eingangstür offen stand. Brian legte immer großen Wert darauf, dass sie geschlossen war, um ungebetene Gäste abzuhalten. Drinnen hörte sie das Orchester spielen. Wahrscheinlich war sie aufgesprungen. Sie zuckte mit den Achseln, trat ein und schloss die

Tür leise hinter sich. Aus einem der an die Eingangshalle angrenzenden Zimmer drangen Stimmen, eine davon war Brians.

Lauschen gehörte sich nicht. Violetta wollte gerade weitergehen, als ihr Name fiel. Aus Neugier blieb sie doch stehen und lugte vorsichtig durch den Türspalt. Brian und sein Onkel standen vor dem Kamin.

»Deinen Beschreibungen nach ist diese Violetta Schwarz ein Ausnahmetalent?« In der Miene seines Onkels lagen Zweifel.

Auch wenn sie die Beschreibung übertrieben fand, freute es sie, dass Brian sie offensichtlich gelobt hatte.

»Ja, das ist sie, Onkel Edgar. Aber überzeug dich selbst.«

»Du neigst dazu, impulsive Entscheidungen zu treffen, mein lieber Brian. Du hattest mir vor zwei Jahren begeistert diesen Flötisten empfohlen. Der war zwar begabt, aber unzuverlässig. Andauernd hat er Proben abgesagt. So jemanden unterstütze ich nicht.«

»Aber Violetta Schwarz ist sehr zuverlässig, das versichere ich dir. Ich habe erlebt, wie pflichtbewusst sie mit ihren Eltern das Theater geführt hat.« Es rührte sie, wie sehr Brian sie verteidigte.

»Ich habe längst bemerkt, dass dir diese hübsche Sängerin nicht gleichgültig ist. Dennoch ist mir meine Zeit zu kostbar, wenn sich herausstellt, dass ihr Talent nicht überragend ist. Noch dazu kommt sie aus Deutschland.«

»Ich bitte dich, hör sie dir an, dann wirst du mir zustimmen. Ihre Stimme ist einzigartig.«

Sein Onkel schaute Brian schweigend an.

»Bitte, Onkel Edgar, nur fünf Minuten«, flehte Brian. »Sie ist es wert, ein festes Engagement zu bekommen. Du kennst den Intendanten des königlichen Opernhauses. Deine Empfehlung könnte ihr den Weg ebnen.«

»Von mir aus. Aber ich habe nur wenig Zeit. Ich treffe mich heute Abend mir Sir Douglas zum Dinner im Club.«

Brian schien erleichtert. »Danke, du wirst es sicher nicht bereuen.«

Violetta hatte genug gehört. Zum Glück hatten die beiden ihr Lauschen nicht bemerkt. Auf Zehenspitzen schlich sie weiter zum Probensaal. Brian wollte ihr ein Engagement verschaffen! Ihr Lampenfieber stieg noch mehr. Vor lauter Furcht hätte sie am liebsten auf dem Absatz kehrtgemacht. Aber das war ihre Chance, die sie ergreifen musste. Sie wagte kaum zu hoffen, dass ihr Traum in Erfüllung gehen könnte.

Violetta setzte sich auf ihren Platz im Saal. Zwei Reihen hinter ihr saß ein korpulenter Mann mit graumeliertem Vollbart, der sie flüchtig musterte. Sicher dieser Mr Burton, den Brian erwähnt hatte.

Auch die Orchestermitglieder wirkten heute nervöser als sonst. Danas Wangen glühten, und ihre Hände zitterten so, dass ihr die Notenblätter herunterfielen. Geiger Steiner spannte beim Stimmen eine Saite so stark, dass sie riss.

Brian betrat den Saal und lächelte sie an. Violettas Hände lagen eiskalt auf dem Schoß. Brian hatte sie gebeten, außer der *Habanera* das *Abendgebet* aus Humperdincks *Hänsel und Gretel* zu singen. Die Arie hatte sie erst zwei Mal gesungen. An einer Textstelle blieb sie immer hängen. Heute durfte ihr das nicht passieren. Wenn sie zuerst die *Habanera* sang, würde ihr das Sicherheit für die zweite Arie geben.

Der Onkel betrat gleich hinter Brian den Saal und setzte sich neben den Mann mit dem Vollbart.

Brian begab sich ans Klavier und bedeutete dem Orchester zu beginnen. Die ersten Töne der Ouvertüre zu Mozarts *Entführung aus dem Serail* erklangen. Anfänglich begannen die Musiker schleppend zu spielen. Ein Fehler, den Brian bereits in den letzten Proben beanstandet hatte. Doch dann hatten sie sich eingespielt, und nach der ersten Zeile lief alles wie am

Schnürchen. Viel zu schnell war das Stück vorbei. Gleich wäre sie an der Reihe. Violetta nahm den Gesangsauszug der *Habanera* zur Hand.

Nachdem die Ouvertüre beendet war, stand Brian auf und begrüßte seinen Onkel und Mr Burton.

»Mr Burton, Onkel Edgar, ich möchte jetzt eine ganz besondere Sängerin ankündigen: Miss Violetta Schwarz aus Hannover. Sie wird uns das Abendgebet aus der Oper *Hänsel und Gretel* vortragen.« Lächelnd bat er Violetta, nach vorn auf das Podest zu kommen, das sie für den heutigen Tag aufgebaut hatten.

Violetta war geschockt. Ausgerechnet die Arie als Erstes, bei der sie unsicher war. Beinahe hätte sie widersprochen, überlegte es sich aber in Gegenwart der beiden Männer anders. Brian verschaffte ihr hier eine Gelegenheit, und sie wollte ihn nicht enttäuschen. Aufmunternd nickte Brian ihr zu.

»Violetta, wenn ich dich bitten darf ...«

Zögernd erhob sie sich, tauschte hastig die Noten und schritt langsam nach vorn.

»Du schaffst das, ich glaube an dich«, flüsterte er ihr im Vorbeigehen zu. Dass er ihr Mut zusprach, verlieh ihr Kraft.

Sie atmete tief durch, bevor sie Brian am Flügel zunickte, dass sie bereit war.

Auf eine Geste von ihm begann das Orchester zu spielen. Violettas Herz pochte lauter als das Orchester.

Brian glaubte an sie. Auch das erinnerte sie wieder an ihre Eltern, die das stets vor einem Auftritt zu ihr gesagt hatten.

Sie faltete die Hände und kniete sich auf den Boden, bevor sie das Abendgebet anstimmte. Wie *Hänsel und Gretel* im Wald es getan hätten. Sie schlüpfte in die Rolle und legte ihre Gefühle in jeden Ton, der ihre Lippen verließ, um am Ende der Arie wie aus einer anderen Welt aufzutauchen. Einen Moment danach herrschte Stille. Ihr Blick suchte nach den beiden Männern, von denen ihre Zukunft abhing. Sie erhoben sich von ihren Plätzen und applaudierten ihr.

»Bravo, Miss Schwarz!«, rief Brians Onkel, und Mr Burton tat es ihm gleich.

Anschließend kamen die beiden Männer auf sie zu, um sie zu ihrer Darbietung zu beglückwünschen.

»Alle Achtung. Sie sind ein Ausnahmetalent, Miss.« Das Brians Onkel die gleichen Worte wie sein Neffe vorhin wählte, erleichterte sie ungeheuer.

»Habe ich doch gleich gesagt.«

Stolz blickte Brian seinen Onkel an.

»Jemanden wie Sie empfehle ich gern an die Oper weiter. Mein Neffe hat nicht übertrieben.«

»Miss Schwarz, ich bin Edward Burton. Ich könnte mir eine Konzerttour mit Ihnen gut vorstellen. Ihnen steht die Welt offen. Großbritannien, ganz Europa, Amerika und Australien. Jemanden wie Sie unterstütze ich gern.«

Violetta konnte es nicht fassen. Glücklich strahlte sie Brian an.

»Vielen Dank, meine Herren, ich freue mich sehr über Ihr Lob.« Heute war ihr wieder bewusst, dass die Bühne ihr Leben war.

»Ich bekomme vielleicht ein Engagement am Royal Opera House. Das habe ich dir zu verdanken«, sagte Violetta nach der Probe zu Brian. Sie geriet in Versuchung, ihn zu umarmen. Doch der warme Glanz in seinen Augen ließ es nicht zu. Brian schien mehr für sie zu empfinden als nur Bewunderung. Sie wollte ihn nicht zu mehr ermutigen. Dennoch musste sie zugeben, dass auch er ihr nicht mehr gleichgültig war. Sie wusste nicht genau, was sie für ihn empfand. Vermutlich ging es nicht über Freundschaft hinaus.

»Unsinn, einzig allein deinem Talent.« Er winkte ab. »Stell dir vor, die beiden planen fürs nächste Jahr eine Konzertreihe, und du bist dabei. Dann wirst du in Großbritannien eine berühmte Sängerin sein. Hoffentlich wirst du dann noch bei meinen Konzerten auftreten.«

»Berühmt? Davon bin ich noch weit entfernt. Natürlich singe ich bei deinen Konzerten. Wenn du nicht gewesen wärst, hätte ich vielleicht nie die Chance erhalten, auf der Bühne zu stehen.«

Er hatte sie vor den Straßenmusikern gerettet und ihr das Konzertengagement gegeben.

Er schmunzelte. »Ich weiß eben, was Künstlerherzen brauchen.«

Violetta wurde ernst.

»Nicht nur das. Du hast an mich geglaubt. Das bedeutet mir viel.« Sie sah zu ihm auf und verlor sich in seinem zärtlichen Blick.

»Was hätte ich anderes tun können? Seit ich dich zum ersten Mal in eurem Theater hab singen gehört, bin ich verzaubert.«

Als er das elterliche Theater erwähnte, kehrte wieder die alte Traurigkeit zurück. Sie seufzte.

»Vielleicht werde ich niemals mehr nach Hause zurückkehren und in unserem Theater singen.«

Brian nahm ihre Hände in seine. »Doch, das wirst du. Vielleicht nicht gleich, aber eines Tages. Da bin ich mir sicher.«

Seine Worte trösteten sie. Wie sensibel er war. Immer fand er die richtigen Worte.

»Du bist ein aufmerksamer Mann und ein guter Freund. Ich bin froh, dass ich dich kennengelernt habe.«

»Und ich erst«, sagte er leise.

Brian schaffte es immer, sie zu überraschen, selbst durch seine fürsorgliche Art. Dass er ihre Hände in seinen hielt, wirkte seltsam vertraut. Ihre Blicke tauchten ineinander. Kurz hatte sie den Eindruck, dass er seinen Kopf herunterneigen würde, um sie zu küssen. Aber er tat es nicht.

»Ich … ich muss jetzt gehen«, sagte sie heiser und entzog ihm ihre Hände.

»Ja, natürlich. Wir sehen uns dann bei der nächsten Probe.«

19. August 1939

Die Queen Victoria Hall bebte unter dem donnernden Applaus. Das Publikum erhob sich von seinen Plätzen und forderte eine Zugabe. Brian schaute zu Violetta, die sich mit hochroten Wangen verbeugte und den Zuschauern Kusshände zuwarf. Von Anfang an hatte er gewusst, dass sie mit der Arie der Carmen die Herzen der Londoner erobern würde. Bei den Proben war sie gut gewesen, aber heute hatte sie sich selbst übertroffen.

Sie trat rückwärts an seinen Flügel heran und drehte den Kopf zu ihm. »Soll ich wirklich noch eine Zugabe singen?«, raunte sie ihm zu.

»Unbedingt. Sie werden dich sonst nicht gehen lassen.« Stolz blickte er sie an. Sie lächelte unsicher. Er mochte es, dass sie trotz ihres herausragenden Talents immer bescheiden blieb.

»Was soll ich denn singen?«

»Das Agnus Dei aus Frederiks Requiem?«

Brian liebte diese Arie, die ihm für Violettas Stimme wie geschaffen erschien.

»Wirklich? Niemand wird das Stück hier kennen.« Er las die Zweifel in ihrem Blick. Dennoch nickte er.

Brian war klar, dass es ein Wagnis war, etwas aus dem Werk eines deutschen Komponisten vorzutragen. Andererseits wurde Frederik von Uhlenbergs Requiem noch immer gern bei Trauerfeiern von Mitgliedern des englischen Königshauses gespielt. Sie hatten die Arie einmal zusammen geprobt. Ihre eigenwillige Interpretation hatte das Gesangsstück zu etwas Besonderem werden lassen. Sie wäre das i-Tüpfelchen am heutigen Konzertabend.

Er nickte seinem Orchester zu und spielte den aufgelösten Anfangsakkord des Agnus Dei, damit die Musiker wussten, welches Stück die Zugabe sein sollte.

Auf sein Handzeichen setzten die Streicher ein, dann Brian am Flügel. Die melancholisch getragenen Töne erfüllten die Halle. Aus dem Augenwinkel sah Brian, wie Violetta auf der Bühne nach vorn ging und tief Luft holte. Das Publikum verstummte in Erwartung ihres Gesangs.

Es war die Schlichtheit, mit der sie die Arie vortrug, die ihn wieder aufs Neue verzauberte. Sie faltete die Hände und sang das Agnus Dei. Dabei blickte sie zur Decke hinauf, als würde sie in einer Kirche beten. Ihr ebenfalls einfach geschnittenes Kleid und das offene Haar unterstrichen das Bild. Noch nie hatte er die Arie so brillant gehört wie aus ihrem Mund. Sie sang die Worte aus tiefstem Herzen und voller Sehnsucht. Ihm entging nicht der feuchte Schimmer in ihren Augen. *Sie denkt an Hans Brünn und ihre Familie!* Brian wurde schwer ums Herz. Er wünschte, er könnte ihr helfen, damit endlich das Leuchten in ihre Augen zurückkehrte.

Zog sie sich deshalb manchmal zurück? Wenn das Orchester nach den Proben noch in eine der Künstlerkneipen ging, um den Abend ausklingen zu lassen, lehnte sie stets ab. Mal musste sie etwas erledigen, dann wieder auf Sallys Kinder aufpassen. Brian befürchtete, sie könnte sich von ihm bedrängt fühlen. Wie gern hätte er ihr seine Liebe gestanden. Doch das würde sicher ein unerfüllter Wunsch bleiben.

Auch heute nach dem Konzert würde das Orchester sich wieder auf ein Glas Wein treffen. Er würde Violetta bitten, ihn zu begleiten.

Violetta hielt den Ton am Ende der Arie länger, als es auf dem Notenblatt stand, sodass er in der Queen Victoria Hall nachhallte. Danach war es ganz still. Für einen flüchtigen Moment begann Brian an seiner Entscheidung der Zugabe zu zweifeln, bis der tosende Beifall und die Zuschauerrufe ihn aufatmen ließen. Violetta stand noch immer mit gefalteten Händen da.

Der Applaus hörte nicht auf.

»Bravo!«

Er sah zu Violetta, die blass und erschöpft aussah. Wie immer hatte sie alles gegeben. Eine weitere Zugabe wäre zu viel für sie. Entschlossen trat Brian nach vorn und hob die Hände, bis das Klatschen verebbte.

»Liebes Publikum, herzlichen Dank. Leider endet unser Konzert heute mit dieser einen Zugabe. Wir wünschen Ihnen einen guten Heimweg und eine gute Nacht.«

Ein enttäuschtes Raunen ging durch die Zuschauerreihen. Dann erhoben sich viele von den Plätzen.

Brian reichte Violetta die Hand.

Nachdem sie sich mehrmals vor den Zuschauern verbeugt hatten, führte er sie in die Garderobe. Ihre eiskalte Hand ruhte in seiner.

»Du warst fantastisch«, lobte er sie. »Die Zuschauer wollten gar nicht mehr mit dem Klatschen aufhören. Was für ein Erfolg. Besonders durch dich. Dafür möchte ich dir danken.« Das Publikum hatte an ihren Lippen gehangen. Sie hatte es wieder geschafft, die Menschen mit ihrer Stimme zu verzaubern. Er war sich sicher, dass sie weitere Angebote für Auftritte bekommen würde. Auch wenn er sich noch so sehr wünschte, dass sie alle weiteren Konzerte mit ihm und seinem Orchester bestritt, musste er sie ziehen lassen. Er durfte ihrer Karriere nicht im Weg stehen und sie an sich binden.

»Ich habe doch wohl eher dir zu danken, Brian, dass du mir diese Chance geboten hast.« Spontan umarmte sie ihn. Im Überschwang der Gefühle wie einen guten, alten Freund. Nicht mehr und nicht weniger. Doch genau das wollte er nicht für sie sein. Er räusperte sich verlegen, bevor er sie sanft zurückschob.

»Schon gut. Meine Musiker und ich wollen jetzt auf ein Glas Wein gegenüber in die Künstlerkneipe, unseren Erfolg feiern. Ganz London wird morgen über uns sprechen. Ich würde mich sehr freuen, wenn du mitkommst.«

Violetta schüttelte den Kopf. »Bitte sei mir nicht böse, aber ich bin hundemüde und möchte lieber nach Hause.« Unter ihren Augen lagen dunkle Ringe.

Immer wenn er das vorgeschlagen hatte, war sie auf Distanz gegangen. Vielleicht mochte sie keine Kneipen.

»Magst du vielleicht stattdessen mit mir einen Spaziergang an der Themse machen? Die Luft ist klar …« Das wäre die Gelegenheit, sich ein Herz zu fassen und ihr endlich seine Gefühle zu gestehen.

Erneut schüttelte sie den Kopf. »Das klingt verlockend, aber ich brauche Ruhe. Und ich möchte noch einen Brief an meine Eltern schreiben.« Ihr Blick richtete sich in die Ferne.

Nichts schien sie umstimmen zu können. Brian spürte, wie sehr sie ihr altes Leben vermisste.

»Verstehe«, sagte er traurig. Brian wandte sich ab und wollte die Garderobe verlassen, als sie ihn am Arm zurückhielt.

»Brian, habe ich etwa Falsches gesagt?«

Ihre Augen versprühten ein Feuer wie Saphire, dass er nicht wegsehen konnte.

»Nein, nein, alles in Ordnung.« Nichts war in Ordnung. Er sehnte sich nach ihrer Gesellschaft.

Tut mir leid, aber ich muss jetzt gehen«, sagte sie traurig und eilte aus der Garderobe. Brians Blick fiel auf ihre lederne Handtasche, die sie vergessen hatte. Die Notentasche hingegen hatte sie mitgenommen. Er nahm ihre Handtasche an sich und lief ihr nach.

»Violetta!«, rief er durch den Korridor auf dem Weg zum Ausgang. Doch sie hatte längst den Künstlertrakt verlassen.

Am selben Tag

Nachdem Brian sich an den Besuchern im Foyer vorbeigedrängt hatte, rannte er Violetta nach. Vor dem Eingang der Queen's Hall hielt ihn jedoch das dichte Gedränge der Besucher auf, die nach der Vorstellung hinausströmten. Auf den Stufen und über die Köpfe der anderen hinweg hielt er nach Violetta Ausschau. Am Fuße der Treppe warteten Taxis. Wer in keines der Taxis stieg, trat den Heimweg zu Fuß an oder nutzte die U-Bahn. Hinter der Besucherschar erkannte Brian Violettas schwarzen Schopf. Sie schlug die Richtung hinunter zur Themse ein. Er wollte sie einholen und eilte er ihr nach.

Bei der nächsten U-Bahn-Station stieg sie die Treppe hinab. Brian folgte ihr, wurde aber am Fuße der Treppe durch entgegenkommende Fahrgäste ausgebremst, sodass er Violetta kurz aus den Augen verlor. Dann sah er sie in die Bahn steigen, die gerade eingefahren war. Brian hetzte ihr nach und schaffte es noch rechtzeitig, in die U-Bahn zu springen, bevor sie weiterfuhr. Völlig außer Atem drängte er sich in dem gefüllten Waggon voran, bis er sie am Ende des nächsten sah. Einer inneren Eingebung folgend, hielt er sich zurück.

Violetta stieg in Hammersmith aus, Brian ebenfalls. Sie rannte die Straße hinunter bis zu einem viktorianischen Reihenhaus, über dessen Eingang Sally's Pension geschrieben stand. Auf dem Weg dorthin löste sie ihre Hochsteckfrisur. Die Eingangstür öffnete sich, und eine junge Frau, etwas älter als Violetta, trat mit einem kleinen Kind auf dem Arm aus dem Haus, um sie herzlich zu begrüßen. Violetta nahm der anderen das Kind ab und drückte es an sich. Die Szene stimmte Brian nachdenklich. Verschwieg Violetta ihm vielleicht, dass sie ein Kind hatte? Wer war der Vater? Hans Brünn vielleicht? Ein uneheliches Kind war in den Augen vieler skandalös und würde ihre Gesangskarriere in Gefahr bringen. Wenn sein Onkel davon erfuhr, würde er sich nicht beim Opernintendanten für sie einsetzen.

Zuerst überlegte Brian, die Begrüßung zu stören, um Violetta zu fragen. Aber der Gedanke, Violetta könnte ihm die ganze Zeit lang die Existenz ihres Kindes verschwiegen haben, enttäuschte ihn. Brian kehrte um und schlug den Weg zu Gideon ein.

Sein Freund war gerade erst zu Hause eingetroffen und hatte noch nicht einmal den Mantel ausgezogen.

»Brian?« Gideons Lächeln gefror, als er Brians ernste Miene sah. »Ich dachte, du wärst mit deinem Orchester und Violetta in der Künstlerkneipe feiern. Ist etwas nicht in Ordnung?«

»Hat Violetta ein Kind?«, fragte Brian ohne Umschweife.

Gideons Lächeln erlosch. »Warum?«

Kurz berichtete Brian dem Freund, was er beobachtet hatte. »Wenn es so ist, darf niemand davon erfahren. Verstehst du? Niemand.« Eindringlich sah Brian seinen Freund an, der nickte.

»Aber das kann man nicht ewig verheimlichen, Brian. Mir ist nicht entgangen, wie du sie ansiehst. Eine Affäre mit ihr könnte in einem Skandal enden. Außerdem mach dir keine Hoffnungen. Sie ist mit Hans Brünn liiert, auch wenn er als vermisst gilt.«

Was andere über ihn dachten, war Brian gleichgültig. Er wollte, dass Violetta glücklich war. Ihr Glück stellte er über seines.

»Ich weiß doch, dass es nie eine Zukunft für uns geben wird.«

Wenn sich seine Vermutung bestätigen würde, wäre er enttäuscht. Während er mit ihr über seine Probleme wegen des Erbes offen gesprochen hatte, schien sie ihm nicht zu vertrauen. Dabei hatte er fest daran geglaubt, dass sie wenigstens Freunde werden konnten.

Er hatte das Gefühl, auch Gideon war nicht offen zu ihm gewesen. Er hatte nicht abgestritten, dass Violetta ein Kind haben könnte, aber es auch nicht bestätigt. Ob sie ihn unter dem Siegel der Verschwiegenheit ins Vertrauen gezogen hatte? Er musste herausfinden, ob das Kind ihres war.

1. September 1939

Violetta sah auf, als es an ihre Zimmertür klopfte.

»Besuch für dich!«, rief Sally durch die Tür. Zu so früher Stunde?

Brian! In freudiger Erwartung klopfte ihr Herz. Doch ihre Vorfreude wurde gedämpft, denn er würde erfahren, dass sie eine uneheliche Tochter besaß. Sicher würde sich sein Onkel dann nicht mehr so für sie einsetzen, dass sie ein Engagement erhielt. Auch wenn Brian ihr ein Freund geworden war, stammte er aus einer angesehenen Aristokratenfamilie. Seine Eltern hatten keine positive Einstellung zur Musik und Künstlern und würden in ihr bestimmt eine leichtlebige Frau sehen.

»Ich komme!« Bevor Sally Brian hereinbat, eilte Violetta zur Eingangstür.

Als sie Gideon Mandler in der geöffneten Tür stehen sah, bekam einerseits ihre Freude einen Dämpfer, andererseits machte sich Erleichterung in ihr breit. Gideon hatte sie noch nie privat besucht.

»Guten Tag, Mr Mandler. Ist etwas im Lager im Argen?«

»Nein, nein, alles in bester Ordnung. Brian hat mich gebeten, Ihnen etwas zu geben. Er bedauert sehr, sie Ihnen nicht persönlich überreichen zu können.« Gideon Mandler hielt ihr lächelnd die Handtasche hin, die sie in der Garderobe der Queen Victoria Hall vergessen hatte. Zum Glück befand sich ihre Gage nicht darin. Nach der Sache mit dem vereitelten Raub der Musiker trug sie ihr Geld stets in einem Gürtel versteckt.

»Oh, danke.« Violetta war von Brian enttäuscht.

»Brian ist leider verhindert. Die Deutschen sind in Polen

eingefallen, und England muss sich gegen eine mögliche Invasion rüsten.«

»Muss er denn in die Armee?«

»Wenn es hart auf hart kommt, wird auch er eingezogen. Jetzt muss er sich um die Angelegenheiten des Gutes kümmern und alles für die Verteidigung seines Heimatorts vorbereiten. Man befürchtet hierzulande eine deutsche Invasion.«

»In England?« Das wäre ein Albtraum.

»Ja.«

Violetta fühlte sich wie betäubt. Krieg. Invasion. Das erschien so unwirklich. Die Vorstellung, dass Brian seine Heimat womöglich mit seinem Leben verteidigen musste, machte ihr Angst.

»Dann gibt es also wirklich Krieg.« Violetta lehnte sich gegen die Wand. Sie hatte diesen Gedanken immer weit von sich geschoben. Weil er sie ängstigte. In ihrem Kopf herrschte ein heilloses Durcheinander. Sie dachte an ihre Eltern, an Florentina, die alle unerreichbar weit von ihr entfernt lebten, an ihre unschuldige kleine Tochter und an Brian, der im Notfall sein Land verteidigen musste. Sie alle schwebten in Gefahr. *Welch ein Albtraum!*

»Ich fürchte ja.« Gideon Mandler drehte seinen Hut in den Händen. »Hitler ist mit seinem Überfall auf Polen zu weit gegangen. Das können sich England und Frankreich nicht gefallen lassen. Haben Sie denn keinen Brief von Ihren Eltern erhalten?«

Neulich hatte sie ihm ihren Kummer anvertraut, dass schon länger kein Brief der Eltern bei ihr eingetroffen war.

Mit jedem Tag wuchs ihre Sorge um sie. Die Vorstellung, dass sie keinen der geliebten Menschen wiedersehen könnte, ließ Panik in ihr aufsteigen.

Zitternd schlug sie die Hände vors Gesicht. Hitler und seine Nazis trugen die Schuld an diesem Dilemma.

»Kaiser oder Führer, sie stürzen uns alle ins Verderben«, murmelte sie.

Gideon legte ihr tröstend die Hand auf den Arm.

»Ich weiß, was Sie jetzt fühlen.«

»Was ist jetzt mit den Konzerten?« Sie fühlte sich elend. Glück war eben nur von kurzer Dauer, wie Oma Ilse immer gesagt hatte.

»Abgesagt.«

Abgesagt! Das musste sie erst mal sacken lassen.

Nicht nur dass sie sich um Brian sorgte, ihr fehlte jetzt auch das Geld für ihre Auftritte.

Es war Gideon anzumerken, dass auch er das bedauerte.

»Ich hätte Sie gern wieder gehört. Sie waren phänomenal. Die geborene Carmen.«

Violetta stieg die Röte ins Gesicht. Nur zu gut erinnerte sie sich daran, wie sie Brian während ihres Auftritts aufreizend angesehen hatte. Er hatte sie mit Blicken verschlungen und offenbart, dass hinter seiner höflich-distanzierten Fassade das Feuer der Leidenschaft loderte.

Im Nebenraum begann Constanze zu weinen.

»Violetta, ich will Sie nicht weiter aufhalten. Ich wollte nur sagen, dass ich heute ein Cello fertigmachen muss und es wegen eines anderen Termins nicht schaffe, es dem Auftraggeber zu bringen. Könnten Sie das heute Nachmittag erledigen?«

»Ja, ja, natürlich«, antwortete sie zerstreut.

Nachdem Gideon Mandler gegangen war, hob sie Constanze aus der Wiege und trug sie in die Küche, um sie zu füttern. Ihre Tochter war das Einzige, was ihr geblieben war. Überglücklich drückte sie das zarte Wesen an sich, das die Krankheit überstanden hatte. Ohne sie wäre ihr Leben nicht mehr lebenswert.

Als sie die Küche betrat, schaufelte Sally gerade ihren drei

Söhnen Porridge auf die Frühstücksteller. Heißhungrig machten sich die Jungen über das Essen her.

»Ich habe dir schon die Milch in den Topf gefüllt.« Sally deutete mit dem Kochlöffel zum Herd.

»Danke.« Violetta war Sally und Heather sehr dankbar. Ohne sie würde sie es nicht allein mit ihrer Tochter schaffen.

»Du siehst nicht gut aus. Schlechte Nachrichten?« Besorgt blickte Sally sie aus ihren rehbraunen Augen an.

»Es wird Krieg geben.« Sie berichtete der Freundin, was Gideon Mandler ihr gesagt hatte.

»Ich weiß«, antwortete Sally und seufzte. »Du machst dir sicher Sorgen um deine Familie.«

»Ja, ich habe seit zwei Wochen nichts mehr von ihnen gehört.«

»Bestimmt wird bald ein Brief von ihnen eintrudeln. Wahrscheinlich kommt ihre Post nicht so schnell wie immer durch.«

Violetta wusste, dass Sally sie nur trösten wollte.

»Ja, vielleicht.«

Sie füllte Constanzes Fläschchen und setzte sich mit der Kleinen an den Tisch. Gierig saugte ihre Tochter.

»Du musst ihm sagen, was du fühlst und dass du ein Kind hast«, sagte Sally nach einer Weile.

Irritiert blickte Violetta auf.

»Ich verstehe nicht …«

»Ich meine den Leiter deines Orchesters. Du hast immer diesen Glanz in deinen Augen, wenn du von ihm sprichst.«

Violetta schluckte.

»Du denkst auch, dass ein uneheliches Kind ein Makel ist, nicht wahr? Alles war anders geplant. Mit Hans.« Tränen brannten in Violettas Augen.

»Nein, das denke ich nicht. Wie lange hast du nichts von Hans gehört? Ein knappes Jahr jetzt, oder?«

»Ja. Ich vermisse ihn. Ich habe jeden Tag Gott angefleht,

dass er es überlebt und zu uns zurückkommt. Doch mit jedem Tag schwindet die Hoffnung mehr. In Brians Gegenwart fühle ich mich wohl. Er ist für mich da gewesen, als ich einen Job brauchte. Aber ich fürchte, dass er von mir enttäuscht sein wird, wenn er von Constanze erfährt.«

»Du fühlst mehr für Brian als Freundschaft und Dankbarkeit?«

Violetta wusste nicht, was sie antworten sollte. Sie war sich ihrer Gefühle selbst nicht sicher.

»Ich ... ich weiß es nicht. Was, wenn Hans noch lebt? Außerdem ist Brian ein Lord.«

»Verstehe.« Sally umarmte sie.

Constanze gluckste auf ihrem Arm. Sie hatte ihr Fläschchen ausgetrunken.

»Ich kann sie nehmen, wenn du nachher die Auslieferung machst«, schlug Sally vor.

»Das ist lieb von dir, danke.«

Alle Titelseiten der englischen Presse berichteten über Hitlers Einmarsch in Polen. Fast in jeder Zeile stand das Wort Krieg. Violetta wollte sich die Times kaufen und zog sie aus dem Ständer, als sie sah, wie der Verkäufer einen Stapel Zeitungen zur Seite packte. Das Foto auf der ersten Seite weckte Violettas Aufmerksamkeit.

»Entschuldigung, darf ich diese Zeitung vielleicht mal sehen?« Sie deutete auf den Stapel, den der Verkäufer in den Händen hielt.

»Die alten Ausgaben kommen weg«, erklärte er ihr.

»Ich bezahle auch dafür.«

Er reichte ihr eine Ausgabe. Violetta legte zwei Münzen auf den Tresen und nahm die Zeitung an sich.

Dann betrachtete sie das Foto, auf dem der Führer einem Mann lächelnd die Hand reichte. Violetta erstarrte, als sie den Mann darauf erkannte. Die Aufnahme war am Neuen Haus entstanden. Im Hintergrund war das elterliche Theater zu sehen, das hatte sie auf den ersten Blick wahrgenommen.

Deutschland rüstet sich für einen Krieg. Besuch des Reichskanzlers im Gau Süd-Hannover, übersetzte sie im Geist.

Violetta traute ihren Augen nicht, denn auf dem Foto reichte Hitler Dr. Mahler die Hand als Dankeschön für *Säuberungsaktionen*. Im Hintergrund standen Männer mit der Hakenkreuzarmbinde, die sie als NSDAP-Mitglieder kennzeichnete. Zwei von ihnen hatte Violetta schon an Mahlers Seite gesehen. Einen von ihnen, ein schmaler Mann mit Prinz-Heinrich-Mütze, glaubte sie zu kennen. Natürlich! Es war ihr Fahrer, der sie in Hamburg abgeholt hatte. Er hatte sie sicher im Auftrag Mahlers verraten. Damals hatte sie sich gewundert, dass sie hatten getrennt gehen sollen. Jetzt war ihr klar, dass das offenbar zu Mahlers perfidem Plan gehört hatte. Das ließ nur den Schluss zu, dass Mahler sie hatte beobachten lassen und sicher auch von Hans' Versteck und ihrer Flucht gewusst hatte. Er oder einer seiner Schergen hatte Hans sicher an die Gestapo verraten. Plötzlich war die Nacht ihrer Flucht wieder gegenwärtig, und sie fühlte die Angst. Violetta wurde schwindlig. Sie lehnte sich an den Kiosk. Mahler hatte aus Eifersucht gehandelt, weil sie ihn zurückgewiesen hatte. Wut und Trauer tobten in ihrem Innern. Dafür sollte Mahler büßen!

8. September 1939

Die Schreckensnachrichten verbreiteten sich rasant im ganzen Land. Nach dem Überfall Polens durch die Wehrmacht hatten England und Frankreich Deutschland den Krieg erklärt. Seitdem herrschte überall gedrückte Stimmung. Mutig waren viele der Briten bereit, ihr Land mit allen Mitteln zu verteidigen.

»Sollen die doch kommen, wir werden sie zurückschlagen.« Sally hatte noch am Frühstückstisch kämpferisch die Hände zu Fäusten geballt.

Auf der ganzen Insel gab es in allen Orten eine Heimwehr für die Verteidigung.

Violetta kam vor Sorge um ihre Familie fast um. Wenn Mahler tatsächlich für das Scheitern von Hans' Flucht verantwortlich war, würde er vor nichts zurückschrecken. Ihre Eltern hielten sich nicht unbedingt an Gesetze und Regeln, ihr Vater nahm nie ein Blatt vor den Mund und brachte sich und ihre Mutter durch eine unbedachte Äußerung womöglich in Gefahr. Keiner ihrer Briefe schien angekommen zu sein. Die Ungewissheit darüber, wie es den Eltern und ihrer Schwester ging, belastete Violetta stark. Deshalb wollte sie an ihre Eltern telegrafieren, auch wenn die Gebühr dafür hoch war. Von Heather wusste sie, dass die meisten Seehäfen von den Deutschen vermint worden waren, um die britische Insel von der Versorgung abzuschneiden. Ein Überqueren des Ärmelkanals war für Reisende unmöglich geworden. Allein die Marine kreuzte vor der britischen Küste.

Es war für Violetta unerträglich, nicht in die Heimat zu

können, um den Eltern in den schweren Stunden beizustehen. Stattdessen war sie dazu verdammt, in England zu bleiben.

Sie war froh, dass die Arbeit im Instrumentenlager und Constanze sie ablenkten. Jeden Abend vor dem Einschlafen schloss sie alle in ihre Gebete ein.

In ihrer Tasche lag ein Zettel mit wenigen Zeilen. Eine Nachricht an ihre Eltern, die sie später beim Telegrafenamt aufgeben wollte.

Kurz nach dem Mittag kam Gideon ins Lager und brachte eine neu gefertigte Violine, die Violetta säubern und verpacken sollte.

Sie wagte nicht, ihn nach Brian zu fragen.

»Die Geige ist für Wilhelm Steiner. Da musste ich mir besonders viel Mühe geben«, erklärte Gideon ihr augenzwinkernd.

Violetta nickte nur.

»Es ist wirklich schade, dass Brian die Konzerte absagen musste.« Gideon schüttelte bedauernd den Kopf.

»Ja, ist es.« Violetta warf ihm nur einen kurzen Seitenblick zu, um nicht doch noch in Versuchung zu geraten, nach Brian zu fragen.

»Brian wollte übrigens nach London kommen, um sich mit seinem Orchester zu treffen.«

Violettas Herz schlug schneller. Sie unterdrückte ein Lächeln und wagte nicht, den Instrumentenbauer anzusehen, der sie sicher schnell durchschaut hätte.

Tief in ihrem Herzen hoffte sie, Brian wiederzusehen. Sie vermisste das Gefühl von Geborgenheit, das sie stets in seiner Nähe empfunden hatte.

Ihr wurde bewusst, dass sie etwas für Brian empfand, das über freundschaftliche Gefühle hinausging.

»Ich wollte es Ihnen schon lange sagen, dass ich mit Ihrer Arbeit sehr zufrieden bin. Sie arbeiten sehr eifrig und gewissenhaft, Fräulein Violetta«, unterbrach Gideon ihre Gedanken.

»Danke.« Sein Lob war Balsam. »Ich arbeite auch sehr gern für Sie, Mr Mandler.«

»Bitte nennen Sie mich Gideon.«

»Gern. Gideon.«

»Ich gebe Ihnen den Rest des Nachmittags frei.«

»Aber da sind doch noch zwei Cellos, die gesäubert werden müssen«, erwiderte sie und wollte ins Lager gehen, in dem die Instrumente verpackt waren. Gideon hielt sie zurück.

»Das hat bis morgen Zeit. Bestimmt haben Sie noch etwas zu erledigen.«

»Ja, woher wissen Sie das? Ich will noch schnell zum Telegrafenamt. Ich habe schon so lange nichts von meinen Eltern gehört. Wenn sie meine Briefe nicht erhalten haben, dann, dachte ich mir, klappt es vielleicht mit einem Telegramm.«

»Jetzt, da der Krieg begonnen hat, ist alles schwieriger geworden. Einen Kunden in Wien, der auf seine Geige wartet, habe ich auch auf ungewisse Zeit vertröstet. Hoffentlich hören Sie bald etwas von Ihren Eltern.«

Violetta verabschiedete sich von Gideon Mandler und eilte zur Tür.

Als sie das Lagerhaus verließ, dämmerte es bereits. Sie schenkte dem eleganten dunklen Wagen auf der gegenüberliegenden Straßenseite nur wenig Beachtung. Ein etwas kleineres Automobil besaß auch ihr Vater. Er war so vernarrt in die Automobiltechnik! Ob ihre Eltern es inzwischen hatten verkaufen müssen?

Violetta fror und wollte ihre Handschuhe anziehen. Einer jedoch fiel auf den Boden. Sie bückte sich danach, und als sie sich wiederaufrichtete, erkannte sie, dass eine Fensterscheibe bei dem Wagen ein Stück weit heruntergekurbelt und ein Augenpaar sichtbar war. Ihr Gefühl sagte ihr, dass sie beobachtet wurde. Zu dumm, dass sie das Gesicht hinter dem Steuer nicht erkennen konnte. Einen flüchtigen Moment lang vermutete sie, es könnte Brian sein. Doch das widersprach seiner offenen Art. Außerdem trug der Beobachter einen Hut. Ein kalter Schauer lief ihren Rücken hinunter, als sie an die unheimlichen Begegnungen mit Mahler dachte. Aber der war gewiss nicht hier, sondern genoss die Gunst des Führers. Sie war hier eine Unbekannte, bei der es keinen Grund gab, sie zu beobachten. Bestimmt bildete sie es sich nur ein. Rasch wandte sie sich um und eilte die Straße entlang, an deren Ende sich das Londoner Telegrafenamt befand. Hinter sich hörte sie den Motor starten. *Sicher nur Zufall, dass der Wagen in dieselbe Richtung fuhr.*

Ihre Absätze klackerten auf dem Pflaster. Allmählich wurde es unheimlich, denn der Wagen folgte ihr im Schritttempo. Warum überholte er sie nicht? Violettas Schritte wurden schneller. Als sie einen Blick über die Schulter zurückwarf, um mehr zu erkennen, wurde sie vom Scheinwerferlicht geblendet.

Nach drei Viertel der Strecke hielt der Wagen am Straßenrand. Erleichtert atmete Violetta auf. *Sicher war das nur purer Zufall gewesen, und ihre überspannten Nerven hatten ihr einen Streich gespielt.*

Kurz vor dem Telegrafenamt blieb sie stehen und wandte sich um. Der Wagen parkte jetzt nur wenige Schritte entfernt. Auf keinen Fall durfte sie sich einschüchtern lassen. Allen Mut zusammennehmend, ging sie ein paar Schritte auf den Wagen zu.

»Was wollen Sie von mir?«, rief sie, erhielt jedoch keine Antwort. Die Scheiben blieben zu. Das Herz schlug ihr bis zum Hals. War es möglich, dass die Gestapo sie sogar in London ausfindig gemacht hatte?

Angst schnürte ihr die Kehle zu. Violetta rannte zum Eingang des Telegrafenamtes. Sie war froh, durch die Schwingtür zu treten. Als sie sich nach dem Wagen umdrehte, war er verschwunden.

Im Telegrafenamt schlug ihr lautes Stimmengewirr entgegen.

Vor einem Dutzend Schalter herrschte Gedränge. Ihr Herz pochte noch immer vor Furcht. Wer verfolgte sie und weshalb?

Sie reihte sich in eine der Schlangen vor den Schaltern ein. Die Schlange war endlos. Voller Ungeduld wartete Violetta, bis sie an der Reihe war. Hinter den Schaltern befanden sich über ein Dutzend Plätze mit ratternden Telegrafen, die von Männern wie von Frauen bedient wurden. Die Telegrafen spuckten endlos lange Papierstreifen aus, die die Bediener der Maschinen abrissen. Allmählich beruhigten sich ihre Sinne durch das gleichmäßige Rattern der Maschinen.

»Ich möchte gern ein Telegramm nach Deutschland aufgeben«, sagte sie zu dem griesgrämigen Mann mit Stoppelbart hinter dem Schalter, als sie an die Reihe kam.

»Name«, forderte er unfreundlich und nahm sich ein vorgedrucktes Papier vom Stapel neben ihm.

Violetta, die alles vorbereitet hatte, schob ihm ihre Notiz mit dem Namen und den zu telegrafierenden Zeilen über den Tresen.

Seine Augenbrauen ruckten hoch, als er las.

»Schwarz? Sind Sie das?«, fragte er.

Violetta nickte. »Violetta Schwarz.«

»Moment bitte.« Vor ihm auf dem Tresen befand sich eine Reihe von Fächern. Er zog ein Papier heraus und las.

»Violetta Schwarz?«

»Ja, das bin ich.« Sie war ganz aufgeregt.

»Erspart uns einen Weg. Ist gerade eben angekommen. Aus Deutschland.«

Er reichte ihr ein Telegramm. Es war von ihrem Vater.

Mit zitternden Händen faltete Violetta das Papier auseinander.

+ Haben deine Briefe erhalten + Krieg hat begonnen + Der Gauleiter hat unser Theater besetzen lassen + Keine Aufführungen, deine Mutter verhaftet + Haben Nachricht von Hans' Tod bekommen, er ist in einem Lager gestorben + Florentina geht es gut + Dein dich liebender Vati +

Violetta las die Nachricht mehrmals und konnte es nicht fassen.

»Soll ich das Telegramm nun abschicken oder nicht?«, fragte der Mann hinter dem Schalter ungehalten.

Nur langsam sickerte die Frage in ihr Bewusstsein. Sie sah auf und blickte auf ihre Notiz, die sie ihm kurz zuvor gegeben hatte und die nun sinnlos war.

Violetta schüttelte den Kopf. »Nein, hat sich erledigt.« Sie streckte die Hand danach aus. Der Mann hinter dem Schalter gab ihr den Zettel wieder zurück.

»Treten Sie beiseite. Der Nächste bitte!«

Wie betäubt folgte Violetta der Aufforderung. Die Gedanken schwirrten durch ihren Kopf. Hier drinnen war es stickig, sie bekam keine Luft und stolperte zum Ausgang. Hans war tot, ihre Mutter verhaftet und das Theater in den Händen der Nazis? Und ihre Mutter musste das jetzt ganz allein durchstehen! Genau das hatte sie befürchtet.

Ihre Finger schlossen sich um das Telegramm. Tränenblind stürzte sie aus dem Gebäude. All ihre Hoffnungen auf eine glückliche Zukunft hatten sich zerschlagen. Tausend Fragen stürzten auf sie ein. Würde sie Hans wirklich nie mehr wiedersehen und Constanze ihren Vater nie kennenlernen? Ihre eigene Mutter verhaftet. Sie konnte es noch immer nicht fassen. Was musste ihre Mutter nur erdulden? Als wäre das nicht genug, wurde das Theater von den Nazis geführt! Wie konnte Gott so etwas zulassen?

Schluchzend lief Violetta die Straße entlang, ohne darauf zu achten, welche Richtung sie einschlug. Als sie um eine Hausecke bog, prallte sie mit jemandem zusammen und schlug weinend die Hände vors Gesicht. Dann begann sich in ihrem Kopf alles zu drehen, und das Bild vor ihren Augen verschwamm. Ihre Knie knickten ein, bevor ihr Geist sich in die Dunkelheit verabschiedete.

Zur selben Zeit

Sie war vor wenigen Minuten gegangen. Brian erfuhr von Gideon, dass Violetta noch zum Telegrafenamt gehen wollte. Wenn er sich beeilte, könnte er sie vielleicht noch einholen. Seit ihrer letzten Begegnung war er zu seinem Bedauern nicht mehr in London gewesen. Die neue Aufgabenverteilung auf Wilcox Manor hatten ihn in Anspruch genommen. Essenzielle Entscheidungen waren zu treffen gewesen. In seiner Verantwortung als neuer Gutsherr lagen auch in Kriegszeiten vorbereitende Verteidigungsmaßnahmen. Premierminister Chamberlain hatte alle Großgrundbesitzer gebeten, Maßnahmen gegen eine mögliche deutsche Invasion zu treffen. Die Planungen waren strapaziös und zeitintensiv gewesen, sodass Brian keine Zeit geblieben war, sich um andere Dinge wie sein Orchester zu kümmern. Ganz zu schweigen von seinem Privatleben, das zurückstehen musste. Es verging kein Tag, an dem er nicht an Violetta gedacht hätte. Seine Sehnsucht nach ihr war so groß, dass er alles stehen und liegen gelassen hatte, um sie wiederzusehen. Die Vorfreude darauf beflügelte seine Schritte.

Bevor er hinter der nächsten Hausecke nach rechts in die Straße zum Telegrafenamt abbog, hörte er eilige Schritte, begleitet von ersticktem Schluchzen. Im Augenblick der Ablenkung prallte er unvermutet mit jemandem zusammen.

Brian fluchte, die Frau schrie kurz auf, bevor sie heulend gegen seine Brust sank. Violetta!

Sie klammerte sich weinend an ihn. Was mochte vorgefallen sein, dass sie so verstört war? Plötzlich knickten ihre Beine ein, und ihre Arme baumelten schlaff herab. Bevor sie zu Boden stürzte, hob er sie auf die Arme. Sie wog weniger als Rowenas halbwüchsiger Neffe Shane.

Ihr Kopf sank an seine Schulter. Sie öffnete die Augen und sah zu ihm auf.

»Brian«, flüsterte sie. Kaum dass sie seinen Namen ausgesprochen hatte, sanken ihre Lider wieder herab. Ihrem Gesicht war die Erschöpfung anzusehen.

»Alles wird gut, Violetta«, flüsterte er und hauchte ihr einen Kuss auf die Stirn. Sie regte sich.

»Sally ... Benson ... ich muss ... Hammersmith ...«, murmelte sie, bevor sie erneut ohnmächtig wurde.

Er sichtete ein Taxi, das die Straße heraufgefahren kam, und rief laut: »Taxi!« Brian befürchtete schon, nicht gehört worden zu sein. Doch das Taxi hielt tatsächlich neben ihm an.

»Wohin?«, fragte der Taxifahrer.

»Nach Hammersmith. Er nannte die Straße. Die Pension von Sally Benson.«

»Gut.«

Brian setzte Violetta vorsichtig auf den Rücksitz, bevor er das Taxi umrundete und neben ihr einstieg. Sie murmelte etwas, das er nicht verstand.

Dann sackte sie nach vorn. Liebevoll drückte er sie zurück und strich ihr offenes Haar nach hinten. Ihre Hände ruhten auf dem Schoß. Zwischen ihren geöffneten Fingern bemerkte er den zusammengeknüllten Zettel. Als er ihn nehmen wollte, schloss sie die Hand.

Das Taxi hielt vor einer langen Häuserzeile mit winzigen Vorgärten. Rasch bezahlte Brian den Taxifahrer und hob Violetta aus dem Wagen.

Das Laub von den beiden Linden im Vorgarten den Pension lag verstreut auf dem Gehweg. Es roch nach verwelkten Blumen und feuchter Erde, als er Violetta zur Haustür trug. Er setzte sie auf der schmalen Bank neben der Tür ab und klopfte. Der Zettel, den sie in der Hand gehalten hatte, lag zu ihren Füßen. Im Licht des Hauseingangs erkannte er, dass es sich dabei um ein zerknülltes Telegramm handelte. Als er es aufhob, las er den Namen Hans. Um nicht in Versuchung zu geraten, das Telegramm zu lesen, steckte er es schnell in ihre Manteltasche. Schritte erklangen hinter der Tür. Im selben Augenblick schlug Violetta die Augen auf.

Eine mollige Frau mit rundem Gesicht und angenehmen Zügen öffnete die Tür. Das musste die Pensionswirtin sein.

»Guten Abend. Alle Zimmer sind belegt, Sir«, sagte sie zu ihm und wollte die Tür wieder schließen.

»Deshalb bin ich nicht hier, sondern ihretwegen ...« Er deutete auf Violetta, die aus verquollenen Augen zu ihm aufsah.

»Oh mein Gott, Violetta! Was ist geschehen?«, rief sein Gegenüber erschrocken.

Violetta winkte schwach ab. »Später«, sagte sie leise.

»Und wer sind Sie?«

»Ich bin Brian Wilcox. Lord Wilcox«, verbesserte er sich. Es war noch immer ungewohnt, seinen Titel zu nennen.

»Sally Benson. Es ist recht kühl draußen. Kommen Sie herein.«

Ehe Violetta protestieren konnte, hob Brian sie auf und trug sie ins Haus. Sally führte sie in eine winzige, aber warme Küche, in der drei Jungen am Tisch saßen und Pancakes aßen.

»Lass mich bitte runter«, bat Violetta.

»Soll ich dich nicht besser in dein Zimmer bringen?«

Plötzlich versteifte sie sich auf seinen Armen.

»Nein, nein, hier in der Küche ist es in Ordnung. Und warm, nicht wahr, Sally?«

Er bemerkte den seltsamen Blickaustausch zwischen den beiden Frauen, der ihn misstrauisch stimmte. Vermutlich hatte die Pensionswirtin es nicht so gern, dass ein Mann Violetta aufs Zimmer brachte.

»Ja, klar«, antwortete Sally und half Violetta aus dem Mantel.

»Gut.« Brian stellte Violetta vorsichtig auf den Boden. Als sie schwankte, führte er sie zu einem der Stühle am Tisch.

Die Jungen waren mit dem Essen fertig und glotzten ihn neugierig an.

»Kommt, Jungs, wir gehen nach hinten. Wir müssen noch die Wolle für Grandma aufwickeln.« Die drei Jungen maulten, folgten aber ihrer Mutter aus der Küche.

Brian zog sich einen Stuhl heran und setzte sich zu Violetta. Beim Anblick ihres schmalen, blassen Gesichts war er sehr besorgt. Sanft strich er ihr über die kalte, feuchte Wange. Sie hielt seine Hand fest und schmiegte ihr Gesicht hinein. Brian bedrängte sie nicht mit Fragen, sondern wartete, bis sie sich ihm von allein öffnete.

»Dich hat der Himmel geschickt«, flüsterte sie.

»Eher der Wunsch, dich zu sehen.« Er lächelte sie an. Aber ihr Lächeln für ihn war verkrampft und erlosch gleich wieder. Und als sie von dem Telegramm ihrer Mutter berichtete, wusste er auch, warum. Erschüttert hörte er ihr zu. Immer wieder brach sie zwischendurch in Tränen aus. Leonora Schwarz verhaftet und Hans Brünn tot. Brian konnte es nicht fassen. Zwei hochbegabte Musiker, die das weiß Gott nicht verdient hatten. *Diese verfluchten Nazis!* Auch die Vorstellung, das ehrwürdige Theater könnte verloren sein und zu Propagandazwecken genutzt werden, ließ Wut in ihm aufsteigen. *Warum musste Leonora Schwarz so etwas Schlimmes durchmachen?*

»Ich kann nicht glauben, dass Hans tot ist!«, rief Violetta verzweifelt. »Wir hatten … nie … eine Zukunft …« Sie schluchzte und schlug die Hände vors Gesicht. Brian spürte ihren Schmerz und dass er sie nicht mit Worten trösten konnte. Schweigend zog er sie an sich.

»Meine Mutter … hat doch niemandem …«, stammelte sie an seiner Brust und brach ab, als ihre Stimme versagte.

»Mein Vater braucht mich jetzt mehr denn je. Und ich kann nicht zu ihm.«

Brian konnte verstehen, wie hilflos sie sich in dieser Lage fühlte. Ihm erging es ähnlich. Liebend gern hätte er Violettas Eltern geholfen, nur wusste er nicht wie.

»Was soll ich nur tun?«, wiederholte sie immer wieder.

Er hielt sie in seinen Armen, während sie ihrem Kummer freien Lauf ließ. Sie weinte und schimpfte auf die Nazis, dann wieder schluchzte sie und schrie abwechselnd vor Verzweiflung.

Lange saß Brian an ihrer Seite, bis die Tränen versiegt und sie ruhiger geworden war. Er reichte ihr sein Taschentuch, in das sie hineinschnäuzte, bevor sie erschöpft wieder gegen ihn sank.

»Danke, dass du bei mir geblieben bist, Brian.«

»Das ist doch selbstverständlich.« Er würde alles für sie tun, um sie wieder glücklich zu sehen.

Er hatte Hans Brünn nie für den geeigneten Mann für Violetta gehalten. Doch so hätte es nicht mit ihm enden dürfen. Eng umschlungen saßen sie da.

»Kann ich etwas für dich tun?«

»Halt mich einfach. Ohne dich wäre das alles nicht zu ertragen.«

Er dankte dem Schicksal, sie gefunden zu haben.

»Und es scheint noch nicht vorbei zu sein«, sagte sie nach einer Weile. »Ich muss … ich habe …«

»Was meinst du?« Brian befürchtete, Violetta könnte versuchen, auf irgendeinem Weg nach Deutschland zu gelangen, um ihrer Mutter beizustehen.

»Jemand verfolgt mich«, sagte sie.

Brian sah sie erstaunt an.

»Wie kommst du darauf?«

Da erzählte sie ihm von dem Wagen, der ihr nachgefahren war. »Was ist, wenn Mahler dahintersteckt? Die Gestapo hat doch sicher auch Verbindungen ins Ausland. Er will unsere Familie vernichten. Oh Gott, Florentina! Dann schwebt auch sie in Gefahr.«

»Beruhige dich, Violetta. Das halte ich eher für unwahrscheinlich. Bestimmt war das mit dem Wagen nur Zufall«, versuchte er sie zu beruhigen. Es hatte keinen Sinn, ihre Angst noch zu schüren. Dennoch musste er zugeben, dass das Verhalten des Fahrers schon merkwürdig gewesen war.

»Du glaubst mir nicht«, sagte sie enttäuscht.

»Doch, ich glaube dir. Kannst du den Wagen beschreiben?«

»Dunkel, sehr gepflegt. Ich kenne mich nicht damit aus.«

»Hast du vielleicht das Emblem gesehen?«

»Ich weiß nicht genau … aber … es sah aus wie Flügel.«

Ein Bentley. Den fuhren viele begüterte Engländer. Selbst Onkel Edgar und sein Vater besaßen einen.

Violetta war bleich wie ein Gespenst und zitterte noch immer.

Er räusperte sich. »Violetta, ich will dir nicht zu nahe treten. Aber ich möchte, dass du mich nach Wilcox Manor begleitest. Wir wären zusammen, und ich könnte dich beschützen.« Sein Vorschlag schien bei ihr auf wenig Gegenliebe zu stoßen, denn ihr Blick erstarrte.

»Brian, ich schätze dein Angebot sehr, aber …«

»Aber?«

»Wir kommen aus verschiedenen Welten.«

»Doch die Musik verbindet uns. Bitte, Violetta, auf Wilcox Manor kannst du üben, wie du willst. Ich kenne auch einen guten Korrepetitor.«

Sie legte ihre Hand auf seine. »Bitte versteh doch, es geht nicht.«

»Nenn mir einen wirklichen Grund, weshalb du nicht mitkommen kannst.«

»Den habe ich dir doch schon genannt. In einem Herrenhaus gibt es eine Etikette. Ich bin ein einfaches Künstlerleben gewöhnt. Das Theater, die Musik bestimmt den Tagesablauf. Da gibt es keine feste Dinnerzeit. Außerdem hast du selbst erzählt, dass deine Eltern Musik nicht schätzen. Ich gehöre nicht dorthin.«

Sie wich seinem Blick aus. Brian glaubte, dass sie ihm etwas verschwieg. Waren ihre Gefühle für ihn doch nicht so tief, wie er angenommen hatte?

»Jetzt bin ich der Herr von Wilcox Manor. Meine Eltern wollten, dass ich zurückkehre, sie kennen meine Bedingungen. Violetta, bitte. Dir würde es an nichts fehlen. Du könntest dir aussuchen, wo du singen willst.«

Sie schloss die Augen und seufzte. »Brian, bitte dränge mich nicht. Mein Entschluss steht fest. Ich bleibe hier in Sallys Pension.«

Wie gern hätte er sie in seiner Nähe gewusst und seinen Eltern die Frau vorgestellt, die er bitten würde, seine Frau zu werden.

»Verstehe. Ich will ehrlich sein. Ich hatte gedacht, dass du und ich, also dass wir vielleicht eine Zukunft hätten. Jetzt habe ich begriffen, dass dein Verlobter immer zwischen uns stehen wird.«

Er wollte aufstehen, aber sie hielt ihn zurück.

»Das stimmt nicht, Brian. Ja, ich habe Hans geliebt. Doch ich will auch ehrlich sein. Ich habe mich in dich verliebt.« Zärtlich streichelte sie sein Gesicht. »Aber wir würden nicht glücklich werden. Ich bin für das Landleben nicht geschaffen. Ich brauche die Bühne wie die Luft zum Atmen, den Trubel im Theater, das Lampenfieber und das Stadtleben. England ist nicht meine Heimat. Ich möchte irgendwann wieder nach

Hause zurückkehren und die Familientradition weiterführen. So wie es deine Pflicht war, Wilcox Manor zu übernehmen.«

Er wollte nicht auf Violetta verzichten. Dennoch begriff er, dass er sie nicht umstimmen könnte.

»Wir werden uns eine längere Zeit nicht sehen«, sagte er mit belegter Stimme.

Eine Träne quoll aus ihrem Auge. »Ich weiß.«

»Verwehre mir nicht, mich weiter um dich zu kümmern. Du sollst wissen, dass ich immer für dich da sein werde.«

Da nahm sie sein Gesicht in die Hände und legte ihre Stirn kurz gegen seine. Er spürte, wie sie sich zurückhielt. »Danke. Ich bin erschöpft und muss mich ausruhen«, sagte sie.

»Natürlich. Lass mich wissen, wenn du etwas brauchst. Ich bin heute bei Gideon. Morgen komme ich wieder und sehe nach dir.« Er stand auf und hauchte ihr einen Kuss auf die Stirn.

Violetta nickte schwach.

Im Flur traf Brian auf Sally, der er erklärte, dass Violetta sein Angebot abgelehnt hatte, ihn nach Wilcox Manor zu begleiten.

»Bitte lassen Sie mich wissen, wenn Violetta etwas braucht. Sie erreichen mich unter dieser Adresse.« Er nahm eine Karte seines Freundes aus der Jackentasche und reichte sie ihr.

»Das werde ich machen«, versprach sie. »Bitte lassen Sie ihr Zeit. Sie ist noch nicht so weit.«

Nachdenklich verließ Brian Sallys Pension. Sallys Worte gingen ihm durch den Kopf. Vielleicht würde Violetta sich doch noch anders entscheiden.

12. September 1939

Es hatte den ganzen Tag geregnet, und noch immer trommelten die Tropfen unaufhörlich gegen die Fensterscheibe des Gemeindesaals. Das passte zu Violettas trüber Stimmung. Ihre Zukunft war genauso dunkel wie der Himmel. Sie wusste nicht, wie es weitergehen sollte. Letzte Nacht hatte sie wie so oft davon geträumt, im Theater am Park auf der Bühne zu stehen. Es war ein berauschendes Gefühl gewesen, und sie hatte sich gewünscht, dass dieser Traum nie enden würde, bis ihre Tochter sie aus dem Schlaf gerissen hatte. Sie vermisste das Theater.

Ihre Hoffnung auf ein Opernengagement oder an einem Konzert mitzuwirken, hatte sich zerschlagen. Die Opern- und Konzerthäuser Londons hatten mit Beginn des Krieges ihre Pforten geschlossen. Seit dem Vorfall auf dem Brunnenplatz hatte sie auch nicht mehr auf Londons Straßen gesungen.

Der Winter stand bevor. Noch lebte Violetta von ihrer Gage von Brians Konzert. Sally hatte ihr zwei Monatsmieten gestundet. Das half ihr zwar weiter, bald jedoch wäre das Geld aufgebraucht. Dann bliebe ihr nur noch der Lohn von Gideon Mandler. Aber auch dort waren die Aufträge für Instrumentenbau weniger geworden. Es war nur eine Frage der Zeit, wann Gideon sie entlassen würde. Dann bliebe ihr nichts anderes, als zu betteln.

Violetta unterbrach ihre Übungen und sah zum Fenster des Gemeindesaals hinaus. Ob es in Deutschland auch regnete? Erneut stieg die Traurigkeit in ihr auf. Ihre Träume von einem glücklichen Leben hatte sie begraben. Auch mit Brian war ihr kein Glück vergönnt. Glück währte immer nur einen

Moment lang, in einem Lächeln ihrer Tochter oder wenn Brian ihre Hand hielt. Brian schrieb liebevolle Briefe, schickte ihr Pakete mit Lebensmitteln vom Gut. Auch ihn vermisste sie sehr. Jetzt, da sie sich nur selten sahen, war ihr klar geworden, dass sie ihn liebte.

»Ich glaube, dieser Mann liebt dich wirklich. Ich versteh dich nicht, Violetta. Warum hast du seine Einladung ausgeschlagen?«, hatte Sally zu ihr gesagt und ein Paket von ihm überreicht.

»Das weißt du doch genau.«

»Du hättest ihm längst von Constanze erzählen sollen.«

»Ich konnte einfach nicht.« Immer hatte sie der Mut verlassen, weil sie befürchtete, er könnte sich von ihr abwenden.

Alles, was ihr blieb, war die Musik, in der sie Trost und Zuflucht fand. Wenn sie spielte und sang, sah sie sich auf der Bühne des elterlichen Theaters stehen. Die gefeierte Opernsängerin Violetta Schwarz. Sie hörte den brandenden Applaus, die Rufe der Zuschauer nach einer Zugabe und vergaß ihren Kummer eine Weile.

Violetta suchte so oft wie möglich den Gemeindesaal auf, um zu musizieren.

Seit Tagen übte sie die Tenorarien aus Lehárs Operette *Land des Lächelns.* Dann fühlte sie sich ihrem Vater nah. Er hatte die Arien mit so viel Gefühl wie kein anderer vorgetragen, und das Publikum hatte ihm zu Füßen gelegen.

Die beiden Stücke waren zwar nicht für ihre Stimmlage komponiert worden, aber sie sprachen ihr aus der Seele.

»*Immer nur lächeln und immer vergnügt, immer zufrieden, wie's immer sich fügt. Lächeln trotz Weh und tausend Schmerzen. Doch wie's da drin aussieht, geht niemand etwas an.*«

Violetta machte alles mit sich selbst aus. Sie war keine, die klagte. Manchmal hatte sie bereut, Brians Angebot nicht angenommen zu haben. Doch mit jedem Tag, der verstrich, wusste sie, dass ihre Entscheidung richtig gewesen war. Eine Sängerin mit einem unehelichen Kind auf einem englischen Adelssitz würde womöglich einen Skandal heraufbeschwören.

»Violetta?«

Martin Piper stand atemlos in der Tür.

»Ja?«

»Wollen wir noch die Arien aus den Kantaten üben?«

»Klar, ich komme.« Froh über diese Abwechslung klappte sie den Klavierdeckel zu, griff nach ihrem Mantel und folgte ihm nach draußen. Der Frohsinn Martins hatte es immer geschafft, ihre trüben Gedanken zu vertreiben. Heute konnte sie das besonders gebrauchen.

Gerade als sie ihren Schirm aus dem Ständer nahm, bemerkte sie einen eleganten Wagen, der vor der Kirche parkte. Sofort dachte sie an den Wagen von neulich, der sie bis zum Telegrafenamt verfolgt hatte. Als sie aus dem Gemeindesaal trat und durch den leichten Regen zur Kirche rannte, fuhr der Wagen davon.

Es bereitete Violetta Freude, mit Martin zu musizieren.

»Ihre Stimme ist wunderbar. Sie könnten an allen großen Opernhäusern dieser Welt auftreten und eine gefeierte Operndiva werden.«

»Danke«, antwortete sie lächelnd. »Ich weiß nicht, ob ich das will. Ständig herumreisen und aus dem Koffer leben. Es würde mir reichen, wenn ich wieder auf der Bühne unseres Theaters stehen könnte.«

»Das können Sie bestimmt bald. Der Krieg wird nicht lange dauern. Schließlich kämpfen die Deutschen nicht nur gegen uns, sondern auch gegen Frankreich.«

Martins Zuversicht tröstete sie. Vielleicht wäre der Krieg wirklich schnell vorbei, dann könnte sie endlich nach Hause.

Kaum erklangen die ersten Orgeltöne aus der Bach-Kantate, hallten Schritte durch die Kirche. Martin hörte auf zu spielen und beugte sich über die Balustrade der Empore nach unten.

»Eine ältere Frau. Kenne ich nicht«, raunte er Violetta zu.

Violetta zuckte mit den Achseln. »Lass uns bitte weitermachen. Ich muss noch mit Constanze eine kleine Runde spazieren gehen. Dann schläft sie besser«, bat sie Martin. Der Organist wusste von Constanze. Auch ihm gegenüber hatte sie die fortgeschrittene Schwangerschaft nicht verheimlichen können. Aber er hatte sie im Hinblick darauf, dass sie verlobt gewesen war, nicht verurteilt. Die Kirche war an vielen Abenden geöffnet. Es kam nicht selten vor, dass sich jemand ins Gotteshaus begab, um zu beten oder einfach nur, um der Musik zuzuhören.

Nach der Arie verabschiedete sich Violetta von Martin und stieg von der Empore hinab.

Unten in einer der hinteren Reihen saß eine Frau in eleganter schwarzer Kleidung. Graue Locken lugten unter dem ihrem Hut hervor. Sie musterte Violetta. Im Vorbeigehen nickte Violetta ihr zu, bevor sie die Kirche verließ.

Es hatte zu regnen aufgehört, sodass Violetta den Schirm zusammenklappte.

Draußen vor dem Zaun parkte der dunkle Bentley. Sie hätte schwören können, dass es derselbe war, der sie neulich zum Telegrafenamt verfolgt hatte. Violetta fragte sich, ob die Frau vielleicht dazugehörte. Auf der anderen Straßenseite rauchte ein älterer Herr eine Zigarre und glotzte zu ihr herüber. Seine Statur, die der Mahlers ähnelte, ließ erneut die Erinnerungen aufsteigen. Bis zu Sallys Pension waren es nur wenige Schritte. Violetta rannte zum Eingang. Vor der Tür schaute sie noch einmal zurück. Der Wagen war nicht mehr zu sehen. Erleichtert betrat sie das Haus.

»Du willst doch nicht noch einmal mit der Kleinen hinaus?«, fragte Sally besorgt. Violetta hatte ihr von dem dunklen Wagen erzählt, der sie verfolgt hatte.

»Keine Sorge. Der Wagen ist nicht mehr zu sehen. Der

Arzt hat mir geraten, jeden Tag mit Constanze an die frische Luft zu gehen.«

Violetta umarmte Sally, bevor sie ihre Tochter behutsam in den Kinderwagen bettete, den die Freundin ihr geborgt hatte. Violetta atmete auf, als kein Wagen auf der Straße zu sehen war. Das Licht in der Kirche war erloschen, und Martins Fahrrad lehnte nicht mehr an der Linde neben dem Pfarrhaus. Vor ihrem eigenen Haus stand der blonde Student Ian aus Oxfordshire am Zaun, der ebenfalls in Sallys Pension wohnte. Ein sympathischer junger Mann, der oft für Sally Besorgungen machte, wenn sie keine Zeit hatte. Sie mochte seine lässige Art. Sie grüßte und kam kurz mit ihm ins Plaudern.

Als Constanze im Wagen unruhig wurde, verabschiedete sie sich von ihm.

Die sonst belebte Straße lag still und einsam vor ihr. Das Lindenlaub zu ihren Füßen raschelte bei jedem Schritt. Sie begegnete einem Nachbarn, der noch einmal mit seinem Hund eine Runde drehte. Constanze lag friedlich im Wagen und schaute zum sternenklaren Himmel hinauf. Alles wirkte so friedlich, dass der Gedanke an einen Krieg unwirklich erschien. Während des Spaziergangs sang Violetta ihrer Tochter leise Kinderlieder vor. So hatte es auch immer ihre Mutter getan. Rasch verdrängte sie die aufsteigende Traurigkeit, die sie jedes Mal befiel, wenn sie an ihr Zuhause dachte.

Schon bald war Constanze eingeschlafen. Sie sah so süß und unschuldig aus, dass es Violetta ganz warm ums Herz wurde. Sie drehte mit dem Kinderwagen um und lief zur Pension zurück, als sie hinter sich plötzlich Motorengeräusch vernahm. Sie blickte sich um und sah zu ihrem Unmut wieder den dunklen Bentley. Instinktiv lief sie schneller. Doch der Wagen überholte sie und hielt vor der Eingangstür zur Pension an. Aus der hinteren Tür stieg die ältere Dame aus, die vorhin in der Kirche gesessen hatte. Erwartungsvoll trat Violetta ihr entgegen.

»Miss Schwarz?«, fragte die fremde Dame.

Woher kannte sie ihren Namen?

»Ja?«

»Ich muss mit Ihnen reden!«

»Woher wissen Sie meinen Namen? Sie haben mich die ganze Zeit verfolgt. Was wollen Sie von mir?«

»Ich bin Lady Margret Wilcox, Brians Mutter.«

Jetzt bemerkte Violetta die Ähnlichkeit zwischen beiden. Nur umgab Lady Wilcox eine Aura aristokratischer Arroganz, die Brian fehlte.

Violetta ahnte, dass das folgende Gespräch unangenehm werden würde.

»Wollen Sie vielleicht mit hineinkommen …?«, fragte sie aus reiner Höflichkeit.

»Danke, nein. Das, was ich Ihnen zu sagen habe, wird nicht lange dauern.« Ihr kühler Tonfall verstärkte in Violetta das ungute Gefühl.

»Das ist Ihr Kind?« Lady Wilcox zeigte auf die schlummernde Constanze.

»Ja.«

Die dünngezupften Augenbrauen von Brians Mutter zogen sich nach oben.

»Sie haben wirklich eine sehr schöne Stimme.« Aus ihrem Mund klang das fast wie Kritik.

»Haben Sie mich deshalb verfolgt, um mir das zu sagen, Mylady?«

Sie spitzte mokant ihre Lippen.

»Nein. Sie sind davongelaufen.«

Violetta lag eine scharfe Erwiderung auf der Zunge, die sie jedoch hinunterschluckte. Jetzt war sie sich sicher, was Wilcox Manor betraf, die richtige Entscheidung getroffen zu haben. Dort wäre sie nie glücklich geworden.

»Ich will nicht lange um den heißen Brei herumreden. Sie

werden sicher bemerkt haben, dass mein Sohn ein gewisses Interesse an Ihnen hat.«

So bezeichnet sie Liebe.

Violetta schluckte und erwiderte den frostigen Blick von Brians Mutter. Was hatte er seinen Eltern über sie erzählt?

»Mein Sohn hat zwar ebenso wie Sie musikalische Neigungen, aber ist der Herr von Wilcox Manor. Von ihm wird eine ... standesgemäße Heirat erwartet. Sie verstehen, was ich meine?«

Violettas Befürchtungen wurden zur Gewissheit. Dennoch trafen sie die Worte wie ein Schlag ins Gesicht. Weil sie Brian liebte. *Du hast von Anfang an gewusst, dass ihr keine Zukunft habt.*

Brian war kein Mann, der sich etwas vorschreiben ließ. Sicher würde er gegen den Willen der Mutter rebellieren.

Sicher? Die Stimme des Zweifels wurde lauter in ihr.

»Sieht Ihr Sohn das auch so, Mylady?«

»Er ist sich seiner Verantwortung für Wilcox Manor und seiner Familie gegenüber bewusst. Mein Mann und ich wären Ihnen sehr dankbar, wenn Sie meinen Sohn nicht mehr wiedersehen würden.«

»Wie stellen Sie sich das vor? Brian lässt sich nichts vorschreiben!«

»Ich zahle Ihnen einen Betrag von fünftausend Pfund. Genug für Sie und Ihr Kind, um sich anderswo ein neues Leben aufzubauen.«

Dass Brians Mutter ihr Geld bot, machte sie fassungslos. Fünftausend Pfund! Constanze und sie hätten keine finanziellen Probleme mehr. Dennoch hätte sie das Gefühl, ihre Gefühle zu verraten.

»Weiß Brian, dass Sie hier sind?«

Die Miene der Lady versteinerte.

»Nein. Und das wird auch so bleiben. Sie führen sicherlich

ein lockeres Leben. Mit Ihrem Aussehen und Können finden Sie bestimmt einen Mann in Ihren Kreisen.«

Brians Mutter besaß nicht nur die Unverschämtheit, ihr Geld zu bieten, wenn sie ihren Sohn nicht mehr wiedersehen würde, sondern machte Andeutungen zu ihrem Lebenswandel. Wut wallte in Violetta auf.

»Ich will Ihr Geld nicht, Mylady. Mein Beruf ist genauso ehrenhaft wie jeder andere auch. Ich verbitte mir Ihre Unterstellungen, ich wäre leichtlebig. Meine Familie gehört einem jahrhundertealten Landadel an und zu den angesehensten Familien in ganz Hannover. Jetzt kann ich Brian verstehen. Ihnen geht es nur um die Reputation der Familie und nicht darum, ob Ihr Sohn glücklich wird. Und jetzt gehen Sie!«

Mit diesen Worten wandte Violetta sich um. Tränen brannten in ihren Augen. Die Enttäuschung fraß sich wie Säure durch ihre Adern. Noch nie war sie so gedemütigt worden wie eben. Hocherhobenen Hauptes schritt Violetta mit dem Kinderwagen zur Eingangstür. Erst im Haus ließ sie ihren Tränen freien Lauf.

Sally kam aus der Küche.

»Was ist denn geschehen?«

Weinend erzählte Violetta der Freundin von ihrer Begegnung mit Brians Mutter.

»Arrogant und dreist! Als wenn Künstlerinnen sich reihenweise den Männern hingeben!«, schimpfte Sally. »Du hast dich richtig entschieden. Auf Wilcox Manor hätten alle nur auf dich herabgesehen und dich spüren lassen, wie unerwünscht du bist.«

Violetta nickte. Ein Leben an der Seite von Brian war ihr vom Schicksal nicht vergönnt.

Am selben Tag

Der Krieg hatte nun auch das idyllische Wilcox Manor erreicht. Auf Brians Schreibtisch lag der Aufruf von Premierminister Chamberlain, dass sich alle Küstenorte gegen eine mögliche deutsche Invasion über den Ärmelkanal schützen sollten. Ein Dutzend auf dem Gut arbeitender Männer hatten sich bereits freiwillig für den Bau von Befestigungsanlagen gemeldet.

»Das können Sie nicht zulassen, Mylord. Ich brauche jeden auf dem Gut.« Zur Bekräftigung seiner Worte pochte Travers auf den Schreibtisch.

Brian verstand ihn. Aber die Umstände zwangen sie zum Schutz aller, Maßnahmen zu treffen.

»Es gibt keine Aushilfen, Mylord. Viele haben sich der Bürgerwehr angeschlossen.«

»Mr Travers, das Einzige, das uns bleibt, ist, uns zu verteidigen! Das können wir nur, wenn wir vorbereitet sind.«

Travers runzelte die Stirn und schien zu überlegen.

»Und was ist mit dem Fuhrpark und dem Vieh?«

Brian seufzte. Genau vor solchen Disputen hatte er sich gefürchtet. Er war Musiker und besaß nur wenig Kenntnis darüber, wie man in einer solchen Lage mit dem Vieh umging! Die Verantwortung von Wilcox Manor war eine Last. Er hatte diesen verdammten Krieg nie gewollt.

»Ein Fünftel des Fuhrparks müssen wir bei Bedarf abtreten und uns vielleicht vom Vieh ernähren.« Auch Brian fiel der Entschluss nicht leicht. Der Krieg veränderte alles.

»Sie wollen teure Zuchttiere schlachten?« Travers sah ihn entsetzt an.

»Wenn es unser aller Überleben auf dem Gut sichert, ja.

Beten Sie, dass es nicht so weit kommen wird und unsere Marine die Deutschen vor der Küste abwehrt.«

Travers wollte etwas erwidern, als draußen vor dem Herrenhaus ein Wagen vorfuhr. Brian ging zum Fenster und schaute hinaus. Draußen parkte der Bentley seines Vaters.

Die Eingangstür fiel leise ins Schloss. Seine Mutter achtete immer streng darauf, dass alle zum Dinner erschienen. Heute war sie selbst nicht anwesend gewesen.

»Guten Abend, Mutter!«, rief Brian, als er ihre Pumps auf dem steinernen Boden in der Eingangshalle klackern hörte.

»Guten Abend, Brian. Mr Travers.« Sie blieb vor der Tür stehen und nickte ihnen zu.

»Wo warst du zum Dinner?«

Travers sah von einem zum anderen und erhob sich. »Wir setzen unser Gespräch lieber morgen fort, Mylord«, sagte er. Brian nickte. Nachdem Travers Brians Mutter begrüßt hatte, eilte er hinaus.

»Ich habe eine Freundin besucht und die Zeit vergessen. In London.« Die Wangen seiner Mutter färbten sich rot.

Als sie auf ihre Schuhspitzen hinunterblickte, wusste Brian, dass sie log.

»Sagtest du nicht neulich, dass Edith zu ihrer Schwester nach Cardiff gefahren sei?« Lady Edith Hawthorne war eine Schulfreundin seiner Mutter. Die Witwe lebte in London.

»Sie ist vorzeitig zurückgekehrt. Ihrer Schwester geht es schon viel besser. Ich gehe nach oben. Meine Migräne …« Sie fasste sich an die Schläfe.

Am Absatz ihres linken Pumps klebte ein Lindenblatt. In Brian stieg ein furchtbarer Verdacht auf. Linden, Bentley …

»Mutter, hast du etwa Miss Schwarz nachspioniert?«

Mit hochroten Wangen drehte seine Mutter sich empört um.

»Ich habe ihr nicht nachspi…«, verteidigte sie sich und

verschluckte den Rest des Wortes, weil ihr offenbar bewusst geworden war, sich verraten zu haben.

»Was zur Hölle hast du dir dabei gedacht?« Brian war wütend und enttäuscht von ihr.

»Ich musste etwas tun. Ich höre immer nur Violetta hier, Violetta da. Sie tut dir nicht gut.«

»Nicht gut? Ich verbitte mir jegliche Einmischung! Ich weiß selbst, was für mich gut ist.« Aufgebracht lief Brian im Raum hin und her. Er kannte seine Mutter gut genug, um zu wissen, dass sie Violetta ihre Meinung direkt ins Gesicht gesagt hatte. Seine Eltern hatten Künstlerinnen immer als flatterhaft und vergnügungssüchtig bezeichnet. »Sie fliegen wie Schmetterlinge von Blüte zu Blüte«, waren stets ihre Worte gewesen. Aber Violetta war anders.

Wütend sah er seine Mutter an. »Halt dich da raus, Mum!«

»Was weißt du denn über sie?«

»Genug, um zu wissen, dass sie nicht nur talentiert, sondern einer der ehrlichsten und warmherzigsten Menschen ist, die ich kenne.«

Brian hatte nach der Sache mit Rowena geschworen, sich von seinen Eltern nicht mehr in sein Leben reinreden zu lassen.

»Das glaubst du? Wer weiß, wie viele Affären sie schon hatte.«

Zornig sprang Brian vor und packte seine Mutter an den Schultern.

»Wie kannst du so etwas sagen? Violetta ist nicht leichtfertig!«

»Nicht leichtfertig? Aber unverheiratet mit Kind?« Seine Mutter verzog abschätzig die Lippen.

Also doch! Warum war sie nicht ehrlich zu ihm gewesen?

Wenn seine Mutter davon wusste, würde auch bald Onkel Edgar davon erfahren.

»Wie ich sehe, hat sie es dir verschwiegen. Na ja, die meisten Künstlerinnen sind flatterhaft. Dir ist klar, dass wenn du dich mit ihr einlässt und es publik wird, du einen Skandal heraufbeschwörst?« Seine Mutter lächelte süffisant.

Violetta war nicht so, wie seine Mutter andeutete. »Ich will nicht, dass du so über sie redest, Mum! Was macht dich überhaupt so sicher? Vielleicht ist es das Kind ihrer Freundin!«

Anstelle einer Antwort lächelte seine Mutter spöttisch, drehte sich um und stieg die Treppe hinauf zu ihren Räumlichkeiten.

Brian sprang auf und klingelte nach dem Chauffeur. Es war Zeit, von Violetta die Wahrheit zu erfahren.

Gähnend kam Howard durch die Tür des Dienstbotentraktes. Bestimmt hatte seine Mutter sich lange von ihm umherfahren lassen. Aber danach konnte Brian sich jetzt nicht richten.

»Mylord …«

»Ich muss nach London«, wies er den Chauffeur an.

»Jetzt? Es ist schon spät, Mylord.«

»Ich weiß. Machen Sie sich bitte noch einmal bereit.«

»Aber Mylord«, protestierte Howard. »Ihr Vater …«

Mit einer ungeduldigen Geste hinderte Brian ihn am Weiterreden. »Ich hole nur meinen Mantel.«

»Also gut, ich fahre Sie«, gab der Chauffeur schließlich nach.

Auf der fast zweistündigen Fahrt nach London blieb Brian genügend Zeit zum Nachdenken. Allmählich fügten sich die Puzzleteile zusammen. Nach den Proben war sie nie mit ihm und den anderen in die Künstlerkneipe gegangen, sondern nach Hause geeilt. Das hatte sie sicher nur ihres Kindes wegen getan. Er liebte Violetta und würde für ihr Kind da sein, auch wenn ein anderer der Vater war. Doch er bezweifelte, dass Violetta das zulassen würde.

Es war kurz vor Mitternacht, als der Bentley vor Sallys Pension hielt.

»Warten Sie bitte, Howard«, wandte er sich an den Chauffeur. Anschließend eilte er zur Eingangstür und betätigte energisch den Klopfer. Nichts regte sich, sodass er energischer anklopfte. Nach einer gefühlten Ewigkeit vernahm er schlurfende Schritte hinter der Tür. Dann öffnete ihm eine verschlafene Sally. Über ihrem Nachthemd trug sie einen Morgenmantel.

»Lord Wilcox! Wissen Sie, wie spät es ist?« Sally schien wenig begeistert über die nächtliche Störung zu sein. Mit einer Hand zog sie den Bademantel über ihrem Dekolleté zusammen.

»Es tut mir leid, aber ich muss dringend mit Violetta sprechen!« Er war so aufgebracht und konnte nicht warten.

»Sie hat sich heute früh schlafen gelegt.«

»Dann wecken Sie sie bitte«, forderte er. »Es ist wichtig.«

Die Ungewissheit quälte ihn. Außerdem wollte er mit ihr über seine Befürchtungen reden, um gegebenenfalls eine andere Lösung anzustreben.

»Einen Moment bitte. Warten Sie hier, ich bin gleich wieder zurück.« Sally lehnte die Tür an.

Brian nickte, obwohl ihn die Ungeduld auffraß. Durch den Türspalt beobachtete er Sally, die eine schmale Treppe hinaufstieg. Leise klopfte sie oben an eine Tür.

»Violetta? Besuch für dich.«

»Jetzt? Wer ist es denn?«, hörte er Violetta fragen.

»Lord Wilcox. Er sagt, es sei dringend.«

»Gut, ich komme.«

Kurz darauf kam Violetta die Treppe hinab, ebenfalls in einen Morgenmantel gekleidet. Das schwarze Haar fiel ihr in weichen Wellen über die Schultern. Sie sah hinreißend aus.

»Brian, was machst du hier so spät noch?«, flüsterte sie.

Sally zog sich in ihre Wohnung zurück.

»Ich muss wissen, warum du mich angelogen hast.«

Ihre Wangen wurden flammend rot.

»Ich … ich verstehe nicht, was du meinst.«

»Ich dachte, wir wären Freunde …«

»Das sind wir doch auch«, fiel sie ihm ins Wort.

Dass sie sich ihm nicht anvertraut hatte, enttäuschte ihn.

»Freunde sind offen zueinander. Warum hast du mir dann nicht gesagt, dass du ein Kind hast?«

Sie schluckte.

Violetta wurde blass, ihre Hände zitterten.

»Du weißt das von deiner Mutter, nicht wahr?«

Er nickte. »Ist das wahr?«

Ihr schuldbewusster Blick verriet ihm schon vorher die Antwort.

»Ja, es stimmt. Ich habe ein Kind. Von Hans.«

Tränen schimmerten in ihren Augen.

In diesem Augenblick wurde ihm klar, dass sie noch immer Hans Brünn liebte und seine Gefühle unerwidert bleiben würden. Die Erkenntnis traf ihn wie ein Hammerschlag. Das letzte Fünkchen Hoffnung, Violetta könnte auch etwas für ihn empfinden, schwand mit diesem Augenblick.

»Warum hast es mir nie gesagt?«, fragte er traurig.

»Ich … ich hatte einfach nicht den Mut.«

»Du hättest es mir sagen müssen. Jetzt wird meine Mutter es meinem Onkel erzählen. In solchen Dingen ist er sehr konservativ. Ich kann dir nicht versprechen, dass er dir bei einem Engagement helfen wird, wenn er erfährt, dass du ein uneheliches Kind hast.«

Natürlich würde er alles daransetzen, seinen Onkel zu überreden, Violetta weiter zu fördern.

Die Enttäuschung war Violetta anzusehen.

»Das hat doch nichts mit meinem Gesang oder meinem Talent zu tun. Meine Tochter ist ein Kind der Liebe. Das ist nicht verwerflich.«

Sie liebte Hans Brünn und würde ihn immer lieben. Das begriff er jetzt. Sein Herz schlug hart gegen die Rippen.

Brian schwieg.

»An deinem Schweigen erkenne ich, dass du genauso denkst wie deine Mutter. Dass ich ein lockeres Leben führe. Deshalb habe ich dir nichts von meiner Tochter gesagt.«

Brian erkannte in ihren Augen, wie sehr sie das getroffen hatte. Ihm fehlten die Worte.

»Violetta, bitte, es ist nicht so, wie du denkst«, startete er den Versuch, sich zu erklären. »Ich … «

»Warum sagst du mir nicht ins Gesicht, was du denkst? Dass eine leichtlebige Künstlerin mit einem unehelichen Kind kein Engagement verdient hat und kein Umgang für einen piekfeinen Lord ist?«

Brian wollte widersprechen.

»Spar dir deine Worte. Ich habe verstanden. Unter diesen Umständen ist es besser, wenn du jetzt gehst und wir uns nicht mehr wiedersehen.«

»Violetta, das … « Brian wollte ihr erklären, dass er das anders sah als sein Onkel. Doch sie wollte es nicht hören.

»Lass es gut sein, Brian«, fiel sie ihm ins Wort. »Danke für alles. Aber ab jetzt muss ich den Weg allein gehen.«

Er sah die Tränen in ihren Augen und wollte sie zurückhalten, als sie sich abwandte. Sie stieß ihn weg.

Er konnte sie nicht so gehen lassen, wollte sie wiedersehen.

»Violetta, bitte … «

Sie schloss die Tür.

Eine Weile blieb er vor dem Haus stehen und konnte nicht fassen, was eben geschehen war.

»Leb wohl, Violetta.«

Mit diesen Worten wandte er sich um, stürmte durch den Vorgarten und flüchtete in den Bentley.

»Fahren Sie mich bitte zurück nach Wilcox Manor, Howard.«

»Sehr wohl, Mylord.« Der Chauffeur startete den Motor und fuhr los.

Wut und Enttäuschung tobten wie ein Orkan in Brian.

Bei seiner Rückkehr parkten zwei fremde Wagen vor dem Herrenhaus. Von einem unguten Gefühl erfasst, eilte er ins Haus. In der Halle traf er auf seine Mutter, den Verwalter und Dr. Seymore, die verstummten, als er eintrat. Ihre ernsten Mienen verhießen nichts Gutes.

»Ist etwas mit … Vater?« In den letzten Tagen war sein Vater erschreckend gebrechlich gewesen.

Aus tränenfeuchten Augen sah seine Mutter zu ihm auf und presste ein Taschentuch vor den Mund.

»Ihr Vater hatte einen zweiten Schlaganfall«, erklärte ihm der Arzt. Schockiert schloss Brian die Augen.

»Ich will offen zu Ihnen sein, es steht sehr schlecht um ihn«, fuhr der Arzt fort.

»Wenn er die Nacht nicht überlebt …« Seine Mutter fiel ihm weinend in die Arme. Er spürte ihre Verzweiflung und fühlte sich hilflos wie damals bei Alan.

Nur langsam sickerten die Erklärungen des Arztes in sein Bewusstsein.

»Einen Transport ins Krankenhaus würde Ihr Vater nicht überstehen. Beten Sie, dass er diese Nacht überlebt, Mylord. Sie können versichert sein, dass ich alles versuchen werde, ihn zu retten.«

»Danke.«

Dr. Seymore stieg die Treppe hinauf.

Nicht nur dass er Violetta verloren hatte, jetzt hing auch noch das Leben seines Vaters am seidenen Faden. Die Bitte um Verzeihung war aufrichtig gewesen, sein Vater hatte nie wieder etwas Abfälliges über seine Liebe zur Musik gesagt, und das rechnete Brian ihm hoch an.

»Es tut mir aufrichtig leid, Mylord«, sagte Travers. »Wenn ich irgendetwas für Sie tun kann ...«

»Danke, Travers. Ich weiß das zu schätzen.«

15. Oktober 1940

Freudentränen rannen über Violettas Wangen, als Constanze ohne Hilfe mit ausgestreckten Ärmchen auf sie zulief. »Mummy!«

Stolz und glücklich riss Violetta ihre Tochter in die Arme und wirbelte sie im Kreis herum, bis sie vor Freude jauchzte. Danach drückte sie das geliebte Kind fest an sich und herzte es. Ohne ihren kleinen Sonnenschein hätte sie den Mut verloren. Ihretwegen wollte, nein musste sie stark sein.

»Mummy. Mutti.«

»Du bringst die Kleine ganz durcheinander. Deutsch kann sie doch noch später lernen«, warf Sally ein.

»Auch ich bin zweisprachig aufgewachsen. Je eher sie damit anfängt, desto schneller wird es ihr in Fleisch und Blut übergehen.«

Sally zuckte mit den Achseln. Ihre Freundin mochte die deutsche Sprache nicht, und seit Beginn des Krieges hasste sie diese.

»Soll ich heute Nachmittag auf die Kleine aufpassen?«

Während Violetta arbeitete, kümmerte sich die Freundin nach wie vor rührend um ihre Tochter.

»Nein, ich gehe heute nicht zu Gideon. Seine Aufträge werden immer rarer, und ich verdiene immer weniger. Dabei braucht Conny dringend eine Strickjacke und Handschuhe.« Violetta seufzte. Heather hatte angeboten, beides zu stricken, aber auch Wolle kostete ein Vermögen.

»Vielleicht kann Gideon Lord Wilcox um ein wenig Wolle bitten. Der hat doch bestimmt Schafe auf dem Gut, oder?«, schlug Sally vor.

»Auf keinen Fall!« Seit dem nächtlichen Streit hatte Violetta nichts mehr von Brian gehört. Und das war auch gut so. Sie wagte nicht, Gideon nach ihm zu fragen. Erneut wallte Schmerz in ihr auf. Wenn sie ihn bloß nicht so vermissen würde. Ihre Gefühle für Brian waren stärker als angenommen. Hans war ihre Jugendliebe gewesen. Sie hatte damals wie alle Mädchen für den begabten Komponisten geschwärmt. Brian hingegen hatte durch seine sensible und fürsorgliche Art ihr Herz gewonnen und leidenschaftliche Gefühle in ihr geweckt. Dass er sie wegen ihrer Tochter zu verurteilen schien, hatte sie bis ins Mark getroffen.

Violetta hatte beide Männer für immer verloren.

Trost fand sie nur in der Musik oder durch ihre Tochter. Sie fühlte sich einsamer denn je. Violetta plante, nach dem Krieg mit Constanze in die Heimat zurückzukehren. Seit fast einem Jahr hatte sie nur ein kurzes Lebenszeichen von ihren Eltern und ihrer Schwester erhalten. Seitdem der Londoner Radiosender stolz verkündet hatte, dass britische Flugzeuge Hannover bombardiert hatten, war der Kontakt zu ihnen abgerissen. All die Briefe an ihre Familie blieben unbeantwortet. Violetta klammerte sich an die Hoffnung, dass sie noch lebten.

»Triffst du dich heute wieder mit Martin?«, unterbrach Sally ihre düsteren Grübeleien.

»Ja. Du weißt doch, dass ich auf dieser privaten Feier singen werde. Ich möchte, dass es perfekt läuft.«

»Es könnte wieder Luftalarm geben. Denk an Constanze!«

»Ich weiß. Ich bin ja schnell hier«, versprach sie Sally.

Die Zusammenarbeit mit Martin Piper war ihr sehr wichtig. Ihm hatte sie Auftritte bei privaten Anlässen zu verdanken. Sie brauchte jeden verdammten Penny. Dennoch verspürte Violetta jedes Mal ein mulmiges Gefühl, wenn sie das Haus verließ. Das Sirenengeheul vor ein paar Tagen war unheimlich gewesen.

»Heather kommt übrigens nachher vorbei.« Es war Sally anzumerken, wie sehr sie sich auf den Besuch der Freundin freute.

»Oh wie schön.« Auch Violettas Stimmung hob sich bei der Aussicht, Heather wiederzusehen.

Es wehte ein kräftiger Wind, als Violetta sich nach der Probe mit Martin auf den Heimweg begab. Es war später geworden als gedacht. Der Himmel war wolkenverhangen, die Straße leergefegt. Alle schienen einen erneuten Angriff der Deutschen zu befürchten. Zum Glück war es nicht weit bis zu Sallys Pension. Plötzlich erloschen überall die Lichter. Eine gespenstische Stille herrschte. Violetta brauchte einen Moment, um sich an das Dunkel zu gewöhnen. Gleich da vorn musste der Eingang der Pension sein. Als die Sirene aufheulte, fuhr es ihr durch Mark und Bein. *Constanze!* Die Furcht um ihr Kind trieb sie schneller voran. Aus der Ferne war das röhrende Geräusch deutscher Bomberflieger zu hören. Die Antwort der Briten war das ratternde Geräusch der Flak.

Eilige Schritte, Türenöffnen, gedämpftes Gemurmel. Die Bewohner verließen die Häuser und rannten an ihr vorbei die Straße hinunter. Violetta bekam von hinten einen Stoß, geriet ins Stolpern und knallte gegen einen Vorgartenzaun. Endlich erreichte sie Sallys Pension. Sie rannte zur Tür, öffnete sie und rief nach der Freundin. Aber sie erhielt keine Antwort. Die Furcht um Constanze schnürte ihr die Kehle zu. Als sie die Treppe hinaufhasten wollte, prallte sie mit Ian zusammen.

»Kommen Sie, Violetta! Wir müssen Schutz suchen!« Er nahm ihren Arm und wollte sie mit sich ziehen. Violetta wehrte sich. »Ich muss erst nach meiner Tochter sehen!«

»Alle sind zur U-Bahn-Station gelaufen. Ich bin der Letzte. Kommen Sie.«

Violetta glaubte ihm und rannte mit ihm und vielen anderen die Straße hinunter.

Das Dröhnen der Bomber kam immer näher. Die Menschen rannten in Panik schneller. Schreie, Kinderweinen und das Trommeln der Füße auf dem Pflaster hallten durch die Straße. In der Ferne hörten sie bereits die ersten Detonationen. Der Boden unter ihren Füßen vibrierte. Eine Bombe musste ganz in der Nähe gefallen sein. Violetta und Ian rannten schneller. *Lieber Gott, lass Constanze in Sicherheit sein!*

Zwei Häuserblocks hinter ihnen schlug eine Bombe ein. Die Druckwelle riss Ian und sie zu Boden. Violetta schrie. Dann traf sie etwas am Kopf. Um sie herum hörte sie Stöhnen, Keuchen, Schmerzensschreie. Ian und sie rappelten sich auf. Doch als er weitergehen wollte, brüllte er vor Schmerz wie ein Tier.

»Lassen Sie mich, Violetta, laufen Sie zu Ihrem Kind.« Er stieß sie von sich.

Violetta konnte und wollte ihn nicht zurücklassen.

»Ich gehe nur mit Ihnen. Los, legen Sie Ihren Arm um meine Schultern.« Rauch stieg aus einem der Häuser neben ihnen auf und kratzte in ihrem Hals. Im Schein des Feuers konnte sie die U-Bahn-Station erkennen, die nur wenige Schritte vor ihnen lag.

»Ich kann nicht«, keuchte Ian.

»Doch, Sie können. Dort vorn ist schon die U-Bahn.«

Ian humpelte stöhnend neben ihr her.

»Es geht wirklich ... nicht mehr«, stieß er nach einer Weile hervor und blieb stehen. Violetta sah, dass etwas in seinem Bein steckte, und erschrak zu Tode.

»Ich lasse Sie hier nicht zurück! Weiter. Wir haben es gleich geschafft.« Sie packte ihn fester und zog ihn weiter. Violettas Muskeln schmerzten, sie schwitzte und bekam kaum Luft unter der Last ihres Begleiters. Dennoch schleppten sie sich Schritt für Schritt voran. Violetta dachte an ihre Tochter, was ihr die notwendige Kraft verlieh durchzuhalten. Einem Wunder gleich erreichten sie mit einigen anderen die Treppe nach unten. Auf das Geländer und sie gestützt, hüpfte Ian stöhnend auf einem Bein hinunter. Unten angekommen, wurde ihr Ian von zwei Männern abgenommen.

Violetta sah auf.

Tränen der Erleichterung und Freude liefen ihr über die Wangen, als sie unter den Geflüchteten Heather, Sally und die Kinder entdeckte. Erschöpft winkte sie den Freundinnen zu. Heather drängte sich zu ihr durch, und sie fielen sich in die Arme.

»Dem Himmel sei Dank! Wir waren so in Sorge um dich, als du bei Einbruch der Dunkelheit noch nicht zurück warst.«

»Und ich erst um euch.«

Heather stutzte. »Du bist verletzt.«

Violetta winkte ab. »Nur ein Kratzer. Ian hat es härter getroffen.«

»Ich schau es mir sofort an.« Heather wandte sich dem verletzten Studenten zu.

Violetta konnte es kaum erwarten, ihre Tochter in die Arme zu schließen. Sie drängte sich zwischen den Menschen durch.

Stunden mussten sie dicht aneinandergedrängt in der U-Bahn-Station ausharren, während die Bombeneinschläge ihren Schutzort erschütterten. Die Erde bebte, Putz rieselte von der Decke auf sie herab. Die Geflüchteten schrien und stöhnten. Violetta zuckte bei jedem Knall zusammen und lehnte sich schützend über Constanze. Ihre Tochter blies in die Flöte, die Gideon ihr vor Kurzem geschnitzt hatte. Da stimmte Violetta gegen ihre Furcht ein Lied an, und die anderen sangen mit. Sogar Ian. Heather hatte von ihrem Unterrock ein Stück abgerissen und sein Bein notdürftig verbunden.

Kurz vor Morgengrauen wurde es still. Nach und nach wagten sich alle die Treppe hinauf. Verzweifelte Schreie und Weinen erklang von der Straße. Mit einem mulmigen Gefühl stiegen auch Violetta und ihre Freundinnen nach oben, um nachzusehen. Fest presste sie die schlafende Constanze an sich. Oben angekommen, bot sich ihnen ein Bild des Grauens. Einige Häuser waren vollständig zerstört, andere brannten noch. Rauchsäulen zeigten wie mahnende Finger gen Himmel. Sie mussten über herumliegende Trümmer steigen und kamen nur langsam voran. Weinende und schreiende Nachbarn suchten nach verschütteten und vermissten Familienmitgliedern. Violetta brachte vor Entsetzen kein Wort über die Lippen. Blankes Entsetzen lag in den Mienen der Freundinnen. Zwei Männer trugen Tote aus den Trümmern. Sally, die bisher tapfer neben ihnen hergegangen war, brach beim Anblick des Trümmerhaufens, der einmal ihr Haus gewesen war, in Tränen aus.

»Ich habe alles verloren. Wo sollen wir denn jetzt hin?« Sie schluchzte. Tröstend zog Violetta sie an sich.

»Wir werden etwas finden. Ganz bestimmt.«

Sie verfluchte Hitler und seine Wehrmacht, die alles, was ihr etwas bedeutet hatte, zerstört hatten.

17. Oktober 1940

Während die englischen Kampfflieger über dem Ärmelkanal gegen die Deutschen in einer nicht enden wollenden Luftschlacht die Heimat verteidigten, wurde Brians Vater in aller Stille am Morgen im ländlichen Kent zu Grabe getragen.

Obwohl er es nie gewollt hatte, war Brian nun der Herr von Wilcox Manor. Tod und Gefahr waren allen zu treuen Begleitern geworden.

»Mein Beileid, Mylord.« Travers schüttelte ihm die Hand.

»Danke.«

Brian sah seine Mutter an, als der Verwalter ihr kondolierte. Der Tod seines Vaters hatte sie um Jahre altern lassen. Mit den eingefallenen Wangen und ihrem schlohweißen Haar war sie nur noch ein Schatten ihrer selbst. Tagelang hatte sie sich in ihrem Schlafzimmer eingeschlossen, in ihrem Schmerz vergraben und niemanden an sich herangelassen. Es war gut, dass sie entschieden hatte, nach der Beerdigung eine Weile zu ihrer Freundin Edith zu ziehen. Währenddessen würde Brian allein in dem Herrenhaus mit den zwanzig Zimmern wohnen, in dem er sich schon mit seinen Eltern verloren vorkam. Dabei hätte sein Leben anders verlaufen sollen. Brian musste jeden Tag an Violetta denken und träumte nachts von ihr. Nie hatte er eine Frau so geliebt wie sie. Er konnte sie einfach nicht vergessen. Manchmal bildete er sich sogar ein, ihre Stimme, ihr Lachen zu hören. Dann schüttelte er immer wieder über sich selbst den Kopf.

Die Reihe der Kondolierenden erschien Brian endlos. Er fühlte sich erschöpft und sehnte sich danach, sich zurückziehen zu können.

Auch Gideon hatte sich in die Schlange eingereiht.

»Gideon, danke, dass du gekommen bist und meinem Vater die letzte Ehre erweist.«

»Ist doch selbstverständlich. Du bist lange nicht in London gewesen. Wie geht es dir?«

Gideon war der Erste, der sich nach seinem Befinden erkundigte. Violettas wegen war Brian nicht mehr in die Hauptstadt gefahren. Und doch hatte es Tage gegeben, an denen er der Versuchung fast erlegen gewesen wäre. *Wenn nur nicht diese verfluchte Sehnsucht nach ihr bestünde!*

Brian zog seinen Freund ein Stück beiseite. »Verantwortung ist eine Bürde, vor allem in Kriegszeiten.«

Gideon nickte.

»Ich habe gehört, die Deutschen haben den Hafen bombardiert. Wie schlimm ist es?«

»Nicht nur der Hafen wurde stark getroffen, auch einige Wohnviertel. Sie bombardieren jede Nacht. Churchill nennt es den Blitz. Häuser wurden zerstört, und viele Menschen sind ums Leben gekommen. Es ist grauenvoll. Deshalb wollte ich dich fragen, ob du vielleicht meine Instrumente hier lagern könntest.«

»Ja, natürlich.«

»Danke, mein Freund. Letzte Nacht haben sie wieder ein Wohnviertel bombardiert.« Gideon senkte den Blick. Es war ihm anzumerken, wie betroffen er war. Sofort musste Brian an Violetta denken.

»Violetta?«, fragte er und spürte, wie sich sein Hals vor Sorge zuschnürte.

Der Freund seufzte. »Sallys Pension wurde völlig zerstört.«

Diese Nachricht traf Brian mit voller Wucht. Ihm war übel.

»Und?«, fragte er heiser.

»Es hat viele Tote gegeben. Ich habe sie seitdem nicht mehr gesehen. Was nichts heißen muss, alle sind in London in Angst und Schrecken versetzt, viele haben die Stadt verlassen.«

Violetta hatte niemanden auf dem Land. Sie und ihr Kind waren den Blitzbombardements hilflos ausgeliefert.

Sein Herz schlug schwer in der Brust. Er mochte sich nicht vorstellen, dass Violettas Lippen für immer schweigen würden.

»Sie kann doch nicht einfach sterben.« Es fiel Brian schwer, darüber zu sprechen.

»Ich ... ich weiß es nicht. Einige haben es nicht mehr rechtzeitig geschafft, sich in Sicherheit zu bringen. Ich habe überall nach ihr gefragt, aber niemand wusste etwas. Es tut mir leid, Brian.«

Nach dem Streit war sein Leben freudlos geworden, mit Violettas Tod wäre es sinnlos.

»Großer Gott!«

»Du liebst sie noch immer, nicht wahr?«, fragte Gideon. Brian sah in die Ferne. Seine Gedanken weilten wieder bei Violetta, die er vielleicht nie mehr wiedersehen würde. Der Gedanke daran war unerträglich.

»Am Anfang habe ich geglaubt, ich könnte sie vergessen. Aber ich liebe sie noch immer. Ich habe ständig ihre Arien auf dem Flügel gespielt, ihre Stimme gehört ... Verrückt, nicht wahr?«

»Nein, nicht wenn man so liebt wie du. Nicht nur du hast unter eurer Trennung gelitten.«

Zweifelnd sah Brian den Freund an.

»Nein, das glaube ich nicht. Sie hat Hans Brünn geliebt. Und ein Kind von ihm!«

»Brian, Hans Brünn ist tot!«

»Aber sein Kind wird sie stets an den Verlust ihrer Liebe erinnern! Und sie glaubt, dass ich sie wegen des Kindes verurteile. Sie wollte sich meine Erklärungen nicht anhören«, erwiderte er aufgebracht.

Die anderen Trauergäste sahen strafend zu ihnen herüber, dass Gideon und er ein Stück weitergingen.

»Mag sein. Wenn du ihr alles erklärst, wird sie es einsehen. Sie ist eine starke Frau und kann sich einer neuen Liebe öffnen. Liebe heißt, den anderen so anzunehmen, wie er ist, mit allen Stärken und auch mit seinen Schwächen. Kannst du ihr Kind akzeptieren? Oder ohne Violetta leben?«

»Ich kann nicht ohne sie leben. Das Kind ist ein Teil von ihr. Ich werde es genauso lieben.«

»Dann fahr in Gottes Namen nach London und finde heraus, was mit ihr geschehen ist und ob ihr eine Zukunft habt. Wenn du diese Chance nicht ergreifst, wirst du dir das nie verzeihen.«

Gideons Worte stimmten Brian nachdenklich. Sein Freund hatte recht, er musste wissen, ob sie noch lebte und ob sie seine Gefühle eines Tages würde erwidern können. Selbst eine Freundschaft würde er hinnehmen, wenn er nur in ihrer Nähe sein könnte.

Gegen Mittag nach der Trauerfeier fuhr er mit Howard Gideon nach London.

Viele Straßen in der Hauptstadt waren wegen Trümmern und Schutt nicht befahrbar. Brian befürchtete auch für diese Nacht einen weiteren Blitzangriff der Deutschen. Wenn Violetta und ihr Kind noch am Leben waren, schwebten sie weiter in Gefahr. Er musste sie finden.

Die Straße, in der Sallys Pension lag, war nicht befahrbar, sodass Gideon und er zu Fuß gehen mussten. Eine Herausforderung, zwischen all den zerstörten Häusern über die Berge aus Steinen und Staub zu steigen. Die innere Unruhe trieb Brian voran.

Fassungslos starrte er auf den riesigen Trümmerberg vor sich, der einst Sallys Pension gewesen war. Auch die beiden Nachbarhäuser rechts und links waren dem Erdboden gleich.

Wenn Violetta sich während des Bombardements im Haus aufgehalten hatte, war sie unter den Trümmern begraben worden. Seine Furcht um sie stieg mit jeder Minute.

Zahlreiche Männer und Frauen räumten die Trümmer fort. Brian trat auf einen von ihnen zu, einen stämmigen Kerl in staubiger Kleidung und Schiebermütze, der eine mit Schutt beladene Schubkarre zu einem Lastwagen fuhr.

»Entschuldigung, stammen Sie von hier?«

Der Mann blieb stehen, ohne die Schubkarre abzusetzen.

»Bin in dieser Straße geboren und aufgewachsen. Wieso?«

»Kannten Sie die Pension von Sally Benson?«

Der Stämmige nahm die Schiebermütze ab und kratzte sich an der Stirn. Er schien zu überlegen.

»Sally Benson ... Ist das die Witwe mit den drei Jungs?«

Brian wusste, dass Sally drei Söhne besaß, und dass sie Witwe war, hatte Violetta einmal während der Proben erwähnt.

»Ja. Ich muss wissen, ob sie das Bombardement überlebt haben.«

Der Mann zuckte mit den Achseln. »Weiß ich nicht. Hab die kaum gesehen.«

»Und ihre Pensionsgäste? Vielleicht die Sängerin mit den schwarzen Haaren?«, hakte Brian nach.

»Kenn ich nicht. Die Gäste gehen mich erst recht nichts an. Ich weiß nur, dass nicht alle rechtzeitig aus den Häusern raus sind. Gestern haben wir wieder vier Leichen unter den Trümmern gefunden.« Er zeigte auf das Haus rechts von Sallys Pension.

»Eine Frau war auch dabei?«

»Weiß ich nicht mehr.« Der Stämmige wurde ungehalten. »Ich muss weitermachen, Sir.«

Brian war enttäuscht.

Gideon fasste ihn am Arm. »Ich glaube, so kommst du

nicht weit. Lass uns woanders nachfragen. Polizei, Krankenhaus, Behörde oder beim Roten Kreuz.«

»Gute Idee«, stimmte er dem Freund zu.

Ihre Nachfragen bei der Polizei, bei der Stadt und auch
beim British Red Cross blieben ergebnislos. Enttäuscht verließen sie ihr letztes Ziel, die Zentrale des Roten Kreuzes.

»Irgendjemand muss uns doch etwas sagen können!« Verzweifelt schlug Brian mit der Faust durch die Luft. Die Ungewissheit brachte ihn um. Auf der Vortreppe des Gebäudes begegneten sie einer Frau, die über ihrer Schwesterntracht einen
Mantel trug und auf den ersten Blick nur an der Kopfhaube
als solche zu erkennen war. Sie blieb am Fuße der Treppe stehen.

»Kann ich Ihnen vielleicht irgendwie helfen?«, fragte sie
freundlich. Sie wirkte offen und sympathisch, ganz anders als
die Frau im Innern des Gebäudes.

Brian war immer noch so enttäuscht, dass er ihr nicht antwortete.

»Wir suchen jemanden. Eine Frau und ihr Kind«, sagte
Gideon an seiner Stelle.

»Wissen Sie, wie viele zurzeit vermisste Frauen und ihre
Kinder suchen? Eine Menge. Haben Sie denn drinnen schon
nachgefragt?«

Sie zeigte auf die Eingangstür.

»Dort konnte uns niemand helfen«, bekannte Brian.

Die Frau wirkte taff und hilfsbereit.

»Es sind noch nicht alle Namen der Geborgenen bekannt,
und die Vermisstenliste wird täglich erneuert. Vielleicht morgen.«

»Morgen? So lange kann ich nicht warten!«, rief Brian verzweifelt. »Bitte, Schwester ...« Ihr Namensschild war unter
dem Mantel verborgen.

»Schwester Miller«, stellte sie sich vor. »Wissen Sie, ich arbeite erst seit wenigen Tagen als Freiwillige für das Rote

Kreuz. Daher weiß ich nicht, ob ich Ihnen in diesem Fall überhaupt helfen kann.«

»Trotzdem danke.« Gideon signalisierte ihm, dass es Zeit zu gehen war. Die Schwester stieg die Stufen hinauf. Brian wollte keine Möglichkeit ungenutzt lassen. Sein Bauchgefühl sagte ihm, dass die Schwester helfen konnte.

»Bitte warten Sie«, hielt er sie zurück. »Die Frau, die ich suche, heißt Violetta. Violetta Schwarz.«

Erstaunt blickte ihn die blonde Krankenschwester an.

»Sind Sie ein Verwandter, Sir?« Ihre Frage weckte in ihm Hoffnung, dass die Schwester mehr wissen könnte.

»Kennen Sie sie vielleicht? Ich muss wissen, ob sie das Bombardement überlebt hat. Bitte, wenn Sie etwas wissen, sagen Sie es mir. Mein Name ist Brian Wilcox.«

»Lord Wilcox?«

»Ja.« Brian wunderte sich, dass sie ihn scheinbar kannte. Er hingegen war sich sicher, dass sie sich noch nie begegnet waren.

»Ich muss wissen, ob es ihr gut geht. Und dem Kind.«

Sie zögerte mit der Antwort und schien zu grübeln.

»Bitte.« Flehend sah er die Schwester an.

»Kommen Sie in genau einer Stunde in die St. Peters Church. Dann kann ich Ihnen mehr sagen.«

Danach wandte sie sich um, eilte die restlichen Stufen zum Eingang hinauf und verschwand im Gebäude.

»Willst du hingehen?«, fragte Gideon.

Brian nickte.

Pünktlich mit dem fünften Schlag der Kirchturmuhr wartete Brian vor der erleuchteten Kirche, während sein Chauffeur Gideon zu dessen Werkstatt brachte. Die Minuten verstrichen, aber die Krankenschwester kam nicht. Enttäuscht wollte Brian wieder gehen, als er drinnen die Orgel spielen hörte. Da Howard erst in einer Stunde zurückkehren würde, beschloss er, im Gotteshaus auf die Schwester zu warten. Die Kirche war leer.

Kaum hatte er auf einer der Kirchenbänke Platz genommen und lauschte dem Orgelspiel, holten ihn die Erinnerungen an den Weihnachtsabend 1938 wieder ein. Wie froh er damals gewesen war, Violetta wiedergefunden zu haben. Es war einer der glücklichsten Abende seines Lebens gewesen. Später im Haus des Reverends war ihm klar geworden, dass er sie zur Frau begehrte.

Das Orgelspiel war verklungen, und die Krankenschwester immer noch nicht aufgetaucht. Er schaute nach draußen. Doch sie war nicht da. Wieder hatte sich seine Hoffnung zerschlagen. In dem Augenblick, als Brian das Kirchengelände verlassen wollte, erklangen die ersten Töne aus Frederik von Uhlenbergs Requiem. Das lockte ihn zurück ins Gotteshaus. Der Organist leitete mit einer kurzen Passage zur Sopranarie ein. Brian war gespannt auf die Sängerin. Niemand hatte diese Arie so berührend vorgetragen wie Violetta.

Der erste Ton war rein und warm, dass ihm ein Schauer den Rücken hinunterlief. Violetta! Sie lebte! Er konnte es kaum fassen und schickte im Geist ein Dankgebet an den Himmel. Vom ersten Augenblick an hatte er sich in ihre Stimme verliebt. Auch jetzt berührte sie ihn tief. Andächtig lauschte er ihrem Gesang. Ihre Stimme war über die Jahre reifer geworden und strahlte eine Kraft aus, die ihn aufs Neue fesselte. Als der letzte Ton verklungen war, sprang er auf und hastete die Treppe zur Empore hinauf.

Da stand sie neben der Orgel, noch schöner als er sie in Erinnerung hatte, und unterhielt sich mit dem Organisten. Das Haar reichte ihr jetzt bis zur Taille und schimmerte bläulich. Brians Herz klopfte zum Zerspringen. Jetzt, da sie vor ihm stand, wusste er, dass er ihr endlich seine Gefühle gestehen musste, auch wenn sie sie nicht erwiderte.

»Violetta!«

Er liebte sie mit jeder Faser seines Herzens.

Sie drehte sich um und starrte ihn mit großen Augen an, als wäre er eine Fata Morgana. »Brian?«

Der Organist schaute sie beide abwechselnd an, bevor er sich lächelnd von der Orgelbank erhob.

»Ich muss noch mal kurz zum Reverend.« Mit diesen Worten verließ er die Empore.

»Ich bin so froh, dass du lebst.«

»Was machst du hier?« Violettas Lippen zitterten.

»Ich musste mich vergewissern, dass dir nichts geschehen ist. Als ich von der Bombardierung gehört habe, bin ich fast wahnsinnig geworden vor Angst.«

»Wie du siehst, geht es mir gut.« Ihr kühler Tonfall raubte ihm fast den Mut weiterzusprechen.

»Dem Himmel sei Dank. Ich habe vor dem Trümmerhaufen gestanden, der einmal Sallys Pension gewesen ist. Ich hätte es nicht ertragen, wenn dir etwas geschehen wäre. Und deinem Kind.«

Sie schwieg. Ihre Haltung war abweisend.

Mit zwei Schritten war er bei ihr.

»Was interessiert dich mein Kind?«

»Es interessiert mich, weil es zu dir gehört.«

In ihren blauen Augen schimmerte es feucht.

»Aber ...«

»Es macht mir nichts aus, dass du ein Kind hast. Im Gegenteil bewundere ich deinen Mut, es allein großzuziehen.«

Ihre Lippen zitterten, während sie scheinbar nach Worten suchte.

»Bist du nur hergekommen, um mir das zu sagen?«

»Du hast mir damals keine Chance gegeben, dir das zu erklären.«

»Es ist besser, wenn wir uns nicht mehr sehen. Du bist ein Lord und ich in den Augen aller eine leichtlebige Frau und Sängerin. Die Leute würden reden.«

»Es ist mir egal, was sie sagen.«

»Aber mir nicht! Ich möchte nicht, dass dein guter Ruf meinetwegen befleckt wird.« Eine Träne löste sich aus ihrem Auge.

Sagte sie das nur aus Freundschaft? Er wagte kaum zu hoffen, dass sie seine Gefühle erwiderte.

»Hast du deshalb zu mir gesagt, dass du mich nicht mehr wiedersehen willst?«

Sie nickte und senkte den Blick. Er legte ihr den Finger unters Kinn und hob ihren Kopf an, damit er ihr in die Augen sehen konnte. In diesem Augenblick wurde ihm bewusst, wie sehr er sie liebte und auch das Kind lieben würde, weil es ein Teil von ihr war. Der Blick aus ihren veilchenblauen Augen, offen und voller Wärme, sagte mehr als tausend Worte.

»Violetta, mein Ruf ist mir egal, dein Glück hingegen nicht. Hast du denn nicht gespürt, wie sehr ich dich liebe?«

»Schon. Irgendwie. Aber ich wollte es nicht wahrhaben. Und ich hatte Hans.«

»Ich weiß.«

Er erzählte ihr von dem Foto in Gideons Buch, auf dem er sie zum ersten Mal gesehen hatte. »Ich habe mich auf den ersten Blick in das Mädchen mit der ernsten Miene verliebt. Seit ich dir in Hannover begegnet bin, gehört mein Herz nur dir. Du hast meine Gefühle nicht erwidert, denn du warst mit Hans glücklich. Ich bin nach England zurückgekehrt im festen Glauben, dich vergessen zu können. Das ist mir nicht gelungen. Als sich die Diskriminierung gegen die Juden in deinem Heimatland zugespitzt und Mahler angedeutet hat, dass er Hans aus dem Weg haben wollte, war ich in Sorge um euch. Ich habe deinem Vater ein Telegramm geschickt und ihm meine Hilfe bei einer Flucht angeboten und versprochen, euch den Start in ein neues Leben zu erleichtern. Ich wollte euch empfangen. Aber ihr wart nicht da. Dann habe ich erfahren, dass du allein nach England gekommen bist. Ich habe dich überall vergeblich gesucht, bis ich dich in der Kirche wieder-getroffen habe.«

»Ich habe schon lange für Hans geschwärmt. Wie alle Studentinnen. Er war meine Jugendliebe und so sanft und begabt. Als wir uns hier begegnet sind, war ich froh, ein vertrautes Gesicht zu sehen. Im Laufe der Zeit warst du mir ein guter Freund geworden. Ich habe mich gefürchtet, deine Freund-schaft zu verlieren, wenn du von Constanze erfährst. Dich zu verlieren, denn ich habe plötzlich mehr für dich empfunden. Ich habe mich gegen meine wachsenden Gefühle für dich ge-wehrt. Jetzt weiß ich, dass es besser gewesen wäre, dir die Wahrheit zu gestehen. Es tut mir so leid. Dann hast du von meinem Kind erfahren, und ich habe mich geschämt, so feige gewesen zu sein. Erst nach unserem Streit habe ich begriffen, wie viel du mir bedeutest. Meine Oma hat immer gesagt, ein Herz kann viele lieben, aber es gibt nur die eine große Liebe, die bedingungslos ist und alle Sehnsüchte zu stillen vermag. Und das bist für mich du, Brian.«

Er umfasste ihr Gesicht, konnte nicht fassen, dass sie ihn ebenfalls liebte. Brian wollte sie küssen. Doch sie legte ihre Hand auf seinen Mund.

»Könntest du meine kleine Constanze auch lieben?«

»Wie könnte ich sie nicht lieben, da sie doch zu dir ge-hört?«

Tränen rannen ihr übers Gesicht.

»Ist das ein Versprechen?«

»Ja.«

Sie schlang die Arme um seinen Nacken.

»Auf diese Worte von dir habe ich gehofft. Ich liebe dich, Brian.«

Dann fanden sich ihre Lippen zu einem innigen Kuss. Er hätte in diesem Augenblick sein Glück hinausschreien kön-nen.

Etwas zupfte an seiner Hose.

Nur ungern löste er sich von Violetta. Er schaute nach unten. Ein kleines Mädchen hatte ihre Fingerchen in den Stoff seiner Hose gekrallt. Mit dem schwarzen Haar und den blauen Augen war sie eine Miniaturausgabe Violettas. Lächelnd blickte das Kind zu ihm auf und eroberte sein Herz im Sturm. Er bückte sich und hob es auf den Arm.

»Wer bist du denn?«

»Conny«, antwortete sie und kniff ihn ins Ohr.

»Wie schön du bist. So schön wie deine Mutter«, sagte er und küsste das Kind auf die Stirn. Violetta strahlte ihn an.

Constanze rieb sich die Augen und gähnte.

»Sie ist müde und muss ins Bett. Begleitest du uns zum Pfarrhaus?«

»Ihr könnt hier nicht bleiben. Ich kann nicht noch einmal diese Ängste um euch ausstehen. Ich möchte, dass ihr mich nach Wilcox Manor begleitet.«

»Aber ich kann hier nicht so einfach fort. Und deine Mutter …«

»Die zieht erst einmal zu einer Freundin. Bitte, Violetta.«

»Brian, das kann ich nicht so einfach.« Dann berichtete sie ihm von Sally und den Kindern.

»Der Reverend hat meine Freundin und mich nach dem Bombardement übergangsweise bei sich aufgenommen. Ich kann sie nicht allein zurücklassen.«

Brian lächelte. »Wilcox Manor ist groß genug für alle. Lass uns zu ihr gehen.«

»Du hattest schon immer ein großes Herz, Brian. Dafür liebe ich dich.«

4. Mai 1941

Violetta wachte auf, als sie etwas an der Nase kitzelte. Sie öffnete die Augen. Der leichte Wind bauschte die seidigen Gardinen, die ihr Gesicht berührten. Der Himmel war strahlend blau. Blütenduft strömte ins Zimmer, begleitet vom morgendlichen Vogelkonzert. Wilcox Manor war ein idyllisches Anwesen, auf dem sie sich wohlfühlte. Ihr neues Zuhause. Sie konnte es kaum glauben. Brian schlief neben ihr und lächelte. Sie drehte sich auf den Rücken und betrachtete ihren mit Saphiren besetzten Ehering. Seit gestern war sie Brians Frau. Lady Violetta Wilcox. Das fühlte sich gut an, auch wenn sie sich erst an den Namen gewöhnen musste.

An Brians Seite war sie glücklich. Er war aufmerksam, liebevoll und gab sich alle Mühe, Constance ein guter Vater zu sein. Doch die Kriegsgeschehnisse und die Sorge um ihre Familie trübten ihr Glück. Je länger der Krieg dauerte, desto mehr schwand ihre Hoffnung auf ein Wiedersehen mit ihnen. Immer wieder war Hannover Ziel der alliierten Bomber geworden. Sie wusste nicht, ob ihre Eltern und Schwester noch lebten.

Brian regte sich. Sie wickelte eine Haarsträhne von ihm um den Finger. In der vergangenen Nacht waren ihre Finger oft durch sein volles Haar geglitten. Diese Hochzeitsnacht würde für sie unvergesslich bleiben. Voller Leidenschaft hatten sie sich die ganze Nacht lang geliebt.

Ihre Liebe für Brian war so stark, dass sie nicht mehr ohne ihn sein konnte und wollte.

»Schon wach, Liebste?« Er küsste sie auf die Schulter.

»Noch immer unersättlich?«, scherzte er und bedeckte ihr Dekolleté mit unzähligen Küssen. Dann sah er auf.

»Ich sehe da nach einer wunderbaren Hochzeitsnacht Schatten auf deinem Gesicht.« Er strich mit dem Zeigefinger sanft über ihre Stirn.

Sie zwang sich zu lächeln.

»Es ist nichts.«

»Glaub ich dir nicht. Ich spüre doch, dass dich irgendetwas bedrückt.«

Sie konnte ihm wirklich nichts vormachen.

»Ich muss oft an meine Familie denken.« Vor drei Jahren hatten sie sich zum letzten Mal gesehen. Anfänglich hatten sie sich regelmäßig geschrieben. Aber kurz nach Kriegsbeginn war der Austausch abgebrochen.

»Das verstehe ich. Auch ich habe deine Familie sehr gemocht. Ich habe Gideons Onkel gebeten, nach deinen Eltern zu suchen.«

Violetta setzte sich auf. Ihr Herz klopfte schneller. »Und? Hat er etwas herausgefunden?«

»Dass dein Vater noch immer im Pfarrhaus wohnt.«

»Und meine Mutter?« Nicht auszudenken, wenn ihr etwas zugestoßen war. Das würde ihr Vater nicht ertragen.

»Die war im Gefängnis. Mehr wusste er nicht. Deine Mutter ist eine starke Frau. Sie wird die Strapazen der Gefangenschaft sicher überstehen.«

Sie war Brian dankbar, dass er nachgeforscht hatte.

Violetta hatte oft mit dem Gedanken gespielt, Gideons Onkel zu schreiben und zu bitten, nach ihren Eltern zu forschen. Aber dann hätte sie ihn womöglich als Fluchthelfer enttarnt und in große Gefahr gebracht. Das würde sie nicht wollen.

»Sobald dieser unselige Krieg zu Ende ist, verspreche ich dir, reisen wir gemeinsam nach Deutschland.«

Dankbar umarmte und küsste sie Brian. Er spürte, was ihr wichtig war.

»Ich werde meinem Vater noch einen Brief schicken.«

»Eine gute Idee.«

Vielleicht konnte Heather ihr auch helfen. Die Freundin arbeitete fürs Red Cross.

Plötzlich sah ihre Zukunft nicht mehr so trüb aus.

»Ich möchte dir heute etwas zeigen«, sagte Brian nach einer Weile und lächelte geheimnisvoll.

Violetta stützte sich auf den Ellbogen und sah ihn erwartungsvoll an. »Jetzt bin ich aber neugierig. Was ist es denn? Hoffentlich nicht wieder ein neues Zuchttier, das Travers in deinem Namen ersteigert hat«, sagte sie lachend.

»Nein.«

»Was ist es dann?«

»Das erfährst du erst nach dem Frühstück.«

»Du willst mich so lange auf die Folter spannen?«

»Sonst ist es ja keine Überraschung mehr.«

»Oh, du Schuft!«, rief sie lachend, nahm ein Kissen und warf es nach ihm. Brian revanchierte sich, und sie balgten und kicherten im Bett wie Kinder.

Angespannt saß Violetta am Frühstückstisch und fütterte Constanze mit Porridge. Auch wenn sie eine Nanny besaßen, ließ sie es sich nicht nehmen, ihre Tochter selbst zu füttern. Gideons geschnitzte Flöte lag stets neben Constanzes Teller. Andere Mädchen ihres Alters nahmen ihre Puppen oder Teddybären überallhin mit. Bei ihr war es das winzige Instrument. Violetta schmunzelte, während ihre Finger auf der Tischplatte trommelten. Sie hasste es, wenn Brian sie hinhielt.

»Ich werde Will um den Schlüssel bitten«, sagte er und tupfte seinen Mund mit der Serviette ab. Brian hatte den ehemaligen Butler seines Vaters wieder eingestellt. Will war ernst und vor allem loyal.

»Ist es wegen der Überraschung?« Sie platzte vor Neugier.

»Ja.«

Na endlich!

»Bin gleich wieder zurück.« Brian verließ den Salon, um wenig später mit einem rostigen Schlüssel und Caitlin, Constanzes Nanny, zurückzukehren.

»Guten Morgen, Mylady.« Caitlin machte einen Knicks, bevor sie sich Constanze widmete. Die junge Frau war aus dem Ort und kümmerte sich auch um Sallys Söhne, wenn die Freundin auf dem Gut arbeitete.

»Komm.« Brian nahm sie bei der Hand.

Er führte sie in den verwaisten Westflügel des Herrenhauses. Hand in Hand stiegen sie die Treppe hinauf.

»Hier soll die Überraschung sein?« Violetta war enttäuscht.

»Wart's nur ab.«

Violetta stöhnte.

»Alan und ich haben hier gern Verstecken gespielt«, erzählte er, während sie einen dunklen Flur entlangliefen. Vor einer der Türen blieb Brian stehen und schloss sie auf. Violetta war so aufgeregt wie ein Kind vor der Bescherung.

Der Raum war leer und dunkel.

»Hier?« Brian erlaubte sich einen Scherz mit ihr.

Anstelle einer Antwort öffnete er die Fensterläden. Geblendet vom Sonnenlicht kniff Violetta die Augen zu. Als sie sie wieder öffnete, sah sie sich um. Das Zimmer wirkte trotz des Tageslichts düster durch die Vertäfelung aus Nussbaum.

»Das Zimmer hat meinem Urgroßvater gehört. Mein Vater hat den Flügel vor vielen Jahren renovieren lassen. Mittlerweile sind die Räume unmodern.«

Brian kniete sich vor die Vertäfelung und zog ein Taschenmesser aus der Hose, mit dessen Hilfe er eine Holzkassette herausnahm.

»Als Kind habe ich dieses Geheimfach entdeckt.« Er winkte Violetta zu sich. Sie kniete sich neben ihn und lugte in das Loch, das so tief wie ihr Unterarm war.

»Hast du darin deine Schätze versteckt?«, fragte sie augenzwinkernd. Sie hatte Geheimfächer schon immer spannend gefunden. Ihre Mutter hatte ihr von einem im Wintergarten der Familienvilla erzählt.

»Nein, aber ich habe hier drin die Noten der Ouvertüre von Frederik gefunden, die Onkel Edgar dann deiner Mutter überreicht hat. Ohne die hätten wir uns nie kennengelernt.«

Mit allem hatte sie gerechnet, aber nicht damit. Sie verstand diesen Liebesbeweis und bedankte sich mit einem langen Kuss.

»Das ist wirklich eine Überraschung«, sagte sie, nachdem sie sich voneinander lösten. »Wo ist der Rest der Noten geblieben?«

»Wenn ich es wüsste, würde ich es dir sagen.«

»Vielleicht gibt es dahinter noch einen Hohlraum.« Violetta wollte sich nicht damit abfinden, dass die Ouvertüre das Einzige gewesen war, was Brian gefunden hatte. Sie beugte sich vor und klopfte und tastete die hölzernen Wände im Innern ab. Zu ihrer Enttäuschung klang es nirgendwo hohl. Plötzlich spürte sie etwas Klebriges und zog die Hand heraus. Es war ein Stück Papier mit einer Paste. Beim näheren Hinsehen erkannte sie eine Banderole.

»Schau mal, Brian.«

Vorsichtig zog er den vergilbten Streifen Papier von ihrem Finger und nahm ihn näher in Augenschein. »Komisch, das ist mir damals nicht aufgefallen.«

Er hielt das Papier gegen das Licht. Darauf waren blasse Konturen zu erkennen.

»Sieht aus wie ein Wappen«, sagte er. »Das müssen wir uns noch einmal mit der Lupe genauer ansehen.«

Nachdem sie das Geheimfach und das Zimmer wieder verschlossen hatten, gingen sie hinunter in Brians Büro.

Unter der Lupe bestätigte sich seine Vermutung. Auf der Banderole war ein Wappen zu sehen. Es bestand aus einem Schild mit diversen Abbildungen wie einer Harfe und dem Kopf eines Ziegenbocks. Es wurde von einem gekrönten Löwen und einem Einhorn gehalten. Darüber schwebte eine mit rotem Samt ausgeschlagene Krone. Violetta war sich sicher, es schon einmal gesehen zu haben. Fieberhaft versuchte sie sich zu erinnern.

»Das gleiche Wappen war auf die Original-Partitur von Frederiks Requiem gestempelt.«

Ihr Mann nickte, stand auf und zog aus dem Regal ein Buch über Heraldik heraus.

»Das ist das Wappen von Queen Charlotte.« Brian tippte auf die Abbildung im Buch.

»Das kann nur bedeuten, dass Frederiks Werke in der Sammlung der Königin gewesen sind.«

»Dann könnte sich der Rest des Werkes noch irgendwo in Hannover befinden.«

Violetta teilte seine Vermutung. Ihre Mutter hatte jahrelang vergeblich danach gesucht und war vielleicht dem Aufbewahrungsort sehr nah gewesen.

Doch dann dachte sie an die Bombardements in Hannover, die weite Teile ihrer Heimatstadt zerstört hatten.

»Wenn der Krieg es nicht vernichtet hat«, sagte sie traurig.

»Wir können nur hoffen«, tröstete Brian.

16. Juli 1945

Die Luft war klar und eisig, als Violetta vor ihrem Eltern-haus aus dem Taxi stieg. Sie konnte es immer noch nicht fassen, dass sie hier war. Freudig betrachtete sie das kleine Pfarrhaus, das als einziges den Bomben der Alliierten getrotzt hatte. Wie eine Insel im Trümmerfeld. Violetta zwinkerte gegen die aufsteigenden Tränen an. Es schien, als wäre hier die Zeit stehengeblieben. Die Rankgitter an der Hauswand, die Blumenkästen und sogar das verwitterte Vogelhäuschen in der Ecke des Vorgartens waren noch da.

»Ich bin wieder hier«, sprach sie leise. Eine kleine Hand schob sich in ihre.

»Und hier leben Grandma und Grandpa?«, fragte Constanze.

»Ja.« Violetta hatte ihren Eltern geschrieben und irgendwann einen Brief ihrer Mutter erhalten.

»Daddy, komm endlich!«, drängelte Constanze und zerrte an Brians Hand.

»Ja, mein Engel.«

Wie immer, wenn Constanze ihn Daddy nannte, begann es in seinen Augen zu leuchten. Auf seinem Arm trug er ihren gemeinsamen Sohn Alan. Sie hatten ihn im Gedenken an seinen Bruder so genannt. Dem Zweijährigen war die Strapaze der Reise deutlich anzumerken, denn er sprach kein Wort und rieb sich die Augen. Seine vierjährige Schwester Carmen stieg als Letzte aus dem Taxi. Violetta war stolz auf ihre Kinder und deren musikalisches Talent.

»Mir ist kalt«, beschwerte sich Constanze und stampfte mit dem Fuß auf. Sie konnte manchmal recht eigensinnig sein. *Genauso wie ich in dem Alter.* Dennoch sah Violetta ihre Tochter mahnend an. Der Taxifahrer stellte ihr Gepäck neben dem Gartentor ab. Violetta blieb neben dem Taxi stehen.

»Willst du nicht weitergehen, Darling?« Brian fasste sie liebevoll am Arm.

»Gleich.« Violetta brauchte noch einen kurzen Augenblick der Besinnung. Sie freute sich sehr darauf, ihre Familie wiederzusehen. Wie würden die Eltern reagieren, wenn sie ihnen sagte, dass Constanze Hans' Tochter war? Sicher würden sie auch enttäuscht reagieren, wenn sie erfuhren, dass sie in England kein Engagement erhalten, sondern sich als Straßenmusikerin durchgeschlagen hatte. Andererseits fürchtete sie sich davor, Dinge zu erfahren, die ihr erneut Kummer bereiten würden.

Bevor Violetta zur Haustür ging und anklopfen konnte, wurde die Tür aufgerissen, und ihre Mutter kam ihr mit ausgebreiteten Armen entgegen.

»Violetta! Endlich!«, rief sie, drückte sie an sich und küsste sie auf Wangen und Stirn. Der vertraute Duft des Maiglöckchenparfüms, das ihre Mutter so liebte, vermittelte Violetta ein Gefühl von Geborgenheit.

»Du ahnst gar nicht, wie sehr ich mich freue, dass ihr da seid. Dein Vater hat die letzte Nacht nicht geschlafen«, flüsterte die Mutter ihr ins Ohr.

Sehr schmal war sie geworden, dass Violetta bei der Umarmung ihre Knochen spüren konnte. Die Wangen waren hohl, und unter ihren Augen lagen dunkle Schatten. Ihr waren deutlich die Strapazen des Gefängnisses anzusehen. Aber die Entschlossenheit in ihrem Blick und der warme Glanz darin waren geblieben, was Violetta beruhigte. Brian hatte recht gehabt, ihre Mutter war eine starke Frau.

Hastig wischte die Mutter eine Träne aus dem Augenwinkel, bevor sie über Violettas Schulter zu Brian und den Kindern sah.

»Kommt rein, dein Vater und die anderen platzen schon vor Neugier.« Dann wandte sie sich Brian zu.

»Mr Wilcox, wie schön, Sie wiederzusehen.«

»Brian«, verbesserte er sie. »Wir sind doch jetzt eine Familie.«

»Stimmt. Herzlich willkommen, lieber Schwiegersohn.« Ihre Mutter umarmte Violettas Mann.

»Ist das unsere Grandma?«, fragte Constanze.

»Ja, ich bin eure Oma.«

»Glaub ich nicht. Omas sehen immer alle alt aus. Du nicht.«

Alle begannen zu lachen. Violettas Mutter zog ihre Enkeltochter gerührt an sich.

»Nun kommt endlich rein«, forderte sie alle mit einer ungeduldigen Geste auf.

Im Flur stand eine grauhaarige Frau. Der Krieg hatte tiefe Falten in ihr Gesicht gegraben. Schweigend blickte sie Violetta an.

»Berta«, stieß Violetta bewegt hervor. »Erkennst du mich nicht? Ich bin's, Violetta.«

Die Lippen der Zofe begannen zu zittern. Ihre Augen füllten sich mit Tränen.

»Oh, du lieber Himmel! Dem Herrn sei Dank.«

Jetzt lagen sich Violetta und Berta schluchzend in den Armen.

»Wir dachten schon, wir sehen dich nicht mehr wieder. Aber dann kam dein Brief … Ich darf doch noch du sagen?«

»Natürlich.«

»Was bist du für eine elegante Frau geworden.«

»Dein Vater wartet in der guten Stube und ist sicher ganz ungeduldig«, raunte ihre Mutter. Berta nickte, drehte sich um und schritt voran.

Der wohlvertraute Duft nach Bienenwachs schlug ihr entgegen, als sie durch den engen Flur schritten. Nichts hatte sich hier verändert.

Das Klavier, auf dem Florentina früher geübt hatte, befand sich noch immer in der Nische. Es war aufgeklappt, und die Noten von Beethovens *Für Elise* standen darauf, als wäre ihre Schwester eben erst vom Klavierspiel aufgestanden. Das alles war so vertraut, dass Violetta ganz warm ums Herz wurde.

»Alles ist wie früher«, sagte sie zu ihrer Mutter.

»Die meiste Zeit sitzen wir in der guten Stube. Ist der einzige Raum neben der Küche, den wir heizen können.«

Ihre Mutter öffnete die Tür und ging hinein. Berta hielt Violetta zurück und beugte sich an ihr Ohr.

»Deinem Vater geht es nicht gut. Hat sehr gelitten, als deine Mutter im Gefängnis gewesen ist. Wenn sie nicht wieder freigekommen wäre ... Der liebe Herrgott hat es zum Glück gut gemeint und hat deiner Mutter die nötige Kraft gegeben, alles durchzustehen«, flüsterte sie.

»Kann ich mir vorstellen.«

Ihr Vater liebte die Mutter abgöttisch. Die beiden waren wie eins.

Berta tätschelte ihre Hand, wie sie es früher immer getan hatte.

Gleich würde Violetta nach all den Jahren ihren geliebten Vater wiedersehen.

Sie blieb auf der Schwelle stehen.

Er saß auf dem Sofa. Noch immer sah er umwerfend aus, auch wenn sein Haar aschgrau geworden war und seine Miene ungewohnt mürrisch wirkte. Sie hellte sich auf, als er sie sah.

Violetta eilte zu ihm und umarmte ihn. Zärtlich klopfte sie ihm auf den Rücken. Erinnerungen stiegen in ihr auf. An seine wunderbare Stimme und seine Ausstrahlung, die die Zuschauer bewundert hatten. Eine Weile hielten sie einander umfangen.

»Meine Kleine«, flüsterte er bewegt.

Irgendwann ließen sie einander los.

Brian reichte Violetta ein Tuch, damit sie sich die Tränen fortwischen konnte.

»Warum weint ihr denn jetzt schon wieder?«, fragte Constanze verwundert und brachte mit ihrer Frage erneut alle zum Lachen.

»Typisch Constanze, unsere Älteste. Brian, euren Schwiegersohn, kennt ihr ja schon. Und das sind Alan und Carmen«, stellte Violetta ihre Familie vor. Schüchtern blickten ihre Kinder zu den anderen.

Brian beugte sich über den Tisch und schüttelte ihrem Vater die Hand.

»Geht und begrüßt eure Großeltern und Berta«, forderte Violetta ihre Kinder auf, die daraufhin allen artig die Hand reichten. Voller Stolz betrachteten ihre Eltern die Enkelkinder und strichen ihnen liebevoll über die Köpfe.

Violetta schaute sich um und suchte vergeblich nach der Schwester.

»Ist Florentina denn nicht hier?«

»Im Frühjahr kam ein Telegramm, dass sie geheiratet hat. Diesen italienischen Widerstandskämpfer. Ich habe ihr zurücktelegrafiert. Aber es kam keine Antwort mehr.« Die Traurigkeit in der Stimme des Vaters bedrückte Violetta.

»Genauso wie bei uns. Ich dachte, sie hätte euch noch eine Nachricht geschickt.« Jetzt war auch Violetta beunruhigt. Das war so gar nicht Florentinas Art.

»Wir wissen nicht, ob sie noch lebt.« Erneut brach ihre Mutter in Tränen aus. Auch Violettas Kehle wurde eng. Sie wollte und konnte nicht glauben, dass ihre starke Schwester in den Wirren des Krieges umgekommen war.

»Mutti, sie lebt. Ganz bestimmt. Ich spüre das.« Zwischen ihr und Florentina hatte immer eine besonders innige Verbindung bestanden. Violetta war fest davon überzeugt, dass sie es gefühlt hätte, wenn ihre Schwester gestorben wäre.

Die Mutter nahm ihre Hand und sah sie eindringlich an.

»Wir haben alles versucht, sie zu finden. Leider vergeblich. Violetta, du musst deine Schwester suchen. Versprich mir das.«

»Ja, ich verspreche es.« Violetta wusste zwar noch nicht wie, aber sie war fest entschlossen, alles zu versuchen.

»Warum bist du eigentlich verhaftet worden, Mutti?«, fragte sie, als sie alle um den Tisch saßen.

»Mahler hat von mir verlangt, dass ich den Künstlern kündige, die jüdische Wurzeln besaßen, den Sozialdemokraten angehört hatten oder homosexuell waren. Das konnte ich nicht, ich habe mich für meine Ensemblemitglieder verantwortlich gefühlt. Es kam zu einer Auseinandersetzung, in der er mir vorgeworfen hat, dass du ihn zurückgewiesen hast und geflohen bist. Deshalb wollte er, dass ich dafür sühne, und hat mich verhaften lassen«, warf ihre Mutter ein. »Frag mich bitte nicht nach der Zeit im Gefängnis. Es war furchtbar! Ich möchte nicht darüber reden.«

Violetta nickte, besonders als sie den Ausdruck der Qual in den Augen der Mutter sah.

»Was ist eigentlich aus Mahler geworden?«, fragte Brian.

»Es gibt noch Gerechtigkeit.« Ihr Vater schlug mit der Faust auf den Tisch. »Er ist angeklagt und zu einer langjährigen Haftstrafe verurteilt worden.«

Auch Violetta war froh, dass er bestraft worden war. Wer sühnen musste, war er!

»Wieso sagt mir denn keiner Bescheid, dass meine Kleine wieder zurück ist?«

Justine stand mit ausgebreiteten Armen im Türrahmen. Sie war schmal geworden und ihre Haut dünn wie Pergament.

Violetta ging zu ihr und umarmte sie.

»Du bist viel zu dürr«, bemerkte Justine. »Gut, dass ich heute auf dem Schwarzmarkt Kartoffeln bekommen konnte.«

»Wir haben nicht viel«, entschuldigte sich ihre Mutter, der das offensichtlich sehr peinlich war.

»Keine Sorge, wir haben Räucherfleisch mitgebracht«, warf Brian ein. »Und Gemüse. Steht im Flur.«

»Das wird ein Festessen.« Justine rieb sich die Hände. »Dann will ich mal schnell alles vorbereiten.«

Später beim Essen erfuhr Violetta, dass das Theater durch eine Bombe zerstört worden war. Zum Glück waren ihre Eltern nicht in der Nähe gewesen. Die NSDAP hatte im Theater regelmäßig Versammlungen abgehalten.

»Wir konnten vorher alle Kostüme und Kulissen rausholen und verkaufen. Davon leben wir. Manchmal geben wir auch Klavier- oder Gesangsunterricht«, berichtete ihre Mutter.

»Ihr hättet doch singen können.« Violetta blickte ihre Eltern an. Die Atmosphäre war jetzt angespannt.

»Nur langsam findet unsere Stadt wieder ins normale Leben zurück. Die Besatzer bestimmen, wann etwas geschehen darf und wie. Außerdem sind die meisten Gebäude zerstört worden, sodass wir nicht mal eine Notbühne einrichten könnten.« Die Tatsache schien ihren Vater sehr zu belasten.

»Was haltet ihr davon, bei einem unserer Konzerte in England aufzutreten?«, schlug Brian vor und erzählte ihnen von seinem Orchester und den bisherigen Erfolgen.

Ihre Eltern nahmen sein Angebot begeistert auf.

Violetta freute sich, von der Apothekerfamilie Fromm zu hören, die jetzt Medikamente im Keller eines Nachbarhauses verkauften.

»Die Zeiten sind hart geworden.« Ihre Mutter seufzte.

Die Kinder waren am Tisch eingenickt.

Nach dem Essen brachte Violetta sie zusammen mit ihrer Mutter und Berta ins Bett.

»Ich freue mich so, dass du in England dein Glück gefunden hast.« Ihre Mutter drückte sie liebevoll an sich. Das weckte in Violetta das schlechte Gewissen.

Als Berta zu Justine in die Küche ging, nutzte Violetta die Gelegenheit, den Eltern ein Geständnis abzulegen.

»Mutti, Vati, ich wollte euch schon lange etwas sagen.« Violetta schämte sich und suchte krampfhaft nach passenden Worten.

»Raus mit der Sprache«, forderte ihre Mutter sie auf.

»Ich habe euch damals angelogen. Doch nur, damit ihr euch nicht aufregt.« Da erzählte Violetta, dass Constanze Hans' Kind war, wie sie sich vergeblich um Engagements beworben hatte und letztendlich den Unterhalt für sich und das Kind als Straßenmusikerin verdient hatte.

Ihre Mutter schwieg und kaute auf der Unterlippe. Ihr Vater zog eine strenge Miene.

»Es tut mir alles so schrecklich leid.« Violetta schlug die Hände vors Gesicht und weinte. Brians Hand legte sich tröstend auf ihre Schulter.

»Es waren für uns alle harte Zeiten«, sagte ihr Vater. »Ich glaube dir, dass du das nur getan hast, um uns zu schonen.«

»Danke, Vati.«

»Gerade in diesen schweren Zeiten müssen wir zusammenhalten und uns nicht gegenseitig mit Vorwürfen belasten. Ich kann mir vorstellen, dass die Zeit ohne Hans für dich sehr schwer gewesen ist. Ich wünschte, ich hätte an deiner Seite sein können.« Ihre Mutter nahm ihre Hand und drückte sie liebevoll.

Violetta fiel ein Stein vom Herzen.

»Ich habe die besten Eltern der Welt!«, rief sie glücklich und drückte beide.

Anschließend schwelgten sie in Erinnerungen und ließen

die alten Zeiten am Theater wiederaufleben. Ihnen ging der Gesprächsstoff nicht aus.

Violetta bemerkte, dass Brian immer stiller wurde und sich nur wenig an der Unterhaltung beteiligte. Sie schob es auf die Reise. Gegen Mitternacht gingen sie zu Bett. Sie wollte ihn fragen, was ihn verstimmt haben könnte, aber nachdem sie nach den Kindern gesehen hatte, fand sie ihn eingeschlafen.

Am nächsten Morgen zog es Violetta zum Theater. Ihre Eltern lehnten es ab, sie zu begleiten. Zu groß war ihr Schmerz über den Verlust.

Auf dem Weg zum Theater war Brian wieder sehr einsilbig. Kein Wunder, denn die Ruinenstadt war deprimierend. Viele Häuser waren zerbombt. Überall waren britische Soldaten zu sehen. Schweigend erreichten sie den Platz, an dem das Theater gestanden hatte. Das Kriegerdenkmal war zerstört. Teile der Parkanlage waren noch intakt, und die Wasservögel schwammen wie einst auf dem Teich. Tränen brannten in Violettas Augen beim Anblick der Ruine, die einst ihr geliebtes Theater gewesen war. Die Skulpturen, Säulen und Pilaster, die vorher die Fassade geschmückt hatten, lagen verstreut und zerbrochen auf dem Boden. Nur die Grundmauern erinnerten an das einst prachtvolle Gebäude. Es würde nie mehr im alten Glanz erstrahlen.

»Möchtest du es wiederaufbauen lassen?«

Violetta war klar, dass die Kosten dafür nur aufgebracht werden könnten, wenn sie Wilcox Manor verkaufen würden.

»Nicht jetzt. Vielleicht irgendwann, aber nicht, wenn wir unser Zuhause dafür opfern müssten.«

»Das müssen wir nicht. Mein Vater hat mir ein Vermögen hinterlassen. Wir sind jetzt alle eine richtige Familie und füreinander da. Deine Eltern haben es verdient, dass wir sie nach allen Kräften unterstützen. Wir können sie sooft du willst besuchen. Ich bin froh, dass du dich auf Wilcox Manor heimisch fühlst.«

Brian wirkte erleichtert. Jetzt dämmerte ihr, was in ihm vorgegangen war.

»Warst du seit gestern so still, weil du befürchtet hast, ich könnte hierbleiben, um das Theater wiederaufzubauen?«

»Ich habe gespürt, wie viel dir das hier alles bedeutet hat. Das Leuchten in deinen Augen, wenn ihr von der guten alten Zeit gesprochen habt.«

Violetta drehte sich zu ihm und nahm seine Hände. »Mein Zuhause ist jetzt England. Ich kann die Zeit nicht zurückdrehen. Ich werde meine Eltern besuchen, wann immer ich Lust verspüre, vielleicht auch bei einem Konzert singen, aber ich kann hier nicht mehr leben. Deutsche haben mich verfolgt, Hans getötet, meine Schwester geschändet und mich und Constanze im Bombenhagel fast umgebracht. In dieses Land möchte ich nicht für immer zurückkehren. Ich bleibe dort, wo mein Herz zu Hause ist. Bei dir. In Wilcox Manor.«

Brian riss sie in die Arme, und ihr Kuss besiegelte ihre Worte.

»Und euer Familienerbe?«, fragte er. »Wenn Deutschland sich vom Krieg erholt hat, wenn wieder Hoffnung auf ein zahlendes Publikum besteht, lassen wir das Theater wieder neu aufbauen. Wenn vielleicht auch nur schlicht. Versprochen«, fuhr er fort.

Sie hätte sich keinen besseren Mann wünschen können.

»Dann möchte ich noch einmal dort mit dir auf der Bühne stehen und eines von Frederiks Werken aufführen.«

»Was immer du möchtest. Eine Konzertreihe wäre auch nicht schlecht. Ich hab da schon ein paar Ideen.«

Brian ging ganz in seiner Rolle auf. Während er von seinen Visionen sprach, schloss Violetta die Augen. Sie sah das prächtige Theater wieder vor sich, wandelte in dessen Park. In ihrem Geist hörte sie den Applaus und die Rufe nach einer Zugabe.

Das alles behielt sie in ihrem Herzen. Keiner konnte ihr die Erinnerung an die glanzvolle Zeit nehmen.

ENDE